JN272121

国際政治の
モラル・
アポリア

戦争／平和と揺らぐ倫理

高橋良輔・大庭弘継 編
Ryosuke Takahashi & Hirotsugu Ohba

Moral Aporia
in International
Politics
Dicey Ethics at
War and Peace

ナカニシヤ出版

目　　次

序　章　国際政治と倫理のゆらぎ
―――――――――――――――――――――――高橋良輔　*3*

　　はじめに――天使とけだものの間　*3*
　1　モラル・アポリアとは何か　*6*
　2　先人たちのまなざし　*7*
　3　本書の見取り図　*10*
　4　モラル・アポリアを問うことの実践的意義　*14*
　　おわりに――本書の使い方　*16*

第Ⅰ部　戦争のアポリア

第1章　人道的介入――避けられない非人道性
―――――――――――――――――――小松志朗・大庭弘継　*21*

　　はじめに　*21*
　1　二つのパラドクス　*26*
　2　コソヴォ　*35*
　3　コンゴ　*40*
　4　リビア　*49*
　　おわりに　*55*

第2章　対テロ戦争――終わりが遠ざかる戦争
―――――――――――――――――千知岩正継・大庭弘継　*60*

　　はじめに　*60*
　1　キラー・ドローンによる標的殺害のモラル・パラドクス　*63*

         2 こころをつかむ戦い（COIN）の困難　75
         3 増殖する敵と任務　83
         おわりに　91

　第3章　核兵器――非人道性のアイロニーとパラドクス
　　　　　――――――――――――――――――佐藤史郎　97
         はじめに　97
         1 核兵器の使用をめぐる道義性　100
         2 核兵器をめぐるモラル・パワー　107
         3 モラル・アポリア　116
         おわりに　123

　第4章　防衛戦争――人々を守らない戦争
　　　　　――――――――――――――――――眞嶋俊造　130
         はじめに　130
         1 国家、戦争、人々の保護　132
         2 事例――太平洋戦争　141
         おわりに　152

　第4章補論　太平洋戦争という悲劇――パラドクスとアイロニー
　　　　　――――――――――――――――――大庭弘継　158

第Ⅱ部　平和のアポリア

　第5章　平和構築――国家の枠組みをめぐる合意の不在
　　　　　――――――――――――――――――中内政貴　171
         はじめに　171
         1 平和構築概念の変容　173
         2 平和構築をめぐるモラル・アポリア　177

    3　国家への枠組みをめぐる不合意　*186*
    おわりに――解決策の探求　*198*

第6章　民主化――デモクラシーの実現不可能性
――――――――――――――――――――――杉浦功一　*206*
    はじめに　*206*
    1　グローバル化による国家のデモクラシーの危機　*211*
    2　国際社会による民主化支援の限界　*223*
    おわりに　*240*

第7章　国家主権――自由と安全の動的平衡
――――――――――――――――――――――高橋良輔　*247*
    はじめに　*247*
    1　国家主権をめぐるアイロニカルな現状　*250*
    2　創設のパラドクス　*256*
    3　決定主体のディレンマ　*262*
    4　独立性をめぐるアンチノミー　*268*
    5　モラル・アポリアの星座　*276*
    おわりに　*282*

第8章　人権――人を救えないとき
――――――――――――――――――――――池田丈佑　*289*
    はじめに――人権が人を救えないとき　*289*
    1　権利の限界　*291*
    2　人間の限界　*296*
    3　倫理の限界　*307*
    おわりに――アポリアからモラルへ　*319*

終　章　アポリアとの対峙
　　　　　　　　　　　　　　　　　　　　　　　大庭弘継　327
　　　　はじめに　327
　　　　1　コラムの紹介　328
　　　　2　モラル・アポリアの消滅　330
　　　　3　本書のメッセージ　336
　　　　おわりに　340

人名索引　343
事項索引　345

【コラム】
0-1　功利主義と義務論（杉本俊介）　5
1-1　保護する責任とは何か（眞嶋俊造）　22
1-2　「保護する責任」という理念の生成（政所大輔）　22
1-3　1990年代の人道的介入——ソマリア、ボスニア、ルワンダ（上野友也）　32
1-4　シリア危機をめぐるモラル・アポリア（溝渕正季）　54
2-1　現代国際社会におけるテロリズムとは何か（山田真司）　61
2-2　問われる「国際社会」の結束——ソマリア内戦と海賊への対処（角田和広）　90
3-1　原発事故があらわにしたモラル・アポリア（木村周平）　99
3-2　日本の核エネルギー利用と反核感情（田中慎吾）　112
3-3　「プラハ演説」の二つの顔（弘田忠史）　116
4-1　赤十字国際委員会とは（長嶺義宣）　138
4-2　「平和」という感覚のアポリア（奥田太郎）　155
5-1　移行期正義（クロス京子）　180
5-2　東ティモールにおける国家建設の行方（田中（坂部）有佳子）　189
6-1　現代デモクラシー論のアポリア（山本圭）　217

6-2　戦後イラクにおける民主化のディレンマ（山尾大）　*224*
6-3　2013 年カンボジア総選挙における選挙監視活動（杉浦功一）　*232*
7-1　国家主権をめぐる議論状況（高橋良輔）　*249*
7-2　「ドル化」のモラル・アポリア（高澤洋志）　*251*
7-3　キプロス共和国というアンチノミー（堀内めぐみ）　*273*
7-4　パレスチナ問題と主権国家への歩み（辻田俊哉）　*275*
8-1　神と動物（川村仁子）　*299*
8-2　庇護権（赤星聖）　*310*

国際政治のモラル・アポリア
　戦争／平和と揺らぐ倫理

序章
国際政治と倫理のゆらぎ

高橋良輔

> 人間は天使でもけだものでもない。そして不幸なことに、天使の真似をしようとすると、けだものになってしまう。(パスカル『パンセ』)

はじめに——天使とけだものの間

　本書は、現代の国際政治が直面している道義上の難問＝モラル・アポリアのいくつかを理解／分析／再構成することで検証しようとする試みである。

　1994年、ルワンダで起きた大虐殺の際、国連平和維持部隊の司令官として現地に派遣されていたロメオ・ダレールは、約10年後の手記『悪魔と握手する——ルワンダにおける人道主義の失敗』のなかで次のように記した。

> 私は、ルワンダで悪魔と握手したのだから、神は存在するということも分かるのだ。私は悪魔と出会い、悪魔の匂いをかぎ、悪魔に触れた。私は、悪魔が存在するのを知っている。だからこそ、神が存在することも分かるのだ。求めよ、されば道は開かれん。(ダレール 2012, p. xv)

　この世に悲惨さをもたらす悪魔が存在するのならば、神も存在するに違いない。人間は、曖昧で逆説的ですらあるこの信仰を未来への希望にするしかないのだろうか。

　80万人が虐殺されるのを目の当たりにした1人の軍人が吐露するこの言葉は、17世紀に神への信仰を擁護した「パスカルの賭け」(パスカル 1990,

pp. 103f.) を思い起こさせる。合理主義の時代にあって、ブレーズ・パスカルは神が存在するか否かは理性によっては決定できないと喝破し、神の実在に賭けても損をしないどころか、この世で数々の得をするはずだと述べた。理性と真理の証明を懐疑論の立場から留保し、利害をめぐる確率論とそれに賭ける人間の意思によって無神論者たちを説得しようとした彼の論証は、不確実性の時代に生きる私たちにとっても示唆的である。

　もっとも21世紀の国際政治で問われているのは、もはや個人の信仰の問題ではない。いまや賭けられているのは、人々を救うために軍事介入を行うことはいったい何を意味するのか、紛争後の社会で国際社会が平和構築を推進することにいかなる意義があるのか、といった倫理的－実践的課題である。「子供を背負った女性が、子供を背負った女性を殺そうとしているような虐殺の最中において、指揮官はどんな対応ができるのか？　兵士は、銃を撃てるのか？　誰に対して？」(Dallaire 2000, p.39) というダレールの問いかけは、国際政治において道義的行動が陥る葛藤を端的に表している。そこでは、1人を助けようとすれば、もう1人を撃たなければならないかもしれない。人間はしばしば天使のようにふるまおうと努めながら、逆にけだものの所業をなしてしまう。

　この本では、こうした問題意識のもと、経験的検証や合理的選択だけでは必ずしも答えが出せない国際政治の道義的問題にいかに向き合うべきかを明らかにしようとしている。もちろんこうした議論は、必ずしも新しいものではない。何をなすべきか、そして何をしてはならないのか。この問いへの答えは、倫理学や哲学の領域でさまざまに語られてきた。しかしここでは、あえて解きがたい道義上の難問＝モラル・アポリアを現代の戦争と平和をめぐる諸問題のなかから浮かび上がらせることで、政治学や国際関係論を学ぶ学生や研究者、さらに日々現場に立っている実務家や市井の人々の倫理的思考と政治的判断力を深めていきたい。以下では、全体の基本的な視座となっているモラル・アポリアとは何か（第1節）、それがいかに問われてきたのかを振り返ったうえで（第2節）、本書の見取り図を描き出し（第3節）、いまなぜそれらを問う必要があるのか、その意義を展望する（第4節）。

═ コラム 0-1 ═

功利主義と義務論

　倫理学では、「功利主義」や「義務論」という立場が登場する。これらはどういう立場なのだろうか。

　功利主義とは「ある行為や制度が道徳的に正しいのは、それが最善の帰結をもたらす場合であり、その場合に限る」という帰結主義の1バージョンとして現代では理解されている。ここでの「最善の帰結」とは、個々の善を足し算して最も大きな善となる帰結を指す。例えば、ある行為Aは自分には善さ2を相手には善さ1を、足して善さ3をもたらすが、別の行為Bは自分には善さ1を相手には善さ3を、足して善さ4をもたらす場合、功利主義は行為Bが道徳的に正しいと評価する。功利主義は、「行為Aはこの私に善さ2をもたらすからその分割り増して足す」ということはしない単純な加算主義である。そして、単純に加算したものの最大化を目指す最大化主義でもある。さらに、「個々の善」を個々の福利（well-being）だとみなす「福利主義」でもある。以上をまとめれば、功利主義とは最大化主義・単純加算主義・福利主義をとるバージョンの帰結主義として特徴づけられる。

　では、義務論とは何か。義務論とは行為に対する道徳的な正・不正を、帰結ではなく、その行為がどういう行為か（正直に話すという行為なのか嘘をつくという行為なのかなど）によって評価する立場である。したがって、義務論は帰結主義と対立する一つの立場である（広義には反帰結主義を「義務論」と呼ぶこともある）。義務論によれば、たとえその行為が最善の帰結をもたらさなくてもその行為は道徳的に正しいと評価されることもあるし、その行為が最善の帰結をもたらしてもその行為が道徳的に不正であると評価されることもある。例えば、正直に話すという行為が全体で善さ3をもたらし、嘘をつくという行為が全体で善さ4をもたらす場合、帰結主義者ならば嘘をつくことが道徳的に正しいと評価するが、義務論者はそれでも正直に話すことのほうが道徳的に正しいと評価する。

　この義務論は、イマヌエル・カントの考えに由来している。カントは、ある行為が道徳的に不正であるかどうかは、その帰結でなく、「あなたが、その格律を通じて、その格律が普遍的法則となることを同時に（理性をはたらかせて）意志しうるような、そういう格律に従ってのみ行為せよ」という命令（定言命法の普遍的法則の方式）に従っているかどうかで判定されると考えた、といわれる。ここで、格律（格率）とは行為の指針として自らが定めた主観的規則、いわばマイルールである。この「普遍的法則テスト」によって、自殺や嘘の約束といった行為は、その行為の格律が普遍的法則となることを

（理性をはたらかせて）意志することができないため、道徳的に不正であると判定されることになる。ただし、カントは定言命法を複数の表現において方式化している。定言命法が行為に対する道徳的な正・不正の判定のためだけに導入されているわけではないことに注意したい。

最近では、功利主義と義務論のほかに、「徳倫理学」という立場も注目されている。

〈杉本俊介〉

1 モラル・アポリアとは何か

まず、本書全体のモチーフとなっている道義上の難問＝モラル・アポリアとは何を意味しているのかを確認しておこう。「モラル」「アポリア」ともにさまざまに用いられる言葉だが、オックスフォード英語辞典によれば、モラル（morals）とは行動の基準や正邪の指針を、アポリア（aporia）はある主題や論点、理論において解決できない内的矛盾・論理的分裂を指す。特にアポリアは、古代ギリシャ語の「道がないこと」に由来し、アリストテレスは、一つの問いに対して二つの相反する解答がいずれも合理的に成立しうる場合にこの言葉を用いていたといわれている。

なるほど、すでにダレールの悲痛な問いかけから垣間見えるように、道義上の難問はまさに確信をもって正しいと判断できる解決策や選択肢がはっきりしないところに生じてくる。そこでは、しばしば相反する二つの道義が並立してしまうアンチノミー（二律背反）、異なる複数の選択のどれもが受け入れがたいようなディレンマやトリレンマ、さらに当初の思惑とはまったく逆に意図せざる結果が生じてしまうパラドクス（逆説）、そして私たちの世界観・価値観を揺るがすようなアイロニー（困惑）が立ち現れている。誰かを助けるために誰かを撃たなければならないとき、私たちはただ解決手段をめぐる技術的問題に直面しているだけではない。「人を助けるべし」と「人を傷つけてはならない」という、二つのそれぞれに正しいモラルのはざまで立ち尽くすのである。つまりモラル・アポリアの実態とは、異なる道義の間

の対立や意図と結果の反転といった徴候（symptom）が織りなす「布置関係（configuration）」にほかならない。

　実のところ、そうした事態は政治的な諸問題だけではなく、私たちが日々の生活のなかで直面しているものである。しかし国際政治の舞台では、手段の問題のみならず「何をなすべきか」という倫理の揺らぎはいっそう大きくなりやすいように見える。人々の判断の基盤となる歴史や文化、言語やアイデンティティが共有されていないところでは、「正しさ」はあらかじめ前提にできるものとしては存在していない。共通善が明らかではないとき、行動規範たるべき倫理は揺らいでしまう。それは、アポリアに取り組むプロセスのなかで新たに見出していくしかない。抽象的な正義の理念は、互いに異なる立場から主張される道義と対峙するなかで多くの人々に受け入れられ、そのあとにようやく普遍性を獲得できる。いわば国際政治における「正しさ」とは、具体的な経験に先立って——アプリオリに——与えられるものではなく、実際にアポリアとの格闘を通じてあとから——アポステリオリに——生成していくものなのではないだろうか。

　もちろん政策決定者や現場の指揮官そして一般の市民は、いつも何らかの「正しさ」を前提にして目の前の課題に取り組み始める。だが彼／彼女らは、しばしば他者が主張するほかの「正しさ」に直面して困惑し（アンチノミーとアイロニー）、相反する道義的な選択のはざまで引き裂かれ（ディレンマ）、当初の道義的意図を裏切るような結果に行きつく（パラドクス）。この本では、異なる複数の道義の間の「矛盾」や「衝突」が織りなすモラル・アポリアこそ、新たな「正しさ」が生まれてくる淵源であることを示すことで、国際政治の現状と将来を理解／分析／再構成するための方途を模索していく。

2　先人たちのまなざし

　もっともこうしてモラル・アポリアを浮かび上がらせることは、決してはじめての試みではない。実は20世紀以降、権力や秩序の問題を根源的に考えようとすれば、道義をめぐる緊張関係やその衝突を注視することは不可欠

であった。例えば、「神は死んだ」という言葉で最高の価値基準の喪失を表現したフリードリヒ・ニーチェに影響を受けたマックス・ヴェーバーは、『職業としての学問』（1919 年）のなかで次のように宣告している。

> すなわち、各人がその拠りどころとする究極の立場のいかんに応じて、一方は悪魔となり、他方は神となる。そして各人はそのいずれがかれにとっての神であり、そのいずれがかれにとっての悪魔であるかを決しなければならない。（ウェーバー 1936, p. 56）

彼によれば、現代では各々の生の究極の拠りどころとなるべき立場は解決しがたく争っており、いずれの立場を選び取るかは学問的に決定できない。学問ができることは、ただ各人にとって、あるいはそれぞれの社会の秩序において、神にあたる基準が何であるかを把握することだけである。いかなる「目的」がどこまで「手段」を正当化できるのかという究極的な問いには、運命と決断によってのみ応えられるとヴェーバーは主張した。

また国際政治に目を向けるならば、第 1 次世界大戦後の世界を『危機の 20 年』（1939 年）として描き出した E・H・カーも、道義の問題に鋭いまなざしを注いでいる。よく知られているように、彼はそれをユートピアとリアリティの対立として描き出した。カーによれば、「何があるべきか」に深入りして「何があるのか」を無視してしまうやり方と、「何があった／あるのか」から出発して「何があるべきか」を導き出すやり方は、根本的な緊張関係にある（カー 1996, p. 38）。それは自由意志と決定論、理論と実際、知識人と官僚、左派と右派、そして倫理と政治の間に抜きがたい対立を生み出す。理想主義者が政治から独立した倫理基準を打ち立てて政治をそれに従わせようとする一方で、現実主義者は存在する事実以外にいかなる価値基準も認めないのであった。

さらに、近年あらためて注目を浴びているヘドリー・ブルは、『アナーキカル・ソサエティ』（1977 年）のなかで、全人類からなる世界秩序と主権国家が構成する国際秩序を区別し、国際的・国家間的正義、個人的・人間的正義、

世界市民的・世界的正義の間の緊張関係をあぶり出した。ブルによれば、国際的・国家間的正義とは権利・義務を民族や国家に見出す立場であり、個人的・人間的正義はそれらを個々の人間に、そして世界市民的・世界的正義はそれを全人類からなる世界市民社会に帰す立場である。これらの正義は、それぞれに適合した秩序があってはじめて実現できるため、各秩序は自らとは異なる種類の正義に冷淡な態度をとる。例えば主権国家からなる国際秩序が成立している世界では、国際的・国家間的正義以外はしばしば秩序の攪乱要因になると考えられた（Bull 1997）。

　カーや、ブルら近年では英国学派と呼ばれる人々が、異なる思考法の衝突や正義と秩序の間の緊張関係に注目したのに比べ、第2次世界大戦後に超大国となったアメリカでは、より直截的に道義の危険性が警告されている。ナチスによる迫害を逃れてドイツからアメリカへ亡命したハンス・モーゲンソーは、『国際政治』（1978年）で現実主義の理論的基盤を築いたが、決して道義のもつ力を軽視していたわけではなかった。逆に、彼は次のように道義の力（モラル・パワー）を危険視している。

　　特定集団の道義は、国際舞台における権力闘争を制限するどころか、この闘争に、他の時代にはなかった残忍さと強烈さとを付け加える。というのは、ある特定集団の道徳律を鼓舞するような普遍性の主張は、他の集団の同一の主張とは矛盾するからである。すなわち世界には、ただひとつの普遍性の主張を受け入れる余地しかないため、ほかの主張は譲歩するか破滅しなければならないのである。（モーゲンソー 1998, pp. 273f.）

この現実主義においては、道義は無力であるどころではない。むしろ特定の道義が普遍性を主張するとき、それは集団間の権力闘争を激化させ、他の集団の主張を破滅させる現実の力をもつ。

　そして、道義と政策が強く結び付いたアメリカ外交の特性を「法律家的・道徳家的アプローチ（リーガリスティック・モラリスティック）」と名づけて批判したのが、ソヴィエト連邦に対する「封じ込め政策」を発案した外交官ジョージ・ケナンであった。

彼によると、それは「ある体系的な法律的規則および制約を受諾することによって、国際社会における各国政府の無秩序でかつ危険な野心を抑制することが可能となるという信念」の現れである。アングロ・サクソン流の個人主義的法律観念を国際社会に置き換えると、高邁な道徳原則の絶対視から生じる憤りが人々を全面戦争へと駆り立て、かえって暴力の長期化・激化を招き寄せる、と彼は警鐘を鳴らした。国家間の問題に善悪の観念を持ち込むことは、時に政治的安定を破壊するというパラドクスを生むのである（Kennan 1984, pp. 91-103）。

このようにいくつかたどるだけでも、互いに異なる道義の間の緊張関係や衝突、道義がもつ危険なまでの力、そしてそれがもたらす意図せざる結果などをめぐって、各時代にさまざまな思索が紡がれてきたことがわかる。モラル・アポリアをめぐる問いかけは、決して目新しいものでも、ましてや古いものでもないのである。

3　本書の見取り図

それでは、いまだに確固たる世界秩序の姿が明らかではないなか、私たちはいかなるモラル・アポリアに直面しているのだろうか。聖書の言葉にもあるように、新しい葡萄酒は新しい革袋に入れるべきだとすれば、先人たちの洞察を追いかけるだけでは十分ではない。そこで本書では、現代の戦争と平和の問題に深くからみついている八つのトピックを選び、それぞれ若手から中堅の研究者がモラル・アポリアの徴候診断を試みている。

まず第Ⅰ部「戦争のアポリア」では、モラル・アポリアを考えるための格好の題材として「人道的介入」から始め、9.11テロ以降から現在まで続いてきた「対テロ戦争」、近年あらためてその非人道性が問われている「核兵器」、そして今日なお議論の的となっている「防衛戦争」を取り上げた。「人道的介入」（第1章）と「対テロ戦争」（第2章）が、いわゆる新しい戦争をめぐる道義の行方を問うとすれば、「核兵器」（第3章）と「防衛戦争」（第4章）は従来道義的とみなされてきた暴力のあり方そのものを問うている。

これに対して第Ⅱ部「平和のアポリア」では、平和を創り出そうとする理念や営みが直面するモラル・アポリアを浮かび上がらせた。そこでは、近年の国際社会が取り組んでいる「平和構築」、欧米諸国が熱心に推進してきた「民主化」に加え、国際政治における道義の基層をなす「国家主権」と「人権」を取り上げている。「平和構築」（第5章）と「民主化」（第6章）が平和を創り出そうとする営みの最前線だとすれば、「国家主権」（第7章）と「人権」（第8章）は平和を正当化／正統化するための理念であり続けてきた。第Ⅱ部では、これらの営みと理念の根源に抜きがたいモラル・アポリアを見出している。

　ここでは、各章で描き出されるモラル・アポリアの布置関係をもう少しのぞいてみよう。

1）戦争のアポリア

　最初に第1章（小松志朗・大庭弘継）では、民間人保護を目的とする「人道的介入」が、その本質においてやはり武力行使であり戦争であることに注意が促されている。小松と大庭によれば、人道的介入には付随被害（コラテラル・ダメージ）と政治的意図の混入という二つのパラドクスがともなう。ここでは、コソヴォやコンゴ、ハイチ、さらにリビアの事例を丹念に検証することで、人道的介入が非人道性をもたらすというモラル・アポリアに迫っている。

　次に第2章（千知岩正継・大庭弘継）では、アメリカによる「テロとの戦い」の現状を取り上げた。キラー・ドローンによる標的殺害はアメリカ自身をテロリズムに傾斜させ（パラドクス）、さらに反乱鎮圧作戦（COIN）では戦争目的が際限なく拡大するという事態が生じている（アイロニー）。千知岩と大庭によれば、日常生活に恐怖と不安をまき散らすテロリズムの根絶が倫理的目標だとしても、テロを根絶する戦争が倫理的に戦われているとは限らない。いまやそれは「終わりが遠ざかる戦争」となっている。

　続く第3章（佐藤史郎）では、「核兵器」をめぐる道義上の難問が浮き彫りにされた。核兵器の非人道性を語ることは、その使用への道義的抑制をもた

らすが（モラル・パワー）、同時にそれは絶対悪であるがゆえに抑止力をもたらす必要悪にもなる（核のアイロニー）。さらに核兵器の非人道性を背景に核軍縮や先制不使用が進むと、安全保障に不安を覚えた同盟諸国は核拡散への誘惑に駆られかねない（核のパラドクス）。佐藤は、これらの徴候の結び付きを「核のトリレンマ」とみなし、今日なお私たちが道義的義務を負っていることを思い出させる。

そして第4章（眞嶋俊造）は、「国家はその領域内にいる人々を守るべきであり、国家はそのような存在であるべきである」という規範的観点から「防衛戦争」を検証する。民間人保護について研究してきた眞嶋によると、「国家防衛」のための戦争は、当該国の国籍をもたない人々はおろか、守るべき「国民」でさえ犠牲にしてきた。太平洋戦争は、まさにこのモラル・アポリアを体現している。そのため、この章では大庭による補論を通じて、太平洋戦争にまつわる悲劇性も立体的に描き出している。

2）平和のアポリア

このように、戦争という暴力をめぐるモラル・アポリアを追跡する一方で、第Ⅱ部では、平和を追い求める営為についても、批判的な検証が行われた。

その筆頭が、紛争後の社会に平和の基盤を築く「平和構築」を取り上げた第5章（中内政貴）である。近年、国際社会が取り組んできたこの種の活動は、すでに1970年代から提唱されていた。しかし自らも旧ユーゴスラヴィアに身を置いてきた中内の見るところでは、紛争後の現場では「そもそも求められている平和とはどのようなものか」、「平和を創り上げるのは誰か」、「自由主義はどこまで普遍化可能であるか」という三つの点で、拭いようのないモラル・アポリアが生じている。いまや国家の枠組みをめぐる不合意が国際社会とローカル・アクター間に深刻な溝をもたらしている。

また第6章（杉浦功一）では、近年、強固な国際規範とみなされつつある「民主化」を取り上げた。民主化支援に携わっている杉浦によれば、グローバル化が進む現代世界では国家は十分にデモクラシーを実現できないが、同時に国際社会では国家の民主化を推進できないという二重のパラドクスが避

けられない。この移行期には、グローバル・デモクラシーの実現という目標だけではなく、国際社会、国家、地域における「多重の民主化」戦略が有効であるという執筆者の言葉は重い。

さらに、これら平和構築や民主化といった実践の最前線からは、私たちが今なお「国家主権」という理念を捨てきれずにいることが浮かび上がる。第7章（高橋良輔）では、政治思想と現代の国際政治との間を往復しながら、この強力な政治理念に埋め込まれている三つの徴候――創設のパラドクス、決定主体のディレンマ、独立性をめぐるアンチノミー――が明らかにされる。皮肉にもこれらの不確定性こそ、国家主権が「自由と安全の動的平衡」として持続している理由なのである。

そして第8章（池田丈佑）では、「人権」が抱える内なる矛盾が、権利の限界、人間の限界、倫理の限界という三つの観点からえぐり出された。池田は、ジャック・デリダの哲学からヒントを得て、倫理の基礎が倫理的とは限らず、しばしばそこに力が作用していると述べる。この「倫理の自壊」は、権利・人間・倫理の本質が究極的には確定できないこと示す。「人権が尊ばれ、実現されているすぐ横で、人権は人を救えていない」という矛盾は、モラル・アポリアのその先に、再びモラルを見出す必要性を惹起するのである。

以上、この本に収められている八つの章を概観してきた。いまや人道的介入、対テロ戦争、核兵器、防衛戦争、平和構築、民主化といった現象に加え、国家主権と人権のような理念も、技術的な実現可能性や論理的な整合性に尽きないモラル・アポリアに直面している。たしかに、経済的相互依存や地域統合、環境問題や移民・難民の保護など、ここで扱えなかった主題は少なくない。それらのいくつかについては、20あまりのコラムを通じて補足しているが（各コラムの概要については終章を参照）、各章では必ずしも網羅的な分析に至らずとも今日の戦争と平和をめぐって重要と思われる現象や理念の最深部に踏み込むことを優先した。各執筆者は、それぞれ異なった専門分野や知的背景をもつだけではなく、その政治的見解においても同じではない。だがモラル・アポリアの徴候を浮かび上がらせ、国際政治を複数の道義が織りなすダイナミクスとして見ることでは、各章ともに一致している。

4 モラル・アポリアを問うことの実践的意義

このように本書の挑戦をまとめてみると、次のような疑問が浮かんでくる。道義が行動の基準や正邪の指針であるとすれば、その難局をあらためて浮き彫りにすることにいかなる意義があるのか？ あるいは反対に、現実に行使される暴力の前では道義など何の役にも立たないのではないか？ そして、何よりもモラル・アポリアは「解決」すべきものであって、それを理解し、分析し、再構成することなど不毛である、と考える読者もいるかもしれない。

こうした疑問は、いずれももっともである。自らの行動の指針が揺さぶられ、しかもその迷路の出口が見えないことをよろこぶ人などいない。だがモラル・アポリアをいくつかの徴候の布置関係として捉える本書のアプローチは、少なくとも三つの実践的意義をもつ。

第一に、モラル・アポリアの実態はそ・れ・ぞ・れ・に・正・し・い・道義の間の緊張関係や衝突、あるいは意図と結果の反転であることを思い出しておこう。モラル・アポリアの理解は、異なる原則と原則の関係や一つの原則の内部に埋め込まれた矛盾を掘り起こすことを意味する。おそらく今日求められている倫理のあり方は、唯一絶対の道義を見出すものではない。異なる世界観と価値観を抱く人々が共生していくしかない世界では、道義の多元性や可謬性を受け入れると同時に、価値相対主義にも陥らないような倫理的思考が必要である。実際、人道的介入をはじめ、対テロ戦争、核兵器、防衛戦争、平和構築、民主化といった諸問題は、文字通りいくつもの道義が交錯する現場となってきた。またその背後では、国家主権・人権といった基礎概念も大きな振幅に見舞われている。「あるべき世界」へ逃れることではなく、「あるべき世界」の主張が「この世界」にもたらすモラル・アポリアを理解することではじめて、現在の国際政治の実像が明らかになる。

そして第二に、意識するにせよ無意識にせよ、道義は私たちの思考を形づくり、行動の方向性を定めている。だがその道義の実践がいかなる「副作用」を生じさせるかを検証すること抜きには、私たちは「天使になろうとし

てけだものになる」危険を冒さざるをえないだろう。すなわち、複雑にからみ合い、意図せざる化学反応を起こすモラル・アポリアを分析することによって、私たちは問題の複雑性を認識し、とるべき選択が何であるかをいっそう深く思考できる。この意味で、今日の戦争と平和をめぐる問題を単に記述するのではなく、道義的なアポリアとして分析することは、規範的に国際政治を構想することへの最初の一歩である。容易には解きがたいモラル・アポリアに向き合うことで、政策決定者から市民にまで至る一人ひとりが、その政治的判断力を鍛えあげるはずである。

　さらに第三に、解きがたいモラル・アポリアを再構成することは、私たちが「愚の行進」へと邁進することを押しとどめるに違いない。トロイア戦争からベトナム戦争に至る「愚行の世界史」を追跡したバーバラ・W・タックマンは、支配者や政策決定者たちが当初の考えを手つかずのまま維持すること——心的行き詰まり、または静止状態——こそ、愚行のための肥沃な土壌だと見抜き、そのプロセスを次のように描き出した。

> 　心的行き詰まりは、最初の段階で、政治的問題を支配する原則と境界を定める。第二の段階で、不調和や機能不全が現われはじめると、最初の原則が硬化する。これは、英知が働いていれば、再検討や再考、進路の変更ができる期間であるが、そうしたことはさびれた裏庭にころがっているルビーと同じほどまれである。原則の硬化は、投資の増加と、エゴを守る必要性に通じる。すると、誤謬にもとづいた政策は幾重にも増幅して、決して後には退かなくなる。投資額が大きくなればなるほど、そして出資者のエゴがそのなかに巻きこまれれば巻きこまれるほど、それだけ離脱は難しくなる。第三の段階で誤謬の追求が損害をふくれ上がらせ、ついには、トロイアの陥落、法王庁からの脱退行為、大西洋の彼方の大英帝国領の喪失、ヴェトナムでの典型的な屈辱を招くにいたるのだ。
> 　誤謬への固執が問題なのである。（タックマン　1987, pp. 425f.）

モラル・アポリアへのまなざしは、硬直化した原則を再考し、とるべき進路

を変更するための「ワクチン」として機能する。あえて懐疑主義という病原体を導きいれるワクチンの接種には、道義的な相対主義や早すぎる諦念にとらわれるリスクがないわけではない。しかしそれはまた、私たちの思考のなかにあらかじめ抗体を作り出し、無批判な道義的言説の感染症にかかりがたくする。いわば「愚の行進」を押しとどめるのである。

こうしてモラル・アポリアを理解し、分析し、再構成することは、単なる認識の営みではない。それはすでに、すぐれて倫理的‐実践的な営みなのである。

おわりに──本書の使い方

このように現代の国際政治におけるモラル・アポリアを析出する本書の試みは、J・S・ミルが示した倫理学・政治学教育の理念である「自分自身で考えるための材料を提供し、その材料の利用の仕方を教えること」の〈国際政治版〉を一つの理想像としていることも告白しておこう。かつてJ・S・ミルは、倫理学と政治学をともに道徳科学に含め、その役割を人々の思索を促すところに見出して次のように述べた。

> 政治学は、一冊の教科書、あるいは一人の教師から学べばそれで事足りるというものでは決してありません。この学問に関して、われわれが教えてもらわなければならない事柄そのものが、われわれ自身の教師となるべきものであります。政治学には従うべき師はいません。各人が自分自身の力で探求し、独自の判断力を行使しなければなりません〔……〕ことにこの政治の問題に関する限り、確立された科学の権威に基づいてある見解を人に勧める資格は教育にはありません。しかし、教育は学生に自分自身で考えるための材料を提供し、その材料の利用の仕方を教えることはできます。また学生は教育によって、さまざまな観点からこの問題に関してなされた思索のなかでも特にすぐれたものを知ることができます。そのような思索さえどれ一つとして完全とは思われませんが、

しかしその各々は真に適切な、必ず参考にしなければならない考察を具体的に示してくれます。(ミル 2011, pp. 93f.)

まさにこの意味で、本書の議論は呼び水である。解決できないことに対する苦悩も行間から伝わってくるだろう。しかし私たちは、苦悩をも共有したい。苦悩を明示することで、問題を共有し、より善き解決策を探ることへとつなげていきたい。

そのため各章では、「はじめに」でモラル・アポリアの概要をあらかじめ示すとともに、「おわりに」でいくつか徴候の間の布置関係を図示し、さらにもう一歩踏み込んで執筆者の考える「出口戦略」にも言及している。

編者が想定している本書の使い方としては、以下のようなものがある。

例1) 大学学部レベルの講義

当該章の内容を教員が2回の講義で説明したあと、少人数のグループに分かれ、15分程度グループで議論したうえで、その結論をクラス内で共有したり、自分の意見の変化をミニ・レポートに書いて提出する。

ex. 対テロ戦争は継続すべきか？　その選択の道義的理由は何か？

ex. 国家主権は維持すべきか？　国家主権の代わりになる代替案があるか？

例2) 学部ないし修士レベルでのゼミナール

各章の内容を学生自身が報告し、そこに提示されているアポリアの検証、執筆者が示唆した対処案の是非、さらには対処に関する代替案の検討、そして当該のアポリアがどの程度まで他の事例にも適用できるかなどを討議する。

ex. 人道的介入をしないことは、どのような理由で正当化できるか？

ex. ユーゴスラヴィアで生じたアポリアはアフガニスタンでも生じているか？

もちろん、一冊の本にできることには限界もあろう。本書をどのように読み、いかに使うかは読者にまかせるしかない。しかしもし許されるならば、この挑戦が単なる暗記のための書籍ではなく、読者の想像力を刺激し、倫理的思考と政治的判断力を深める契機になることを期待したい。

　最後に、冒頭に掲げたパスカルの『パンセ』（「思考」の意味）に記された、次の一節をもってこの序章を締めくくろう。

　　人間にその偉大さを示さないで、かれがいかにけだものに等しいか見せすぎるのは、危険である。かれにその下劣さを示さないで、その偉大さを見せすぎるのも、また危険である。どちらをも知らせずにおくのは、なおさら危険である。だが、両方を示すのははなはだ有益である。
　　人間は、自分をけだものに等しいと思っても、天使に等しいと思ってもならない。両方を知らずにいてもいけない。どちらをも知るべきである。（パスカル 1990, p.160）

【参考文献】

ウェーバー、マックス 1936『職業としての学問』〈岩波文庫〉、尾高邦雄訳、岩波書店。
カー、E・H 1996『危機の20年──1919-1939』〈岩波文庫〉、井上茂訳、岩波書店。
タックマン、W・バーバラ 1987『愚行の世界史──トロイアからヴェトナムまで』大社淑子訳、朝日新聞社。
ダレール、ロメオ 2012『なぜ、世界はルワンダを救えなかったのか──PKO司令官の手記』金田耕一訳、風行社。
パスカル 1990『パンセ』由木康訳、白水社。
ミル、J・S 2011『大学教育について』〈岩波文庫〉、竹内一誠訳、岩波書店。
モーゲンソー、ハンス・J 1998『国際政治──権力と平和』現代平和研究会（代表＝原彬久）訳、福村出版。
Bull, Hedley 1997 *The Anarchical Society: A Study of Order in World Politics*, 2nd edition with a new foreword by Stanley Hoffman, Macmillan Press.（『国際社会論──アナーキカル・ソサイエティ』臼杵英一訳、岩波書店、2000年）
Dallaire, R. A. 2000 "Command Experiences in Rwanda," *The Human in Command Exploring the Modern Military Experience*, Kluwer Academic Pub.
Kennan, George F. 1984 *American Diplomacy*, expanded edition, The University of Chicago Press.

第 I 部

戦争のアポリア

第1章
人道的介入
―― 避けられない非人道性

小松志朗・大庭弘継

はじめに

　国際政治のモラル・アポリアについて考えようとするなら、人道的介入は格好の題材になる。なぜなら、そこには私たちの良心を鋭く問う道義上の問題が多く含まれているからである。そもそも人道的介入はその成り立ちからして、道義とは切っても切れない関係にある。冷戦が終わった1990年代から今日に至るまでの二十数年間、国際社会は人道的危機と呼ばれる困難な事態に何度も直面した。ソマリア、ボスニア、ルワンダ、コソヴォ、リビアなど、片手では数えきれないほどである。ある国で起きた内戦や民族紛争がエスカレートするなかで、罪もない多数の民間人が家を追われたり、殺されたり、強姦されたりという人権侵害が大規模かつ広範囲にはびこる非常事態、それが人道的危機である。その危機を止める、つまりは民間人を保護するという人道目的を掲げて他の国家や国際機関が行う軍事介入を、人道的介入という。それはたしかに道義的な側面をもつ行為だろう。しかし同時に、介入とは武力行使もしくは戦争であり、平たくいえば建物を壊し、人を傷つけ、殺すことである。そのようなやり方で人道目的を実現する――ここに道義上の論争が起きないわけがない。21世紀になって、国際社会は介入に正統性（正当性）を認める「保護する責任」という原則論（コラム1-1とコラム1-2

を参照)をいちおうは確立した(ICISS 2001)。だが論争は終わっていない。原則論は固まったにしても、介入の詳細な条件や方法が詰め切れているわけでもなく、具体的なケースへの適用も一貫していない。スーダンには介入しない、リビアには介入する、シリアには介入しないというように。国際社会はいまもなお迷い続けている。

コラム 1-1

保護する責任とは何か

「保護する責任」は、2001 年にカナダ政府が主導した、「介入と国家主権に関する国際委員会(International Commission on Intervention and State Sovereignty)」による人道的介入に関する報告書『保護する責任——介入と国家主権に関する国際委員会による報告』(ICISS 2001)ではじめて発表されたフレームワークである。

「保護する責任」においては、国家統治を政府の権利ではなく責任として捉え直している点が重要である。これは次のように要約できる。

①国家は、その領域内にいる人々を保護する責任をもち、そのために第一義的な役割を果たす。

②それゆえに国家は主権を有する。

③しかし、人々を保護するという責任を果たしていない(果たす意思のない、果たす能力のない、またはその両方の)国家がある。

④そのような国家は主権の根源である人々を保護する責任を果たしていないのだから、その国家の主権は制限される。

⑤また、人々を保護する責任は国際社会に移管され、他の国家がその国家が本来果たすべき責任を肩代わりする。

⑥その責任を果たすために、他の国家がその国家に対して必要に応じて物理的強制力を用いることが例外として許容される。

(眞嶋俊造)

コラム 1-2

「保護する責任」という理念の生成

「保護する責任」は、大規模な残虐行為からの市民の保護を国家と国際社会に求める規範的な概念であり、1990 年代における人道的な問題への関心

の高まりなどを背景に登場した。「介入と国家主権に関する国際委員会」が2001年12月に提唱して以降、カナダやヨーロッパ諸国、国連事務総長、非政府組織（NGO）らが、各国に対して概念の普及を目的に説得活動を行ってきた。保護する責任はこれまで、国連を中心に議論され、時に実施されるようになっている。

2005年9月の国連総会首脳会合で採択された成果文書において、国連の決議としてははじめて保護する責任が盛り込まれた。同文書では、ジェノサイド、戦争犯罪、民族浄化、人道に対する罪からの市民の保護に関して、国家と国際社会の責任が明記された。これ以後、キューバなど一部諸国の根強い反対は残りつつも、2008年2月に「保護する責任に関する国連事務総長特別顧問」が設置されるなど、各国に対する概念の普及活動が続けられてきた。

2009年1月に公表された「保護する責任の実施に関する国連事務総長報告書」では、保護する責任は、①国家の保護責任、②国際的な能力構築支援、③国際社会による強制的な市民保護の三つに分けられた。これら三つの目標の達成に向けて、対象事態を限定（ジェノサイド、戦争犯罪、民族浄化、人道に対する罪）し、国連や地域機構、NGOなどが有する既存の手段を幅広く用いることが求められた。現在の潘基文国連事務総長は2010年以降、保護する責任の諸側面に関する報告書を毎年公表し、国連総会において非公式の討論を開催している。

実施面では、2011年2月のリビア危機において、国連の安全保障理事会（安保理）が保護する責任にもとづく強制措置を決定した例が代表的である。ほかにも、スーダンのダルフールや南スーダン、マリ、イエメンなどに関して採択された安保理決議のなかで、保護する責任が言及されている。他方、2011年3月に発生したシリア危機では、潘事務総長やNGOなどが保護する責任を根拠に安保理に対して積極的な行動を求めたが、主に理事国間の利害関係といった政治的な要因によりその実現には至っていない。

このように、保護する責任は理念としては国連加盟国間で共有されつつあるものの、現実の国際政治においてその実践はなかなか容易ではない。

（政所大輔）

なぜそうなるのか。それはやはり何よりも人道的介入が、民間人を保護するという人道目的を掲げながらも、武力という特殊で危険な手段に訴えるものである以上、実態としては人道の次元からはみ出るような要素、いってみれば非人道性をしばしばともなうからである[1]。そうだとすると、理論上は、非人道性なるものを取り除けば人道的介入は万人に受け入れられよう。しか

し事はそう簡単に運ばない。人道的介入の人道性（民間人を保護すること）と非人道性は表裏一体の関係にあり、非人道性を否定すれば人道性も損なわれてしまうのではないだろうか。人道的介入には、不可避的に非人道性がついて回るという意味で、道義上の難問、モラル・アポリアが存在するのではないか。

　本章ではこの点について、いくつかの事例を題材にして考察を深めていきたい。人道的介入にはパラドクスという形でのモラル・アポリアがともなう——。これが中心的な主張となる。そのパラドクスは二つある。一つは付随被害（コラテラル・ダメージ）にまつわるものである。軍事介入をすれば、多かれ少なかれ民間人を巻き込むことになり、付随被害は避けられない。つまり介入国は人道目的を達成しようとすれば、付随被害を覚悟しなければならない。だが人道的介入にとって、救うはずの民間人がたとえ一部だろうと犠牲になるのは、自己矛盾ではないか。民間人を救うために民間人を犠牲にする。ここに一つのパラドクスがある[2]。

　もう一つのパラドクスは、介入国の政治的意図にまつわるものである。介入の主体が国家である以上、言い換えれば人道的危機を止めるために必要な軍事力を提供するのが国家である以上、そこにはいつも特定の国益に由来する政治的意図がからむ。当然これに対しては、「人道」からの逸脱ではないかとの批判が出てくる。しかしながら、もし政治的意図をもった国家が介入することを拒絶すれば、この世界でいったいほかに誰が軍事力を提供してくれるのか。そう考えれば、人道目的を実現するためには政治的意図の混入を認めざるをえない。これもまたパラドクスである。

　では、パラドクスというモラル・アポリアに現実に直面するのはどこの誰

---

(1) 本章でいう「非人道性」とは、必ずしも残虐さや非道な行いだけを意味するわけではない。それは「人道的」とはいえない、あるいは「人道的」とは違う次元であることを意味する、広義の概念である。

(2) 本書の共著者である眞嶋俊造も、「それがたとえ保護する責任が謳う住民の人権保護であったとしても、直接的または間接的に民間人に対して危害を加える結果に至ることはほぼ不可避である」と指摘している（眞嶋 2010, p. 119）。この問題への対応策として、眞嶋は「回復的正義」にもとづく被害者への補償を提唱している。

なのか。一般論としては、このパラドクスは広く国際社会全体に突きつけられた問題だといえるが、そのなかでも特にそれを切迫した問題として認識する、あるいは認識すべき主体は誰かということを、本論に入る前に特定しておいたほうがよいだろう。付随被害のほうは、介入する国の政策決定者と軍人である。軍事戦略を練るとき、軍や部下に出動命令を出すとき、そしていざ標的を攻撃するときに、つねに彼らの頭をよぎるのは民間人に被害が出る恐れはないのかという迷いやためらいである。政治的意図に関してパラドクスに直面する主体は、介入国を含め、国際レベルで介入の決定に関わる各国の政策決定者である。例えば国連安全保障理事会（安保理）、地域機関の会合、その他の国際会議で多くの国が介入に対する賛否の意志を表明するよう求められる。そのときに政策決定者は、政治的意図の混入を知りつつ、それでもなお人道的介入を推進、支持してよいものかという問いに向き合うことになる。もちろん、現実には介入国自身はこの点を割り切っていることが多いだろう。しかし実際のところ介入国といっても複数いるケースがほとんどであり、異なる国々の間ではしばしば武力に対する姿勢に温度差が生まれる。したがって、そこには少なからずパラドクスを意識せざるをえない国も出てくる。

　さらにいえば、付随被害にせよ政治的意図にせよ、必ずしも現実に政策決定者や軍人がいつもパラドクスを自覚しているわけでもない。彼らが理論上は直面せざるをえない、直面する局面がありうる、あるいは実は直面しているが当の本人は気づかないパラドクスもあるだろう。本章はそこも考察対象にしている。いってみれば、パラドクスというモラル・アポリアは、現実の世界に一部分しか姿を見せない氷山のようなものである。その水面下に広がる巨大な部分まで目を凝らして見なければ、この問題の本質はつかみきれない。

　最後に一つ付け加えると、本章の切り口は、人道的介入をめぐる主要な研究や論争とは少し違うかもしれない。一般的に、人道的介入の論点は何よりもまず正統性、特に国際法上の正統性つまり合法性だった。要するに、正しい武力行使、人道的な武力行使があるのかどうかという問題である。もちろ

んその問題の重要性はいまも変わらない。だがそれと同時に、人道的危機というものが現実に起こりうる以上、それを防止・解決するために何ができるのか、何が課題になるのかということも真剣に考えなければならない。言い換えれば、いまや私たちは、正統性だけでなく実効性もあわせて考えなければならない。これが筆者たちのスタンスである。そして、そう考えたときに道義上の重要な問題として迫ってくるのが、付随被害と政治的意図の二つなのである。

　本章の構成は次のとおりである。第1節では、人道的介入に対する批判を整理することにより、パラドクスというモラル・アポリアを理論的に導き出す。第2、3、4節では、それぞれコソヴォ、コンゴ、リビアの事例を題材にして、パラドクスの中身や文脈を掘り下げていく。そして最後に、今後の研究や論争を促すような問題提起を行って、議論を締めくくりたい。

1　二つのパラドクス

1) 付随被害

　従来から人道的介入に対してはさまざまな批判がなされてきたが、そのなかでも特に重要なポイントの一つに付随被害の問題がある。一般的に付随被害とは、戦争のなかで民間人が被る犠牲を意味する。いわば民間人が戦争の巻き添えを食うことである。これを介入の文脈にひきつけて言い直せば、介入側の武力行使が民間人にもたらす人的・物的被害のことである。例えば、介入側の空軍機が軍事標的を爆撃したときに、近くにいた民間人がその爆風で死傷したり、そもそも標的を間違えて民間人の家を誤って破壊したりするようなケースが考えられる。本章では、付随被害のなかでも民間人の人的被害（死亡、負傷、難民・避難民の発生）に焦点を絞りたい。また、武力行使による直接の被害だけでなく、介入をきっかけに紛争が激化・長期化することで生じる被害も、広い意味での付随被害、いわば間接の付随被害として議論の射程に入れる。

　当然のことながら、人道的介入に限らずほとんどの戦争において、多かれ

少なかれ付随被害は避けられない。絶海や砂漠だけで行われる戦争を別にすれば、戦争というのは大体が人間の暮らす場所で行われるものである以上、何らかの形で民間人に影響が及ぶのは必然である。そのため、付随被害をいかに減らすかということが、古くから国際社会の課題になってきた。西洋の政治思想史をひもとけば、アウグスティヌス（354〜430）やトマス・アクィナス（1225〜1274）、ヴィトリア（？〜1546）、グロチウス（1583〜1645）などから脈々と受け継がれてきた正戦論において、いわゆるユス・イン・ベロ（jus in bello、戦争における法、交戦法規）すなわち戦争の正しい遂行方法の規範の一つとして、「戦闘員と非戦闘員を区別する」あるいは「非戦闘員を攻撃してはならない」という項目がある[3]。また、ジュネーブ諸条約やその追加議定書に代表される現代の国際人道法でも、付随被害の軽減は重要テーマの一つになっている。

　しかも人道的介入に関しては、付随被害の問題は他の戦争よりも一段と重い意味をもつ。人道的介入はその名が示すとおり、本来「人道的」な行為のはずであり、それが付随被害という非人道的な結果を生むことは、存在意義が問われる根本的な矛盾をはらんでいる——民間人を救うために民間人を犠牲にするという矛盾を。人道的介入について語るのならば、付随被害という言葉自体おかしいとすらいえるかもしれない（最上 2001, p.108）。

　しかしながら、付随被害を極限まで、ゼロまで減らすという方向性を突き詰めれば、おそらく「介入しない」という不介入の選択肢しか残らないだろう。そうすると何が起きるか。結局は、人道的危機を止める手立てがほとんどなくなり、民間人の犠牲が増えるだけである。実際、国際社会が介入を躊躇した1990年代のボスニア紛争では約20万人が、ルワンダ紛争では約80万人が亡くなっており、難民・避難民の数はその数倍にのぼる。不介入という選択肢は、往々にして人道上の悲劇を放置し、悪化させる結果となる。

　したがって、私たちはやはり、国際社会が一定の付随被害が出るのを覚悟で介入するしかないケースがある、という認識を前提にして、あらためて付

---

[3]　正戦論については、眞嶋 2010、および本書第4章を参照。

随被害の問題に向き合わなければならない。本書の共著者である眞嶋俊造も指摘するように、「人道的な目的で武力介入を行ったとしても、民間人を保護するための軍事力行使は、直接的または間接的にほかの民間人の犠牲のうえに成り立っているという事実がある[4]」(眞嶋 2010, p. 121)。人道的介入というのは、民間人を救うために民間人を犠牲にするというパラドクスを抱えるものなのである。しかも先述のとおり、人道的介入に関して付随被害の問題は、戦争一般のなかでもひときわ深刻なものである。それゆえ、もし人道的介入における付随被害をやむをえないものとして受け入れるのであれば、戦争全般に関する一般的な議論とは一線を画す、道義上の厳密な正当化が必要になるのではないだろうか。でははたして、救うべき命と犠牲にしてもいい命を選り分けることなどできるのか。

この問いに対しては、介入により救われた人間の数、逆にいえば介入がなければ死傷したか難民・避難民になっていたはずの人の数（救済人数）と、現実に付随被害を受けた人の数（被害者数）を比べるという、功利主義的な考え方がある。押村高は次のように述べる。「犯された不正、あるいは犯される恐れのある不正をより少ない不正で阻止することが正義にかなうと考えることには十分な根拠がある。これに対して合理的に反論するためには、介入の根拠となる「犯された不正」（人道に対する罪など）が、不正に対処する際に生じた不正（非戦闘員の殺傷、誤爆、介入要員の犠牲など）よりも、「小さいものである」ことを立証しなければならないだろう」（押村 2010, p. 136）。

しかしこれには、どこか割り切れない部分が残る。まず、救済人数と被害者数の差が小さいケースでは判断が難しい。たしかに、政府から弾圧を受けている100人の少数民族がいると仮定して、もし介入により99人を救うのに1人の犠牲ですむのなら、それを正当化することは容易かもしれない。だがもし51人を救うのに49人を犠牲にするとなればどうか。あるいは数字を

---

[4] 眞嶋によれば、「保護する責任」をめぐる従来の議論においては、「武力介入によって保護されなかった民間人や武力介入の犠牲となった民間人をめぐる倫理的諸問題についての検討」が抜け落ちているという（眞嶋 2010, pp. 112-113）。つまり、直接・間接の付随被害についての議論は一般的にまだ不十分だということである。その意味で、今回ここで付随被害にまつわるモラル・アポリアについて論じることには、大きな意義があるといえよう。

もっと大きくすると、問いの難しさがさらに際立つ。例えば約80万人が死亡したルワンダの事例。このとき、41万人を救うために39万人を犠牲にして介入することは、はたして道義上許される行為だろうか。このような思考実験が示唆するのは、人間の命を「量」に換算して付随被害を正当化することの限界である。お金であれば、100万円のほうが90万円より価値が高いと言い切れる。これに対して人の命の場合、100万人の命のほうが90万人の命よりも価値が高いとは、単純に言い切れない。もちろん、そこを割り切って量の大小で判断するのが功利主義的な考え方である。しかし、やはりそれでは、現実の介入に関わる政策決定者や軍人にとってみれば、付随被害を正当化する十分なよりどころにはならないのではないか。単なる「量」の計算を超えた、深い道義的思考が求められるのではないか[5]。

　さらにいえば、そもそも救済人数と被害者数を正確にはじき出すのが難しいという、現実的な問題もある。まず、救済人数とは、先述のように「介入がなければ死傷したか難民・避難民になっていたはずの人の数」であるから、本質的に反実仮想にもとづく。それゆえ、どうしても不確実性をともなう推測に頼らざるをえない[6]。また被害者数のほうにも、数えるのが難しい部分がある。直接の付随被害ならある程度は正確に把握できるかもしれないが、間接の付随被害は難しい。例えば、介入が始まったあとに発生した難民・避難民の数について考えみてほしい。はたして、そのなかで介入側が責任を負う人数を、紛争当事国の政府や武装勢力が責任を負う被害から区別することは可能だろうか。このようなことから、救済人数と被害者数を比べることは難しいといえる。やはり付随被害を正当化するには、「量」の計算とは違う道義的な基盤が必要になる。

---

[5] 眞嶋も、「人道的武力介入における本質的な問題は、大多数のために少数が犠牲になることが正当化されるという点にあり、また彼らの犠牲が語られることが少ないという点にある」として、功利主義的な考え方を批判している（眞嶋 2010, p. 122）。

[6] 実際に反実仮想を使って救済人数を計算し、介入事例の成功と失敗を判断した研究はある。例えば Seybolt 2007, Kuperman 2013 を参照。また筆者（大庭）は、スレブレニツァの虐殺についての研究がしばしば行う反実仮想——もし国連軍がスレブレニツァを守るための行動をとっていた場合にどうなっていたか——を、批判的に考察している（Ohba 2013）。

第Ⅰ部　戦争のアポリア

　それでは「量」ではなく、「質」の観点から考えればよいのだろうか。すなわち、付随被害もやむなしとするなら、実際にどのような人間がどのような犠牲を被るべきかを考えるのである。子供よりも老人が犠牲になるべきか。女性よりも男性か。戦場や危機の現場から遠いところに住む人間よりも、たまたま近いところに住む人間か。介入側と文化や言語の面で違いが小さい民族よりも、大きい民族か。そして、犠牲の形態としては、死亡、負傷、難民・避難民のどれが望ましいのか。しかもこれを先述の「量」の問題とあわせて考えると、さらに問題は複雑になる。例えば、もし仮に「質」の観点から、老人よりも子供の命を優先すると割り切ったとしよう。それでは、100人の子供がいる学校と、120人の老人がいる病院のどちらを付随被害の犠牲にすべきだろうか。あるいは、1人の死亡と1万人の難民・避難民とを比べた場合、避けるべき付随被害はどちらなのか。このように考えると、「質」の観点からもすぐに答えは出そうにない。たしかに功利主義的な考え方には限界がある。しかし、そこから抜け出しても、頼れる道義的基準がどこにあるのかはわからない――倫理学で有名な「トロッコ問題」において、5人を死なせるべきか1人を死なせるべきかという究極の選択に明確な解答を出せないように[7]。

　以上のように、介入国の政策決定者と軍人は、付随被害に関して「民間人を救うために民間人を犠牲にする」というパラドクスに直面する。救うべき命と犠牲にしてもいい命を選り分ける基準を設定できない以上、付随被害というものは道義上、正当化しきれない。だからこそこのパラドクスは、まさにモラル・アポリアと呼ぶにふさわしい困難な問題なのである。

---

(7) トロッコ問題とは以下のような思考実験である。トロッコが暴走している。そのまま進むと5人が列車にはねられて死ぬことが明白である。しかし私の目の前には線路切替機があって、それを使えばトロッコを別の線路に行かせて、5人を救える。だがそちらの線路には別の人間が1人いて、今度はその人がトロッコにはねられて死ぬ羽目になる。このとき、私は5人を救うべきか1人を救うべきかという選択に直面する。この問いは豊富なバリエーションが作られていて、それぞれで回答が異なってくる。いずれにせよここで強調したいのは、倫理学においても、快刀乱麻を断つ回答が存在しないことである。

2) 政治的意図

　人道的介入に対する批判のなかで、もう一つ重要なポイントは政治的意図である。必ず人道的介入には、介入する国家の国益やそれに由来する政治的意図がからんでくる。そこがしばしば批判の的になるわけである。本来、人道的介入は、民間人を助けるという人道的、限定的な目的に限って例外的に許容されるものではないのか。介入国の政治的意図がからんでくると、介入はもっと野心的な目的を追求することになりはしないか。それはもはや「人道的」とはいえないのではないか。例えば土佐弘之がいうように、人道的介入は「強者が弱者に対して振る舞う行為である以上、そこには、利他的行為の名の下に利己的行為を行うというパターナリスティックな振る舞いの問題が常につきまとってくる」（土佐 2006, p.54）。また押村高も、介入を主導することの多いアメリカの問題点を次のように指摘する。「なるほど、「国益への配慮抜きに、介入への国民の合意を取りつけることはできない」というアメリカの論理には、一定の根拠がある。しかし、国益が「主」、正義を「従」とみなしているといっても過言ではないアメリカ政策担当者や政策助言者が、正義の「語り手の資格」を持つことには、不信がつきまとうのである」（押村 2010, p.134）。

　この問題は、介入の中立性の問題として捉えることもできよう。人道的介入のそもそもの目的は、人権侵害の被害者たる民間人を保護することである。言い換えれば、人権保障という普遍的な規範を戦場で実践することが、介入の使命である。したがって、それは人がどのような民族に属していようと、どのような政治信条を掲げていようと分け隔てなく救済対象としなければならない。だが現実には、特定のグループに属する人間だけが救済対象になり、さらには介入がそのグループの政治的目標に資する場合が多い。そうして人道的介入は、介入国の国益を背景とした政治的意図にもとづく非中立的な政治介入だとみなされ、批判されるわけである。

　以上のような政治的意図の問題の根底には、いまの世界で実効的な介入ができるレベルの軍事的な資源や手段を保有しているのが、アメリカや北大西洋条約機構（NATO）、ヨーロッパ連合（EU）など一部のアクターに限られ

ているという現状がある（押村 2010, pp. 154-155, 186）。ここに冷戦後の歴史的展開を読み取ることもできよう。「ベルリンの壁崩壊以降の事件史が構造化してきたものとは、まさに軍事力の一極集中化であり、この物理的な構造的条件により、従来の相互抑止の機構は壊れ、一方的な軍事的介入も可能になった」（土佐 2006, p. 9）。力の強い一部の国家が、介入することに何らかの国益を見出したときにはじめて介入が始まる、あるいはその国家が介入したいときに介入する、というわけである。

=== コラム 1-3 ===

1990 年代の人道的介入——ソマリア、ボスニア、ルワンダ

　冷戦終結後に武力紛争や民族紛争が続発し、紛争被災者が大量に発生する人道的危機が世界各地で生じた。これに対して、国際社会は軍隊を派遣して人道的危機を阻止し、紛争被災者に援助物資を提供し救済しようとした。これが、1990 年代に実施された人道的介入である。

　ソマリアでは、シアッド・バレ大統領が長期独裁政権を維持してきたが、1991 年 1 月に統一ソマリア会議などの反政府勢力によって打倒された。それにより、氏族間の対立や氏族内部での対立が噴出し、ソマリア全土が内戦状態に陥った。1992 年 12 月、国連安全保障理事会は、武力紛争や飢饉による人道的危機に対処するために、米軍を中心とする多国籍軍の派遣を承認し、「希望回復作戦」が開始された。しかし、多国籍軍は内戦の当事者であるアイディード将軍派と衝突し、米軍のレンジャー隊員が殺害されたために、武力紛争を解決することなく撤退した。いまもなお、ソマリアにおける武力紛争と人道的危機は継続したままである。

　ボスニアでは、1992 年 3 月にユーゴスラヴィア連邦からの独立を宣言したが、独立に反対するセルビア人勢力が、独立に賛成するイスラーム教徒に対する攻撃を開始し、これにクロアチア人勢力も参戦することになった。ボスニア内戦では、敵対する民族集団を一掃する民族浄化が広く用いられ、強制移住や大量殺害などのジェノサイド行為が頻発した。これを受けて、国連安保理は、1991 年 6 月にサラエボ空港の再開と人道支援を目的とする国連保護軍（UNPROFOR）を派遣し、1993 年 4 月には、ボスニア 6 都市を安全地域に指定し、援助物資の輸送を進めようとした。しかし、その能力は民間人を保護するのに十分ではなかった。それゆえ、北大西洋条約機構（NATO）軍は、1994 年 4 月に航空攻撃を開始し、1995 年 8 月にはセルビア人勢力に対して断続的な空爆を実施した。これを受けて、紛争各派は 1995 年 11 月に

デイトン協定を締結し、現在では、国家の再建と民族の融和が進められている。

ルワンダでは、1994年4月にハビャリマナ大統領が乗った航空機が墜落したことを契機として、フツ族武装勢力がラジオなどを通じてフツ族住民を扇動し、少数派のツチ族住民を次々に殺害し始めた。1994年4月から7月までに、約80万人がジェノサイドの犠牲に遭ったと推測されている。このような人道的危機に際して、アメリカなどの大国は人道的介入の実施に消極的な姿勢で臨み、このことが被害の拡大をもたらしたといわれる。多くのルワンダ国民が虐殺されたのち、国連安保理はようやく6月にフランス軍主体の多国籍軍の派遣を承認し、多国籍軍は「トルコ石作戦」を開始した。一方、ツチ族主体のルワンダ愛国戦線（RPF）は、武力紛争と民族浄化を収束させ、最終的に全土を掌握することに成功した。

人道的介入では、人道的危機に際して適切なタイミングで、人員と物資を紛争地域に送り込むことが求められる。しかし、これは軍隊を派遣する国家の政府や世論の動向に左右される。また、国際機構やNGOの援助活動によって人道的危機を収束できるのであれば、人道的介入のタイミングを逃したことになる。

人道的介入は武力行使をともなうために、その正当性が一般に論争の対象となってきた。国連憲章第7章にもとづく国連安保理決議が採択されない場合、コソヴォ紛争におけるNATO軍の空爆が批判されたように、人道的介入の正当性に疑義がもたれることになる。また、介入軍が武力を行使して、地元の民間人を戦闘に巻き込んだ場合には、むしろ人道的危機を助長していると厳しく批判される。一方、介入軍が武力行使に慎重で、紛争被災者を保護する意思に欠けるとみなされると、人道的危機を収束させる能力がないと、やはり非難される。このように人道的介入は紛争被災者の救済を目的にするとはいえ、つねに正当な行為であると評価されるわけでない。人道的介入を実施する場合には、これらのモラル・アポリアの相克のなかから、より望ましい方途を探ることが求められる。

（上野友也）

だがそれでも現実として、人道的危機を止めるために国際社会はその一部の国家に仕事を頼むしかない。もし介入に政治的意図が混じるのを拒絶すれば、それは実質的に国家を介入アクターとして認めないということになり、結果として、実効的な介入をするのに必要な軍事力が確保できなくなる。いまだ世界軍も世界警察も存在しない以上、軍事力の提供はどこかの国に頼む

しかない。その意味で人道的介入というのは、人権保障という普遍的な規範を実践するために、特定の国家の政治的意図に頼るというパラドクスを抱えるものなのである。

このように、人道的介入においては、政治的意図に関してもパラドクスが存在する。それは言い換えれば、国際レベルで介入の決定に関わる各国の政策決定者が、「利他性」と「利己性」の関係について道義上の難しい判断を迫られるということである。利己的な動機が利他的な動機を支え、ひいては人道的な結果をもたらすのであればよいのだろうか。逆にいえば、利他的な動機・人道的な結果が、利己的な動機・政治的な結果に正統性を与えるのを認めてよいのだろうか。しかし、もし民間人を保護しようとするなら、「よい」とせざるをえない。このように考えると、政治的意図にまつわるパラドクスとは、道義上の違和感や抵抗感を抱きながらも利他性と利己性の結合を受け入れざるをえないという、まさにモラル・アポリアなのである。

3）非人道性というパラドクス

以上見てきたように、人道的介入には、付随被害と政治的意図それぞれに関して、パラドクスというモラル・アポリアが存在している。付随被害のほうは、「民間人を救うために民間人を犠牲にする」というパラドクスがあった。政治的意図に関して明らかになったのは、「人権保障という普遍的な規範を実践するために、特定の国家の政治的意図に頼る」というパラドクスである。これらを一つにまとめれば、「人道性を維持するためには、非人道性が必要になる」というパラドクスになろう。このことを図式的に示せば、次頁に示した図のようになる。介入国はまず部分的にせよ何らかの政治的意図に突き動かされ、そして付随被害を経過して、ようやく最後に民間人保護という人道目的にたどりつけるのである。要するに、人道的介入は2段階の「非人道性」を経由する運命にある。このような意味で、人道的危機という極限状態において、介入国や国際社会は人権保障の理想を目指すのならば、ある意味で「汚れる」ことを覚悟しなければならない。人道的介入は綺麗ごとではすまされない。それはまさに政治の本質を象徴する行為だといえよう。

第 1 章　人道的介入

人道的介入のパラドクス

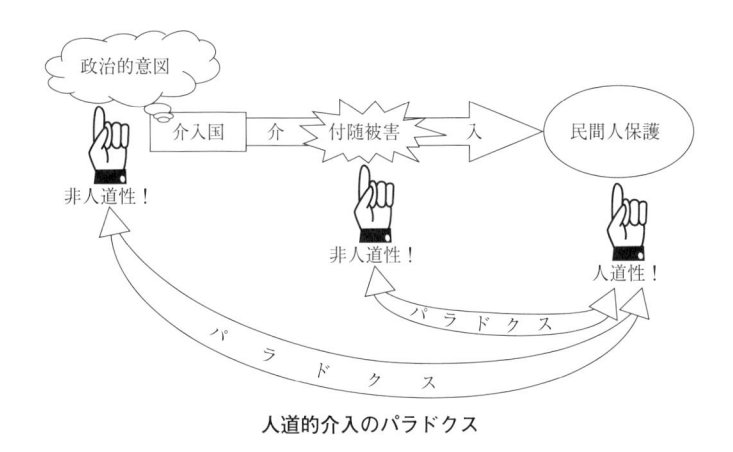

以下の節では、ここまで理論的に解明してきたパラドクスについて、具体的な事例をいくつか振り返ることでさらに考察を深めていきたい。パラドクスは現実にどのような文脈において現れ、どのような結果をもたらすのか。介入国や国際社会は、パラドクスというモラル・アポリアにどのように向き合うのか。

2　コソヴォ

1）概要

本節では、1999 年のコソヴォ介入の事例を取り上げる[8]。新ユーゴスラヴィア連邦・セルビア共和国に属するコソヴォ自治州では、そこに住むアルバニア人が自治権を奪われた現状に対する不満から独立を求め立ち上がったところ、スロボダン・ミロシェヴィッチ大統領率いる連邦政府が武力弾圧でこれに対抗し、1998 年から本格的な内戦が始まった。そして、同年の冬から翌年にかけて、人道的危機が懸念されるところまで事態は悪化した[9]。

---

[8]　本節の内容は大部分、小松 2014 の第 4 章に依拠している。
[9]　ただし、アルバニア人の側も単なる被害者というわけではなかった。そのなかにはコソヴォ解放軍（KLA）という武装グループがいて、わざと政府側の武力弾圧をエスカレートさせるような行動をとることで、介入の気運が国際的に高まるよう目論んでいたともいわれる。

第 I 部　戦争のアポリア

　当初からアメリカとイギリスをはじめとする欧米諸国が和平案をもって仲介に乗り出したが、事態の悪化に歯止めをかけることはできず、結局最後は1999年3～6月のNATOによる空爆、同盟の力作戦（Operation Allied Force）でもってミロシェヴィッチに同案を強制して、何とか紛争・危機を終わらせた。欧米諸国からすれば、ミロシェヴィッチ大統領こそがコソヴォの人道的危機を引き起こした、あるいは引き起こそうとした張本人だった。そこで介入側の戦略としては、彼にコソヴォの自治権の回復を柱とする特定の和平案を、武力を使って強制することにより紛争の政治的解決を実現し、ひいては人道的危機の収束をはかるということになったのである。

2）はるか上空からの空爆

　この空爆は安保理決議を経ずに強行されたため物議を醸し、人道的介入研究でもつねに論争の的になってきた。だがコソヴォの事例が論争を巻き起こすのは、決議の有無の問題に限らない。空爆による付随被害も、それに劣らず批判の的になってきたのである。NATO軍は、地上のはるか上空（1万5000フィート）から空爆を行った。そのために、どうしても標的を外れて誤爆になるケースが避けられなかったのである。加えて、NATOの当初の楽観的な見通しに反して空爆が長期化したため、難民・避難民が増大し、巻き添えや誤爆の可能性がさらに高まったという事情もある。

　まず直接の付随被害についていえば、ヒューマン・ライツ・ウォッチが2000年に公表した報告書によると、（他の調査に比べて数が少ないとの批判はあるが）NATOの空爆で死亡した民間人は488～527人にのぼる（HRW 2000, p.5）。間接の付随被害のほうはどうだろうか。コソヴォ介入では、空爆が始まってから難民・避難民と死傷者は減るどころかむしろ増えたともいわれる。空爆が続くなかで、アルバニア人約86万3000人が国外に避難し、59万人が国内避難民になったという数字もある。この数字は、コソヴォに住んでいたアルバニア人の約90パーセントが家を追われたことを意味する（IICK 2000, p.90）。ちなみに、空爆が始まる前に発生した難民・避難民の数はおよそ10万人である（小池 2004, p.117）。もちろんこれはユーゴスラヴィア政府側の

弾圧が責めを負うべき部分も大きいが、やはり NATO の空爆が「空爆→紛争の激化・長期化→難民・避難民、死傷者の増大」という形で、間接的な原因になったことも否定できない。

そもそもなぜ、介入を主導したアメリカは、はるか上空からの空爆という方法を選んだのか。それは何よりも、自国兵士が反撃を受けるリスクをできるだけ減らしたかったからである。特に 1990 年代前半のソマリア介入で失敗して以来、アメリカ政府は自国兵士の犠牲に敏感になっている。だとすると、アメリカのリスク回避傾向、あるいは介入に対する消極的な姿勢が、空爆を慎重な形のものにして、結果、付随被害につながったということになる。ここで疑問が出てくる。「民間人を救うために民間人を犠牲にする」というパラドクスは、実のところ大部分が介入側のリスク回避の姿勢に起因するものであり、解決可能なのではないか。つまりそれは何もパラドクスというほどの深刻な問題ではなくて、単にアメリカの介入政策の欠陥にすぎないのではないか。

そのようにアメリカの姿勢を批判することはできよう。たしかに、自分の身の安全を優先して、救うべき民間人を殺すような介入は人道の名に値しないと、批判されて然るべきかもしれない。しかしながら、より根本的な問題として強調したいのは、コソヴォ介入におけるアメリカの姿勢は、人道的介入もしくは介入国の本質的な限界を表したものであり、単にアメリカだけを批判してすむ話ではないということである。なぜなら、人道的介入において介入国はそこまで死活的な国益を抱えて行動しているわけではなく、自国兵士のリスクをできるだけ回避したいと考えるのは当然だからである。実際、コソヴォに関してアメリカはそれほど死活的な国益を有しているわけではなかった。もちろん、それを国家の身勝手なふるまいだとして批判することも重要だが、本章ではそれよりも、国家の道義的行動には一定の限界があるという現状認識を議論の出発点にして、そこから道義上の問題を検討するというアプローチをとりたい。

このような立場に立つと、コソヴォの事例からいえるのは、人道的介入が上述のパラドクスを不可避的にともなうのは、介入国の国益がそれほどから

んでいないという要因が大きいということである。すなわち、人道的介入において付随被害が避けられないのは、一つには戦争一般の特徴であるものの、それに加えて、介入国がそこまで死活的な国益を見出せないためにつねに慎重にならざるをえないという、人道的介入特有の事情があるからだといえよう。

もちろん、「国益がそれほどからんでいない→付随被害の発生」というシンプルな流れが一般法則として成り立つわけではない。逆に、死活的な国益がからんだ戦争、例えばアメリカが2000年代に始めたアフガニスタン戦争やイラク戦争でも、多大な付随被害が出ている。重要なことは、人道的介入という特殊なタイプの戦争では、介入国の国益がそれほどからんでいないために付随被害が発生しやすい、あるいは独特の付随被害の発生パターンが出てくる（例えば、はるか上空からの空爆による誤爆）といった特徴が見られることである。付随被害はたしかにあらゆる戦争にほとんど不可避の帰結である。そのなかで人道的介入に限っていえば、介入国の国益がそれほどからんでいないという事実がカギになってくる。

しかしながら、「それほどからんでいない」といっても、ある程度の国益が介入国の行動に影響していることは事実である。まさにそこから、今度は政治的意図にまつわるパラドクスが生まれてくる。次にこの点を見てみよう。

3）和平案の強制

コソヴォ介入は、その政治的意図も批判されてきた。アメリカをはじめとするNATO諸国が空爆の先に見据えていたのは、コソヴォの人道的危機を止めるというよりも、コソヴォの独立を求めていたアルバニア人を支持し、独立とまではいかないまでも自治権を回復させることだった。実際、NATO側も空爆だけでは直接危機を止められないこと、つまり弾圧を行っていた政府の治安部隊・軍を物理的に排除できないことをわかっていたのである（小松 2014, pp. 201-202）。同盟の力作戦は明らかに、ミロシェヴィッチ大統領に圧力をかけて特定の和平案を受け入れさせるための武力行使だった。最上敏樹も、コソヴォ介入には人道目的とは違う、「最小限、ミロシェヴィッチ政権にNATOの望んでいたユーゴスラヴィア和平合意案を受諾させる」とい

第1章　人道的介入

う別の目的があったと指摘する（最上 2001, p.105）。さらにいえば、「迫害が行われているとされたコソヴォだけでなく、あるいはそれ以上に、迫害するセルビア人の「頭目」がいる首都ベオグラードも激しく攻撃された。コソヴォ（州都プリシュティナ）から250キロ離れた町が主たる攻撃対象であったことが、この武力行使の性格をやや特異なものにしている」（最上 2001, pp.96-97）。そこには紛れもない政治的意図があった。一国の少数民族（アルバニア人）の政治的地位という、まさにセンシティブな政治的問題に関わる当事国政府の政策を、介入国が力ずくで変えさせようとしたわけである。

　とはいえ、この介入が完全に非人道的な介入だったわけでもない。たしかに人道的危機を直接解決しようとはしていなかったが、それを間接的に狙っていたのである。コソヴォの事例に限らずそもそも人道的危機というのは、当該国における何らかの政治的対立が激化した結果、発生するものである。つまり、政治的対立が人道的危機を生むのである。コソヴォでいえば、コソヴォの自治や独立をめぐるアルバニア人と新ユーゴスラヴィア政府の政治的対立が武力紛争へと発展し、ついには人道的危機をもたらした、あるいはもたらしそうになった。そこで介入側としては、その政治的対立を解決することで、つまり人道的危機の根本原因を取り除くことで、結果として人道的危機を止めるという戦略を立てたのである。言い換えれば、人道的危機の現場——コソヴォ——でアルバニア人に弾圧を加える治安部隊・軍を物理的に排除するのではなく、部隊・軍に命令を出している政府——首都ベオグラード——のトップたるミロシェヴィッチの姿勢を変えることで、弾圧をやめさせようとしたのである。

　以上のようにコソヴォ介入を理解すると、第1節で明らかにした政治的意図にまつわるパラドクス（人権保障という普遍的な規範を実践するために、特定の国家の政治的意図に頼る）について、何がいえるだろうか。それは、介入国の政治的意図の中身が、被介入側に押しつける和平案のなかに読み取れるということである。逆にいえば、武力行使だけからそれを読み取るのは難しい。たしかに、先の引用部分で最上が指摘していたように、空爆が行われた場所から介入国の政治的意図をある程度推し測ることはできる。だがその詳細を

つかむには、やはり言葉を尽くして書かれた和平案を読まなければならない。ここでは具体的な内容に立ち入らないが、たしかにコソヴォ介入の和平案は、コソヴォには自治という政治的地位がふさわしいと考えられたこと、将来的な独立の保証をギリギリのところで回避していること、そして紛争後にNATO軍がユーゴスラヴィア全土で自由に行動できるように目論まれていたことなど、まさに介入側のさまざまな政治的意図が反映されていたのである（小松 2014, pp. 204-217）。

　それゆえ和平案というものは、政治的意図がどのように人道的な結果につながりうるのかを判断する材料にもなる。言い換えれば、国際レベルで介入の是非について意見の表明を求められる、もしくは介入の決定に関わる各国の政策決定者は、和平案に読み取れる政治的意図と人道的な結果のつながりや緊張関係を意識せざるをえない。実際、介入するかしないか、武力行使を認めるか否かの判断の大部分が、武力によって相手に強制する和平案をどう評価するかという問題なのである[10]。そこで問われるのは、いまある和平案が武力でもって推し進めるほどの価値、妥当性があるのかどうか、そこに読み取れる政治的意図を容認すべきかどうかという点なのである。その意味で、人道的介入において外交の舞台というのは、国際社会が政治的意図にまつわるパラドクスに直面する場になる。

3　コンゴ

1）概要

　国連平和維持活動（PKO）も、広い意味では人道的介入に含まれる。そして、前節で取り上げた新ユーゴスラヴィア、コソヴォにおけるNATOの空爆と同じように、PKOも付随被害と政治的意図にまつわるパラドクスを避けられない。この点を示すために、本節ではコンゴ民主共和国（以下、コンゴ。ちなみに、これとは別にコンゴ共和国という国もある）の事例——PKOによる

---

[10]　この点は小松 2014 で詳しく論じた。

介入——を検討する。なお、付随被害の問題に関しては、議論を補強するためにハイチの事例もあわせて取り上げたい。

コンゴ民主共和国は、旧国名をザイールという。1997年、この国を支配する独裁者モブツ・セセ・セコに対して、ルワンダとウガンダに支援されたローラン・カビラが反乱軍（AFDL）を率いて戦いを挑み、最後はモブツを追放して新政権を樹立した（第1次コンゴ戦争[11]）。そしてカビラは大統領となり、国名をザイールからコンゴ民主共和国に変更した。カビラ新大統領はしかし、自分たちを支援してくれたルワンダとウガンダがコンゴに影響力を及ぼすのを嫌って、両国出身者を政権から排除した。すると今度は、そうしたカビラの動きに反発したルワンダとウガンダが、コンゴ国内の武装勢力に新たな反乱を起こすようけしかけるとともに、自国の軍隊を送り込んでコンゴ東部を占領し、さらに首都キンシャサにも迫った。こうした両国によるコンゴへの軍事侵攻に対抗する形で、いくつかのアフリカ諸国がカビラ政権を支援してコンゴに軍隊を派兵した。最終的に、事態は9カ国が参戦する地域大の戦争へと発展した（第2次コンゴ戦争、アフリカ大戦ともいう）。この戦争の最中の1999年に締結されたルサカ和平協定で、国連PKOの派遣が要求され、誕生したのが国連コンゴ民主共和国ミッション（MONUC_{モニューク}）である。

2）強靱なPKO

さて、コンゴ介入の詳しい話に入る前に、まずはその背景にあるPKOの変容について確認しておきたい。コラム1-3でも書かれている1990年代の人道的危機、つまりソマリア、ルワンダ、ボスニアの各紛争において、国連PKOは民間人を保護することができなかった。その失敗が国際社会における議論を促進し、先述の「保護する責任」に結実する一方で、PKOの改革も進んだ。近年のPKOは、強靱なPKO（Robust PKO）と呼ぶべきほどに「強

---

[11] 1994年にルワンダで起きたジェノサイドの結果、同国から膨大な難民と、ジェノサイドを引き起こした旧政府軍や民兵がザイールに流入したことが、この反乱の遠因である。ルワンダの旧政府軍と民兵たちは難民キャンプを基地とし、ルワンダ新政府への越境攻撃をたびたび行った。またモブツ政権はルワンダ旧政府に肩入れしていた。これに業を煮やしたルワンダ新政府が、ウガンダと手を組んでザイール東部での反乱をけしかけて、モブツ政権を排除したのである。

化」されているとの見方もある。

　強靱なPKOとは、「民間人にとって脅威となるか、和平プロセスを損なうおそれのある行為を働くスポイラー（妨害者）からマンデート〔国連PKOに対し、安保理から委任された権限〕を守るために、安保理の承認を受け、国連PKOが戦術レベルで行う武力行使」（PKO局 2008, p. 58、〔　〕内は引用者による補足）も可能な、新しいタイプのPKOである。国連PKO局の説明によれば、「強力な平和維持は、たとえ現地で何ら変わりなく見えようとも、憲章第7章に基づく平和執行と混同すべきでない」（PKO局 2008, p. 21）。しかし、逆にいえば、「憲章第7章に基づく平和執行と混同するべきではないが、現地では何ら変わることはない」、それが強靱なPKOだというわけである。つまり、形式上は異なるが、事実上現場においては平和執行を担うPKOなのである。

　強靱なPKOが出現した背景には、上述の1990年代の「失敗」がある。特にルワンダとボスニアのケースが重要だった。ルワンダにおいて、国連は人道的危機を目撃しながら多くの兵力を引き揚げたのみならず、現地にとどまったPKO（国連ルワンダ支援団：UNAMIR）がダレール司令官の指揮のもとで民間人保護のために努力するのを妨害すらした。同時期にボスニアで起きたスレブレニツァの陥落では、現地にいたPKO（国連保護軍：UNPROFOR）が「一発の銃弾も撃つことはなかった」と批判された。だからこそ、「保護する責任」論が登場したのと同じ頃に作成されたPKO改革の提言書、通称『ブラヒミ報告』（2000年公表）は、「ピースキーパーは、部隊であれ警察官であれ、民間人に対する暴力を目撃したならば、その能力の範囲内で、それを阻止する権限を与えられたと推定するべきである」（UN Doc., A/55/305-S/2000/809 2000, para. 62）との考えを打ち出したのである。さらにいえば、すでにこの提言よりも前に、国連の関連文書のなかでは、民間人保護（POC）がPKOの任務であることが明記されるようになっていた。こうした状況をふまえれば、PKOが民間人を保護するためには武力行使も必要であるとの認識が、国際的に共有されていたといえよう。実際、1999年からシエラレオネに展開したPKO（西アフリカ諸国経済共同体監視団：ECOMOG）に関して採

択された安保理決議第1270号では、「その能力と展開地区の範囲内で、シエラレオネ政府とECOMOGの責任を考慮に入れたうえで、差し迫った暴力の脅威のもとにある一般民間人を保護するために、必要な行動をとることができると決定する」と明記された。同じ文言はそれ以降も、コートジボアール（国連コートジボアール活動：UNOCI）、ブルンジ（国連ブルンジ活動：ONUB）、ハイチ（国連ハイチ安定化ミッション：MINUSTAH）、リベリア（国連リベリアミッション：UNMIL）、コンゴ民主共和国（MONUC→国連コンゴ民主共和国安定化ミッション：MONUSCO）、スーダン（国連スーダン派遣団：UNMISと国連アフリカ連合ダルフール派遣団：UNAMID）、マリ（国連マリ多元統合安定化ミッション：MINUSMA）に展開した各PKOに関するそれぞれの決議に踏襲されている。必要とあれば武力を用いてでも民間人を保護するという倫理的な任務が、新たにPKOに課されたのである。コンゴ介入の背景には、以上のようなPKOの歴史的変容がある。

3）規範のダブル・バインド

　上述のとおり、コンゴに展開したMONUCは、マンデートに民間人保護が明記されたPKOである。しかし、そのマンデートを実行に移せなかった。紙のうえで民間人保護をうたうことと、現場で民間人保護を実践することの間には、大きな溝がある。魔法の呪文とは異なり、言葉で何かをやると宣言してもそれがすぐに実現することは決してない。最大の障害は、付随被害を含んだ民間人被害の問題である。

　具体的にいえば、まずMONUCは、ウガンダ国境に近い北キブ州のイツリで起きた民間人虐殺を阻止できなかった。すなわち、MONUCは2003年5月に本格的な活動を開始した直後、現地の武装勢力が戦闘を繰り広げるなかで民間人に多数の犠牲者が出たにもかかわらず、この事態を鎮静化できなかったのである。この失敗を受け、MONUCの権限は文言のうえではさらに強化されたが、それでも同じ失敗を繰り返してしまう。2004年、南キブ州の州都ブカブが反政府勢力によって占領されて、数百人の犠牲が生じたとき、ここでもMONUCはなすすべのない無力な存在だった。その結果、首都キ

ンシャサを含むコンゴ全土で反国連の暴動が生じたうえに、MONUC がデモ隊に発砲して 3 人が犠牲になるという痛ましい事件も起きた。そうしてコンゴにおいては、MONUC ひいては国連に対する信頼が大きく低下したのである（Månsson 2005, p. 512）。

　ここに至って、ようやく MONUC は武力行使に積極的な姿勢に転じた。この方針転換に寄与したのは、新たに東部地区司令官として着任したパトリック・カマートである。彼は武力行使も辞さない構えで、本格的な「平和強制」に乗り出した。まずは攻撃ヘリ部隊と歩兵部隊を使って、武装勢力に対する掃討作戦を進めた。2005 年 7 月にはフツ族の反乱軍を包囲したうえで、彼らに武装解除とルワンダへの帰還を要求し、これをフツ側が拒否したことを受けて攻撃を加え、六つの軍事キャンプを焼き払った（Marks 2007, p. 76）。

　このようにして MONUC は、カマートの指揮下で、戦争に近い手法により民間人保護の任務を遂行するものに変わっていった。民間人を保護するためには、民間人の安全を脅かす勢力を攻撃、排除する方策を採用したのである。カマートはこう述べる。「われわれは公平だが中立ではない。ゆえに行動するべきなら、行動しなくてはならない。平和を維持するためなら、時にそれを強制するべきである」（Marks 2007, p. 75）。

　この結果、まず死亡率が低下した。NGO の国際救助委員会（International Rescue Committee：IRC）の調査によると、粗死亡率（crude mortality rate、本調査では 1 月当たりの人口 1000 人における死亡者数）は、「紛争地域」であるコンゴ東部において、2001 年度は 5.4、2002 年度は 3.5、2003〜04 年度は 2.9、2006〜07 年度は 2.6 と、少しずつ下がっている（IRC 2007, p. 11）。死亡率の低下について、IRC は次のように指摘する。

> この East 2002〔IRC が 2002 年に調査したコンゴ東部の北キブ、南キブ、カタンガ、マニエマの各州を指す〕における〔死亡率の〕小さな低下は、この地域においてより強靱な国際平和維持活動（a more robust international peacekeeping）が実施された期間に見られる。これは、コンゴ民主共和国における国連の平和維持軍である MONUC が民間人保護を改善し、

東部諸州における大規模な攻撃を減少させていることに起因する。今回の調査で記録された、暴力を原因とする死者の減少と、2004年の調査で証明された、危険（insecurity）とあらゆる原因による死亡率と関連性の観点から考慮すると、East 2002 における粗死亡率の低下は、安全状況の改善によるものと推察するのが妥当であろう。（IRC 2007, p.14）

内戦状態で無秩序と形容しうる状況だったコンゴだが、PKO兵士と民間人の犠牲を許容するカマートの活動によって死亡率が下がったのである。

だが、コンゴは全体としていまだに混乱している。強靭なPKOと呼ばれたMONUCが展開していながらも、武装勢力が跋扈し、民間人に多くの犠牲が出る状況は変わっていない。2008年には、武装勢力間の交戦によって民間人が多数殺害される「キワンジャの殺害」という事件が起きたが、このときもPKOは無力だった（HRW 2008）。それ以外にも多種多様な民間人被害の報告はあとを絶たない。例えば、2011年のある調査報告によれば、毎年40万人以上の女性が強姦被害にあっているという[12]。

そして、混乱の継続を最も象徴する重大な出来事が、2012年11月に発生した。コンゴ東部の北キブ州のゴマを、M23（3月23日運動）という名の反政府勢力が占拠した。このとき、MONUSCO（MONUCの後継組織）がゴマに展開し、防衛の任務についていたにもかかわらず、「敗走するコンゴ政府軍を尻目に、MONUSCO は反撃することなく反政府勢力のゴマ進攻を許した[13]」のである。そのようにして民間人を保護できなかった MONUSCO に対しては、非難が集中した。この事態を受けて、国連安保理はのちに決議第2098号を採択、国連史初の「攻撃的作戦」を行う「介入旅団」の投入を決定した[14]。

しかし介入旅団に頼る前に、カマートが実践したように、PKO は引き続

---

[12]　AFPRB、2011年5月12日配信（http://www.afpbb.com/articles/-/2799370）。
[13]　時事通信、2012年11月21日配信（http://www.jiji.com/jc/zc?k=201211/2012112100599&rel=y&g=int）。
[14]　なお各種報道によると、M23は2013年11月5日に事実上の「降伏」を宣言した。介入旅団が積極攻勢によりM23を打倒したとの報道もある。

き武力を行使することによって人々を保護できたはずである。なぜそれができなかったのか。強靱になったはずのPKOは、なぜ人々を守れなかったのであろうか。一度は武力を行使することで人々を保護していたはずのPKOが、一転して武力を行使しなくなり、人々を守れなくなった背景には何があるのか。

　そこには、任務遂行と付随被害をめぐるダブル・バインドの問題がある。ダブル・バインドとは、ある主体が相矛盾する言明を発することによって、機能不全に陥る状態をいう。現在のPKOは、武力を用いての民間人保護を任務として規定している。しかし、国連PKOが従うべき規範はほかにも存在する。国際人道法である。国際人道法は、武力行使によって民間人に犠牲を出してはならないと定めており、したがってもしPKOの武力行使でコンゴの民間人が死傷すれば、人道法違反の構成要件に該当する恐れがある。実際、武装勢力が数百人を虐殺している現実があろうとも、国連PKOは数人を誤射しただけで、一気にその活動の正当性が疑念にさらされるというハンデを負っている。コンゴで活動していた現場の軍人は、このようなダブル・バインドに手足を縛られて、思うような行動をとれなかったのではないだろうか。

　この問題がコンゴのPKOにとどまらない普遍的な問題であることを示すために、ここでいったん、カリブ海の国ハイチでのPKO（MINUSTAH（ミヌスタ））に話を移そう。MINUSTAHの司令官は2005年に自殺した。それはまさに、PKOの現場において、任務と国際人道法という二つの規範のはざまで生じる苦悩を象徴する出来事だった。

　MINUSTAHもまた、任務に民間人保護が明記され、武力行使が容認されている。しかし「治安の最も悪い首都のスラム街を担当しPKOを主導する某国歩兵部隊が、治安維持活動に消極的」であり、「国家防衛のためではなく、国連PKOの場で武装勢力と戦闘し死傷者を出せないという政治的制約」があるという状況だった（須田 2007, p.104）。その結果、武装組織が勢力を拡大し、首都の治安は悪化していた。ハイチの総選挙を控えた時期に、国連事務総長特別代表と国連PKO局は積極的な武力行使を求めたが、現地の司令官

は消極的だった。というのも、「スラム街で本格的な市街戦を行えば民間人に死傷者が出る」(須田 2007, p. 105) ことが予想されたからである。たしかに、ギャング団は女性や子供を「人間の盾」として用いており、ギャング団に対する武力行使が民間人の犠牲を招くことは明白だった (Aldunate 2011, p. 133)。

MINUSTAH のマンデートは、武力行使による民間人保護を任務として規定している。しかし国際人道法は、武力行使の抑制による民間人保護を義務として規定する。しかも PKO は武器の使用基準が厳しく定められており、何でもありの戦争ではない。ここに、相矛盾し対立する二つの規範が同時に現場に課せられ、PKO の指揮官や兵士たちはそれらを両立させるよう迫られることになる。しかしこれは現場の手に負える問題ではない。MINUSTAH のある将官のコメントからも、そのことはわかる。

> 私は積極的でないと非難され、そして臆病者のレッテルを張られた。何が正しい行動かわからないが、私は賢明である。神に感謝を。なぜなら、もし賢明でなかったら、私は軍法会議に送られていたから。(Holt and Berkman 2006, p. 97)

この言葉が物語るように、MINUSTAH の現場指揮官は、PKO を統括する最高責任者の国連事務総長特別代表や PKO 局が抱く PKO のイメージとは異なる現実に直面し、深く悩んでいた。そして 2006 年 1 月、コメントを残した将官と同一人物かは不明だが、MINUSTAH の 1 人の司令官が自殺した[15] (須田 2007, p. 105, 108)。司令官は実行不可能な責任を負わされたと感じ、精神的に追い込まれたすえに自殺した――。そう解釈して間違いないだろう。

つまりここで問題となるのは、マンデートに記載された、武力行使に訴えてでも民間人を保護すべしという規範が、一般的な軍隊の規範である国際人道法と対立することである。武力を用いることで民間人保護をはかる「強靱

---

(15) 詳細は、次を参照。Kathie Klarreich, "UN Chief's Death Highlights Haiti's Mounting Woes", *TIME*, 07 January 2006 (http://www.time.com/time/world/article/0,8599,1147119,00.html)。

なPKO」の思想と、武力を控えることで民間人保護を図る国際人道法の思想は、相対立する関係にある。だが両方とも、現場のPKOが従うべき重要な規範であり、しかもどちらを優先させるべきなのかという基準もはっきりしないため、現場の軍人はどう行動すればよいのか錯乱する状況、ダブル・バインドに陥ってしまうのである。

　以上のコンゴとハイチの事例から、付随被害にまつわるパラドクスについて何がいえるだろうか。介入の現場にいたPKOの軍人は、「武力でもって民間人を保護すべし」という規範と、「武力を抑制して民間人を保護すべし」という規範の間に挟まれて、ダブル・バインドの状況に陥っていた。いったい、彼らはどうすればよかったのか。単純に、あるいは理論的に考えれば、民間人に被害が及ばないような形で、つまり付随被害が出ないような形で武力を行使して民間人を保護すればいいだけの話である。だが現実問題としてそれは不可能に近い。すでに述べたように、人道的介入は「民間人を救うために民間人を犠牲にする」というパラドクスを逃れられない。だから現場の軍人は、ダブル・バインドに苦しみ続けなければならないのである。つまり、軍人を現実に悩ますダブル・バインドという問題の根底には、付随被害にまつわるパラドクスが横たわっているのである。言い換えれば、アポリアが現実の世界に現れるときの一つの形が、ダブル・バインドなのである。

4）現地国民の疑念

　以上のような付随被害の問題に加えて、コンゴのPKOは政治的意図の面でも問題を抱えている。一般にPKOは不偏不党の印象があるため意外に思われるかもしれないが、筆者（大庭）がキンシャサで行った現地調査（大学関係者を中心に、聖職者、市民、官僚を対象に含む）のなかで、PKOの政治的意図に対して強い不信の声を頻繁に耳にした。なぜだろうか。

　コンゴは西ヨーロッパに匹敵するほどの広大な領域をもちながら、政府の統治能力が低いため、さまざまな武装勢力が跋扈している。武装勢力のなかには、周辺国の中央アフリカ、ルワンダ、ウガンダ、ブルンジ、ナミビアの反政府勢力も含まれているので、地域の安全保障上の問題にもなっている。

加えて、ルワンダとウガンダが、コンゴの武装勢力を利用してレアメタルなどの資源を収奪するという問題も生じている。こうした複雑な政治情勢が背景にあるせいで、コンゴのPKOは必ずしも中立的な存在とはみなされず、何らかの政治的意図をもって動いているのではないかと、コンゴ国民から疑念をもたれている現状がある。例えば、コンゴの資源が西側諸国に流れているとか、PKOが収奪行為を放置しているとか、あるいはPKOが「欧米による資源収奪の手先」になっているとかいった指摘や批判が出ている[16]。ほんとうにPKOが特定の（国家の）政治的意図に沿って行動しているのかどうかは、慎重に判断すべきだろう。少なくとも、筆者たちはPKOが「収奪の手先」という見方には与しない。しかしながら現実問題として、コンゴ国民のなかに、PKOの政治的意図を疑う人々が一定数存在することは間違いない。

この現実は、政治的意図にまつわるパラドクスに関して何を意味するのか。簡単にいえば、政治的意図というものは、実際にどれほど介入の展開に影響しているかにかかわらず、つねに被介入側に疑念を生じさせやすいため、介入部隊の行動を制約し、ひいては介入の実効性を制約する要因になりうるということだろう。さらにいえば、そのような疑念は、国際レベルで介入の決定に関わる各国の政策決定者——パラドクスに直面する当事者——の考えにも影響を及ぼしうる。というのも、被介入側が政治的意図に疑念を感じるような介入を、はたして支持してよいものかと躊躇することが十分推測できるからである。つまり、政策決定者は被介入側の疑念を感じ取ることで、パラドクスを強く意識せざるをえなくなるのである。

4　リビア

1）概要

次に取り上げる事例は、2011年のリビア介入である[17]。地中海を挟んで

---

[16]　また、PKO兵士が「コンゴの平和のためではなく、（高い給与に惹かれて）金儲けにきている」というような批判も、筆者（大庭）は実際にコンゴで頻繁に耳にした。
[17]　本節の内容は大部分、大庭 2012；小松 2014の第5章に依拠している。

ヨーロッパと向き合う位置にある北アフリカのリビアという国は、1969年に起きた軍事クーデター以来、カダフィ大佐の率いる独裁政権がずっと支配し続けていた。その支配は21世紀も変わらず続くように思われた。ところが、2010年の終盤から中東・北アフリカに広がった民主化運動のうねり、いわゆる「アラブの春」により状況は大きく変わった。「春」の熱気が渦巻くなか、ついに2011年2月、リビアでも国民が立ち上がり、各地でカダフィ政権の退陣を求めるデモが始まった。すると政権側は即座に強硬な武力弾圧でこれをねじ伏せにかかった。早くも翌月には人道的危機が懸念される切迫した状況になり、いよいよ大量虐殺が起きるのではないかと危惧された。

そして、危機を防ぐための武力行使を容認する安保理決議第1973号が3月17日に採択され、それにもとづいて米英仏主導の多国籍軍が19日から空爆をスタート。同月末からはNATOが指揮権を引き継ぎ、統一保護作戦（Operation Unified Protector）という作戦名で空爆を10月末まで約半年にわたって続けた。そのなかでカダフィ政権は、8月下旬に事実上崩壊している。リビア介入は、レジーム・チェンジ（体制転換）をもたらして終わったのである。ではこの事例から、付随被害と政治的意図にまつわるパラドクスに関して、どのような示唆を読み取れるだろうか。

2）「人間の盾」

コソヴォの事例とは対照的に、リビア介入では直接の付随被害が少数にとどまった。国連人権理事会が設置した委員会によれば、60人が死亡、55人が負傷したという（UN Doc., A/HRC/19/68 2012, para. 86）。ヒューマン・ライツ・ウォッチの調査では、72人が死亡したとされる（HRW 2012）。どちらも少なく見積もったうえでの数字だが、3カ月ほどだったコソヴォ介入の倍以上の期間続いたことを考えれば、犠牲は少なく抑えられたと評価できよう。

しかし間接の付随被害のほうは、決して少ないとはいえない。介入をきっかけに政権側と反体制派の戦闘は激化し、そのなかで4月には市民を含む1〜3万人が死亡し、さらに8月には100万人の難民と24万人の国内避難民がいたといわれる（Boot 2011）。紛争全体の死亡者は最大で5万人ともされる。

「リビア介入がスマートに進展したとは言い難い多数の証拠が存在する。実際、NATOによる介入は、限界に直面した。戦線は膠着状態に陥り、犠牲者と難民が増え続ける消耗戦の様相を呈したのであった」(大庭 2012, p.72)。そうした状況下で、間接の付随被害が増え続けたのである。

なぜ膠着状態と消耗戦が続いたのか。そこには主に二つの理由があったように思われる。第一に、介入側からすれば現地では敵味方の識別が困難だった(Quintana 2012, p.33)。それは、政権軍と反体制派が同じ装備を使い、同じような服装をしていたからである。そのような戦場では、NATOによる敵(政権軍)への攻撃が、実際には味方(反体制派)への攻撃になってしまう可能性はきわめて高くなる。結果、介入側は確実に敵と判別できない対象は攻撃しないということになり、空爆はきわめて慎重な形で行われる。

第二に、直接の付随被害の問題が影を落としていた。カダフィ政権側は、「人間の盾」ともいうべき戦術を採用していた。アムネスティー・インターナショナルの報告書によれば、政権軍は戦車を民間施設のそばに隠して、空爆から守ろうとしたという。なかには、家と家の間、市場、商店に隠すケースもあった(Amnesty International 2011, p.49)。当然、そのように隠された兵器を狙って空爆すれば、直接の付随被害をもたらす可能性がかなり高い。結果、NATOが破壊できる兵器は限定されたわけである。つまり、被介入側のとった戦略により付随被害の可能性が高まったせいで、介入側の手が縛られたのである。

以上のことから、リビア介入の事例は、付随被害にまつわるパラドクスについて、二つのことを教えてくれる。第一に、人道的介入において空爆という方法は、例えば敵味方の識別が難しいというような形で紛争や危機が複雑になれば、すぐに効果が制約されかねない、ひいては間接の付随被害につながりやすいという意味で、パラドクスを顕在化させやすい。第二に、被介入側の行動次第で、パラドクスの深刻さがさらに増すこともある。被介入側は時に介入側の足元を見て、「人間の盾」といったような介入軍の行動を強く制約する戦略を採用する。先に見たコソヴォ介入から明らかになったのは、介入そのものや介入国自身のなかにパラドクスの要因があるということだっ

た。これに対してリビア介入から見えてくるのは、介入を受ける側のほうにもまた別の要因を見出せるということである。

3）レジーム・チェンジ

　リビア介入が論争を呼ぶ最大のポイントは、やはりそれがレジーム・チェンジをもたらした点である。人道的介入においてレジーム・チェンジを進めることは是か非か。例えばレジーム・チェンジを肯定する立場からは、以下のような問題提起がある。

> 人間を保護するためには、外部アクターは現地の紛争と政治に関わる必要がある。そしてそうなったら、保護と、その他のレジーム・チェンジのようなアジェンダとの境界線は曖昧になるだろう。これらのアジェンダを切り離しておくべきだという要求は、政治的には理解できるし概念的にも魅力がある一方、しばしば実現が難しい。市民に対する主な脅威がレジームから来ているとき、厳格な切り離しを要求する人々は、市民を保護するために武力の行使を認められた平和維持部隊や多国籍軍が、どうすればレジーム・チェンジを促すことなく上手く保護することができるのか、説明する必要がある。（Bellamy and Williams 2011, p. 849）

　本章の文脈において、レジーム・チェンジの問題はどう位置づけられるだろうか。まずいえるのは、国際社会が「人権保障という普遍的な規範を実践するために、特定の国家の政治的意図に頼る」という、政治的意図にまつわるパラドクスに現実に悩んでいたことである。それは、介入国の政治的意図が、武力によるレジーム・チェンジといった、国際秩序を揺るがしかねないほど大胆な、あるいは危険な目的を含んでいたからである。例えばドイツは、リビアのレジーム・チェンジ自体を支持しながらも、安保理決議第1973号の採択では棄権に回った。当初はNATOによる軍事介入を求めていたアラブ連盟も、実際の空爆がレジーム・チェンジを狙ったものだと見るや、これに反対の声を上げるようになった。さらに、統一保護作戦に参加していたノ

ルウェーも、国内でレジーム・チェンジに対する疑念が強まったことを受けて、途中で作戦から離脱した。武力行使に消極的、否定的な立場の国家から見れば、「人道的介入の正当な理由はあったかもしれないが、リビアの状況は、レジーム・チェンジに、厳密にいえば反体制派を支えて外部主体が行う強制的なレジーム・チェンジに、正当な理由を与えるほど深刻なものには見えなかったのである」(Pattison 2011, p. 272)。

　政治的意図にまつわるパラドクスが、今回は特に困難な壁として立ちはだかっていたといえよう。なぜなら、政治的意図の向かう先には、レジーム・チェンジという、軽々しく見過ごせない重大な帰結が控えていたからである。それでもなお、国際社会は人道的危機を防止・解決するためなら、介入国の政治的意図を受け入れざるをえないのだろうか。リビア介入において、人道的介入とレジーム・チェンジとの関係をどう評価するのかという問題が浮上したことで、政治的意図にまつわるパラドクスがさらに深刻になったのである。

　さらにいえば、このようなパラドクスに直面した国際社会の躊躇は、和平案の問題、あるいは外交と武力の関係の問題として理解できる。一般的に外交の舞台では、和平案ないし和平の方向性としてリビアのレジーム・チェンジを支持することについて、ドイツやアラブ連盟なども含めて国際的に広い合意があった。しかし、それを武力に直接結び付けることには、多くの国々がためらっていたのである[18]。もちろんそうした国々も、たとえ武力行使の射程を人道的危機への対処に絞ったとしても、最終的にはレジーム・チェンジを避けられないことは予想していただろう。しかしそれを表立って認めることはできなかった。外交の舞台ではレジーム・チェンジを支持しながらも、それを武力に結び付けることには躊躇する。まさにこのような微妙なニュアンスのなかにこそ、上述のパラドクスに直面して苦悩する国際社会の姿を見出せるのではないか。

---

(18)　この点の詳細は、小松 2014 の第5章を参照。

──コラム 1-4──

シリア危機をめぐるモラル・アポリア

　2011年3月、いわゆる「アラブの春」の流れのなかで、東アラブ地域の権威主義国家シリアにおいても市民による抗議運動が発生した。当初は「自由」や「民主主義」を求める非暴力の抗議デモから始まったシリアの騒擾は、しかしながら、その発生から1年も経ないうちに、双方向的な武力行使をともなう内戦状態へとその性質を変化させた。その後、状況は悪化の一途をたどり、2013年9月末までに、犠牲者総数は11万5000人を超え、150万人以上が周辺国に逃れ、400万人以上がシリア国内で避難民になっているという。
　シリア危機を長期化・複雑化させている要因はいくつかあるが、とりわけ次の2点は強調しておくべきだろう。第一に、それが「血に飢えた狂気の独裁者と、その打倒を目指す自由の戦士たちとの闘い」といった善悪二元論的な構図では単純に割り切れないことである。実際、現在では、反体制勢力の主力は「自由の戦士たち」とは似ても似つかない外国人サラフィー・ジハード主義勢力によって担われている。彼らは政治権力の空白に乗じる形で「カリフ制の再興」や「イスラーム国家の建設」を目指し、過去にアフガニスタンやチェチェン、イラクといった紛争地を転々としてきたベテランの戦闘員──ないしは「テロリスト」──である。その残虐さ、陰惨さは、時にシリア正規軍すら凌ぐものであり、かつ、その暴力の標的にはしばしば、政府軍のみならず、キリスト教徒などのマイノリティや「非協力的」な一般市民も含まれている。彼らが行っている残虐行為の一部は、YouTubeなどを通じて誰でも視聴することができる。
　第二に、シリア危機をめぐって各国の政治的利害や思惑がからみ合い、対立し合っていることである。サウジアラビアやカタール、トルコといった周辺諸国は、反体制勢力が決して望ましい勢力ではないことを認識しつつも、独自の戦略的利害にもとづき、反体制勢力をさまざまな面で強く後押ししている。他方でロシアは、バッシャール・アサド現政権の存続にメリットを見出すという立場から、アサド政権を一貫して支援し続けている。その一方で、世界で唯一の超大国であり、この紛争に決着をつけることができる唯一の存在であるはずのアメリカは、明確な手段や目標を打ち出すことができず、曖昧な姿勢をとり続けている。バラク・オバマ米政権は、新たな紛争に巻き込まれるリスクが高い限定的攻撃という選択肢を慎重に避けながらも、同時に、「テロリストを増殖させるだけ」との批判にもかかわらず、CIA（中央情報局）による武器支援や訓練供与などを通じて、目立たないながらも着実に反体制勢力を強化している。国際社会は、言葉のうえでは「両勢力ともに、武

器を置いて対話を」と呼びかけてはいるが、実際には戦場に武器を送り込み続けているのである。諸外国によるこうした関与はシリア国内に軍事的均衡を作り出し、結果として、紛争をいたずらに長引かせ、犠牲者の数を増やすことにつながっている。

　このように、シリア危機は単純な二元論では理解しえない、複雑な紛争である。ただ、一つだけ明らかなのは、一番の被害者は平穏な生活を望む普通のシリア市民であるという事実である。彼らの命の優先順位は、現状においては明らかに、各国の戦略的利害よりもはるか下に置かれている。大国の利害が錯綜するなか、2013年9月にロシアがシリアの化学兵器を国際的な管理下で廃棄していくことを提案、アメリカもこれを受け入れて国連安全保障理事会で全会一致の決議が採択された。化学兵器禁止機関（OCPW）による処理が、今後、十分に実効性をもつかが問われている。国際社会はこうした難問を前に、何ができ、いかに行動すべきなのだろうか。

（溝渕正季）

おわりに

　人道的介入は「付随被害」と「政治的意図」の2点に関して、パラドクスという形でのモラル・アポリアをともなう。すなわち、前者には「民間人を救うために民間人を犠牲にする」というパラドクスが、後者には「人権保障という普遍的な規範を実践するために、特定の国家の政治的意図に頼る」というパラドクスが、ついてまわるのである。まとめれば、人道的介入には、「人道性を維持するためには、非人道性が必要になる」というパラドクスが存在するのである。

　そして、コソヴォ、コンゴ（とハイチ）、リビアの事例を検討することで、パラドクスの実像をさらに詳しく知ることができた。付随被害に関しては4点が明らかになった。第一に、付随被害にまつわるパラドクスは、介入国の国益がそれほどからんでいないことが一因になっている。第二に、このパラドクスが存在するせいで、現場の軍人は、民間人保護と国際人道法（付随被害の回避）という相対立する二つの規範に挟まれて身動きがとれない、ダブル・バインドの状況に陥ってしまう。第三に、空爆という介入方法は、紛争

や危機が複雑になればすぐに効果が制約されかねないことから、パラドクスを顕在化させやすい。第四に、被介入側の行動次第でパラドクスの深刻さはさらに増す。政治的意図のほうは3点が明らかになった。第一に、介入国の政治的意図の中身は、被介入側に押しつける和平案のなかに読み取れる。言い換えれば、外交の舞台が、まさに国際社会がパラドクスに直面する場になるのである。第二に、介入はたとえPKOの形であっても、被介入側から政治的意図を疑われる可能性はなくならない。第三に、レジーム・チェンジの問題が新たに浮上してきたことで、パラドクスがさらに難しいものになった。

　では国際社会はどうすればよいのだろうか。筆者たちの基本的な考えは、人道的危機を黙殺しようと、それを止めるべく介入しようと、どちらにしろ歴史によって断罪されるのならば、介入するべきだというものである。黙殺や不介入という選択では、世界の悲劇を覆い隠したまま保存し、悪化させてしまうことになる。だが人道的介入は、少なくとも行動することで、問題を改善する可能性を生み出せる。

　このような考えは、モラル・アポリアから逃げないことを意味する。ならば、どうすればモラル・アポリアを克服できるのか。完全な克服というのは、すぐには無理かもしれない。しかし、そこに近づく道筋を探り、少しでも前に進む努力は必要である。そこで本章の議論をふまえて一ついえるのは、パラドクスというモラル・アポリアの中身や文脈を、介入の実態に即していまあらためて見つめ直すべきだということである。諸事例から明らかなように、人道的介入をめぐって現実に生じる道義上の問題は、「主権か人権か」とか「武力か平和的手段か」といったような単純な構図には収まりきらない、複雑な様相を呈している。国益、ダブル・バインド、空爆の限界、被介入側の行動、PKOに対する不信、レジーム・チェンジ――。さまざまな要素が混然一体となって、モラル・アポリアをとりまく複雑な政治状況を作り出している。本章の議論はまだ、それらの概要を羅列的に示す段階にとどまっている。したがって、今後の研究課題は、もっと詳細で綿密な事例研究を通じてそうした諸々の要素を体系的に整理して統合し、新しい構図を描き出すことだろう――モラル・アポリアの実態を理解し、さらには克服の糸口を見つけるの

に役立つような構図を。冷戦が終わった1990年代から今日に至るまでの二十数年間、国際社会は片手では数えきれないほどの、あるいは両手でも数えきれないほどの人道的危機を経験し、介入の試行錯誤を続けてきた。そうした事例の蓄積は、人々の犠牲の蓄積でもある。そこから何かを学び取ることは、生きている私たちの道義的な責務だといえよう。

　ただそうはいっても、実のところ筆者たちも、自分たちの考えが世界を悪い方向に導いてしまうのではないかと、いつも不安に苛まれていることを最後に告白しなければならない。人道的介入のモラル・アポリアに対して、すっきりした答えを出すのは難しい。いまのところ私たちにできるのは、アポリアから目を背けないで、悩み、考え続けることである。そして願わくは、本書の読者にも「私たち」に加わってほしい。

＊本章は、筆者たちの過去の論考（大庭 2010, 2012; 小松 2014）を素材に、本書のテーマであるモラル・アポリアの観点から再構成したうえで大幅に加筆修正したものである。
　また本章は、2013年度南山大学パッヘ研究奨励金 I-A-2、ならびに科学研究費補助金（若手研究B：課題番号 25870877）による研究成果の一部である。

【参考文献】

大庭弘継 2010「グローバル秩序の挑戦／グローバル秩序への挑戦――「保護する責任」規範と現場における実践」、松井康浩編『グローバル秩序という視点――規範・歴史・地域』法律文化社、53-68頁。
――― 2012「「保護するべき人々を犠牲に供する」というアポリア――2011年のリビア介入の教訓」『社会と倫理』第27号、59-81頁。
押村高 2010『国際政治思想――生存・秩序・正義』勁草書房。
小池政行 2004『現代の戦争被害――ソマリアからイラクへ』〈岩波新書〉、岩波書店。
小松志朗 2014『人道的介入――秩序と正義、武力と外交』早稲田大学出版部。
須田道夫 2007「現代国連PKOの設立・運営を巡る政治力学――ハイチPKO（MINUSTAH）を一例に」、軍事史学会編『PKOの史的検証』（軍事史学42巻3・4合併号）錦正社、91-108頁。
土佐弘之 2006『アナーキカル・ガヴァナンス――批判的国際関係論の新展開』御茶の水書房。
PKO局（国際連合平和維持活動局／フィールド支援局）2008『国連平和維持活動――原則と指針』国連広報センター暫定訳。
眞嶋俊造 2010『民間人保護の倫理――戦争における道徳の探求』北海道大学出版会。

最上敏樹 2001『人道的介入——正義の武力行使はあるか』〈岩波新書〉、岩波書店。

Aldunate, Eduardo 2011 "Peace Operations: On the Importance of Perceiving versus Just Seeing," in Jorge Heine and Andrew S. Thompson eds., *Fixing Haiti: MINUSTAH and Beyond*, United Nations University Press, pp. 126-137.
Amnesty International 2011 *The Battle for Libya: Killings, Disappearances and Torture*.
Bellamy, Alex J. and Paul D. Williams 2011 "The New Politics of Protection? Côte d'Ivoire, Libya and the Responsibility to Protect," *International Affairs*, Vol. 87, No. 4, pp. 825-850.
BERCI (Bureau d'Etudes, de Recherches et de Consulting International) 2005 *Peacekeeping Operations in the Democratic Republic of the Congo: The Perception of the Population*.
Boot, Max 2011 "Libya's Problems Are Far from Over," *Los Angeles Times* (online), August 24. http://articles.latimes.com/2011/aug/24/opinion/la-oe-boot-libya-20110824（最終アクセス 2014 年 3 月 26 日）
Holt, Victoria K. and Thomas C. Berkman 2006 *The Impossible Mandate? Military Preparedness, The Responsibility To Protect And Modern Peace Operations*, The Henry L. Stimson Center.
HRW (Human Rights Watch) 2000 *Civilian Deaths in the NATO Air Campaign*.
―― 2008 *Killings in Kiwanja: The UN's Inability to Protect Civilians*.
―― 2012 *Unacknowledged Deaths: Civilian Casualties in NATO's Air Campaign in Libya*.
ICISS (International Commission on Intervention and State Sovereignty) 2001 *The Responsibility to Protect*.
IICK (Independent International Commission on Kosovo) 2000 *The Kosovo Report: Conflict, International Response, Lessons Learned*, Oxford University Press.
IRC (International Rescue Committee) 2007 *Mortality in the Democratic Republic of Congo: An Ongoing Crisis*.
Kuperman, Alan J. 2013 "A Model Humanitarian Intervention? Reassessing NATO's Libya Campaign," *International Security*, Vol. 38, No. 1, pp. 105-136.
Månsson, Katarina 2005 "Use of Force and Civilian Protection: Peace Operations in the Congo," *International Peacekeeping*, Vol. 12, No. 4, pp. 503-519.
Marks, Joshua 2007 "The Pitfalls of Action and Inaction: Civilian Protection in MONUC's Peacekeeping Operations," *African Security Review*, Vol 16, No 3, pp. 67-80.
Ohba, Hirotsugu 2013 "Dicey Ethics," in Hirotsugu Ohba, Masatsugu Chijiiwa and Josuke Ikeda, *Global Ethics after the Responsibility to Protect: Challenges and Dilemmas*, Nanzan University Institute for Social Ethics, pp. 21-33.
Pattison, James 2011 "The Ethics of Humanitarian Intervention in Libya," *Ethics &*

International Affairs, Vol. 25, No. 3, pp. 271-277.
Quintana, Elizabeth 2012 "The War from the Air," in Adrian Johnson and Saqeb Mueen eds., *Short War, Long Shadow: The Political and Military Legacies of the 2011 Libya Campaign*, The Royal United Services Institute for Defence and Security Studies, pp. 31-38.
Seybolt, Taylor B. 2007 *Humanitarian Military Intervention: The Conditions for Success and Failure*, Oxford University Press.
UN Doc., A/55/305-S/2000/809 2000 *Report of the Panel on United Nations Peace Operations*, August 21.
UN Doc., A/HRC/19/68 2012 *Report of the International Commission of Inquiry on Libya*, March 8.

■■■ 人道的介入を考えるための映画・小説 ■■■

『ブラックホーク・ダウン』（制作：アメリカ、2002年）
　監督：リドリー・スコット　脚本：ケン・ノーラン
　1990年代前半のソマリア介入の最中に、米軍ヘリ「ブラックホーク」が撃ち落とされた事件を描いた戦争映画。戦場で孤立した少数のアメリカ兵が絶望的な戦いを強いられるさまは、人道的介入の現場がいかに困難と混乱に満ちたものであるかを生々しく教えてくれる。作中のソマリア人のイメージが偏っているとの批判もあったが、逆にいえばそれこそが、介入する側の視線をリアルに表現しているといえるかもしれない。

『本当の戦争の話をしよう』（文藝春秋、1998年）
　著者：ティム・オブライエン　訳者：村上春樹
　ベトナム戦争に関する著者と戦友の実体験をベースに書かれた短編小説集。国家の政策に従って遠い外国の戦場に駆り出される人間が抱く複雑な思いが、さまざまなエピソードから浮かび上がってくる。英雄譚でも悲劇でもノンフィクションでもない、本当の戦争の話とはこういうことなのかもしれない――一つひとつの短編を読み進めていくうちにそう思えてくる。人道的介入とは違うタイプの介入の話ではあるものの、そこに見えるのは、あらゆる介入や戦争に通ずる普遍的な人間の物語である。

（小松志朗）

第Ⅰ部　戦争のアポリア

第2章
対テロ戦争
終わりが遠ざかる戦争

千知岩正継・大庭弘継

はじめに

　本章で取り扱うのは、アメリカが遂行する「テロとの戦い」である。ここで示すのは、テロとの戦争が進むにつれ終わりが遠ざかっていくというアポリアである。このアポリアを言い換えれば、テロから人々を守るという目的を果たせないというパラドクスといってもよいだろう。

　とはいえ、そもそも日本ではテロの問題を語ることが難しい。日本においてテロに出くわす機会は低い、テロリズムと戦う理由がわからない、と感じる人が多いだろうからである。テロについて、どうしても遠い世界の出来事と感じてしまうのではないか。日本では、テロが起こる他の国とは違って、たとえ日々の生活に不満があるにしても、平凡な日常が繰り返されていくのだ、と。

　その漠然とした日常を、一気に吹き飛ばしてしまうのがテロリズムである。私たちの変わらない日々、普段と変わらない電車通勤、会社のデスクでの事務仕事、いつものスーパーでの買い物、こういった光景が、とつぜん、悲劇の現場に変わってしまう。通勤途中に毒ガスで死傷し、会社が入居するビルに飛行機が突入し、買い物の最中にスーパーで爆弾が爆発する。テロ攻撃に遭った瞬間から、人間の心のよりどころであった日常が、安定のよりどころ

が、突如としてすべて吹き飛ばされる。そして、その瞬間から、なじみ深いが無味乾燥だとぼやいていた日常は、二度と戻ってこなくなる。テロは、日常が無味乾燥であるからこそ衝撃度を増すのである。だからこそ、平凡な日常が包み込む日本にとっても無関心ではいられない主題なのである。

コラム 2-1

現代国際社会におけるテロリズムとは何か

　脅威のインパクトの大きさは、脅威を与える側の強さとともに、脅威を受ける側の弱さにも大きく依存している。この視点は、現代のテロリズムを考えるうえで重要な示唆を与えてくれる。

　現代の国際社会は、ネットワーク社会である。インターネットなどの情報通信網、世界中に広がる物流網はその代表格だ。このようなネットワークは、人々の生活を快適にする利便性を備えると同時に、複雑性をもっている。テロリストがこの複雑さに由来する脆弱性を利用すれば、比較的小規模のコストで国際社会に甚大な脅威を与えることができる。また、利便性を活用することでこれまでにないほど大規模な攻撃を国際社会に対して行うことができる。

　2013年1月にアルジェリアで起きた事件は、その規模以上に、性格のうえではまさに現代国際社会におけるテロリズムを象徴するものであった。

　1月16日、マリ政府の要請を受けたフランス軍が西アフリカのテロネットワークを遮断するための軍事作戦を展開した5日後、リビアとの国境付近の街イナメナスで稼働中であった天然ガス精製所をアルカイダ系武装集団が襲撃した。

　この精製所の運営には、アルジェリア国営企業に加え、イギリス、ノルウェー、日本の企業も参加していた。そのため、襲撃の際にフランス人技師が死亡、日本人を含む多くの外国人が人質となった。襲撃翌日のアルジェリア軍による人質救出作戦では、日本人をはじめとする外国人を含む23人の人質が死亡する痛ましい結果となった。

　救出作戦に際して、人質の母国政府首脳からさまざまな要請や支援の申し出があった。なかには、現地に自国軍の特殊部隊を派遣する国もあったほどである。このような各国の反応も、北アフリカの一地方都市で起きた事件が世界に与えた脅威のインパクトの大きさを物語るものである。

　テロは抑止することができない脅威である。このような脅威から私たちの文明社会を守るため、社会基盤の脆弱性を低減させる努力が必要である。

（山田真司）

第Ⅰ部　戦争のアポリア

　2001年9月11日のアメリカ同時多発テロがアメリカ国民に与えた衝撃は、まさにこの日常の喪失であった。2機の旅客機の突入・爆発により世界貿易センタービル・ツインタワーが崩壊する様を見て、世界中の人々がグローバル化時代のテロリズムの恐怖を実感したに違いない。そして気がつく。世界中で同じようにテロリズムの恐怖に怯えながら生きている人々がいることにも。恐怖を断ち切り、日常を回復する手立ては、テロリズムを根絶することしかない。テロリズムとの共存など考えられない。そしてアメリカ政府はここにテロリズムとの戦争、「グローバルな対テロ戦争（Global War on Terror：GWOT）」に踏み切ったのであった。

　そのときアメリカには敵は見えていた。敵はアルカイダというテロ組織であり、オサマ・ビン・ラディンというテロリストであり、それらをかくまうタリバンであった。アルカイダと手を組むタリバンは、バーミヤンの石窟の爆破や極端な人権侵害で知られ、当時アフガニスタンから数百万人が難民として周辺国に逃れていた。9.11テロ攻撃の計画・実行組織たるアルカイダを壊滅し、アルカイダを庇護するタリバン政権の支配から人々を解放するためにも、対テロ戦争、ここではアフガニスタン侵攻は道徳的選択であった。そしてアフガニスタンは平和となった、はずであった。だが、いつの間にか泥沼の状況となり、現在に至るのである。

　2001年の時点でも、アフガニスタンのテロリストを倒せば世界は平和になる、とアメリカは単純に考えていたわけではなかった。当時のジョージ・W・ブッシュ米大統領が「この戦いは、われわれの時代に終了しないかもしれない」と述べたように、非常に長い戦いになると自覚していたはずであった。だが、「われわれの時代に終了しないかもしれない」戦争は、戦争の終わりの姿を明確には描けていなかった。だからこそ、「テロリストの根絶」という目的に近づけば近づくほど、終わりが遠ざかるというアポリアに直面しているのである。

　なぜ、終わりは遠ざかるのか。本章では、そのアポリアを三つの論点から指摘する。第1節で取り扱うのは、無人航空機を使用して行うアメリカの標的殺害が、テロを拡大させているというパラドクスである。第2節で取り扱

うのが、米軍が採用した「人々の心をつかむ」戦略である反乱鎮圧作戦（COIN）がその企図とは裏腹に効果を上げていないというアイロニーである。第3節で取り上げるのは、テロを克服するためには世界平和が必要なために、米軍は能力を超え出た任務を抱えるというミッション・クリープである。

　むろん、これらのアポリアは、米軍が撤退し、対テロ戦争をやめてしまえば生じないアポリアかもしれない。しかしテロとの戦いからの敗退は、テロリズムを正当化し、結果としてテロリズムを助長しかねない。要するに、アメリカはテロとの戦いで道義を失うリスクを抱える一方、撤退すればテロを容認してしまうというディレンマを抱えている。このディレンマは人々の生死と未来とが関わるモラル・アポリアなのである。テロとの戦いは熾烈を極める、だが安易な撤退はテロリストを勢いづける。かといって戦争継続は多くの苦難を多くの人々に強いてしまう。単純な答えは存在しない。ゆえにアポリアなのである。

　それでは、泥沼から抜け出す道を探す前提として、アポリアの様相を各節で見ていくことにしよう。

1　キラー・ドローンによる標的殺害のモラル・パラドクス

　バラク・オバマ政権が執行するテロリズム対策（counterterrorism）のなかで、アメリカ国内および国際社会でひときわ論争の的となっている措置がある。パキスタンやイエメンでアメリカが無人航空機を駆使して行う標的殺害や攻撃である。この最新兵器を活用した対テロの武力行使については、国際法との適合性やロボット兵器の規制、民間人被害の問題、テロ対策の透明性の確保など、さまざまな観点から論じられる。ただしここでは道義をめぐるパラドクスの観点からアプローチしたい。つまり本節では、アメリカ政府はテロ攻撃の脅威に対処する必要性から無人航空機による標的殺害を始めたものの、結局はテロリズムを逆に増殖させている、というパラドクスを描き出すことに集中する。まずは、標的殺害という聞きなれない言葉について明確にするところから議論を始めよう。

1) 標的殺害とは何か

　国連人権理事会・独立特別報告者（超法規的・即決・恣意的な処刑問題担当）を務めた国際法学者フィリップ・アルストンによると、標的殺害（targeted killing）は次のように定義できる。すなわち、「身柄を拘束していない特定の個人に対し、国家や国家の代行者が法を口実にして、または武力紛争の武装集団が、意図的かつ用意周到な計画のもと致死的武力を行使すること」である（Alston 2010, para. 1）。殺害方法は、至近距離からの射撃、狙撃、航空機による攻撃、自動車爆弾、毒殺などバリエーションに富む。

　以上のように理解できる標的殺害は、少なくとも武力紛争という例外状況では、国連憲章上の武力行使の手続きや国際人道法の定める要件（差別性、必要性、比例性など）に従う限りでは必ずしも違法ではない[1]。とはいえ標的殺害は、武力紛争が存在しないなかで行われる場合はもちろん、武力紛争下でも国際人道法から逸脱していれば、超法規的処刑や即決処刑など、人間の生命を恣意的に奪う違法な殺人となる。加えて、あらかじめ特定した個人を背信行為によって殺害することは暗殺の誹りを免れない。

　ところで、特定の人物を軍事標的として選び出して攻撃すること自体は、歴史を通じて見られる現象であり、目新しいものではない。にもかかわらず、ここ数年、国連を中心に調査が行われ報告書がまとめられるほどに標的殺害が国際社会で衆目を集めているのはどうしてなのか。理由は二つある。一つは、標的殺害の許容性に関する変化である。アルストンによると、国家による標的殺害は、近年まではあくまでも例外的措置であり一般的な政策ではなかった。実行されたとしても公然とではなく秘密裡に、しかも政府が関与を否定することが常だった。ところが近年において、標的殺害を政策として公然と容認したり、標的殺害政策の存在を否定しつつも事実上採用する国家が少数とはいえ現れている（Alston 2010, paras. 11-12）。しかもこの場合の標的殺害は、反政府の武装勢力、つまり政権側がいうところのテロ組織や武装勢

---

[1] 標的殺害に関わる法的問題は本節の課題ではないため割愛する。この難問については、アルストン報告書に加え、アルストンの後任であるクリストフ・ヘインズによる報告書（Heyns 2013）を参照のこと。

力に属する特定の人物に向けられた政府側の武力行使であることが多い。アルストンは具体例として、イスラエルやロシア、スリランカ、アメリカの事例に言及している(2)。

　第二の理由は、とくにアメリカ政府が「対テロ戦争」で武装化した無人航空機を積極的に活用し、標的殺害を激化させていることに関係する。無人航空機（unmanned aerial vehicles：UAV）とは、パイロットを収容せず、遠隔操作または自律制御で飛行可能な航空機を指す。単にドローン（drone）と呼ばれることも多い。軍事や治安関連で運用されるドローンの大部分は監視や偵察、情報収集を目的としたものである。他方で、攻撃・戦闘用に武装化したドローン、例えばMQ-1プレデターやMQ-9リーパーはキラー・ドローン（killer drone）とも呼ばれる。最新技術（衛星通信による遠隔操作、高性能のカメラやセンサー、ビデオ映像のほぼリアルタイムの送信、精密誘導兵器）が投入されたキラー・ドローンは、正確な情報にもとづき、国際人道法の要件に厳格に従う限りでは、民間人被害を大幅に軽減しつつ攻撃を行うことが理論的には可能である。またドローンは遠隔操作という特性上、攻撃に従事する兵士を危険にさらさない。そのため、自国兵士の犠牲に責任を負わねばならない政治指導者や軍司令官にとっては実に魅力的な兵器である。しかしこのことは同時に、ドローンによる武力行使の拡大や常態化を促し、その結果として、戦闘員や武装勢力の民兵の恣意的な殺傷や民間人被害の増加を招く恐れもある。特にオバマ政権下でのドローンによる標的殺害の激化と民間人被害について、アメリカ国内および国際社会からの批判が高まっている。次のセクションでは、アルカイダやタリバンなどのイスラム原理主義過激派に対してアメリカがいかなる経緯で標的殺害を開始し、その過程でキラー・ドローンを使用するようになったのかを概観しよう。

---

(2)　例えばイスラエル政府は2000年11月、標的殺害政策を公式に認めた。ハマス、イスラム聖戦機構、アルアクサ殉教者集団などの組織に対するイスラエルの標的殺害政策については、Gross 2010, ch.5およびアルストンの国連報告書（Alston 2010）を参照。

第Ⅰ部　戦争のアポリア

2) アメリカの標的殺害プログラムの起動

　アメリカ政府による標的殺害の本格的な展開を促す契機となったのは、ジョージ・W・ブッシュ政権が開始した「グローバルな対テロ戦争（GWOT）」にほかならない。

　2001年の9.11テロ攻撃から3日後、アメリカ連邦議会は両院共同決議「軍隊使用授権（AUMF）」を採択する。この決議はアメリカへの国際的テロ行為を防止するべく、9.11攻撃の計画・実行・支援に関わった国家・組織・人物、さらにそのような組織や人物をかくまう国家に対して、「必要かつ適切なあらゆる武力を行使する」権限を大統領に与える。ブッシュ政権にとってAUMFは、世界のどこであれ、「テロリスト」に対する軍事行動を容認するものだったといえよう。実際に2001年9月17日にブッシュ政権が調印したとされる告示覚書（Memorandum of Notifications）は、テロ対策のために包括的な秘密工作を展開することを中央情報局（CIA）に許可している。もう少し具体的にいえば、CIAは準軍事部隊を組織し、世界規模でテロ容疑者を探し出して殺害する権限を認められた（Scahill 2013, pp. 19, 24-25）。さらに告示覚書についてもう一つ指摘しておくべきことは、キラー・ドローンの使用権限をCIAに与えるものだったという点である。

　以上からわかるとおり、9.11事件、AUMFとブッシュ大統領の告示覚書、CIA、最新技術を投入したキラー・ドローン、といった要因が揃って、アメリカ政府の標的殺害プログラムが起動したわけである。ちなみにCIAがドローンを使用して最初に敢行した標的殺害は、2002年2月4日、オサマ・ビン・ラディンを狙った攻撃であった。しかし結果的には人違いで、鉄くずを集めていた現地の民間人が犠牲になったという（Stanford/NYU 2012, p. 8）。

　厳密にいうと、ドローンを使ったアメリカの武力行使は3種類に大別できる。第一に、アフガニスタン戦争（2001年10月〜）やイラク戦争（2003年3月〜2011年12月）の戦闘地域で、米軍の任務を支援するために行われた攻撃。第二に、米特殊作戦軍（USSOCOM）傘下の統合特殊作戦コマンド（JSOC）が独自の標的リストを作成し、アフガニスタンを筆頭にソマリアやイエメンなどで行っている標的殺害や攻撃。ちなみに、2011年5月2日、パキスタン

のアボッターバードにおいて「ネプチューンの槍作戦」のもとでビン・ラディンを殺害したのも JSOC 指揮下の海軍特殊部隊である。第三に、パキスタン、イエメン、ソマリアで CIA がテロ容疑者や武装勢力を標的に行っている攻撃である（Priest and Arkin 2011, pp. 204-205, 210-211）。

3）パキスタンにおける CIA の標的殺害

　CIA と特殊部隊による標的殺害や攻撃について注意しておくべきは、アメリカとの武力紛争状態にない国々で行われているという事実である。その武力行使は、アメリカ国防総省の言葉を借りれば、「われわれが交戦していない国での戦争（war in countries we are not at war with）」にほかならない（Ryan 2011）。これはつまり、アメリカの標的殺害には地理的制約がないことを意味している。そうした最初のケースになったとみなされるのが、2002年11月4日のイエメンでの攻撃である。砂漠を走行中の自動車に向けてCIA の MQ-1 プレデターが2発のヘルファイア・ミサイルを発射し、2000年10月の米海軍ミサイル駆逐艦 USS コール爆破事件（17人死亡、39人負傷）の首謀者とされるカーイド・サリム・シーナーン・アル＝ハラシーを含む6人を殺害した（Mazzetti 2013, pp. 85-87）。

　CIA はこのイエメンでの成功をもとに、2004年以降はドローンによる標的殺害をパキスタンに拡大していく。その主要舞台となっているのが、パキスタン北西部、アフガニスタンとの国境沿いで険しい山々が連なる地域、要するに連邦直轄部族地域（Federal Administrated Tribal Area: FATA）である。この部族地域のなかでも特に北ワジリスタンと南ワジリスタンにドローン攻撃が集中しているようだ。これには理由がある。それは、複数の武装集団やテロ組織が潜伏し、活動拠点としているからである。アメリカのアフガニスタン侵攻から逃れて越境してきたタリバンやアルカイダはいうにおよばず、パキスタン・タリバン運動（TTP）、ハッカニ・ネットワーク（Haqqani network）、ラシュカレ・タイバ（Lashkar-e-Taiba）などである。これらの組織や民兵の一部はアフガニスタンへ越境し、カルザイ政権やアフガニスタン国民、国際治安部隊（ISAF）、米軍に攻撃を加えている。他方で、パキスタ

ン政府、部族地域の住民を含むパキスタン国民に対する攻撃に従事する組織もある。さらに、ハッカニ・ネットワークやラシュカレ・タイバなど一部の組織はパキスタン軍情報部と協力関係にあるといわれる。要するに部族地域の状況は一筋縄ではいかない複雑な様相を呈しており、当のパキスタン政府も部族地域で対テロ掃討作戦を遂行する意思や能力に欠けている。少なくともアメリカ政府はそのように認識しているようだ[3]（Aslam 2013, pp. 80-82）。

ところで部族地域でCIAによる標的殺害で最初に殺害されたのは、9.11攻撃の実行組織と目されるアルカイダの幹部ではない。パキスタン政府にとっての敵にあたるTTPの司令官、ネク・ムハンマドであった。2004年6月、南ワジリスタンの住居にいたところを、MQ-1プレデターから発射されたミサイルにより、2人の少年を含む数人とともに殺害されたといわれている（Mazzetti 2013, pp. 103-110）。同じくTTP関連では、2009年8月5日にやはり南ワジリスタンにて、ベナズィール・ブット元首相暗殺事件（2007年12月）の首謀者とされるバイトゥッラー・メスードがドローン攻撃により殺害された。またアルカイダの幹部については、①ビン・ラディンの息子サード・ビン・ラディン（2009年）、②ナンバー3で財務担当のムスタファ・アブ・ヤジド（2010年）、③アフガニスタンのバグラム空軍基地を訪問中のディック・チェイニー米副大統領を狙った自爆攻撃への関与が疑われるアル・リビ（2008年）、などの殺害にCIAは成功している（Aslam 2013, p. 82; Enemark 2011, p. 230）。このように近年では、技術的進歩と9.11テロの衝撃のもとで、標的殺害の実践が進展してきた。それでは、アメリカ政府がこれらの標的殺害をいかに正当化しているのだろうか。

4）オバマ政権での標的殺害の拡大と正当化

オバマ大統領は2009年1月の就任当初から、ブッシュ政権が始めた「対

---

(3) 部族地域に対する中央政府の統治が弱いのは、歴史的な経緯も関係している。パキスタンの建国当初から中央政府が政治的不干渉を公約し、多数派住民たるパシュトゥーン人の自治が尊重されてきたからである。部族地域の地域的・文化的な特性や部族地域を拠点とする武装勢力の動向については、山根 2012 が詳しい。

テロ戦争」からの変化を志向していた。たとえば、米軍を撤退させてイラク戦争を終結に導くかわりに、アフガニスタンとパキスタンにおけるアルカイダとその関係勢力との戦争を強化したことが指摘できよう。加えて、オバマ大統領は大統領選挙期間中から、「対テロ戦争」の汚点ともいえるグアンタナモ収容所の閉鎖を公約の一つに掲げ、実際に 2009 年 1 月 22 日、同収容所の閉鎖を命じる大統領令を出している[4]。そのほかにも、テロ容疑者の拷問の禁止、テロ容疑者を収容すべく CIA が運営していた秘密収容所（ブラック・サイト）の閉鎖を命じたほか、オバマ政権として「対テロ戦争」という表現の使用をやめるとも決定した（McCrisken 2013, p. 113）。

　前政権との差別化を試みるオバマ政権のテロリズム対策は、2011 年 6 月 28 日に公表された「対テロリズム国家戦略」でいっそう明確になる。そのテロ対策の目標とは、アメリカ国民やアメリカ本土、アメリカの利益を守り、アルカイダとその協力組織や信奉者を妨害・解体することである。そしてこの目標を達成するうえで、アメリカの基本理念——基本的人権の尊重、よき統治の促進、プライバシーと市民的権利の尊重、安全と透明性の確約、法の支配の維持——に忠実である実効的なテロ対策、という方針が打ち出された（White House 2011）。ただし、情報源を守りテロ対策の実効性を維持するためには、「時として、開示から保護されなければならない情報もある」との留保もつけられている（White House 2011, p. 6）。

　ここで注意を要するのは、オバマ政権が「アメリカの中心的価値の遵守」を掲げてある側面ではブッシュ政権との断絶をはかりながらも、ドローンを駆使した攻撃や標的殺害については継承し劇的に拡大したことだ。とりわけパキスタンにおける攻撃の増加には眼を見張るものがある。アメリカのドローン攻撃に関する網羅的な調査で知られる調査報道協会（TBIJ）がまとめた統計にもとづけば、2004 年から 2014 年 1 月 31 日までの間、アメリカがパキスタンで実施したドローン攻撃は 381 回である（The Bureau of Investigative

---

(4)　連邦議会の反対もあり、グアンタナモ収容所の閉鎖はまだ実現していない。しかしオバマ大統領は、イエメンなどの外国に囚人を移送することで、同収容所の閉鎖をあらためて目指すようである（Obama 2013）。

Journalism 2014)。このうち、オバマ政権下（2009年1月〜2014年1月）での攻撃は330回で、ブッシュ政権下での51回（2004年〜2009年1月）をはるかに上回る。この数字をもとに考えるならば、CIAのキラー・ドローンによる標的殺害をオバマ政権が「抱擁（embrace）」したと言い表すのはあながち間違いではない（Boyle 2013, p.2）。

さらにオバマ政権も前政権と変わらず、ドローン攻撃の実態に関する公式見解の表明を躊躇してきた。オバマ政権の高官らが標的殺害政策の存在を公式に認め、その目的や根拠、妥当性などを公の場で説明するようになったのは2012年以降である。とりわけ2013年5月23日にはワシントンDCの国防大学にて、オバマ大統領自ら標的殺害政策の正当性を訴えたことは国内外の注目を集めた（Obama 2013）。それではオバマ大統領は、アルカイダとその関係勢力を狙ったドローン攻撃をどう正当化したのだろうか。

第一に、アメリカは2001年の9.11攻撃以降、アルカイダ、タリバンおよび関係勢力と戦争状態にある。これらの組織によるテロリズムを焚きつけているのは、共通のイデオロギーである。それは、アメリカや西洋とイスラムとは相容れず、大義を追求するためであれば欧米諸国の民間人を攻撃することも許される、という信念にほかならない。したがってアメリカ政府は、アルカイダとその関係勢力に対して、ドローンの使用を含む標的殺害を実行してきた、というわけである。

第二に、アメリカの行動は実効的である。幹部ばかりでなく爆弾製造係や訓練係など、数十人のアルカイダ構成員を排除してきた。その結果として、国際航空や交通網、ヨーロッパの都市、アフガニスタン駐留米軍などへのテロ攻撃を阻止し、多くの人命を救ってきた。

第三に、ドローン攻撃は合法的である[5]。アメリカは国内法および国際法のもと、アルカイダおよびその関係勢力と戦争状態にあり、自衛権の行使が

---

(5) 国内法上および国際法上の根拠に関するアメリカ政府の見解は、司法省が作成した白書（020413 DOJ White Paper）にて詳細に説明されている。この白書はもともと、アルカイダやその関連勢力の幹部であるアメリカ国民を殺害することの合法性を示すために作成されたメモである。アメリカ政府は実際に、イエメンとパキスタンで4人のアメリカ国民をアルカイダやその関連勢力の幹部と認定して殺害している（Obama 2013）。

認められる。したがって、「先んじて阻止しなければ可能な限り多くのアメリカ人をいますぐにでも殺害しようとする」組織や勢力を相手どって、アメリカは民間人への付随被害を最小化しつつ、最後の手段および自衛として「正義の戦争」を遂行している。

　それではオバマ政権はいかなる基準にもとづき、どの人物や組織を標的に選び、ドローンによる標的殺害を行っているのか。オバマ大統領のスピーチとあわせて、テロ対策における武力行使の手続きに関する指針も公表された。この指針によると、アメリカ政府の政策としては、テロ容疑者の殺害ではなく、可能な限り捕縛を優先するという。武力を行使するにしても、その目的はアメリカ国民に対する攻撃の防止や阻止に限定され、武力はテロ容疑者の処罰ではなく、また起訴の代わりでもない。標的となるのは、アメリカ国民に継続的かつ切迫した脅威を及ぼすテロリストに限られる。そしてこの指針は、武力行使に踏み切る際に満たすべき基準を提示したほか、テロ対策関連の作戦に関する議会への通知の徹底、議会による監督の強化についても強調している（White House Fact Sheet 2013）。

5）キラー・ドローンによる標的殺害のモラル・パラドクス

　オバマ大統領による正当化に関して次の2点を言及しておきたい。一つは、ドローン攻撃にはある種の道義をめぐるディレンマがともなうと大統領自身が認めている、と読み取れることだ。すなわちオバマ大統領いわく、ドローン攻撃で民間人に犠牲が出ているのは紛れもない事実である。しかしだからといって、「テロリスト・ネットワークに直面しながら何もしなければ、いっそう多くの民間人犠牲を招くだろう」から「何もしないということは選択肢にはない」。それに、民間人の殺傷の数ではテロリストの攻撃によるものが圧倒的に多く、ドローン攻撃による民間人被害は少数にとどまる。加えて、「アメリカの仇敵に対して武力を行使するという決断は、大統領として最も困難な事柄ではあるが、アメリカ国民を守る自らの責任に鑑みれば、決定を下さなければならない」（Obama 2013）。言い換えればドローン攻撃で民間人が少数とはいえ犠牲になるのは「痛ましい悲劇」だが、テロリストの攻撃で

民間人(とりわけアメリカ国民)が殺傷される事態を防ぐにはドローン攻撃が必要である、とオバマ大統領は決断したわけである。

民間人被害がはたして少数にとどまるのかは疑問の余地が残るが、ひとまずその決断が妥当であるとみなして論を進めよう。その場合、先述した規模でドローンの攻撃や標的殺害を拡大させる必要はあったのか、という疑問が浮かぶ。オバマ政権がドローン攻撃への依存を深めていった理由については、次の二つが考えられる。第一に、アフガニスタンでの地上部隊によるタリバン掃討がうまくいかず治安が悪化したため、その原因となる武装勢力とその拠点を叩く必要に迫られたからである。その手段としてキラー・ドローンによる標的殺害や攻撃は申し分ないものだった。地上部隊の派遣ではないためアメリカ兵の生命を危険にさらさずにすみ、議会をはじめとする国内世論の批判を避けることが可能であった。また地上部隊の派遣となると、主権侵害の度合いは強くなり、パキスタンの政府や国民の反発は必至となる(大治 2012, pp. 215-216, 222-224)。だからドローン攻撃は、オバマ政権1期目のCIA長官レオン・パネッタが主張したように、「アルカイダの統率力を破壊するのに唯一の選択肢である (the only game in town)」(quoted in Boyle 2013, p. 4) というわけである。

第二の理由として推測されるのは、テロ容疑者を生きたまま捕縛するよりも殺害するほうが政治的リスクが少ないからである。グアンタナモ収容所の閉鎖やテロ容疑者への拷問禁止を命じたオバマ政権にとっては、テロ容疑者を殺害してしまえば、その抑留場所や人道的処遇という厄介な問題を抱え込まなくてすむ。これはドローン攻撃の副次的効果といえよう (McCrisken 2013, p. 113)。もしもこの副次的効果ゆえにドローンによる標的殺害が拡大したのなら、パラドクスというほかないだろう。というのも、「アメリカの中心的価値の遵守」を重視したはずのオバマ政権が、恣意的殺害や即決処刑になりかねない危ういテロ対策を結局は推進していることになるからだ。

そのうえでいっそう深刻なことに、ドローンによる標的殺害は他の重大なパラドクスも生み出している。つまり、テロリズムを防止するのではなく、逆に増加させる一因になっているという自己矛盾である。ここで第一に問う

べきは、テロ対策におけるドローン攻撃の実効性である。

　ジョージタウン大学のダニエル・バイマンによると、オバマ政権下のドローン攻撃は、パキスタンとイエメンで、アルカイダ、タリバンなどのイスラム原理主義過激派の戦闘員を推計 3300 人殺害してきた。この数字には 50 人以上の幹部が含まれるという。さらに、特殊な技能（パスポートの偽造、爆弾製造、リクルーター、資金調達）をもつメンバーの殺害、テロ組織の指揮系統や訓練などの妨害により、キラー・ドローンはテロ活動全般を妨害しているとされる（Byman 2013, pp. 33-35）。なるほど、バイマンの議論はオバマ大統領のいうドローン攻撃の実効性を裏書きしているかのように見える。

　しかし他方で実効性について疑問がないわけではない。例えば、上述の数字からわかるとおり、キラー・ドローンが排除できた幹部の数は少ない。殺害した戦闘員の大部分は下級の民兵にしかすぎず、しかもそれらの民兵すべてがアメリカ本土やアメリカ国民に切迫した脅威を与えるテロリストなのかどうかは疑わしい（Bergen and Tiedemann 2011）。さらに憂慮すべきこととして、テロリストや民兵としてカウントされている死者数のなかには、実際には誤認による民間人犠牲者が多く含まれる可能性も指摘されている[6]（Stanford/NYU 2012）。

　テロリズムの専門家マイケル・ボイルにいわせるなら、ドローン攻撃の実効性を肯定する議論には共通の根本的な問題がある。それは実効性（戦略）と効率性（戦術）の混同であり、効率性のために実効性が犠牲にされるという問題にほかならない。ボイルによると、実効性を支持する議論の多くは、実際にはテロリスト殺害の効率を語っているにすぎない。ドローン攻撃がテロ対策として実効的であるかどうかは、ボディ・カウント（殺害したテロリストの数）だけでは決まらない。加えて、ドローン攻撃への過剰な依存により、アメリカは重大な戦略的コストを被っている。具体的には、①ドローン攻撃が実施される国家（パキスタンやイエメン）の政情不安定化、②反米感情

---

(6) TBIJ によると、パキスタンにおけるドローン攻撃の死者数は 2004 年から 2014 年 1 月末までの期間で 2537 人から 3646 人である。このうち民間人の死者数は 416 人から 951 人で、この数字には 168 人から 200 人の子供の死者数が含まれる。

の悪化、③テロ組織や武装勢力への参加者の増大と反政府テロや報復テロの活発化など、逆効果をドローン攻撃はもたらしている（Boyle 2013）。

　たしかに、パキスタンにおけるテロ事件の増加は著しく、2004 年には 150 件だったものが 2009 年には 1916 件となっている（Bergen and Tiedemann 2011, p.14）。アメリカのドローン攻撃がテロ攻撃増加の唯一の原因ではないにしても、パキスタン領域内でのドローン攻撃を黙認したり、停止させられないパキスタン政府に対して国民の不満や反感は高まっており、これは反政府テロの増加とは無関係ではないように思われる。それに当然の帰結として、キラー・ドローンの攻撃に対する報復の照準はアメリカに向けられている。たとえば 2009 年 12 月 30 日、アフガニスタン東部ホースト州のチャップマン基地でアルカイダの二重スパイが自爆攻撃を行い、ヨルダン政府関係者 1 名に加え CIA 要員 7 人が死亡している（菅原 2013, pp.57-72）。のちに公表された犯行声明ビデオによれば、かの自爆攻撃はドローンが TTP の指導者メースドを殺害したことに対する報復であったという。さらに 2010 年 10 月、ニューヨークの繁華街タイムズ・スクエアを自動車爆弾で攻撃しようとして逮捕されたパキスタン系アメリカ人、ファイサル・シャザドは、ドローンによるイスラム教徒殺害への復讐を犯行動機に挙げている（Boyle 2013 pp.1-2）。ここでのポイントは、キラー・ドローンによる標的殺害の拡大が、国際テロの防止やパキスタンの安定化というアメリカの戦略的目標を妨げ、パキスタンでの反政府テロやアメリカに対する報復テロという形で逆にテロ攻撃を招いているということだ。

　テロリズムの増殖というパラドクスはもう一つある。過剰なテロリズム対策がテロリズムへと変貌するという自己矛盾である。「テロリストもテロ行為に対処する側も、善悪の闘争という世界観を共有するだけでなく、新しい兵器や戦術によって敵側の権力の中枢部分を直接攻撃する機会が得られるとの信念でも共通する」、と国際政治学者アダム・ロバーツは警鐘を鳴らしている（Roberts 2005, p.112）。この警告はドローン攻撃にもあてはまるだろう。アメリカ政府にしてみれば、ドローンという最新技術を駆使した標的殺害は、テロ組織を阻止・解体するために必要かつ正当な武力行使なのかもしれない。

第2章　対テロ戦争

しかし、テロリストではないにもかかわらず攻撃に巻き込まれた人、攻撃で家族や友人を失った人、自分もいつか攻撃されるのではという恐怖のもとで生活を強いられる人——そのような人々の目には、アメリカのドローン攻撃こそがテロリズムに映る。ドローンの飛来と攻撃に怯えながらの部族地域の住民生活がいかなるものかを丹念に調査した報告書を読むと、このことが理解できる。例えば、ドローンの爆撃で片足を失った住民の1人は、「ドローンへの恐怖（the terror）ゆえに、わたしたちは目を閉じ、スカーフの下に潜り、手で耳を塞ぐのです」と語っている（Stanford/NYU 2012, p. 82）。また、ドローンに兄弟を殺された住民は、自分をとりまく日常風景がドローンの飛来によって一変してしまったと次のように嘆く。

　以前は誰もが自分の仕事に没頭していたし、みな多忙だった。しかしドローン攻撃が始まってからというもの、人々はみなとても怯え、恐怖に陥っている（terrorized）。人々が失業したり学校に行かなくなったのは、ドローン攻撃で殺されてしまうからです。これは架空の話ではない。われわれが被っているのは残虐行為であり、これはやめさせなければならない。（Stanford/NYU 2012, p. 149）

　要するに、アメリカがパキスタンで敢行するドローンの標的殺害そのものが、阻止するはずであったテロリズムへと変貌してしまったわけである。こうした解釈がもし妥当であるならば、ドローンによる標的殺害の拡大と常態化は、報復を目的としたテロ攻撃とドローン攻撃そのもののテロリズム化という二重の意味で、さらなるテロリズムを生み出しているといわねばならない。このパラドクスはまさに、「対テロ戦争の終わりが遠ざかる」というアポリアの徴候の一端を示しているように思われる。

2　こころをつかむ戦い（COIN）の困難

　前節で指摘したようなドローンによる攻撃を筆頭に、アメリカの対テロ戦

争に対する批判と不満は、パキスタンの部族地域と同じく戦場となっているアフガニスタンにおいても高まっている。しかし、現地の人々の不平と不満を抱えたままで戦争の継続は難しい。そこでアメリカは戦争の「やり方」を大きく変更する。テロリストを直接攻撃することよりも、テロリストを生み出し、かくまい、活動拠点とするアフガニスタンの人々をこちらの味方につける、「こころ」をつかむ戦争へと切り替えたのであった。この「人々のこころをつかむ戦争」は、額面どおりに受け止めれば、倫理的で正しい戦争のやり方だとの印象を受ける。だが本節では、このこころをつかむ戦争が、直面しているアイロニーについて描写する。

1) 米軍の戦略の転換、COIN の導入

2000 年代後半、タリバンはその勢力を回復した。そしてアフガニスタン戦争は泥沼化した。ここにおいてアメリカは対アフガニスタン戦略を再策定する必要に迫られる。その米軍が導入した戦略が、COIN[7]（コイン）(Counter-Insurgency、反乱鎮圧作戦）である。

COIN は、人々の犠牲を付随被害としてきた従来の戦争とは反対に、アフガニスタンの人々を守り保護することを第一に掲げた戦略である。敵をいかに倒すかということより、いかに人々のこころをつかむのか、に焦点を絞る。COIN とは、治安と民情を安定させることで住民の支持を獲得し、反政府勢力を孤立させ、政府の権威を普及させる戦略である。テロリストは民衆の海のなかに隠れているが、COIN は、民衆を政権側の味方とすることで、民衆の海からテロリストをあぶり出すことを目指している。

COIN の思想と方法を説明する COIN ドクトリン[8]はその基本コンセプトを、「住民の支持とこころ[9]（hearts and minds）」をつかむことである、とする。「支持（Hearts）」は COIN の成功が人々の最善の利益につながることを

---

[7] COIN についての日本語文献は、福田毅の論考が最も詳細であろう（福田 2009, 2011）。
[8] 陸軍および海兵隊の共通のドクトリンとして 2006 年 12 月に策定された。なお陸軍は Field Manual No. 3-24 (FM 3-24)、海兵隊は Marine Corps Warfighting Publication No. 3-33.5 (MCWP 3-33.5) が登録番号である。以下、ドクトリンからの引用箇所は、FM 3-24 で示す。
[9] この訳語については、福田毅にならった（福田 2011, p.245）。

説得することであり、「こころ（Minds）」は、武力が人々を保護し、抵抗は的外れであると確信させることを意味する[10]（FM3-24, Appendix A-26）。

ではいかにしてこころをつかむのか。第一に武器の使用を控えることで、民間人を保護すること（protection of civilian）である。なぜなら「武力を用いるほど、効果は薄くなる（"the more force used, the less effective it is"）」（FM3-24, para.1-148）からである。よって、必然的に民間人被害の減少を企図しなくてはならなくなる。まずそれは自軍による付随被害の縮小が該当する。端的に表現すれば「反乱鎮圧に最も有効な武器は、撃たないこと」（FM3-24, para.1-153）となる。

第二は、民生支援である。通常、復興援助などは戦争が終結し、治安が安定してから行われる。しかし、戦争の最中こそ最も人々が援助を必要としている時期である。米軍はアフガニスタンで地方復興チーム（Provincial Reconstruction Teams）を活用している。地方復興チームは、軍隊とともにアメリカ国際開発庁（USAID）のような援助官庁などが行動し、50名から300名で構成される（FM-3-24, para.2-12）。軍隊は治安維持を行うとともに、援助団体とともに民生支援[11]を実施する。このように、人々の生活再建に傾注することで、人々のこころをつかもうとしているのである。

そのうえで、COIN全体の評価は、倒された味方と倒した敵の数ではなく下記の数値ではかられることになる。「暴力行為（攻撃回数、友軍の犠牲）」、「離散民（人数、分布など）」、「人々の移動、宗教行事への出席」、「選挙への参加度」、「税収」などである（FM 3-24, para.5-28）。また作戦遂行中の評価項目として、「地域民の（米軍や政府に対する）姿勢（attitudes）の変化」、「人々の認識の変化」などが挙げられている（FM3-24, para.5-111）。

だがCOINは単に米軍の攻撃による民間人の犠牲を減少させることだけを目標とはしていない。タリバンの攻撃から民間人を保護することで、住民の

---

(10) なお、類義語に民心の安定をはかる作戦、「安定化（stabilization）」がある。COINとの差異について問題となるが、福田毅およびウッコによると、安定化とCOINはオーバーラップするとされる（福田 2009, p.80; Ucko 2009, p.10）。
(11) 即効事業（QIP：Quick Impact Project）と呼ばれる。

第 I 部　戦争のアポリア

信頼を獲得していくことが求められる。

　もちろん、民生支援のみを行うのであれば、軍隊ではなく援助機関やボランティアなどを派遣すればよい。だが米軍は軍隊である。米軍は攻撃を抑制はしても、攻撃をやめたわけではない[12]。敵と判断した対象への攻撃は継続している。特にドローンを含んだ航空攻撃は、前節で見たように批判を受けつつも、反乱勢力鎮圧に有効な手段として重用され続けている。RAND 研究所の報告書『アフガニスタンにおける COIN』は、航空攻撃、特に近接航空支援の有効性を指摘する（Jones 2008, pp. 96-97, 120-121）。この点は、航空攻撃による民間人被害への批判が根強く残ることとも関係があるだろう。

2）命を懸ける戦争

　人々の保護を重視することから、COIN について、正しい戦争のやり方であるとの印象を受けるかもしれない。だが、この戦略の前提として、米軍は犠牲の増大を受け入れる必要がある。武器の使用を控えることによる論理的な帰結で、民間人の犠牲が減少するかわりに、米軍の犠牲は増大するのである。というのも、自軍による民間人被害、つまり付随被害を減らすためには、確実に敵とわかるまで攻撃を控えなくてはいけないからである。加えて、米軍は民間人の盾となる必要もある。民間人を守り武装勢力だけを攻撃するために、米軍は敵と民間人を確実に区別して攻撃しなくてはならない。しかしタリバンは、国際人道法によって定められた交戦者を識別する標章や制服を身に着けていない。誰が民間人でタリバンなのか、ひと目ではわからないのである。そのため、もし米軍がとつぜん攻撃を受けた場合、米軍はまず誰が

---

[12]　なお、このドクトリンに従い、米軍は 2008 年以降、戦略を転換する。2008 年 6 月にアフガニスタン駐留米軍司令官ならびに ISAF 司令官として着任したマキャナン大将は、航空攻撃や部隊防護に関する戦術指令（Tactical Directive）を派出し、民間人被害を減少させることを企図した。その後任者たち、マクリスタル大将は 2009 年 7 月に、ペトレイアス大将は 2010 年 8 月に、戦術指令を改定し、武力行使の厳格化をはかっている（UNAMA 2011, p. 22）。ペトレイアス大将が派出した戦術指令は、近接航空支援に際し、民間人の不在を決定しなくてはならない（must determine that no civilians are present）と規定し、民間人がいる場合、あらゆる行動は特殊な状況を除き、民間人に被害を及ぼさないようしなくてはならない、としている（UNAMA 2011, p. 23）。

第 2 章　対テロ戦争

敵で誰が民間人であるのかをまず確実に識別する必要が出てくる。その結果、攻撃に対する反撃は遅れてしまう。厳格に敵と味方を識別することは時間を要するため、攻撃の意思決定まで、敵の一方的な攻撃を受け入れることになるからである。その結果、兵員の犠牲は増大することになる。

　よって COIN は、自軍の犠牲のうえで、アフガニスタンの人々の犠牲を少なくすることを前提とした戦略である[13]。実際、米軍の死傷者は 09 年以降、急増している[14]。確実に敵と判別したうえで攻撃するため、米軍の犠牲は増大していると考えられる。なお米軍の攻撃による民間人の犠牲は減少している[15]。またアフガニスタン軍と警察の犠牲は、米軍の急増に比してほぼ横ばいである。

　しかしその一方で、タリバンは標的殺害を含めた攻撃により数多くの民間

---

[13]　COIN は、第 1 章で論じた「人道的介入のモラル・アポリア」と通底する問題を抱えるようになったといえるかもしれない。他国民のために自国民がどこまで犠牲になるべきか、という人道的介入の問題が、同じく COIN におけるアメリカとアフガニスタンの関係にもあてはまるからである。実際、この犠牲の増加を危惧するバイデン米副大統領らは COIN を批判し、アメリカ兵の犠牲が少なくてすむカウンター・テロリズム（counter-terrorism）を提唱している。

[14]　なお駐留米軍の兵力については時事通信の関連記事を集めた HP「アフガン駐留米軍兵力と死者数」を参照（http://www.jiji.com/jc/v?p=ve_int_america-anpo-securitydefence-afghan）。

[15]　本章ではアフガニスタンの民間人の犠牲者の推移を、UNAMA（United Nations Assistance Mission in Afghanistan）の資料を参考としている。その推移だが、2007 年の段階で 1523 人であった死者が、08 年 2118 人、09 年 2412 人、10 年 2790 人、11 年 3021 人と、年々増加傾向にあることが把握できる。ここで注意を要するのは、この民間人被害の増加の主因は、米軍、ISAF（国際治安部隊）、政府軍によるものではなく、タリバンに起因するものであるという点である。2009 年にタリバン側に起因する民間人の犠牲者が 1630 人であったのに対し、10 年 2037 人、11 年は 2332 人と大幅に増加している。その一方で米軍など政府側による民間人の犠牲者は、減少の傾向を示している。

　米軍の航空攻撃による民間人被害は、08 年の 552 人に対し 10 年は 171 人と減少していることが確認できる。また民間人被害全体も 08 年の 828 人から 11 年の 410 人へと半分近くに減少している。米軍が COIN で企図した民間人被害の減少が進展しているとみなすことができる。

　なお 2011 年 7 〜 12 月期の統計（UNAMA 2011）によれば、米軍による犠牲者は、半数以上の 53 パーセントが航空攻撃（Aerial Attack）の犠牲者となっている。次いで 23 パーセントが交戦、16 パーセントが捜索襲撃作戦（Search/Raid）の犠牲者である。

　航空攻撃の割合が顕著であるが、全体の数字もまた減少しているため、航空攻撃による犠牲が際立つ結果となっている。年ごとで見ると 09 年が 359 人、10 年が 171 人、11 年が 187 人である。ただし、10 年から 11 年にかけての犠牲者の微増は、10 年の 1816 回の出撃に対し 11 年は 1675 回であるという、出撃回数の減少にもかかわらずの増加であることに留意する必要があるだろう。（UNAMA 2011, p.24）

人を殺傷し、その犠牲者数は年々増加している[16]。民間人被害の責任は、タリバンにこそ重く帰せられるべきであろう。第一に、タリバンによる民間人の犠牲は、米軍など政府側による犠牲と比べて、09年で2.7倍多く、10年で4.8倍、11年で5.7倍にも達するという点である。もちろん、国連アフガニスタン支援ミッション（UNAMA）はすべての民間人被害を把握できているわけではないが、タリバンによる民間人被害の多さが際立っている。第二に、タリバン側による民間人被害は、民間人被害をあえて企図した戦術であるという点である。即席の爆発装置（IEDs）による被害は、例えば軍事物資のトラックでの輸送業務などある程度軍事活動に従事しているともみなせる人々も含まれるだろうが、軍事活動に関係していない民間人の犠牲も多い。自爆攻撃や標的殺害は、意図的に民間人を狙った攻撃なのである。

3）悪評の理由

米軍とタリバンの悪評　でははたして米軍による民間人の犠牲の減少は、米軍への好意的な見方を強めているのだろうか。

アフガニスタンでの世論調査は、北大西洋条約機構（NATO）軍の軍事行動に対するアフガニスタン人のネガティブな反応を指摘している（ICOS 2011）。国際シンクタンク「治安と開発に関する国際協議会」（International Council on Security and Development：ICOS）による2001年の調査によれば、戦闘の少ない北部で76パーセント、戦闘が多い南部で87パーセントの人々が、NATOの軍事活動について「アフガニスタンの人々に対し悪いこと」であると回答した。「よい」と回答したのは北部で15パーセント、南部で12パーセントにすぎない（ICOS 2011, p.25）。この点で、COIN戦略は、いまだ

---

[16] タリバンによる民間人被害の内実はどういった構成になっているのか。米軍による犠牲者が減少傾向にあるのに対して、タリバンに起因する犠牲は年々増加している。2011年の7〜12月の統計（UNAMA 2011）によれば、最も数値が高いのはIEDs（Improved Explosive Devices、即席の爆発装置）による犠牲であり、全体の45パーセントを占めている。次に高いのは標的殺害／処刑の23パーセントであり、3番目に戦場における交戦（Ground Engagement）の15パーセント、自爆攻撃の13パーセントとなっている。注意したいのは、IEDsは民間人を含んだ不特定多数を攻撃目標とする手段であり、また自爆攻撃や標的殺害は民間人をターゲットとした手段であるという点である。なお暗殺／処刑は、南部ならびに南東部において顕著である。

評価が高いとはいえない。「地域住民を保護していると信じるか」との質問に対しては、北部で49パーセント、南部で63パーセントが「信じない（No）」と回答し「信じる（Yes）」と回答した北部38パーセント、南部26パーセントより上回る結果となっている（ICOS 2011, p. 27）。つまり、米軍への反感は減少していないのである。

その一方で、タリバンへの支持も減少している。アジア財団（The Asia Foundation）の調査によれば、タリバンへの指示は減少し、反感が大幅に上昇している。09年に36パーセントであった「まったく共感しない」の割合は、10年には55パーセント、11年には64パーセントにまで上昇している（The Asia Foundation 2011, p. 48）。タリバンに「まったく共感しない」理由として、「無辜の人々を殺害するから」と回答した割合が34パーセントで最も高い数字であり、次に「平和と安全を求めていないから」と回答した人々が16パーセント、「抑圧者（oppressors）だから」と回答した人も12パーセントにのぼった（The Asia Foundation 2011, p. 52）。つまり、タリバンによる民間人を標的としたもしくは民間人を犠牲にする戦略は、アフガニスタン人の支持を失う要因となっていることが指摘できる。

実際、タリバンによるテロ行為は市民の警戒を呼んでいる。例えばタリバンにからむ事件として、2012年4月に、アフガニスタン北部の女子高の飲料水タンクに毒を入れ、その水を飲んだ女子生徒約140人が中毒症状を訴えるという事件が発生した。パキスタンの事例であるが、15歳の女子生徒マララ・ユサフザイの暗殺未遂事件に衝撃を受けた人も多いであろう[17]。タリバンの方針に反する人々は、老若男女を問わず、テロの標的とされているのである。

さて米軍への信頼は上昇せず、タリバンへの信頼も減少しているという状況だが、その結果、相対的にアフガニスタン政府への期待が高まっている。2010年に行われた世論調査で、「誰を信頼するか」との問いに対し、先述の

---

(17) マララは女子教育の必要性をブログ等で発表し、タリバンを批判していたが、タリバンがマララを襲撃し、重傷を負った。奇跡的に一命をとりとめたマララは、いまも女子教育の推進を主唱している。2013年には国連本部で演説を行い、ノーベル平和賞受賞も噂された。

ように米軍に対しては厳しい回答をした南部でも、アフガニスタン政府が最も評価が高く（計27パーセント）、続いて24パーセントでアフガニスタン国軍／警察が続いている（ICOS 2009, p. 65）。タリバンは10パーセントほどの支持で、米軍を含むNATO-ISAFは1パーセントにすぎない。アフガニスタン政府と国軍・警察で5割以上の支持を得ていることになるが、汚職などの腐敗問題を抱えたアフガニスタン政府が、信頼に値するだけの実力を備えるには、いましばらく時間が必要であろう。

米軍のふるまい　アフガニスタン政府やアフガニスタン軍は高い支持を得ているのだが、それをもってCOINの成功とはとてもいえないであろう。よい統治の確立はCOINの重要な目的の一つだが、当のアメリカ自身は人々のこころをつかめていないのである。なぜ倫理的な戦い方をもってしても、米軍は支持を失ったままなのか。次のような理由が考えられる。

　第一に民間人犠牲者の数は減少してはいても、いまだに存在しているという点である。民間人被害の減少は民間人被害の消滅ではない。第二に、アメリカ兵による犯罪である。コーランの焼却事件、タリバン兵の死体に対する侮辱行為は憤激を生んだ。また精神的に病んでいたとされるアメリカ兵が深夜にカンダハル近郊の民家に押し入り、居住している家族を起こしたうえで、相次いで殺害したという事件も2012年に生起している。第三に、米軍のふるまいが問題となる。直接の攻撃でなくても、住民の反感を買う行為は「日常」に数多く存在する。例えば、COIN導入後の2009年初頭でのアフガニスタンにおける米軍の車列の移動を取り上げてみよう。

　　トヨタは猛スピードでカブールを走りまわった。運転手はブレーキを踏まずにクラクションを鳴らし、強引に車線変更をし、往来をジグザグに縫い、機会さえあれば加速した。乱暴な運転のほうが道路脇から攻撃されにくいという理屈だった。飛びのかなかったアフガニスタン人は、跳ね飛ばされた。一台のSUVが自転車に乗った人間にぶつけて道路から吹っ飛ばした〔……〕「いったいなにしてるんだ？」
　　「用心にこしたことはない。爆弾だったかもしれない」という答が返

ってきた。だが、こういう運転に、街のアフガニスタン人たちは見るからに憤慨していた。武力による保護に力点を置いているために、連合軍はアフガニスタンの支持を失っていた。（ウッドワード 2011, p.225）

この事例が端的に示すように、米軍の「日常」のふるまいですら、アフガニスタン人の生命を軽視していたと裏づけられる事例は数多くある。例えば、COIN遂行のための前線基地を高台に設置したが、そこは以前から住民の墓地であったなど「先祖の墓を冒瀆された」と思わせるようなふるまいもある（大治 2012, p.156）。

以上のように、こころをつかむ戦争は、アフガニスタン人のこころをつかんでいるとはいいがたい。倫理的な戦い方が、人々に倫理的と見られるとは限らないのである。

だがかつてのように、自軍の犠牲を最小化し、民間人被害を考慮せずタリバンの撃滅をはかるという戦略は、アフガニスタン国民の支持も、国際世論の支持も失う行動であることは指摘するまでもない。かつてと同じく、人心の離反を招き、タリバンの攻勢に力を貸す結果に終わるだろう。

また米軍がこころをつかめていないことをもって、COIN戦略が効果薄とみなすことも早計である。アフガニスタンの人々は、少なくともタリバンの圧政を望んではいないのである。2014年末に予定されている米軍とISAFの撤退後に、COINの成否が明らかとなる。

3 増殖する敵と任務

対テロ戦争の舞台はアフガニスタンとパキスタンにとどまらない。その活動域は全世界に拡大している。中米、サハラ周辺、アラビア半島、イラク、東南アジアなどにおいて、アルカイダの影響を受けた組織、メディアやインターネットを通じて「刺激」を受けた組織が数多く誕生している。なぜテロリストは増殖しているのか。

1) テロの有効性

　そもそも、テロは有効な政治的手段であった。パレスチナ解放機構（PLO）の構成団体「黒い9月」が起こしたミュンヘン・オリンピック事件（1972年）は、イスラエルのオリンピック選手を誘拐し、最終的には全員死亡という結末であった。だがこの事件ののち、「何千人ものパレスチナ人がテロ組織にどっと加入した」うえに、1年半後にはPLO議長のアラファトが国連総会に招かれ演説、その後国連のオブザーヴァーと認められた（ホフマン 1999, p.99）。ホフマンはこの結果を次のように評している。

> 　PLOが国際テロリズムに訴えなかったら、こういう形で成功できていたかどうかは疑わしい。四半世紀にわたって無視され続け、知名度もなかったのに、少数のパレスチナ人テロリストが、四年とたたないうちにそれを激変させたのである。外交官、政治家、ロビイスト、そして人道活動家らがねばり強くつづけたが果たせなかったことを、彼らは成し遂げた。パレスチナ人とその窮状に世界の関心を集めたのだ。また、世界各地で、おなじように不満を抱くマイノリティや民族主義グループにとって、強烈な先例となった。（ホフマン 1999, p.99）

　21世紀初頭のテロリズムは、20世紀後半のテロリズムと比較して、いくつかの条件が異なる。それは、人々が望めば容易にテロリストになることができ、容易に活躍できるということである。テロリズムへのアクセス可能性とテロリズムの有効性がともに向上しているのである。

　まずテロそのものへのアクセスが容易になった点について指摘する。インターネット上には、テロを使嗾したりテロ組織への勧誘をうたうホームページがあふれている。しかもボストン・マラソンでのテロのように、実際に個人レベルでもテロが可能な時代になったのである。またアフガニスタンにおいては「お金が欲しいとか、米軍が嫌いだとか、いろいろな理由があるだろうが、彼らはタリバンに10ドル程度の報酬をもらい、引き換えに爆弾を埋める手伝いをしている」という「10ドルタリバン」と呼ばれる人々もいると

いう（大治 2012, p.158）。

　テロの有効性を示す典型例は、IEDs（Improvised Explosive Devices）と略称される簡易爆弾であろう。その製造コストは約10ドルといわれるなど、過去に比して格段にコストが低下しており、携帯電話を利用した遠隔操作を可能とするなどの、運用性が向上している。その攻撃に対処するべく米軍は大型装甲車MRAP（Mine Resistant Ambush Protected）を開発したが（大治 2012, p.39）、IEDsとの費用の格差は4000倍にも達する。しかもMRAPでもなお、すべての被害を阻止できるわけではない。TBI（外傷性脳損傷）と呼ばれる、新たな戦場の病を招きかねないからである。たとえ車内や装甲服に身を包んでいたとしても、IEDsの爆発の衝撃が脳に異常を引き起こす。TBIは治療法も確立しておらず、多くの兵員が苦しんでいるとされる。

2）拡大する戦場

戦域と対象の拡大　　グローバル化の文脈で見過ごされがちなことがある。それはテロリストをはじめとした犯罪集団もまたグローバル化しているという点である。対テロ戦争を語る際に、アフガニスタンとパキスタンのみに目を向けることは、ミスリーディング（誤った方向に導くこと）である。

　実際、世界各地には無数のテロ組織が存在し、地域によってバラツキはあるにしても、各地でテロを起こしている。アルカイダとの結び付きのある有名な組織だけ取り上げても、インドネシアのジャマー・イスラミーヤ、フィリピンのアブサヤフ（ASG）、ボコ・ハラム、サラフィスト運動、イエメンのアラビア半島のアルカイダ（AQAP）、イスラム・マグレブ諸国のアルカイダ（AQIM）など多種多様である。また現代のネット社会を象徴するともいえるが、無数の「組織」がインターネット上に名乗りを上げている。

　これら無数のテロすべてにアメリカ一国で対処することは不可能に近いが、それでもなお米軍の活動は拡大し、活動地域は世界に点在している。対テロ戦争を意味する「不朽の自由作戦」だけを見ても、アフガニスタンのみならず、イエメンやアフリカの角、フィリピン、サハラ地域、カリブ海など世界中に展開している。アフガニスタンのように直接米軍がテロリストと交戦す

ることもあれば、フィリピンやサヘル地域（サハラ砂漠南縁部）などのように、軍事訓練などのサポートに徹することもある。いずれにしても米軍がからむ形で、対テロ戦争は世界中で行われている。

しかし10年以上にわたる広域での活動にもかかわらず、テロの根絶にはまだまだほど遠い状況である。アメリカ国務省のホームページである「外国のテロリスト組織[18]（Foreign Terrorist Organizations）」を見れば明白だが、テロリスト組織に登録されていく団体が、解除されていく団体よりもはるかに上回る状況である。9.11以降最新のアンサール・ディン（Ansar al-Dine）の登録（2013年3月22日）まで、計27組織がテロリスト指定を受けている。対してモロッコ・イスラム・戦闘集団（Moroccan Islamic Combatant Group）が2013年5月28日に指定解除されたことを含めて、9.11以降に指定を解除された組織は、計六つにすぎない。テロリスト集団は順調にその数を増やしつつあるといえる。アメリカ国務省は毎年『テロリズムに関する各国報告（Country Reports on Terrorism）』を公刊しているが、数々の成功事例を提示するにもかかわらず、新たな地域がテロの温床として追加されていっている。

対テロ戦争の文脈において、米軍の世界展開には、開始当初から批判もあった。当初考案された対テロ戦争の作戦名は「無限の正義」であり、ブッシュ政権下でしばしば言及された「十字軍」といった名称は、キリスト教対イスラム教徒という古典的図式を呼び起こすだけでなく、「アメリカこそが正義である」という「傲慢さ」を感じさせるとの批判もある。

対テロ戦争に限らずアメリカの介入が不評である理由を、例えば押村高は紛争の原因や兵器をほかならぬアメリカが供給していたり、米軍の犠牲ゼロを目指す一方で現地市民の犠牲を軽視していたり、介入先の選択に一貫性がなかったり、罪に対してアメリカが下す「罰」が不均衡である、といった要素が反映されているとしている（押村 2004, p. 17）。

社会構造としての「反米」　だが同時に指摘できるのは、アメリカを批判する人々も「反米」に「恩恵」を受けていることである。というのも、池

---

[18]　アメリカ国務省HP（http://www.state.gov/j/ct/rls/other/des/123085.htm）を参照

田明史が指摘するように「中東世界にあっては「反米」を呼号し、あるいはこれを黙認することが、多くの政治的社会的勢力にとって実質的な利得につながるような構造」（池田 2004, p. 153）が築き上げられているからである。その結果、知識人や世俗派であっても「「反米」という一点でイスラーム勢力と「共闘」が可能」になるといったように、「反米」は「癒しのスローガン」もしくは「魔法の掛詞」として機能することになる（池田 2004, p. 155）。「反米」は、皮肉にも、多種多様な人々をまとめ上げる重要な装置なのである。

「反米」が社会に不可欠な要素として組み込まれているのであれば、アメリカによるテロ根絶は、そもそも不可能であるおそれがある。アメリカが唯一の超大国であり、介入を受ける側があらゆる社会的不正義の原因をアメリカに帰している以上、テロの要因を取り除くことはそもそも困難となる。アメリカが世界各地で活動し成功することそのものが、敵意を正当化する要因となってしまうからである。

3) 拡大する目的

社会心理学的知見　　テロを武力によって根絶できないのであれば、テロを生み出す原因の除去が必要となる。人々はなぜテロに走るのか。社会心理学は、テロに至る心理について知見を積み上げてきた。

以下では、自爆テロに焦点を絞ろう。まず一般にテロには、個人レベルでは「生きがい」を与え、社会レベルではテロ行為を承認もしくは強要できるという背景があるとされる。D・バル・タルは、社会心理学の研究成果を個人レベル、社会レベル、組織レベルに整理したうえで、原因と対処策を探求する。個人レベルでは、単一の動機を挙げる研究もあるが、ブルームやスターンの研究によれば、「名誉、リーダーへの忠誠、社会的地位、自己価値、集団圧力、屈辱、不公正、復讐、暴力被害、希望の喪失、近代化、道徳的義務、生の単純化、理想化」など多種多様な要因がからむとされ、リコルフィは「自爆攻撃の動機の原動力は、復讐願望、義憤、犠牲者への義務感覚などからなる感情カクテルにみられることが多い」と指摘する（バル・タル編 2012, p. 209）。集団レベルにおいては、「組織がその成員の暴力活動に対して社会

的支持を与え、そのような活動を逸脱的というよりむしろ正当であるかのように思わせる共有された社会的現実とイデオロギー的正当化」を行うからと指摘する（バル・タル編 2012, p.213）。組織レベルにおいては、「攻撃の知覚された有効性」つまりは費用対効果の重要性が指摘される。というのも「自爆テロは非常に安上がり」であり、「9.11テロは10万ドルもかかっていないが、数十億ドルの損害を与えた」し、「工作員が捕まって秘密を漏らす心配もなく、また複雑でコストのかかる逃亡計画も必要ない」という利点を有しているからである（バル・タル編 2012, p.219）。

　つまり、テロは、個人の不満や生きがいの探求、社会への承認欲求、コストの低さといった側面によって支えられているとの指摘である。だが生きがいを求め、不満を抱き、社会の承認を求め、コスト・パフォーマンスを追求することは、まさに私たち自身にもあてはまる普通の生き方である。テロの原因が普通の生き方だといわれて、どう対処すればよいのだろうか。そう、心理的傾向が私たちと共通であるとすれば、テロ根絶のために求める答えは、政治的・経済的・文化的な領域に存在する。

　途方もない課題群　では、テロの根絶という大目的を達成するためには、どういった政治的・経済的・文化的条件が必要なのか。ラムズボサムたちがテロリズムを根絶するためとして掲げた10の課題は、皮肉な内容である。

　1　国際政治的抗議が世界的不平等や不公正に関する正当な懸念から生じている限りにおいては、このような抗議という挑戦に見合う「コスモポリタンな国内的」資源をいかに見つけるか。
　2　テロリズム支援国家やテロリズムを「生み出す」非民主的権威主義的政権による挑戦に、首尾一貫し「ダブルスタンダード」を避けながらどのように対処するか。
　3　中央政府の信用がないか、ほとんど存在しなかったり、地元の部族血族集団に忠誠や権力構造が置かれるような弱く往々にして貧しい国家において、民主的平和をどのようにして構築するか。
　4　貧困層のニーズに見合う民主主義の有効性と正統性さえ拒否する

社会革命的挑戦にいかに応じるか。

　5　啓示真理の名のもとに民主主義が世俗的利益への前提だと見られる場合、過激な宗教的挑戦にいかに対応するか。

　6　国家アイデンティティーを決定する、独立した民主的メカニズムに関する合意がないとき、国家アイデンティティーへの国家分離主義的挑戦に、いかに対応するか。

　7　民主主義に適合した形で、いかに民主的原則に影響を受けない軍閥、「経済的テロリスト」、国際犯罪や、民主的和平プロセスに反対する執念深い妨害者からの挑戦と戦うか。

　8　自由民主主義をほかの文化には不適切な西洋的概念であると主張する批判家たちに、いかに対応するか。

　9　西洋的民主主義が多くの意味で非民主的であると主張する批判家たちに、いかに対応するか。

　10　自由民主主義と市場資本主義は相互依存的か、分離可能か、矛盾し合うものか、という問いにいかに答えるか。おそらく中国、インド、ロシアでのさらなる発展がここでの鍵を握る。（ラムズボサム／ウッドハウス／マイアル 2010, p. 295）

さてこれらの10の課題は、本書すべてを通じても対処しうる課題ではなく、はるかに壮大な目標である。いわば、万人が望むであろう「絶対平和」に近い印象を受ける。皮肉な見方をすれば、ラムズボサムらは、絶対平和を達成できない限りテロは根絶できない、と主張しているように思える。仮にこの壮大な目標を達成できたならば、本書で取り上げるようなアポリアはいっさい生じないであろう。

　困難な妥協　ここにおいて対テロ戦争が目的とするテロ根絶は、事実上達成不可能な目的であることがわかる。本章の前半でも触れたように、ブッシュ大統領は、2002年の一般教書演説で次のように述べた。

　われわれのテロに対する戦いは、順調に始まったが、まだ、始まったば

かりである。この戦いは、われわれの時代に終了しないかもしれない。〔……〕われわれには、途中で止めることはできない。もし、テロ基地を現状のまま放置し、テロ国家を阻止しないままに、今、止めてしまうならば、われわれの安全保障に対する意識は、誤りであり、また一時しのぎにすぎないことになる。[19]

　ブッシュ大統領が述べたことは、私たちも共有できる核心を突いている。ただし、ブッシュ大統領の場合は自信に満ちていたが、私たちは苦々しさをかみしめながら、この演説と同じ思いを抱くのである。

=== コラム 2-2 ===

問われる「国際社会」の結束——ソマリア内戦と海賊への対処

　ソマリア——日本から遠く離れた、東アフリカの一国で生じている国家の崩壊や海賊行為という事象は、「国際社会」のあり方を問う課題である。「国際社会」とは、主権を確立した国家が、利益や価値（例えば主権の相互承認）を共有し、さまざまな約束ごと（例えば国際法の遵守）を順守する関係である。「国際社会」が存在し国家が安定するからこそ、諸個人の生命や財産、権利が保障される。このような理念はソマリアにも適用される——はずであった。

　1991年にアイディード将軍が反乱を起こして以降、ソマリアは不安定な状態にある。92年には国連のPKO部隊が、その後「平和執行」部隊が派遣されたが、安定を回復できなかった。2000年代にイスラム原理主義勢力が一時的に勢力を伸ばしたうえ、エチオピア軍の武力介入や米軍の空爆（06〜07年）は、さらなる混乱を生じさせた。アフリカ連合の支援や12年の統一内閣の成立によって希望は見え始めている。しかし依然として国内では、政府と対立するイスラム勢力アルシャバブによるゲリラ活動が発生しており、予断を許さない。「国際社会」から対外主権を認められてはいるものの安定した政府は存在しない、それがソマリアの現状である。

　しかしながら、2000年以降に本格化するソマリア沖の海賊行為について、「国際社会」は積極的な対処を行った。08年の国連安全保障理事会の決議にもとづき、EU（ヨーロッパ連合）、NATO、アメリカを中心とする有志連合、日本や中国などが艦艇や哨戒機を派遣した。その努力が実り、11年に237件を数えた海賊行為などは12年に75件まで減少している。ソマリア「沖」と

> いう地政学的な重要性——年間1万8000隻の船舶の通航（うち日本関連は2000隻）——は「国際社会」の結束を促したのである。
> 　これまで「国際社会」は、ソマリアに住む人々の生命や権利を保障しえなかった。はたしてソマリア「沖」で見せた「国際社会」の結束は、ソマリアにまで波及するのか。いま「国際社会」はその覚悟と結束の程度を、試されているのである。
>
> （角田和広）

おわりに

　人々を恐怖させることで政治的目的を達成しようとするテロリズムは、目的の正しさを弁護することが可能だとしても、手段の卑劣さは明確である。よってテロを根絶することは倫理的である。だがテロ根絶が倫理的であるからといって、テロを根絶する戦争が倫理的であるとは限らない

　だからといって安易にテロリストとの対話を行うことも、事実上テロリズムの有効性を認めることになる。テロリズムの成功は、将来へ禍根を残すことになる。テロの成功はテロの蔓延を招くのみならず、麻薬の拡散、商業の停滞、深刻な人権抑圧など、倫理的に受け入れがたい状態を生み出してしまいかねない。だが、どこまでの犠牲とコストを払えばよいのか。現在、進むことも退くことも困難という袋小路に、対テロ戦争は陥っているのである。

　テロリズム研究者であるマーサ・クレンショーは、ブッシュ政権が始めた対テロ戦争を「あまりに野心的、かつ、あまりに曖昧（too ambitious and too ambiguous）」(Crenshaw 2011, p.179) と評している。おそらくこの10年以上も続く戦争を概観したとき、同じ思いを抱く研究者は多いだろう。開始当初から指摘されていたように、テロという抽象名詞との戦争は、そもそも敵が誰であるのか描きづらいうえに、目的が際限なく拡大していくという「ミッション・クリープ」という批判が容易にあてはまるのである。

　しかしそうだからといって、現在アフガニスタンで行われている試みすべ

---

(19) 2002年1月29日に行われたブッシュ大統領による一般教書演説の駐日アメリカ大使館による仮和訳からの引用（http://japan2.usembassy.gov/j/p/tpj-jp0055.html）。

```
                          ┌─ 標的殺害による
                          │  テロの増殖
                          │   (第1節)
              戦           │
              争   ┌ 終わりが ─┼─ 人々の心を
              を   │ 遠ざかる │  つかめない
              続   │         │   (第2節)
              け   │         │
   対テロ戦争 ─┤         └─ 際限なき
              撤   │            任務拡大
              退   │             (第3節)
              す   └ テロを正当化
              る
```

対テロ戦争のアポリア

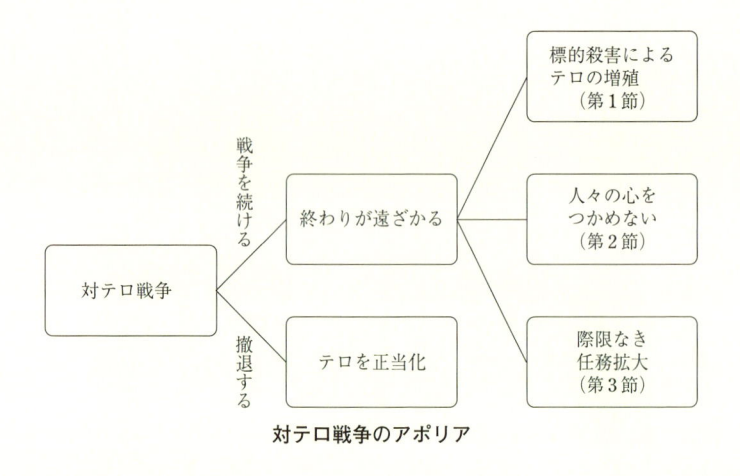

てを無為無駄と斥け、全面撤退することが正しい選択とは思えない。国際社会のコミットメントは継続していくべきである。アフガニスタンの現状を見る限り、米軍や国際治安部隊の活動は、アフガニスタン政府の崩壊といった悪しき結末を避けているといいうるのかもしれない。テロとの戦いにめどをつけるためには、テロ攻撃の阻止に関する実効性を確保しつつ、同時に民間人被害の回避にも取り組まねばならないだろう。これは要するに、対テロ戦争やテロ対策において実効性と道義性とをいかに折り合いをつけるかという問題に帰着する。COIN 戦略が民間人保護を重視し実践したことは、実効性と道義性の両立をはかる一つの試みとみなせよう。他方で、パキスタンやイエメンで実行されているドローンによる標的殺害は報復テロ攻撃を招くばかりか、それ自体が一種のテロリズムと化しており、実効性も道義性も確保できないでいる。

　むろん、いかなる対テロ戦争やテロ対策においても実効性と道義性の両立をはかるのは難しく、双方がつねに歩調をあわせるとは限らない。またテロリズムの恒久的かつ根本的解決がきわめて難しいこともあわせて考えれば、実効性と道義性を兼ね備えたテロ対策はつねに手探り状況のなかにあることだろう。その意味では、対テロ戦争やテロ対策には明確な勝利や出口はそも

そも存在しないのかもしれない。それでもなお、テロリズムを根絶するために前に進まざるをえない、これが対テロ戦争が直面している現実である。

＊本章第2節は著者（大庭）の過去の論考、平和安全保障研究所の安全保障研究プログラムの成果論文として提出した「犠牲の代償——米軍の戦略転換とアフガニスタンにおける民間人の保護と被害」（未公刊）を、モラル・アポリアの観点から再構成・加筆したものである。

【参考文献】

池田明史 2004「仇敵としてのアメリカ」、押村高編『帝国アメリカのイメージ——国際社会との広がるギャップ』早稲田大学出版部、139-161頁。
ウッドワード、ボブ 2011『オバマの戦争』伏見威蕃訳、日本経済新聞出版社。
大治朋子 2012『勝てないアメリカ——「対テロ戦争」の日常』〈岩波新書〉、岩波書店。
押村高 2004「多様性の破壊者としてのアメリカ」、押村高編『帝国アメリカのイメージ』早稲田大学出版部、39-65頁。
カルドー、メアリー 2003『新戦争論——グローバル時代の組織的暴力』山本武彦・渡部正樹訳、岩波書店。
菅原出 2013『秘密戦争司令官オバマ——CIAと隠された戦争』並木書房。
バル・タル、D編 2012『紛争と平和構築の社会心理学』熊谷智博・大渕憲一監訳、北大路書房。
福田毅 2009「米国流の戦争方法と対反乱（COIN）作戦——イラク戦争後の米陸軍ドクトリンをめぐる論争とその背景」『レファレンス』11月号、国立国会図書館、77-101頁。
——— 2011『アメリカの国防政策——冷戦後の再編と戦略文化』昭和堂。
ホフマン、ブルース 1999『テロリズム——正義という名の邪悪な殺戮』原書房。
ラムズボサム、オリバー／トム・ウッドハウス／ヒュー・マイアル 2010『現代世界の紛争解決学——予防・介入・平和構築の理論と実践』宮本貴世訳、明石書店。
山根聡 2012「対テロ戦争によるパキスタンにおける社会変容」『現代インド研究』第2号、35-57頁。

Alston, P. 2010 *Report of the Special Rapporteur on Extrajudicial, Summary or Arbitrary Executions*, U. N. Doc. A/HRC/14/24/Add.6（28 May）.
Aslam, W. 2013 *The United States and Great Power Responsibility in International Society: Drones, Renditions and Invasion*, Routledge.
Bergen, P. and K. Tiedemann 2011 "Washington's Phantom War: The Effects of the US Drone Programs in Pakistan," *Foreign Affairs*, Vol. 90, No. 4, pp. 12-18.
Boyle, M. J. 2013 "The Costs and Consequences of Drone Warfare," *International Affairs*, Vol. 89, No. 1, pp. 1-29.
Byman, D. 2013 "Why Drones Work: The Case for Washington's Weapon of Choice,"

Foreign Affairs, Vol. 90, No. 2 pp. 32-43.
Crenshaw, Martha 2011 *Explaining Terrorism: Causes, Processes and Consequences*, Routledge.
Enemark, C. 2011 "Drones over Pakistan: Secrecy, Ethics, and Counterinsurgency," *Asian Security*, Vol. 7, No. 3, pp. 218-237.
FM 3-24, MCWP 3-33.5 2006 *Counterinsurgency*, December, Headquarters, Department of the Army.
Gross, M. L. 2010 *Moral Dilemmas of Modern War: Torture, Assassination, and Blackmail in an Age of Asymmetric Conflict*, Cambridge University Press.
Heyns, C. 2013 *Report of the Special Rapporteur on Extrajudicial, Summary or Arbitrary Executions*, U. N. Doc. A/68/382(13 September).
ICOS (the International Council on Security and Development) 2009 *Afghanistan The Relationship Gap*.
―――― 2011 *Afghanistan Transition: The Death of Bin Laden and Local Dynamics, Field Assessment Kabul City, Afghanistan*, May 2011.
Jones, Seth G. 2008 "Counterinsurgency in Afghanistan," RAND Corporation.
Mazzetti, M. 2013 *The Way of the Knife: The CIA, a Secret Army, and a War at the Ends of the Earth*, The Penguin Press.
McCrisken, T. 2013 "Obama's Drone War," *Survival*, Vol. 55, No. 2, pp. 97-122.
Obama, B. 2013 "Remarks by the President at the National Defense University, Fort McNair, Washington, D. C.," 23 May. http://www.whitehouse.gov/the-press-office/2013/05/23/remarks-president-national-defense-university (最終アクセス 2014 年 3 月 26 日)
Priest, D., and W. M. Arkin 2011 *Top Secret America: The Rise of the New American Security State*, Back Bay Books.
Roberts, A. 2005 "The 'War on Terror' in Historical Perspective," *Survival*, Vol. 47, No. 2, pp. 101-130.
Rothstein, Hy 2012 "America's Longest War," in Hy Rothstein and John Arquilla eds., *Afghan Endgames: Strategy and Policy Choices for America's Longest War*, Georgetown University Press.
Ryan, M. 2011 "'War in Countries We Are Not at War with': The 'War on Terror' on the Periphery from Bush to Obama," *International Politics*, Vol. 48, No. 2-3, pp. 364-389.
Scahill, J. 2013 *Dirty Wars: The World is a Battlefield*, Serpent's Tail.
Stanford/NYU 2012 *Living Under Drones: Death, Injury and Trauma to Civilians from US Drone Practices in Pakistan*. http://livingunderdrones.org/report/ (最終アクセス 2014 年 3 月 20 日)
The Asia Foundation 2011 *Afghanistan in 2011: A Survey of the Afghan People*.
The Bureau of Investigative Journalism 2014 "January 2014 Update: US covert actions in Pakistan, Yemen and Somalia," http://www.thebureauinvestigates.com/2014/02/03/january-2014-update-us-covert-actions-in-pakistan-yemen-and-somalia/ (最終アク

セス 2014 年 2 月 13 日）
Ucko, David H. 2009 *The New Counterinsurgency Era: Transforming the U.S. Military for Modern Wars*, Georgetown University Press.
UNAMA（the United Nations Assistance Mission in Afghanistan）2010 *Afghanistan Annual Report on Protection of Civilians in Armed Conflict 2009*, January 2010.
―――― 2011 with AIHRC（the Afghanistan Independent Human Rights Commission）*Afghanistan Annual Report on Protection of Civilians in Armed Conflict 2010*, March 2011.
―――― 2012 *Afghanistan Annual Report on Protection of Civilians in Armed Conflict 2011*, February 2012.
U.S. Department of Justice "Lawfulness of a Lethal Operation Directed against a U.S. Citizen Who Is a Senior Operational Leader of Al-Qa'ida or an Associated Force." http://msnbcmedia.msn.com/i/msnbc/sections/news/020413_DOJ_White_Paper.pdf（最終アクセス 2014 年 3 月 20 日）
White House 2011 *National Strategy for Counterterrorism*, 28 June. http://www.whitehouse.gov/sites/default/files/counterrorism_strategy.pdf（最終アクセス 2014 年 3 月 20 日）
White House Fact Sheet 2013 "U.S. Policy Standards and Procedures for the Use of Force in Counterterrorism Operations Outside the United States and Areas of Active Hostilities," 23 May. http://www.whitehouse.gov/the-press-office/2013/05/23/fact-sheet-us-policy-standards-and-procedures-use-force-counterterrorism（最終アクセス 2014 年 3 月 20 日）

■■■ 対テロ戦争を考えるための映画 ■■■

『11'09"01／セプテンバー 11』（制作：フランス、イギリス、2002 年）
　監督：ケン・ローチ（イギリス編）
　〈9.11〉から多くの人が想起する歴史上の出来事は、2001 年の 9 月 11 日火曜日のアメリカ同時多発テロであろう。しかし本作品（9.11 アメリカ同時多発テロをモチーフとしたオムニバス作品の一編）がスポットライトを当てる〈9.11〉は、1973 年の 9 月 11 日火曜日である。この日、ラテンアメリカのチリで軍事クーデターが発生し、史上はじめて選挙によって成立した社会主義政権（アジェンデ政権）が倒されたのである。しかもクーデターの背後にアメリカの中央情報局（CIA）の関与があったといわれている。この映画をきっかけに、もう一つの〈9.11〉についても知ってもらいたい。

『ゼロ・ダーク・サーティ（Zero Dark Thirty）』（制作：アメリカ、2012 年）
　監督：キャスリン・ビグロー

第Ⅰ部　戦争のアポリア

　2011年5月2日の米軍特殊部隊によるオサマ・ビン・ラディン殺害を扱った映画。ビン・ラディンの追跡・殺害に執念を燃やすCIAの女性分析官マヤ（実在する複数のCIA職員をもとにつくられたキャラクター）を軸にストーリーが展開する。CIAの秘密収容や水責めによる拷問など、アメリカの「対テロ戦争」の醜悪な部分もキッチリ描いている。ドローン攻撃そのものの描写はないが、ドローン攻撃に抗議するパキスタン国民のデモ、チャップマン基地に対する自爆攻撃などのシーンがあるので、注意して鑑賞してほしい。

（千知岩正継）

第3章
核　兵　器
非人道性のアイロニーとパラドクス

佐藤史郎

> 学問的な政治探究において重要なことは、価値を帯びた前提を排除することではなく、それらの前提の究明と批評を試みることであり、道徳的・政治的問題を提起することは、そのような探究の一部であるとみなすことである。（ブル 2000, p. xxiii）

はじめに

　毎年、広島と長崎は、真夏の太陽が容赦なく照りつけるなかで、原爆犠牲者への鎮魂と平和への祈りに包まれる。広島は1945年8月6日の午前8時15分に、長崎は同月9日の午前11時2分に、原爆の炸裂による青白い閃光とともに、時計の針が止まった。広島に投下されたウラン型原爆「リトル・ボーイ（Little Boy）」と、長崎に投下されたプルトニウム型原爆「ファットマン（Fat Man）」は、一瞬にして、広島と長崎に住む人々を灰燼に帰した。広島と長崎の原爆による死者数は、1945年12月末の時点で、それぞれ約14万人と約7万人と推計されている。

　核兵器を使用することは、道義上、許されるのだろうか。この問いに対する回答は、人間もしくは「個人」の尊厳という点からすれば、とても簡単である。すなわち、核兵器の使用は、道義上、決して許されるものではない。なぜなら核兵器は、爆風、熱線、放射線の相乗効果によって甚大な被害をもたらし、多くの無辜の人々を無差別に殺すからである。そのため、核兵器を

保有、製造、使用することは、ナチス党政権下のドイツによるユダヤ人へのホロコーストと同じく、人類が「大量虐殺を行おうとする心理的傾向（genocidal mentality）」（Lifton and Markusen 1990）をもつことを意味する、との見解もあるくらいだ。

　ところが、道義の領域に政治や安全保障の問題が入り込むと、問いの内容が大きく変わる。すなわち、「国家」の安全保障という点からすれば、「なぜ核兵器を使用してはいけないのか」との問いである。この問いは一見、疑問文の形となっているが、実際には「核兵器を使用すべきである」との主張にほかならない。これは、自国の国民を敵対国による核兵器の使用という脅威から守るためであれば、敵対国に核兵器を使用することは許されるとの主張である。この主張の背景には、「もしあなたが私に核兵器を使用するのであれば、その報復として、私もあなたに核兵器を使用する」と威嚇することで、相手側がこちら側に対して核兵器を使用することを慎むという論理、いわゆる「核抑止（nuclear deterrence）」論がある。

　以上のように、核兵器の使用をめぐって、（1）個人の尊厳という点で道義的には許容されないとの見解がある一方、他方で、（2）国家の安全保障という点で道義的に許容されるとの見解もある。はたして、この二つの見解の違いは、いったい何を意味しているのだろうか。また、核兵器の使用をめぐる道義性を語ること、とりわけ核兵器の非人道性を語ることは、国際政治という舞台において、どのような意義や問題があるのだろうか。

　本章の構成と内容は以下のとおりである。まず、核兵器の使用について、個人の尊厳という観点から道義的に許されないという見解と、国家の安全保障という観点から道義的に許されるという見解を、「義務論（deontology）」と「帰結主義（consequentialism）」の枠組みを用いて考察する。次の第2節では、核兵器の非人道性を語ることが、核兵器の使用は道義に反するとの規範を醸成していること、いわゆる「核のタブー（nuclear taboo）」の存在を指摘したうえで、その規範がもつ「モラル・パワー（moral power）」の重要性に注目する。しかしながら、第3節では、核兵器の非人道性を語ることが、自国の国民の安全を守るためには、核抑止に強く依存しなくてはならないとい

第3章　核　兵　器

う「核のアイロニー（nuclear irony）」をもたらしていることを指摘する。さらに、核軍縮・不拡散措置を推し進めていく際、安全保障の問題を考慮せずに核兵器使用の非人道性を強調しすぎた場合、逆に核兵器のさらなる拡散や同兵器が使用される危険性が高まるという「核のパラドクス（nuclear paradox）」をも指摘する。そのうえで本章は、核兵器をめぐる「モラル・アポリア」として、日本の軍縮・不拡散外交のスタンスが、モラル・パワー、アイロニー、パラドクスの間で「核のトリレンマ（nuclear trilemma）」の状況にあることを示す。最後に、核兵器をめぐるモラル・アポリアは、核兵器のない世界に向けて、どのような意味合いをもっているのかを考えたい。

---- コラム 3-1 ----

原発事故があらわにしたモラル・アポリア

　2011 年 3 月 11 日に発生した東北地方太平洋沖地震にともなう津波によって引き起こされた東京電力福島第一原子力発電所の事故は、日本を中心として、人々や環境に取り返しのつかない大きな影響を与え続けている。

　原発には大きくいって、国、企業、地域社会の三つのステークホルダーが関わり、経済的利益か健康リスクかという二つの価値で対立する。これまでは原発推進に対して後者を不安視する地域社会からの反対を、地方経済の活性化という経済的な正当化で押し通してきた。そこで科学（者）は、原発事故の確率がきわめて低く、安全であることを地域社会に向けて説明する役割を担った。

　しかし、こうした単純な見取り図は、事故が起きると一気に破綻する。事故の責任の所在は過去の無数の意思決定や行為の連鎖のなかに拡散する。また被害もきわめて広範囲に及ぶため、何をもって、どう確定し、補償するかの判断は困難をきわめる。まず、誰に補償するのか。特に低線量被曝が生じる影響に関しては科学的に不確実な部分が大きく、数十年後の結果を待つほかない。不確実ななか行われている自主避難などにどう対応するのか。また、事故後の対応で放射能汚染水の海への垂れ流しなども起きているが、環境に拡散した被害にどう対応できるのか。そして誰が補償するのか。企業は事実上、莫大な補償額を負担しきれないが、税金の投入や電気代への転嫁は許されるのか。もちろん、いかなる基準で原発設置・（再）稼働を許可してよいのか、という問題もある。決定的な判断基準はない。

　事故は政治や経済界への不信を生み、科学の不十分さを明らかにしたが、

> 事故後の国政選挙で一度も原発の稼働は中心的な争点にならず、現時点で原発を止められるのは活断層の存在という科学的事実だというのは皮肉なことである。法・政治・経済・科学と社会の関係の根本的な見直しが求められている。
>
> （木村周平）

1 核兵器の使用をめぐる道義性

1）正戦論

　まず、核兵器の使用をめぐる道義性を考えるにあたり、はじめの一歩として、「正戦論（Just War theory）」に触れておく必要があろう。正戦論は、戦争を正しい戦争と不正な戦争とに区別することで、戦争の抑制を試みる西洋の知的伝統の一つである。この正戦論には二つの判断基準が設けられている。一つ目の基準はユス・アド・ベルム（jus ad bellum）である。この基準は、いわば「戦争を開始するための正義」を問うもので、戦争を開始する原因が正当かどうかを判断するものである。二つ目の基準はユス・イン・ベロ（jus in bello）である。これは「戦争における正義」であって、戦争を開始したあとの敵対行為の正当性を判断するものである。このユス・イン・ベロの尺度には、戦闘員と非戦闘員を区別して武力を行使しなければならないという「差別性の原則」と、武力行使の目的と手段が釣り合っていなければならないという「均衡性の原則」がある。

　それでは、正戦論の観点からすれば、核兵器の使用は正当化されるのであろうか。アメリカの政治哲学者マイケル・ウォルツァーは、「核兵器は正戦論を爆砕（explode）してしまう」と喝破している（ウォルツァー 2008, p. 514）。核兵器の使用は、爆風、熱線、放射線の相乗的効果によって甚大な被害を与えるという性質をもち、加えて、中規模都市を破壊するほどの深刻な効果をもたらす。核兵器は、その性質と効果という点で、ユス・イン・ベロの尺度の一つである差別性の原則を満たすことはきわめて困難であるからこそ、正戦論の知的枠組みを大きく超えるものであると指摘しているのだ。

第3章 核兵器

　ところで、ユス・アド・ベルムとユス・イン・ベロに関連して、国際法学の観点から、核兵器使用の合法性を問うた1996年の国際司法裁判所（ICJ）による勧告的意見がある。ICJ は、武力の「威嚇（threat）」を効果的にするためには、武力「行使（use）」の意図をもたなければならないとの理由で、武力「行使」が違法であるならば、その「威嚇」も違法であると述べた（ICJ 1996, para. 47）。そのうえで、核兵器の使用は、「人道法の原則および規則に、一般に違反するであろう」と述べたものの、「国家の存亡そのもののかかった自衛の極端な事情のもとで、合法であるか違法であるかをはっきりと結論しえない」とも述べた。つまり、国際法の観点からすれば、ユス・イン・ベロ（戦争における法）のレベルにおいて違反であるが、ユス・アド・ベルム（戦争を開始するための法）のレベルでは合法でも違反でもない、ということである[1]。

　話をもとに戻そう。核兵器の登場は正戦論の分野に大きな影響を与えた。だが、それだけではない。核兵器の登場は安全保障論の分野にも大きな影響を与えたのである。例えば、アメリカの軍事戦略家であるバーナード・ブローディーは、はやくも1946年の編著『絶対兵器（*The Absolute Weapon*）』のなかで、核兵器の性質と効果をふまえつつ、「これまでの軍の主要任務は戦争に勝利することであった。しかし、その今後の主要任務は戦争を回避することである」（Brodie 1946, p. 76）と指摘している。核兵器はこれまでの戦争観や兵器の役割を大きく変えたのであった。ロバード・ジャービスは、これを「核革命（nuclear revolution）」（Jervis 1989）と呼んでいる。そして、ブローディーは、核兵器を保有する目的が、敵対国に核兵器を使用することにあるのではなくて、敵対国による核兵器の使用を抑止することにあると強調して、核戦略論ないし核抑止論を構築する重要性を説いたのであった。

　以上の点に関連して、イギリスの国際政治学者であるヘドリー・ブルは、次のように指摘している。

---

[1]　この ICJ の勧告的意見については、「核を倫理的に制約していく過程に大きな足跡を残した」（加藤　1997, p. 161、強調は引用者）との評価がある。

核兵器時代の抑止がこれまでのものとまったく違う革新的な点は、実際の戦争において核兵器を使用することに対する嫌悪と躊躇から、やむなく抑止を最高の政策目標の地位までに高めたことである。(ブル 2000, p. 146)

　このブルの指摘のなかで注目すべきは、核兵器の使用に対する「嫌悪と躊躇」から、実際の戦争で核兵器を使用することはできない、と述べている点である。すなわち、ブルは、道義上の理由から、核兵器を戦争で使用することはできないと指摘したのであった。
　ただし、付言するのであれば、すべての核戦略家が、核兵器を実際の戦争において使用することはできないと考えていたわけではない。たしかに、核革命にもとづく核戦略は、いわゆる「MAD (Mutually Assured Destruction：相互確証破壊)」の系譜へとつながり、核兵器の目的は敵対国による核兵器使用の抑止にあることを強調している。だが、核戦略家のなかには、核兵器は依然として使用可能な兵器であるとする「NUTs (Nuclear-Use Theorists：核使用論者)」も存在している[2]。このことは、道義上の理由から、戦争で核兵器を使用することはできないと考えていたのは、一部の核戦略家たちであることを示しているといえよう。

2) 義務論と帰結主義

　核兵器の性質とその使用の効果は「正戦論を爆砕してしまう」。そうだとすると、核兵器使用の道義性を考えるために、いったいどうすればよいのだろうか。ここで、行為の目的[3]、手段、結果に着目して、行為の正当性を問う「義務論 (deontology)」と「帰結主義 (consequentialism)」の枠組みで考えることにしよう[4]。

---

[2]　MAD と NUTs の詳細については、土山 2004, pp. 213-250 [第 7 章] を参照のこと。
[3]　ナイは「目的」ではなく「動機」としている。その理由として、行動には感情的もしくは非合理的な理由でとられるものがあり、必ずしも目的をもってとられるわけではないと述べている (ナイ 1988, p. 202 の脚注 65)。
[4]　本書序章のコラム 0-1 も参照。

まず、義務論である。この論法は、行為の「目的」と「手段」を重視して、行為の正当性を検討するものである。その際、行為の「結果」はまったく問題とならない。行為の正当性を考えるためには、行為の「目的」と「手段」とはいかなるものかが重要なのである。この義務論を採用する者を「義務論者」と呼ぶことにしよう。

この義務論者にとって、核兵器の使用は道義的に許されるのだろうか。その回答は、核兵器の使用は許されない、というものである。なぜなら、核兵器の使用という「目的」と「手段」は、敵対国の人々を犠牲にすることはもちろんのこと、自国の国民の生命を人質とすることから、道義に反する行為以外の何ものでもないのである（Werner 1987）。

ここで一つの問いが生まれる。もし核抑止が機能したのであれば、それは核兵器を戦争で使用しないことを意味するのであり、その「結果」として、敵対国の人々を犠牲にしないことになる。義務論者は、このような「結果」をふまえた場合、核兵器の道義性を認める立場へと変わるのだろうか。否である。義務論者にとって、たとえ核抑止が機能したとしても、核兵器が無辜の人々を殺害する「手段」である限り、核兵器が道義に反することに変わりはないのだ。このように、義務論者は、行為の「目的」と「手段」を重視しており、かつ、「個人」の尊厳を重視しているがゆえに、核兵器を「絶対悪」として捉えているといえよう。

次に、帰結主義である。この論法は、行為の「結果」を重視して、行為の正当性を検討するものである。その際、行為の「目的」と「手段」は問題とならない。言い換えれば、よい「結果」は「目的」と「手段」を正当化するのである。この帰結主義を採用する者を「帰結主義者」と呼ぶことにしよう[5]。

それでは、帰結主義者にとって、核兵器の使用は道義的に許されるのだろうか。その回答は、核兵器を使用するぞという威嚇は許される、というものである。なぜなら、核兵器による威嚇は、自国の国民の安全を守ることができるという「結果」をもたらすからだ。例えば、自衛権の視点から、アメリカの国民の安全を守ることができるのであれば、核兵器の使用は道義的に許

されるとの主張がある（Bobbitt 1987）。また、スタンリー・ホフマンは、核兵器の使用という「手段」からすれば、無辜の人々に対する脅迫であって、「それ自体は実に良くない」、しかし同時に、核兵器を保有する「目的」は、実際の戦争で核兵器を使用することではなくて、核兵器を使用するという威嚇を通じて、敵対国が核兵器を使用することを抑止する点にあると指摘する。そこからホフマンは、核抑止が機能することによりもたらされる「結果」を考慮するのであれば、核兵器を使用するぞという威嚇は「平和の維持に役立つ限りにおいて推賞しうるもの」であり、加えて、核兵器国間における戦争を減少させることから「道徳的には誉めてよいこと」とまでいう（ホフマン 1985, p. 103）。

　さらにいえば、ウォルツァーも帰結主義者といえよう。ウォルツァーは、「核戦争は今日、道徳的に受け容れられないし、将来にわたってもそうであり続けるだろう。その名誉回復などありはしない。それが受け容れ難いのだから、われわれはそれを防ぐために別の方法を探さなくてはならないし、抑止は悪い方法なのだからわれわれは他の方法を探さなくてはならない」（ウォルツァー 2008, pp. 515-516）という。なぜなら、先に引用したように、「核兵器は正戦論を爆砕してしまう」のであり、また「慣れ親しんだ道徳世界とは単純に相容れない人類初の技術革新」だからである（ウォルツァー 2008, p. 514）。ただし、「われわれは悪を犯さないために悪で脅すのである。悪を犯すことはあまりにも悲惨な出来事であるからこそ、脅迫が、比較すればまだ道徳的に弁護可能に思われる」（ウォルツァー 2008, pp. 501-502）としたうえで、

---

(5)　マックス・ヴェーバーは、倫理を「目的」と「手段」を重視する「心情倫理」と、「結果」を重視する「責任倫理」とに分類した。この二つの倫理は、「絶対的な対立ではなく、むしろ両々相俟って「政治への天職」をもちうる真の人間をつくり出す」（ヴェーバー 1980, p. 103）可能性があるものの、「調停しがたく対立した準則」であり、「底知れぬほど深い対立」関係にあるという（ヴェーバー 1980, p. 89）。そして、周知のとおり、ヴェーバーは、政治家は責任倫理を重視しなければならないと説いた。政治家は帰結主義者となることが求められているのである。だが、ヴェーバーの責任倫理は、あくまで「政治家は責任の倫理を備えなければならない」ということであって、「政治家がどのように結果を計算するのかは明らかにならない」（ホフマン 1985, p. 37）。つまり、「規範的命題がほとんど手つかずのまま残されているということ」（ホフマン 1985, p. 38）である。

自衛という点において、「われわれは正義のために（そして平和のために）正義の限界を不安げに踏み越えるのである」（ウォルツァー 2008, p.514）と述べている。

このように、帰結主義者にとって、核兵器に関する究極的な「目的」は、核兵器を実際の戦争で使用することではなくて、自国の国民の安全を確保するために、敵対国による核兵器の使用を抑止することにある。そして、帰結主義者は、核抑止が功を奏することによって生じる「結果」をふまえるのであれば、核兵器使用の威嚇は道義に反するとは必ずしもいえない、と主張しているのである。帰結主義者は、行為の「結果」を重視するとともに、「国家」の安全を重視しているがゆえに、核兵器を「必要悪」として捉えているといえよう。

3）意味合い

以上のように、核兵器の使用をめぐる道義性について、（1）義務論者は、行為の「目的」と「手段」を重視するとともに、「個人」の尊厳も重視していることから、核兵器の使用は道義的には許容されないとの見解をもつ。これに対して帰結主義者は、行為の「結果」を重視するとともに、「国家」の安全保障をも重視していることから、核兵器使用の威嚇は道義的に許容されるとの見解をもつ。この二つの見解は、はたして何を意味しているのだろうか。次の2点を指摘することができよう。

第一に、義務論者と帰結主義者は、核兵器の使用が道義に反する行為であるとの共通認識をもっている、という点である（Amstutz 1999, p.33）。これはいったい、どういうことであろうか。たしかに、核兵器の使用をめぐる道義性について、両者の見解は大きく異なる。義務論者は核兵器の使用を道義的に許容しない。核兵器は「絶対悪」なのである。これに対して、帰結主義者は核兵器使用の威嚇を道義的に許容する。核兵器は「必要悪」なのである。ただし、ホフマンやウォルツァーの議論を見てきたように、帰結主義者たちは、（1）核兵器の使用は、無辜の人々を無差別に殺すことから、道義的には許されない、（2）しかし、それゆえに、自国の国民の安全を守るためであれ

ば、また核保有国間の戦争を防止するためであれば、核兵器使用の威嚇は道義的に許されるのではないか、と考えているのである。言い換えれば、核兵器は「絶対悪」であるからこそ、「必要悪」ともなりうるのである。核兵器使用の道義性に関する義務論者と帰結主義者の見解の相違は、個人の尊厳を重視するのか、それとも国家の安全保障を重視するのか、そのスタンスの違いによって生じているのだ。このように、義務論者と帰結主義者は、「絶対悪」か「必要悪」か、「悪」の程度について意見が異なるものの、「悪」という点においては意見が同じであるといえよう。換言すれば、両者はともに核兵器の非人道性を認識してはいるのである。

　第二に、帰結主義者は、あくまで核抑止が機能することを前提に、核兵器使用の威嚇が道義的に許容されると主張している点である。そして、帰結主義者は、核抑止が機能する場合もあるが、機能しない場合もあると考えているのだ。すなわち、帰結主義者は、核兵器の使用をめぐる道義性について、核抑止が機能するという限定的な条件のもとで、その道義的正当性を述べているにすぎないのである。この点について、核抑止は機能しないことから、核兵器使用の威嚇の道義的正当性を批判する主張もある（Ruston 1984）。さらに厳しい批判として、核抑止が機能すると主張する帰結主義者の議論は「知的な自慰行為」にすぎないとの主張もある（Werner 1987, p.159）。それでは、核抑止は機能するのだろうか、あるいは機能しないのだろうか。核抑止の機能性を二者択一的に問うことは不毛である。というのは、核抑止が機能するかどうかについては、結果のみでしか判断することができないからだ。つまり、核兵器が使用されていないときは、その理由の一つとして、核抑止が効いているといえるのかもしれない。逆に、核兵器が使用されてしまえば、核抑止は効かなかったといえる。したがって、「核抑止は必ず機能しない」と主張すること、また「核抑止は必ず機能する」と主張することは、ともに観念論にすぎない。核抑止が機能するかどうかの評価は、その結果に強く依存している以上、核抑止が功を奏するかどうかは不確実なのである。ただ、確実なのは、ホフマンのいうように、核抑止は機能するかもしれないが、核抑止の信頼性には限界があるという点である（ホフマン 1985, p.103）。ナイの

言葉で言い換えれば、核兵器には、核の恐怖の未来像を映し出すという「水晶玉効果」があるため、核抑止が機能してきたという側面があるが、この水晶玉は「事故や誤算によって打ち砕かれてしまう」（ナイ 1988, pp. 92-93）可能性も否定できないのである。

2 核兵器をめぐるモラル・パワー

前節では、核兵器の使用に関して、個人の立場からすれば道義に反するという見解と、国家の立場からすれば道義に反しないとの見解があることを確認した。この核兵器使用をめぐる道義性については、とりわけ1980年代において、多くの研究が蓄積されている[6]。1980年代に核兵器使用の道義性に関する研究が進展した背景には、（1）核軍拡競争の結果として地球上に約7万発の核兵器が存在していたこと、（2）全面核戦争によって地球規模の異常気象（いわゆる「核の冬（nuclear winter）」）が生じうると危惧されたことなどが挙げられる。1980年代の国際社会は、核兵器の使用と「人類」の存続という深刻な課題に直面していたのであり、そのような状況において、「国家」の安全保障を確保するために、はたして核兵器を使用することは許されるのか、あるいは使用とまでいかないものの威嚇をすることは許されるのかなど、核兵器をめぐる国際政治に対して道義的な問いかけがなされたのである。

例えば、当時議論を巻き起こしたことで有名な米国カトリック司教会議は、核兵器の使用について、（1）都市の破壊や多くの市民の犠牲を「目的」とする場合は道義に反すること、（2）自国の安全や自由を守るといったよき「目的」は、無差別に無辜の人を殺害するという非道義的な「手段」を正当化しないこと、（3）報復手段としての核兵器の使用は、その「目的」と「手

---

[6] 具体的には、アメリカの学者や実務家らによって、多くの書物が刊行された（Lackey 1984; Blake and Pole eds. 1984; Davis ed. 1986; Kipnis and Meyers eds. 1987; Shue ed. 1989; ナイ 1988 など）。また、キリスト教団体ないしキリスト教関連の研究者団体も、大変示唆に富む研究成果を残している（Goodwin ed. 1982; National Conference of Catholic Bishops 1983; Dwyer ed. 1984 など）。

段」が釣り合うという「均衡性の原則」と、戦闘員と非戦闘員を区別するという「差別性の原則」を満たす必要があることを述べている。また、核抑止については、（1）厳格な条件を満たせば、道義的に許されること（例えば、もし抑止そのものが「目的」であるのであれば、抑止効果に十分な能力をもつことが、適切な戦略として望ましい）、（2）しかし、核の優位性を求めることは許されないこと、（3）核兵器の実験、製造、配備の禁止といった軍備管理または軍縮措置を行わなければならないことを主張している[7]（National Conference of Catholic Bishops 1983）。

　国際政治学者もすぐれた研究を残している。その一つとして、ジョセフ・ナイの『核戦略と倫理（*Nuclear Ethics*)』（ナイ 1988）が挙げられよう。ナイは、核兵器使用の道義性に関する議論をふまえたうえで、「核の倫理についての五つの公理」を提示している。すなわち、（1）「動機」として「自衛は正当だが限界をもった大義名分である」、（2）「手段」として「核兵器をけっして通常兵器とおなじようにあつかってはならない」、（3）「無辜の民への被害を最小限にせよ」、（4）「結果」として「短期的には核戦争のリスクをさげよ」、（5）「長期的には核兵器への依存度をさげよ」と主張している（ナイ 1988, pp.147-191）。そして、この核の公理は、「すべての核のディレンマを解決しようともくろむものではない」が、指導者らに「正しい判断をくだすうえでの直感の基礎となるものをあたえる」（ナイ 1988, pp.193）という。

　1980年代の先行研究は、核兵器使用の道義性について、多大なる貢献をした。だが、これらの先行研究は、核兵器の使用をめぐる道義性を語ること、なかでも核兵器の非人道的側面を語ることが、国際政治において、どのような意義と問題があるのか、十分に検討しているとはいいがたい。そこで、これらの点を次節から考えていこう。

---

(7)　米国カトリック司教会議に対する批判については、Dwyer ed. 1984 を参照のこと。例えば、核兵器の使用とその威嚇がいかなる状況においても道義に反するとする「絶対主義者」は、米国カトリック司教会議が、限定的ではあるものの、核抑止を肯定している点を批判した。また、米国カトリック司教会議に対して、核兵器の使用という「手段」を検討してはいるものの、核兵器の使用がもたらす「結果」についてはほとんど注意を払っていないとの批判（O'Brien 1984; Novak 1984）もなされた。

第3章 核兵器

1）核兵器の不使用というパズル

さて、とつぜんではあるが、ある国際政治学のゼミをのぞいてみよう。

> **守口先生**：1945年8月、広島と長崎に原爆が投下されました。しかしそれ以降、国際社会では核兵器が一度も使用されていません。深草くん、いったいなぜだと思いますか？
>
> **深草くん**：僕は核抑止が機能しているからだと思います。例えば、冷戦期では、核抑止が機能していたからこそ、アメリカとソ連は激しく対立していたにもかかわらず、お互いに核兵器を使用しなかったことはもちろんのこと、直接戦火を交えることもなかったのではないでしょうか？
>
> **守口先生**：「現実主義者」の深草くんからすれば、核兵器がもたらしうる物質的被害が、核兵器の使用を抑制しているということですね。
>
> **衣笠さん**：先生、私は政策決定者の道徳観も大いに関係していると思います。
>
> **守口先生**：それはどういうことですか？
>
> **衣笠さん**：核兵器をもつ国の政策決定者は、ヒロシマとナガサキを見て、核兵器を使用することは道義に反する行為だと考えているのではないでしょうか？
>
> **守口先生**：つまり、「社会構成主義者」がいうように、核兵器は倫理上使用してはならないという規範的な抑制が、核兵器の不使用をもたらしているということですね。
>
> **今出川さん**：私は、現実主義者と社会構成主義者の双方の見解が、核兵器の不使用という事実をそれぞれ上手く説明している気がします。
>
> **守口先生**：二者択一の議論ではないということですね。ほかのみなさんはどのように考えますか？

なぜ、1945年以降、核兵器は使用されていないのだろうか。アメリカの歴史学者ジョン・ルイス・ギャディスは、その著書『ロング・ピース』（ギャデ

ィス 2002）において、核抑止が機能していたからこそ、冷戦期の米ソの対立は「熱戦」には至らなかったと指摘している。さらに、ギャディスは、冷戦期に核兵器が使用されなかったのは、核抑止という理由のほかに、「自己抑止（self-deterrence）」があったからだと指摘している。つまり、核兵器を使用してはならないという道義的な理由を挙げているのだ。

　ギャディスは、1945年から1958年にかけて、なぜアメリカが核兵器を使用しなかったのか、その理由を第5章「自己抑止の起源（The Origins of Self-Deterrence）」で詳細に検討している。ギャディスが1945年から1958年の過程を取り上げたのは、それが「確かなソ連の報復能力がなかったとき」であり、また「核兵器を初めて使用していたアメリカがそれを使用しないという慣例を定着させた過程」であったからである（ギャディス 2002, p. 183）。つまり、1945年から1958年という過程は、アメリカのみが一方的に核兵器を使用することができたにもかかわらず、核兵器が使用されなかった時代であった（ギャディス 2002, p. 183）。核兵器不使用の理由を核抑止の存在に求めることは的外れということである。ギャディスは、この点に注目して、核抑止以外の核兵器不使用の理由を検討したのであった。

　その結果、自己抑制の理由として、朝鮮戦争、インドシナ戦争、金門島・馬祖島砲撃を事例に、（1）攻撃目標が不明確であること（軍事的理由）、（2）ソ連による介入の危険性があること（軍事的理由）、（3）国連などから人種差別の道具とみなされていた核兵器を使用することは、西ヨーロッパからの信頼を失う可能性があること（政治的理由）、（4）核兵器の使用は、有色人種であるアジアにアメリカへの反感をもたらすとともに、アメリカは「特別な道徳的責任」をもっていること（道義的理由）を指摘したのであった（ギャディス 2002, pp. 240-241）。

　ギャディスによれば、冷戦期において核兵器が使用されなかったのは、核抑止に加えて、自己抑止が機能したからでもあった。ナイも以下のように指摘している。

　　アメリカが広島に初めての原爆を投下して以来、核兵器は非道義的で、

戦争で許容される範囲を越えているという感覚が染み付いていた。このような規範的な抑制は測りがたいものであるが、明らかに核兵器をめぐる論議に欠かせないものであり、国家が核兵器の使用をためらう理由の1つであった。（ナイ 2009, p. 184）

すなわち、核兵器不使用の理由には、核兵器の非人道性という「規範的な抑制」も関わっているのである。また、加藤朗も以下の指摘を行っている。

核抑止戦略は人類滅亡という究極の悪という、いわば「負」の倫理があってはじめて有効に機能したからである。加えて、倫理的立場から核兵器に反対する国際世論も戦争を抑止する重要な倫理的条件になったと考えられる。（加藤 1997, p. 144）

核兵器の非人道性という「規範的な抑制」を本格的に国際政治学の観点から研究したのが、ニーナ・タンネンワルドの『核の禁忌（*Nuclear Taboo*）』である。タンネンワルドは、ギャディスが検討した朝鮮戦争のほか、ベトナム戦争と湾岸戦争も事例に取り上げて、「核のタブー（nuclear taboo）」という概念を提起した。タブーとは、ポリネシア語のタブ（tabu）もしくはタプ（tapu）に由来するもので、「してはならないこと」や、「見たり触れてはならないこと」を意味する。タブーは「社会秩序の重要部分を明確化させ、その遵守行為を通じて全体秩序を維持させる制度」ともいえる（石川ほか編 1987, p. 459）。以下、核のタブーという規範について詳しく見ていこう[8]。

2） 核のタブー

タンネンワルドは、核兵器の「使用」を核実験以外の「核兵器の投下（dropping）または発射（launching）」（Tannenwald 2007, p. 2, n. 4）と限定的に

---

[8] 国際政治学において、核のタブーといった「規範」を重視するのは社会構成主義（constructivism）の立場である。社会構成主義の立場から安全保障の問題を考察した研究については、例えば Katzenstein ed. 1996 を参照のこと。なお、化学兵器に関するタブーについては、Price and Tannenwald 1996 を参照されたい。

定義する。そのうえで、核のタブーとは、「核兵器の第一使用に対する強力な事実上の禁止」(Tannenwald 2007, p. 10) として定義した。この核のタブーは、「(不使用) それ自体の行為ではなく、〔不使用という〕行為についての規範的信念」(Tannenwald 2007, p. 10) であり、核保有国の行動を抑制するだけでなく、文明国 (civilised nations) としてのアイデンティティや利益を構成する (Tannenwald 2007, p. 19) という。

核のタブーはヒロシマに起源をもつ (Tannenwald 2007, Ch. 3, pp. 73-114)。つまり、ヒロシマ・ナガサキでの核兵器による惨劇とその非人道性を語ることは、核兵器を使用してはならないという規範を醸成しているのである。ただし、核のタブーという規範は、国際社会に広く行きわたっているものの普遍性があるとはいえず、依然として十分に強固な規範とはなっていない (Tannenwald 2007, p. 59)。さらに、タンネンワルドによれば、核のタブーという規範は、アメリカの市民や指導者によって徐々に共有されつつあるが、軍隊組織制度としての軍には受け入れられていない (Tannenwald 2007, p. 59) という。

=== コラム 3-2 ===

日本の核エネルギー利用と反核感情

　日本国民の核兵器への嫌悪感 (反核感情) は依然として強く、2008 年の外務省調査では実に 89 パーセントの回答者が、核軍縮・不拡散への貢献は日本の責務と答えている。一方、東日本大震災以前の日本は、非兵器国のなかで最も核エネルギーを利用してきた。いかなる経緯でそれは可能となったのだろうか。

　実はすでに第 2 次世界大戦中より、国内には核エネルギーへの期待が存在してきた。例えば、1941 年 5 月 24 日の『朝日新聞』は、原子核分裂によるエネルギー利用が実現すれば燃料問題はたちまち消え去ると紹介していた。こうした期待は広島・長崎の被爆によっても喪失することはなく、占領下の国内では新聞・雑誌などにおいて、核エネルギー利用を早期に実現すべきとの議論が展開されていた。核エネルギーに対する過剰ともいえるこうした期待の一方で、広島・長崎の被爆は、占領下の報道規制などもあり、現在あるような全国的な反核感情を形成してはいなかった。

　全国的に反核感情が激昂したのは、1954 年 3 月 1 日の第五福龍丸の被曝

> 事件であった。反核感情の核エネルギー全体への波及と両国関係の悪化を怖れた日米両国政府は、核エネルギーの大々的なアピールを開始した。その結果、日本では「核兵器」と「原子力」はまったく異なるとの認識が形成され、原子力ブームが到来したのである。
> 　こうした毒をもって毒を制す極めつけが、実験用原子炉に関する日米間の協力協定であった。1955年5月に開始された協定交渉において日本政府は、被爆・被曝国を全面に押し出し、数々の修正を要求した。一方、アメリカ政府は日本の特別待遇に反対し、他国と同様の扱いを主張した。結局、双方が折り合う形で交渉は妥結され、日本の核エネルギー利用はアメリカとの協力のもとで行うことが決定したのである。
> 　このように日本政府が被爆・被曝国たることを協定交渉において持ち出したことにより、核エネルギー利用政策と反核感情にもとづいた核軍縮・不拡散外交政策は、その両者の関係性が十分に議論されぬまま関連づけられた。つまり、一般の国民の認識とは異なり、両政策は互いに調整・制約を受ける関係となった。そして両政策が日米関係において固定化・制度化されるにしたがい、片方の関係のみをやめることは難しい問題となってきたのである。
>
> （田中慎吾）

　ここで注目したいのが、核兵器不使用の要因として、タンネンワルド自身が核抑止の存在を否定していない、という点である。1945年以降、アメリカが核兵器を使用しなかった背景には、核抑止の存在とともに、核兵器を使用してはならないというタブーが存在していたから、というのがタンネンワルドの見解であった。ただし、彼女の主張は、核兵器不使用の要因として、核抑止よりも核のタブーのほうが重要であるという点に、その主眼がある。

　なお、核のタブーという用語はまだなかったものの、トーマス・シェリングのように、核兵器不使用の「規範」（Schelling 1994）が存在することを指摘する研究者はすでにいた。そのほかにも、バリー・ブザンは「戦略的文化的禁止」（Buzan and Herring eds. 1998, p. 165）として、馬場伸也は「ヒロシマ・ナガサキを原点とする反核文化」（馬場 1983, pp. 148-149）として、核のタブーの概念と同様の内容を指摘してはいた。しかし、核兵器不使用の規範的抑制を本格的に研究したのは、やはりタンネンワルドであったといえよう。

　もちろん、核のタブーに対する批判がないわけではない。核のタブーにつ

いては、次のような三つのタイプの批判がある。まず、第一のタイプの批判は、核のタブーの存在そのものを否定するものである。この批判は、国際政治において倫理を語る余地はないと考える懐疑主義者[9]からなされているもので、非核保有国に対する核兵器の不使用は、核のタブーが存在しているからではなく、（1）（非核保有国と同盟関係にある）他の核保有国から核兵器使用の報復を受ける可能性があること、（2）通常兵器のみで対処できるからといったさまざまな理由がある、と主張する[10]。ただし、この批判については、核兵器不使用をめぐる政策決定過程において、核兵器を使用してはならないという規範が大きく影響したことを外交史料は示している、との説得的な反論がすでになされている（Paul 2009, p. 18）。

第二のタイプの批判は、核のタブーの存在を否定しないものの、核のタブーを否定する事実が同時に存在していることを指摘するものである。言い換えれば、核のタブーという概念は事実の半分しか説明していない、という批判である。例えば、核抑止論者は核兵器の使用を想定していることから、また核軍縮論者は（核兵器使用の危険性を認識しているからこそ）核軍縮の実施を主張していることから、核抑止論者であれ核軍縮論者であれ、ともに核のタブーの存在を否定している、と指摘している（Walker 2010）。ほかにも、「ならず者国家（rogue states）」に対する核兵器の使用を明記した2002年の「核態勢見直し（Nuclear Posture Review）」などを取り上げて（Farrell 2010）、もしくは核のタブーと相容れない核兵器の使用計画を示す「単一統合作戦計画（Single Integrated Operational Plan）」を取り上げて（Eden 2010）、核のタブーが事実の半分を説明したものにすぎないとする主張もある。

ただ、第二のタイプの批判に関して、タンネンワルドによる核兵器の使用の定義をふまえるのであれば、少し的外れと思われる批判もある。例えば、1991年の湾岸戦争において、アメリカの核兵器が実際に爆発をともなって使用されることはなかったものの、イラクによる大量破壊兵器の使用を防ぐために、核兵器を抑止の手段として使用したことから、核のタブーの存在意

---

(9) 懐疑主義者とその批判については、例えばCohen 1987を参照のこと。
(10) 詳細については、Paul 2009, p. 16を参照のこと。

義を否定する見解がある（Atkinson 2010）。しかし、タンネンワルドは、核兵器を使用することと、核兵器に「依存する（rely on）」ことを区別している。彼女にとって核兵器の使用とは、先に紹介したように、あくまで核兵器の投下もしくは発射を意味するのであって、抑止や脅迫は核兵器への依存にすぎない（Tannenwald 2007, p. 2, n. 4）。

　第三のタイプの批判は、「核のタブーの程度の弱さ」（Paul 2010, p. 854）である。T・V・ポールは、その著書『核兵器不使用の伝統（*The Tradition of Non-Use of Nuclear Weapons*）』において、核兵器不使用という規範が存在していることを積極的に認めつつも、その規範はタブーではなく「伝統（tradition）」のレベルにとどまるものである、と批判している。ポールは、ギャディスと同じように、この核兵器不使用の伝統を「自己抑止（self-deterrence）」とも呼んでいる（Paul 2009, p. 31）。ポールによれば、タブーは禁止の要素がきわめて強いものの、伝統には厳格な禁止の規範が含まれていない（Paul 2009, p. 5）。もう少し簡単にいえば、タブーは破られる可能性がほとんどないのに対して、伝統は破られる可能性がある、ということだ。ポールによれば、ヒロシマ・ナガサキ以降、たしかに核兵器は使用されていない。他方で、多くの核保有国は核兵器使用のオプションを依然として保持している。つまり、核兵器は使用される可能性があるとポールは考えているのだ。であるからこそ、タブーという厳格な規範ではなくて、伝統というインフォーマルな社会的規範が、核兵器の不使用をもたらしていると指摘したのであった。また、核保有国あるいはその国の指導者は、非核保有国に対して核兵器を使用した場合、国際社会における評判の悪化というコストを支払うことになり、そのコストこそが、核兵器を使用してはならないという伝統を強化しているとも主張する[11]。

　核のタブーに対する批判はいずれも大変興味深い。とりわけ、タンネンワルドは、核のタブーという規範が存在するという言説と、核のタブーの存在を否定する言説が同時に存在することについて、その意味合いを検討するこ

---

(11) タブーよりも伝統の用語を使用するほうが望ましい理由の詳細については、Paul 2010, pp. 856-863 を参照のこと。

第 I 部　戦争のアポリア

とが求められているといえよう[12]。しかし、本章の文脈で注目したいのは、核兵器使用のタブーであれ伝統であれ、「核兵器の使用は道義に反することから、核兵器を使用してはならない」という社会的規範が存在していることそれ自体については、あまり批判されていないという点である。

　とすれば、1945 年のヒロシマ・ナガサキ以降、核兵器が使用されていない理由は、核抑止だけではない。核抑止に加えて、核兵器不使用の規範が、核兵器の不使用をもたらしているのである。本章では、核兵器使用に対する道義的規制が、その影響力として、核兵器の不使用という結果を導くことを、核兵器不使用の「モラル・パワー (moral power)」として捉えておこう。道義は国際政治においてパワーとなりうるのである。

3　モラル・アポリア

　私たちは、核兵器使用の非人道性を語ることで、核兵器を使用することは道義的に許されないとの規範を醸成し、そのモラル・パワーの結果として、核兵器が使用されることを抑制することができる。この核兵器不使用のモラル・パワーという概念は、ヒロシマとナガサキを語ることが、決して「理想主義」ではなく、「現実主義」的な側面をもっていることを示しているのではないだろうか。

コラム 3-3

「プラハ演説」の二つの顔

　2009 年 4 月、アメリカのオバマ大統領は、チェコのプラハにおいて「核兵器のない世界」に関する有名な演説を行った。いわゆる「プラハ演説」であ

---

(12)　タンネンワルドは、ポールよりも前に「核兵器不使用の伝統」の概念を提示したスコット・セーガンの論考 (Sagan 2004) に対して、(1) 国の指導者や大衆は伝統ではなくタブーとしてみなしていること、(2) すべての違反行為が核のタブーを破るとは限らないことを理由に反論している (Tannenwald 2007, p. 14)。また、核のタブーは、他のタブーよりも脆いかもしれないが、核兵器の使用は核のタブーを強化する側面がある (Tannenwald 2007, pp. 16-17) とも述べている。

る。彼は、アメリカは「核兵器を使用した唯一の国」として、「核兵器のない世界」に向けて行動する「道義的責務」(moral responsibility) があると述べた。この演説によりオバマはノーベル平和賞を受賞している。

しかしこの演説は、安全保障の観点から、核兵器の拡散を防がなければならないという点に、その主眼があった。つまり、「核不拡散」という安全保障の論理が見られるのである。

オバマは、冷戦終結後、全面核戦争の可能性は低下したものの、核兵器が使用される危険性はいっそう高まったという。なぜなら、テロリストが核兵器を入手し使用する可能性が高まったとの認識があったからだ。そして、核兵器が使用される脅威から安全を確保しつつ、「核兵器のない世界」を目指すために、以下の三つのステップを提示した。

まず、一つ目は核軍縮・不拡散措置の実施である。すなわち、(1) 核兵器の役割を低減すること、(2) 包括的核実験禁止条約 (CTBT) を批准すること、(3) 兵器用核分裂性物質生産禁止条約 (FMCT) の交渉を開始することなどである。ただ、(1) については、核兵器の役割を低減するとしている一方で、核兵器が存在する限りにおいて、同盟国に対する核の傘を提供し続けると述べられた。

二つ目に NPT（核拡散防止条約）体制の強化を挙げる。オバマは、国際的な査察を強化すること、条約の義務を遵守しない締約国や、NPT 体制から「理由なき脱退」を試みる締約国を処罰することなどを述べた。

最後のステップは、テロリズムに関する措置である。具体的には、テロリストの手に核兵器が渡らないように、核の「闇市場」を解体するとともに、核物質の輸送を阻止しなければならないとした。

プラハ演説は、「道義的責務」という核兵器をめぐる倫理と「核不拡散」という安全保障の論理を、二者択一ではなく双方を同時にふまえたうえで、「核兵器のない世界」を目指していくという、オバマのヴィジョンを示しているのである。

（弘田忠史）

ヒロシマとナガサキによる「核兵器のない世界」に向けての祈りと声は、核兵器をめぐる国際政治状況や安全保障の問題を考慮していないため、現実をふまえない「理想主義」として捉えられがちである。しかしながら、ヒロシマとナガサキの祈りと声を一笑に付すことはできない。ヒロシマとナガサキは、核兵器を使用することは道義に反するという規範を発信しており、その結果として、核兵器が使用されにくい状況をもたらしているからだ。そ

れゆえ、もしも「現実主義」者にとって、核兵器に関する安全保障の最大の目的が、敵対国による核兵器の使用を「抑制」させることにあるのであれば、ヒロシマとナガサキの祈りと声は、モラル・パワーとしての道義的「抑制」をもたらしている限りにおいて、安全保障上、「現実主義」的な側面をもっているといえよう。日本の代表的な現実主義者である高坂正堯は、核兵器の使用とその抑制について、すぐれて冷徹な分析を残している。

> 核兵器が使えない兵器であり、そして他の軍事力の使用をきわめて限定することがその主要な機能であるということは、いくつかの要因によるものであり、それゆえ、今後も核兵器が使用されるようなことはまず考えられない。まず、核兵器はその極度の破壊力ゆえに、人道主義的な感情がその使用への強い抑制力となり、世論の反対という形で政治的な現実となっている。次に、核兵器を使用した場合、他国の報復の可能性が恐れられる。現在、どのような形で核兵器を使用しても自ら傷つくことなしに核兵器を使うことはできないような相互抑止の体制が米ソ間に成立しているのである。第一の点は、核時代における平和運動によって強く主張されて来たし、第二の点は、核抑止として知られる。そして、平和運動と核戦略家はお互いに非難しあって来たが、それらはともに、核兵器の使用を抑止するのに役立って来たのである。(高坂 2008, pp. 171-172、強調は引用者)。

要するに、核抑止の重要性を主張する「現実主義」的な核戦略家と、核兵器の非人道性を語る「理想主義」的な平和運動は、協働して核兵器が使用されにくい状況を作り上げているのである。

1) 核のアイロニー

核兵器の非人道性を語ること、それは核兵器不使用の道義的抑制という肯定的な影響をもたらす。しかし同時に、私たちは、核兵器の非人道性を語ることで、次の二つの否定的な影響に直面する危険性にも冷徹に目を向けなけ

ればならない。

　まず、一つ目の否定的影響は「核のアイロニー（nuclear irony）」である。第 1 節で述べたように、帰結主義者からすれば、核兵器の使用は道義に反するからこそ、敵対国による核兵器の使用から自国の国民を守るためには、自国の安全を核抑止に強く依存せざるをえない。核兵器は絶対悪だからこそ必要悪になりうるのである。私たちは、核兵器の非人道性を語ることで、核兵器の使用が道義に反するという規範を醸成する一方で、国家の安全保障という名のもとで核抑止の道義的正当化を試みているのである。これは核兵器の非人道性を語ることの皮肉な結果にほかならない。タンネンワルド自身も、核のタブーが大国間において「核抑止の実効を安定させ、正当化することを促進している」（Tannenwald 2007, p. 18）と述べているのである。この核のアイロニーの事例を挙げれば、1998 年のパキスタンによる核実験であろう。パキスタンの当時のシャリフ首相は、ヒロシマ・ナガサキの二の舞を避けるために、核実験を実施した旨を述べているからだ[13]。核のタブーは、国家の安全保障というフィルターを通して、核兵器の保有を促してしまう、といったアイロニーを生み出しているのである。この核のアイロニーという否定的影響は、個人の尊厳よりも国家の安全保障を重視した場合に起こりうると想定できよう。

　また、日本の核軍縮・不拡散外交のスタンスには、核のアイロニーが見られるといえよう。「唯一の被爆国」である日本は、「核兵器の使用によりもたらされる惨禍は決して繰り返されるべきではないこと、核兵器を廃絶していくべきことを、世界の人々に強く訴えていく使命がある」と高らかにうたっている（外務省軍縮不拡散・科学部編 2013, p. 7）。しかし他方で、核兵器の使用という深刻な脅威にさらされている限りにおいて、「核抑止力を含む米国の拡大抑止が不可欠である」（外務省軍縮不拡散・科学部編 2013, p. 8）と認識している。これは核のアイロニーにほかならない。ただし、注意しておかな

---

(13)『中国新聞』1998 年 5 月 29 日（http://www.chugoku-np.co.jp/abom/98abom/Pakistan/ 2013 年 9 月 7 日アクセス）。

ければならないことは、日本の核軍縮・不拡散外交のスタンスは、核のアイロニーであって、「矛盾」を意味するものではないという点である。日本政府は、核の傘に自国の安全を依存するのは、あくまで核兵器の使用という脅威にさらされているからだと述べている。この論理に従えば、もしそのような脅威がなくなったと日本政府が認識した際は、核の傘から脱却しなければならない、ということになろう。しかし、もし核兵器使用という脅威が払拭されたにもかかわらず、アメリカが提供する核の傘のもとで核兵器のない世界を目指すということになれば、それこそ「矛盾」以外のなにものでもない。

　いずれにせよ、核のアイロニーとは、核兵器を使用してはならないというタブーを通して、核抑止を正当化してしまうのである。

2）核のパラドクス

　二つ目の否定的影響は、核兵器の非人道性を語ることが、さらなる核兵器の拡散や使用の危険性を高めるという「核のパラドクス（nuclear paradox）」である。ここでは、核の先制不使用（non-first-use of nuclear weapons）を事例として、核のパラドクスを考えてみよう。核の先制不使用とは、自衛権を行使する際に、先に核兵器を使用しないというものである。ただし、相手国が先に核兵器を使用した場合は、その反撃の手段として、核兵器を使用するとのオプションは残している。それゆえ、核の先制不使用は、核兵器の使用を全面的に慎むものではない。だが、核兵器の先制不使用は、核兵器の使用状況を限定することから、安全保障政策における核兵器の役割を低減させる効果をもち、その結果として、核兵器の軍縮・不拡散措置の実施を促すものと期待できよう。

　ホフマンは、この核の先制不使用が核のパラドクスをもたらす可能性があると指摘している。彼によれば、核の先制不使用の宣言は、「戦争を制限するための、完全に道徳的で結構な「定言命法」であるかのような印象を与えるが」、その結果として、核拡散をもたらすかもしれないという。なぜなら、「同盟国が攻撃された場合には核の先制使用もありうると脅迫ないし暗示する意志が超大国にある限り、非核保有国も超大国に守られているという安心

感を持ち得るのに、先制不使用宣言によってそれが崩壊してしまうからである」(ホフマン 1985, pp. 65-66)。つまり、安全保障の問題を考慮せずに、核兵器の非人道性を強調して、核兵器の軍縮・不拡散措置を推し進めた場合、核保有国と同盟関係にある国は、それらの措置が実施されることで安全保障上の不安に直面する、ということである。そして、その不安を払拭する手段として、核武装というオプションに関心を抱く危険性があるかもしれない。このことは、核兵器の非人道性に疑問の余地がないとしても、安全保障を考慮しなければ、核のパラドクスという否定的影響が起こりうる、ということである。

そして、日本の核軍縮・不拡散外交のスタンスでは、核のパラドクスを以下のように捉えている。

> しかし、核の惨禍を二度と繰り返さないための最も確かな保証が「核兵器のない世界」を実現することである一方で、そこに至る道のりの途中においても、核兵器の使用はあってはならない。つまり、核軍縮を進めるにあたって、諸国間の関係を不安定なものにして、逆に核兵器の使用の危険性が高まるようなことになってはならず、核軍縮は諸国間の安定的な関係の下で進められる必要がある。核軍縮を進めるに際しては、安全保障を確保し、諸国間の疑心暗鬼や不信感を増幅させないよう留意しながら進めていく必要がある。(外務省軍縮不拡散・科学部編 2013, p. 8、強調は引用者)。

すなわち、日本の核軍縮・不拡散外交のスタンスは、核兵器の使用をめぐるパラドクスが起こらないように深慮しつつ、核兵器のない世界の実現を試みているといえよう。ナイが指摘するように、「核兵器特有の多くの問題は、道義的原則だけではなく、むしろ経験的、戦略的、そして慎慮にもとづく議論に目をむけざるをえないものである」(ナイ 1988, p. 137)。

3）核のトリレンマ

　核兵器の非人道性を語ることで、核のアイロニーと核のパラドクスという否定的な影響が起こりうる。ただし、ここで強調しておきたいのは、たとえ核兵器を「必要悪」として捉えたとしても、帰結主義者は核兵器の使用をめぐる道義の問題から距離を置くことが難しい、という点である。帰結主義者は「核のディレンマ（nuclear dilemma）」に悩む可能性があるからだ。帰結主義者は、自国の国民の安全を守ることができるとの理由で、核兵器の保有もしくは使用という威嚇の道義的正当性を主張する。しかしそれでもやはり、自国の国民を守るためには、敵対国の国民を犠牲ないし人質にしなければならないのであって、それが道義的に正しいかどうかを悩む可能性が存在しているのである。つまり、核兵器の非人道性をあらためて考えざるをえないのだ。したがって、ナイが指摘するように、帰結主義者にとって核兵器の使用をめぐる道義性は、「同胞への義務と他国民への義務とのあいだの、より微妙なバランスをいかにたもつかにかかっている」（ナイ 1988, p.63）といえよう。

　さて、ここで、核兵器の非人道性を語ることの意義と問題をまとめてみよう。核兵器使用の道義性を語ること、とりわけ核兵器の非人道性を語ることは、核兵器の使用は道義に反するとの規範を広め、そのモラル・パワーの結果として、核兵器が使用されにくい状況を生み出す。しかし、核兵器の非人道性を語ることは、核兵器の使用は道義に反するからこそ、自国の国民を守るために、自国の安全を核兵器に依存するという核のアイロニーをもたらす。また、安全保障の問題を考慮せずに、核兵器の非人道性をもっぱら強調して核兵器の軍縮・不拡散措置を推し進めた場合、核兵器のさらなる拡散と使用をもたらすという核のパラドクスに直面する危険性もある。

　すなわち、核兵器の非人道性を語ることの意義は、核兵器不使用のモラル・パワーを生み出すという点にある。そして、核兵器の非人道性を語ることの問題点は、核のアイロニーと核のパラドクスという状況をもたらす、ということである。日本は、ヒロシマ・ナガサキを起源とする核兵器不使用のモラル・パワーを生み出している。しかし日本は、自国の国民を核兵器の使

用という脅威から守るために、アメリカが提供する核の傘に自国の安全を依存するという核のアイロニーの状況下にもある。さらに日本は、核兵器の非人道性を強調しすぎることで、核兵器のさらなる拡散と使用の危険性が高まるという核のパラドクスが起こらないように苦心している状況にもある。日本の核軍縮・不拡散外交のスタンスは、核兵器をめぐるモラル・パワー、パラドクス、アイロニーという三つの状況において、一つだけの状況を選択して重点的に取り組むことはできないという意味で、「核のトリレンマ（nuclear trilemma）」の状況にあるといえよう。この核のトリレンマは、核兵器の非人道性を語ることに端を発することから、核兵器をめぐる「モラル・アポリア」と言い換えることができよう。

おわりに

　核兵器をめぐるモラル・アポリアは、核兵器のない世界の道程において、どのような意味合いがあるのだろうか。この問いを最後に考えて、本章を閉じることとしたい。

　近年、国際社会では、主にNGO関係者らを中心に、核兵器の非人道性が強く語られることが多くなっている。この背景には、核兵器の非人道性を語ることで、核兵器の使用を禁止する条約の実現を目指す動きがある。これは、核兵器の使用は道義に反するとの規範が、さらに社会で強く共有されるように、その「規範」を「法」へと転換させる試みといってよい。言い換えれば、国際社会は核兵器不使用のモラル・パワーをさらに強化しようと試みているのだ。例えば、2013年3月にノルウェーのオスロで開催された核兵器の人道的側面に関する国際会議（いわゆる「オスロ会議」）では、120カ国以上の政府関係者、専門家、NGO関係者ら約550名が参加して、核兵器の使用による即時ならびに長期的影響などについて議論がなされている。また、2013年4月には、核拡散防止条約（NPT）の運用検討会議の第2回準備会において、南アフリカなどによって核兵器の非人道性に関する共同声明が出され、80カ国が賛同を示している。しかし、このときの賛同国のなかに日本はいなかっ

た。日本政府は、核兵器を「いかなる状況においても (under any circumstances)」使用しないという文言に、国家の安全保障の観点から反対したのであった。日本政府はまさに核のアイロニーの状況に直面していたのである。

　この点について、核のモラル・パワーのさらなる強化を試みるNGO関係者からすれば、日本政府の行動は「矛盾」に見えることであろう。なぜなら、核兵器をいかなる状況においても使用しないという文言に反対するということは、核兵器の使用を限定的に認めるということを示唆しているからであり、そのことは核兵器の惨禍を繰り返してはならないと述べていることと相反するからである。NGO関係者の立場は義務論であるといってよい。核兵器は絶対悪なのである。他方で、日本政府の視点からすれば、核兵器の非人道性に疑いの余地はないものの、核兵器使用の脅威がある以上、自国の国民を守るためには、核の傘の抑止効果を弱めるような措置に反対せざるをえなかったとなろう。それゆえ日本政府は、自らの行動を「矛盾」ではなくて、あくまで核のアイロニーであると反論できよう。日本政府の立場は帰結主義にほかならない。核兵器は必要悪なのである。

　核兵器不使用のモラル・パワーの側面を重視するNGO関係者と、核のアイロニーの側面を重視する日本政府は、核兵器のない世界に向けて、明らかにスタンスが異なっている。しかし両者とも、核兵器の非人道性をともに強く認識している。そのため、短期的に対立することがあっても、長期的には協働する可能性も十分に秘めている。核兵器をめぐるモラル・アポリアが意味するもの、それは核兵器の非人道性を語ることで生じるモラル・パワー、パラドクス、アイロニーという三つの状況のなかで、一つだけの状況を選択して重点的に取り組むことはできないという核のトリレンマであった。私たちが、核兵器のない世界への道程においてすべきことは、核兵器のモラル・アポリアという観点に立つのであれば、NGO関係者と日本政府の立場のどちらが重要なのかと二者択一的に問うのではなく、両者の立場は切り離せないものであり、また、相互に影響し合っているということを直視するということではないだろうか。

　核兵器の非人道性を訴えることは、道義上、正しい。NGO関係者は、核兵

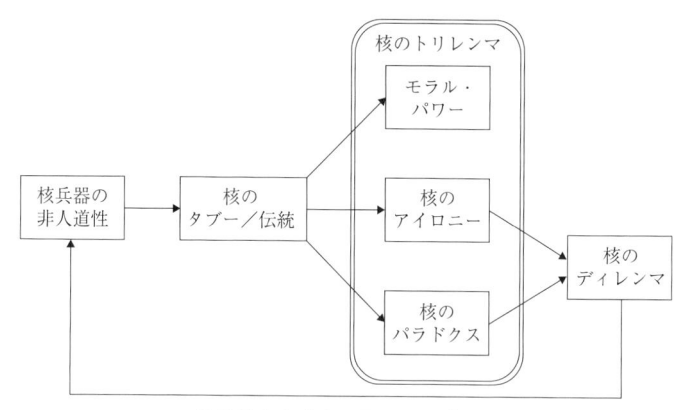

核兵器をめぐるモラル・アポリア

器の非人道性を語ることで、核兵器不使用のモラル・パワーをいっそう強化すべきである。ただし、私たちは、安全保障の問題を考慮することなしに、核兵器のない世界を実現することはできない。NGO 関係者は、安全保障の問題を考慮しない限り、核のアイロニーと核のパラドクスに悩む日本政府の不安を払拭することは難しいであろう。しかし、だからといって、安全保障の問題を考慮しさえすれば、核兵器のない世界を実現できるというものでもない。核兵器のない世界を実現するためには、安全保障の問題を考慮すると同時に、核兵器の非人道性を強く訴える必要がある。その意味で、日本政府は、ヒロシマとナガサキの祈りと声が、「安全保障を確保できなければ、核兵器のない世界を実現することができない」という乾いた風にかき消されることのないようにしなければならない。2013 年 10 月、国連総会第 1 委員会（軍縮・安全保障）において、核不使用を訴える共同声明に日本がはじめて賛同したことは、こうしたモラル・アポリアのなかでの選択だったかもしれない。

　核兵器の使用は、道義上、決して許されるものではない。であるからこそ、私たちは、核兵器をめぐるモラル・アポリアという道義上の難問に直面するのであり、またその難問を解決しなくてはならないという道義上の義務を負っているのである。

第 I 部　戦争のアポリア

＊本章の内容は、本書の編者が提起する「モラル・アポリア」という概念のもとで、佐藤 2012 を加筆・修正したものである。そのため、重複する内容の箇所が多々あることをお許しいただきたい。なお、本章は、「文部科学省戦略的研究基盤形成支援事業」（平成 23 年度〜25 年度、龍谷大学アフラシア多文化社会研究センター）による研究成果の一つである。

【参考文献】

石川栄吉・梅棹忠夫・大林太良・蒲生正男・佐々木高明・祖父江孝男編 1987『文化人類学辞典』弘文堂。
ヴェーバー、マックス 1980『職業としての政治』〈岩波文庫〉、脇圭平訳、岩波書店。
ウォルツァー、マイケル 2008『正しい戦争と不正な戦争』萩原能久監訳、風行社。
外務省軍縮不拡散・科学部編 2013『日本の軍縮・不拡散外交（第六版）』。http://www.mofa.go.jp/mofaj/gaiko/gun_hakusho/2013/pdfs/zenbun.pdf（最終アクセス 2013 年 8 月 9 日）
加藤朗 1997「戦争と倫理」、加藤朗・長尾雄一郎・吉崎知典・道下徳成『戦争——その展開と抑制』勁草書房、122-166 頁。
ギャディス、ジョン・L 2002『ロング・ピース——冷戦史の証言「核・緊張・平和」』五味俊樹ほか訳、芦書房。
高坂正堯 2008「核の挑戦と日本」『海洋国家日本の構想』〈中公クラシックス〉、中央公論新社、145-172 頁。
佐藤史郎 2012「「核の倫理」の政治学」『社会と倫理』第 26 号、53-72 頁。
土山實男 2004『安全保障の国際政治学——焦りと傲り』有斐閣。
ナイ、ジョセフ・S、ジュニア 1988『核戦略と倫理』土山實男訳、同文舘出版。
―――― 2009『国際紛争——理論と歴史［原書第 7 版］』田中明彦・村田晃嗣訳、有斐閣。
馬場伸也 1983『地球文化のゆくえ——比較文化と国際政治』東京大学出版会。
ブル、ヘドリー 2000『国際社会論——アナーキカル・ソサイエティ』臼杵英一訳、岩波書店。
ホフマン、スタンリー 1985『国境を超える義務——節度ある国際政治を求めて』寺澤一監修／最上敏樹訳、三省堂。

Amstutz, Mark R. 1999 *International Ethics: Concepts, Theories, and Cases in Global Politics*, Rowman and Littlefield Publishers.
Atkinson, Carol 2010 "Using Nuclear Weapons," *Review of International Studies*, Vol. 36, No. 4, pp. 839-851.
Blake, Nigel and Kay Pole eds. 1984 *Objections to Nuclear Defence: Philosophers on Deterrence*, Routledge and Kegan Paul.
Bobbitt, Philip Chase 1987 "The Ethics of Nuclear Deterrence," in Kenneth Kipnis and Diana T. Meyers eds., *Political Realism and International Morality: Ethics in the Nuclear Age*, Westview Press, pp. 109-121.
Brodie, Bernard 1946 "Implications for Military Policy," in Bernard Brodie ed., *The*

Absolute Weapon: Atomic Power and World Order, Harcourt Brace.
Buzan, Barry and Eric Herring eds. 1998 *The Arms Dynamic in World Politics*, Lynne Rienner.
Cohen, Marshall 1987 "Moral Skepticism and International Relations," in Kenneth Kipnis and Diana T. Meyers eds., *Political Realism and International Morality: Ethics in the Nuclear Age*, Westview Press, pp. 15-34.
Davis, Howard ed. 1986 *Ethics and Defence: Power and Responsibility in the Nuclear Age*, Basil Blackwell.
Dwyer, Judith A. ed. 1984 *The Catholic Bishops and Nuclear War: A Critique and Analysis of the Pastoral the Challenge of Peace*, Georgetown University Press.
Eden, Lynn 2010 "The Contingent Taboo," *Review of International Studies*, Vol. 36, No. 4, pp. 831-837.
Farrell, Theo 2010 "Nuclear Non-Use: Constructing a Cold War History," *Review of International Studies*, Vol. 36, No. 4, pp. 819-829.
Goodwin, Geoffrey ed. 1982 *Ethics and Nuclear Deterrence*, Croom Helm.
ICJ (International Court of Justice) 1996 *Legality of the Threat or Use of Nuclear Weapons*, Advisory Opinion of 8 July.
Jervis, Robert 1989 *The Meaning of the Nuclear Revolution: Statecraft and the Prospect of Armageddon*, Cornell University Press.
Katzenstein, Peter J. ed. 1996 *The Culture of National Security: Norms and Identity in World Politics*, Columbia University Press.
Kipnis, Kenneth and Diana T. Meyers eds. 1987 *Political Realism and International Morality: Ethics in the Nuclear Age*, Westview Press.
Lackey, Douglas P. 1984 *Moral Principles and Nuclear Weapons*, Roman and Allanheld Publishers.
Lifton, Robert Jay and Eric Markusen 1990 *The Genocidal Mentality: Nazi Holocaust and Nuclear Threat*, Basic Books, Inc., Publishers.
National Conference of Catholic Bishops 1983 *The Challenge of Peace: God's Promise and Our Response*. http://www.usccb.org/sdwp/international/TheChallengeofPeace.pdf.（最終アクセス2013年8月9日）
Novak, Michael 1984 "The U. S. Bishops, The U. S. Government and Reality," in Judith A. Dwyer ed., *The Catholic Bishops and Nuclear War: A Critique and Analysis of the Pastoral the Challenge of Peace*, Georgetown University Press, pp. 3-21.
O'Brien, William V. 1984 "The Challenge of War: A Christian Realist Perspective," in Judith A. Dwyer ed., *The Catholic Bishops and Nuclear War: A Critique and Analysis of the Pastoral the Challenge of Peace*, Georgetown University Press, pp. 37-63.
Paul, T. V. 2009 *The Tradition of Non-Use of Nuclear Weapons*, Stanford University Press.
――― 2010 "Taboo or Tradition? The Non-Use of Nuclear Weapons in World Poli-

tics," *Review of International Studies*, Vol. 36, No. 4, pp. 853-863.
Price, Richard and Nina Tannenwald 1996 "Norms and Deterrence: The Nuclear and Chemical Weapons Taboos," in Peter J. Katzenstein ed., *The Culture of National Security: Norms and Identity in World Politics*, Columbia University Press, pp. 114-152.
Ruston, Roger 1984 "Nuclear Deterrence and the Use of the Just War Doctrine," in Nigel Blake and Kay Pole eds., *Objections to Nuclear Defence: Philosophers on Deterrence*, Routledge and Kegan Paul, pp. 41-66.
Sagan, Scott 2004 "Realist Perspectives on Ethical Norms and Weapons of Mass Destruction," in Sohail H. Hashmi and Steven P. Lee eds., *Ethics and Weapons of Mass Destruction: Religious and Secular Perspectives*, Cambridge University Press, pp. 73-95.
Schelling, Thomas C. 1994 "The Role of Nuclear Weapons," in L. Benjamin Ederington and Michael J. Mazarr eds., *Turning Point: The Gulf War and US Military Strategy*, Westview Press, pp. 105-115.
Shue, Henry ed. 1989 *Nuclear Deterrence and Moral Restraint: Critical Choices for American Strategy*, Cambridge University Press.
Tannenwald, Nina 2007 *The Nuclear Taboo: The United States and the Non-Use of Nuclear Weapons Since 1945*, Cambridge University Press.
Walker, William 2010 "The Absence of a Taboo on the Possession of Nuclear Weapons," *Review of International Studies*, Vol. 36, No. 4, pp. 865-876.
Werner, Richard 1987 "The Immorality of Nuclear Deterrence," in Kenneth Kipnis and Diana T. Meyers eds., *Political Realism and International Morality: Ethics in the Nuclear Age*, Westview Press, pp. 158-178.

■ 核兵器を考えるための映画 ■

『13デイズ（Thirteen Days）』（制作：アメリカ、2000年）
　監督：ロジャー・ドナルドソン　脚本：デイヴィット・セルフ
　冷戦期最大の危機である「キューバ・ミサイル危機」を題材とした映画。1962年10月16日、アメリカのU2型偵察機は、キューバにソ連の中距離核ミサイルが持ち込まれていることを確認。ミサイルを撤去するために、海上封鎖をするべきか、それとも空爆をすべきか。人類が全面核戦争と人類の滅亡という恐怖に怯えた13日間を見事に描いている。

『父と暮らせば』（制作：日本、2004年）
　監督：黒木和雄　脚本：黒木和雄、池田眞也　原作：井上ひさし
　原爆の生存者である美津江と、原爆の死者である父・竹造との対話を軸とした

物語。図書館で勤務する美津江は、大学で物理学の助手として働く木下との恋に悩む一方で、原爆の惨状と「原爆病」の恐怖に怯えるとともに、自らだけが生き残ってしまったという罪にも悩む。核兵器の非人道性を考えざるをえない。

(佐藤史郎)

第Ⅰ部　戦争のアポリア

第4章
防衛戦争
人々を守らない戦争

眞嶋俊造

はじめに

　本章のテーマは、「防衛戦争」——自国防衛のための戦争——のモラル・アポリアである。本章では、「国家はその領域内にいる人々を守るべきであり、国家はそのような存在であるべきである」という規範的視点から、特定の具体的事例に焦点を絞りつつ防衛戦争のモラル・アポリアについて議論を展開する。

　筆者の個人的見解ではあるが、直観として、「防衛戦争」という問題について論じること自体が、それでもうモラル・アポリアそのものであるといえなくもないような気がする。また、一口に「防衛戦争」といっても、そのトピック自体がとてつもなく大きい。そのモラル・アポリアを考えるうえでも、議論を進めるための切り口や論点は無数に存在する。例えば、「防衛」や「戦争」の定義、防衛戦争の形態、防衛戦争の戦い方、防衛戦争における政治、「政治としての防衛戦争」といった論点について、政治学や経済学や社会学といった社会科学的な視座からの分析も可能であろうし、歴史学や哲学といった人文学的なアプローチから検討することもできるだろう。

　そもそも、戦争そのものをモラル・アポリアとして取り扱うことに違和感を覚える人もいるかもしれない。例えば、絶対平和主義の立場にある人々に

第4章 防衛戦争

とって、戦争そのものは無条件に悪とされているからである。しかし、私たちは、「戦争が悪であるならば、いかなる点で、またどのように悪であるのか」という問いを考える重要性を否定することはできない。「悪は悪なのだからそれ以上考える必要はない」という言葉は、感情にこそ響くことはあるかもしれないが、理性（ここでは、「ものごとをちゃんと理解し、きちんと判断し、その判断を相手に筋道を立てて説明できる能力」）に対してはまったくもって無力であり、無意味である。というのも、「悪は悪なのだからそれ以上考える必要はない」という言葉を聞いたら、おそらく私たちは「なぜ悪なのか？」や「なぜ考える必要はないのか？」という素朴な疑問をもつだろう。それは、「悪いことは悪いに決まっている」という理由なき主張や「決まっていることは考える必要がない」という主張は、「ちゃんとした話し合い」、「筋の通った議論」、「きちんとした理解」、「納得のいく説明」、「まともなコミュニケーション」とは正反対であるからである。つまり、私たちは、もし「戦争は悪」という道徳判断を行うならば、「なぜ悪であるのか」を他者に説明する責任があるのだ（もし説明しない（できない）のであれば、ただの根拠のない「言いっきり」か、独善的な自己欺瞞、ないし傲慢や怠惰でしかない。そのようなことに私たちは耳を傾けないだろう）。そして、ここで私たちが確認しておくべき最も重要なことは、当然ながら絶対平和主義者も認めるところではあるが、「戦争は「よい」や「悪い」、「正しい」や「正しくない」という道徳判断の対象となりえる」ということだ。

　このままだと話題が広がりすぎて議論が拡散するか、もっと悪いことに支離滅裂になってしまうおそれがある。無理に網羅的な分析や包括的な議論を試みることは、おそらく不毛な結果につながるだろう。それは論考として失敗である。かわりに、「国家はその領域内にいる人々を守るべきであり、国家はそのような存在であるべきである」という規範的視点から、特定の具体的な事象に焦点を絞って防衛戦争のモラル・アポリアをあぶり出すことのほうが、より有益かつ有意義であるように思われる。

　本章では、防衛戦争のアポリアのうちで最も深刻かつ重大な論点の一つである、「ある国家の防衛戦争と、その国家の領域内における人々の保護」を

取り上げたい。というのは、「国家はその領域内にいる人々を守るべきであり、国家はそのような存在であるべきである」という規範的視点を前提にすると、その人々を守ることこそが国家防衛のための戦争の目的となる。それにもかかわらず、防衛戦争は時としてそれら守られるべき人々を犠牲にすることがある。すなわち、本章で検討する「防衛戦争」のアポリアは、国家はその領域内にいる人々を守るべきであり、防衛戦争はそれらの人々を守るために行われるべきであるということを前提とするならば、「ある国家が自国の防衛を行う戦争において、その領域内にいる人々を犠牲にすることがある」ということである。

　本章は、二つの節に分かれている。第1節では、「国家」、「戦争」、「人々の保護」について検討する。第2節では、前節での議論をふまえて、太平洋戦争における日本を事例として、その政策や姿勢に焦点を絞りつつ、「防衛戦争」のアポリアについて検討する。

1　国家、戦争、人々の保護

　本節では、「防衛戦争」のアポリアを具体的な事例からあぶり出す前段階として、「国家」、「戦争」、「人々の保護」に焦点を絞り、「戦争における国家の本義が、その領域内にいる人々の保護にある」ということを論証する。

1）戦争と国家

　なぜ国家は戦争をするのか。国家は、いろいろな目的で戦争を行ってきた。例えば、資源争奪、領土拡大、植民地政策といった例がある。また、国内の不満をそらし国外の「敵」に目を向けさせ、国民の不満のガス抜きのために行われたとされる戦争もあるだろう。さらに、敗北が確実視されているにもかかわらず「名誉」のために戦われた戦争もあるかもしれない。このように、国家はさまざまな目的のために戦争を行う。むろん、その目的の一つとして、国家防衛のための戦争を数えることができる。

　さて、ここで私たちは何の定義もなく「国家」と「戦争」という言葉を使

っていることに気づくべきである。というのは、私たちが何気なく使っている「国家」や「戦争」について、必ずしも同じ理解をもっているとは限らないからだ。

「国家」についての検討は次に譲るとして、ここでは「戦争」について考えてみよう。「戦争」とは、「行為主体としての複数の政治共同体（国家も含まれるが、必ずしもそれだけではない）を当事者とし、ある政治的な目的を達成するための手段として、各政治共同体のみならず他の行為体や行為者によって正当化され、またそれらの間でなされる集団的行為であり、状況によっては敵陣営のみならず自陣営の構成員を死に至らしめることもいとわず、また相手の意志にかかわらず、武器や兵器という手段を用いた物理的強制力（武力、軍事力、「制御された暴力」）の行使である」という定義を筆者は行う。

国家は政治共同体である以上、戦争を行う当事者となりうる。すると、国家は、一つまたはそれ以上の政治共同体を交戦の対象とすることができるといえる。戦争は、国家が何らかの政治的な目的を達成するための手段であり、その目的には国家防衛のみならず、資源争奪、領土拡大、植民地政策なども（それらが正当化可能かどうかはおいておくとしても）含まれる。そして、国家は、戦争において交戦対象である国家や他の政治共同体の構成員（戦闘員および非戦闘員）に危害を加えるだけではなく、自国民をも——戦闘員や非戦闘員にかかわらず——死のリスクにさらすことになる[1]。

私たちは個別の戦争事例について、「道徳的に正しい（あるいは、正しくない）」と判断を下すことができる。例えば、他国に対して侵略を開始し、その国の人々を無差別に虐殺するような戦争について、私たちは「道徳的に正しくない」という評価を行うだろう。それでは、国家防衛のための戦争はどうだろうか。次の仮想事例を考えてみよう。他国が武力攻撃をともなう侵略を開始したとしよう。それに対抗する措置として、国家が領域内にいる人々

---

[1] 戦争において、戦闘地域での（自陣営、敵陣営、中立陣営にかかわらず）民間人の保護は、道徳的かつ法的義務である。道徳的義務は、「正戦論」のうち「戦争における正義」として論じられている。法的義務は、1977年ジュネーブ条約追加議定書に規定されている。これらに関する論点については、眞嶋 2010 を参照のこと。

を守るために武力で応じたとしよう。この場合、侵略側の国家の行為に対して、私たちは道徳的非難を行うだろう。しかし、防衛した側についてはどうだろうか。武力を行使すること自体が悪であるという評価もできるかもしれないが、侵略と防衛という目的を比較した場合、「どちらも同等に悪である」とは評価しないのではないだろうか。むしろ、国家防衛のための武力行使は、それが不当な侵略に対して領域内の人々を守るための唯一かつ最後の手段である限りにおいて、道徳的に正しくないとはいわないのではないだろうか。

「防衛戦争」について法的な視座から考えてみよう。国連憲章の第2条第4項では、「すべての加盟国は、その国際関係において、武力による威嚇又は武力の行使を、いかなる国の領土保全又は政治的独立に対するものも、また、国際連合の目的と両立しない他のいかなる方法によるものも慎まなければならない[2]」というように、一般原則として、国家間の紛争を解決する手段として武力による威嚇や武力の行使を禁止している。しかし、同憲章第51条では、「この憲章のいかなる規定も、国際連合加盟国に対して武力攻撃が発生した場合には、安全保障理事会が国際の平和及び安全の維持に必要な措置をとるまでの間、個別的又は集団的自衛の固有の権利を害するものではない[3]」というように、例外原則として、国家には武力攻撃に対抗するための自衛権——つまり、国家防衛のために武力を行使する権利——が認められているのだ。

ここで、「防衛戦争」をめぐる二つの重要な点がある。一つは、「国家は、国家防衛のために、その領域内にいる人々を保護するために戦争を行うことがあるし、そうすべきである」ということである。もう一つは、「国家は、国家防衛のための戦争において、その領域内にいる人々を保護すべきである」ということが国家のあるべき姿であるにもかかわらず、「国家防衛の戦争が、その領域内にいるがその国家の国籍を有しない人々のみならず、自国民の犠牲を前提としていることがある」ということである。ここにこそ、防衛戦争

---

[2] 国際連合広報センター HP（www.unic.or.jp/info/un/charter/text_japanese/　最終アクセス 2014年2月20日）。
[3] 同上。

のアポリアを見出すことができるのだ。

2) 国家とその本質

　さて、それでは、国家とは何だろうか。ヨーロッパでの三十年戦争（1618〜48年）の終結となったウェストファリア条約により、近代的な国民国家が成立したとされる。このような国家の構成要素は、一般的にいって、「主権」、「領土」、「国民（というより、むしろ「国家の領域内にいる人々」）」によって構成される。後者二つについては自明であるからそれらの内容についての説明は不要だろう。しかし、「主権」については多少の説明が必要だろう。ここでいう「主権」とは「国家主権」のことであり、端的にいうと「国家主権」とは「国家統治の権利」である。そして、国家を統治する権利をもっている者が主権者であり、主権の所在によってその国家の政治体制の呼び名が変わってくる。例えば、主権が個人にあるならば、そのような国家の政治体制は絶対君主制や独裁制と呼ばれることがある。もし主権がごく限られた一部の人々のみにある場合、そのような国家の政治体制は権威主義制や寡頭制と呼ばれることがある。また、もし主権が国民にある場合、そのような国家の政治体制は、法の支配のもとにある君主（天皇や王など）がいる場合には立憲君主制、君主のいない場合は共和制と呼ばれることがある。ここで重要な点は、少なくとも近代以降の国民国家において、国家の統治権は政府を通じて行使されるという形になっているということである[4]。

　次に、国家の本質（「あるべき姿」、または「私たちはそうあるべきと望む姿」）の一つについて考えてみよう。国家の本質の一つは、「その領域内にいる人々を保護すること」である。国家はその領域内にいる人々を保護する責任があり、その責任を果たすことが求められている[5]。あえて説明するまでもないかもしれないが、国民が主権をもつ民主政国家においては、国家は政府

---

[4] 本書第7章では別途この主権の問題について論じているので、詳細な議論については当該章を参照のこと。
[5] 「国家はその領域内にいる人々を保護する責任をもつ」という概念は、「保護する責任（responsibility to protect）」という概念に由来する（ICISS 2001）。詳しくは、本書第1章と第1章のコラム 1-1 を参照のこと。

を通じて国家の領域内にいる人々を保護する義務があり、その国家の領域内にいる人々は政府を通じて国家によって保護される権利をもつ。このような権利と義務の関係を前提として、私たちは政府を通じて国家に統治を信託しているのである。つまり、私たちは、国家が私たちを保護してくれるということを前提として政府に国家の統治を信託しているのだ。

　しかし、近代以降において、国家が、私たちの信託に背き、私たちを迫害したり、私たちに危害を与えたりするのであれば、それは国家と私たちの根源的な関係を欺いていることになる[6]。それでもなお、私たちは、そのような国家による統治行為に信任を置くことができるのだろうか。これは、平時や戦争一般においてもいえることであるし、それ以上に、これから見るように「国家防衛」の戦争の場合にこそ統治の正統性が重要になる。というのは、「国家防衛」の戦争は、時として「国民」を防衛するための戦争ではなく、「国家体制」または「政府」を防衛するための戦争になってしまうことがあるからだ。

　ここで注意すべきことは、「国家の存続」――むしろ、この場合は政治体制や政府の存続――が国家防衛の本来の目的ではないということである。にもかかわらず、政治体制や政府の存続そのものが目的化してしまうことがある。ここにおいて、本来は国家の領域にいる人々を守るためにあったはずの政治体制や政府が、政治体制や政府自体を存続させるために人々を犠牲にするという本末転倒な状況が発生しかねないのだ。

　次節の事例で見るように、時として国家は戦争において自国民に対して国家のために死ぬ義務を課す。この義務は往々にして法的義務として人々に死を強制する。たしかに、国家は、平時戦時を問わず、その領域内にいる人々に死を課す場合がある。死刑、警察活動としての治安維持、戦争をその例として挙げることができる。死刑制度をもつ国家においては、ある者が犯した

---

[6] たしかに、「大日本帝国憲法における統治権が天皇の万世一系という「歴史ストーリー」にもとづいているので、少なくとも近代日本においてここでの議論は該当しない」という反論があるかもしれない。しかし、本章では法概念における統治権を問題にしているのではないし、よもや法解釈を試みているわけではない。本章は、「国家は国民を守るべきであり、国家はそのような存在であるべきである」という規範的視点から議論を展開していることに留意されたい。

罪が死刑に値すると法廷で認められた場合、その者には死が刑罰として課せられる。警察活動においても、法に定められた手続きをふむことで、ある者に死を課すことがある。例えば、ある者が人質をとり、かつ人質に深刻な危害をまさに加えようとしている場合、その者に対して物理的強制力を行使して無力化することが挙げられる。そして、戦争においては、将兵の撤退や退却を許可しない場合や、また戦闘に直接参加してない自国の民間人への「付随被害」を寛大なまでに容認することがある。

では、私たちは戦争において国家のために死ぬ道徳的な義務はあるのだろうか。おそらく、戦闘に直接参加していない民間人に限っていえば、戦争において国家のために死ぬことは道徳的な完全義務（履行することが通常であり、履行しないと非難される）ではない。強いていえば、戦争において国家のために死ぬことは道徳的な不完全義務（履行しないことが通常であり、履行すると賞賛される）として理解されるかもしれない。とはいえ、道徳的な不完全義務は他者によって強要されるものではない。それはあくまでも自由な意志にもとづいた自発的な行為でなければならない。

3) 戦争と国民の保護

「国民を守るため」というのが、国家の本質的な機能の一つであることに疑いの余地はないだろう。歴史上、政治共同体はその領域にいる人々を守るための武力行使を行ってきた。領域にいる人々を守るための武力行使は、古代ギリシャやローマの有史以来、現代に至るまで脈々と受け継がれてきた政治共同体の本質ともいうべき伝統である。つまり、国家の存在理由は、その構成員を保護することにこそある。いや、少なくとも、私たちは、それが国家のあるべき姿として、そうあることを信じ、またそうあることを願っている。

しかし、これまで国家が行ってきた戦争が、必ずしも国民を守るためのものではなかったこともまた事実である。ここで問題となるのが、「ある国家が自国の「防衛」を行う戦争において、必ずしもその国家の領域内にいる人々の保護を保証しない」という戦争のアポリアなのだ。

コラム 4-1

赤十字国際委員会とは

　ある日本の外交官が赤十字国際委員会（ICRC）をこのように称した。「ICRC は非政治的である一方、非常に政治的で類をみない機関である」。ICRC を語るにあたり、これほど的を射た表現はないだろう。ICRC が産声を上げたのは 150 年前の 1863 年。ソルフェリーノの戦いで傷病兵が野放しにされる惨状に遭遇し、胸を痛めたスイス人、アンディ・デュナンは各国にはたらきかけ、その結果、ICRC という救援団体が設立された。目的は、第三者として敵味方問わず、捕虜や文民を含む紛争の犠牲者を救済すること。政治に介入せず、どの紛争当事者にも肩入れをしない中立的な姿勢が、紛争当事者からの信頼と活動に対する理解につながってきたといえる。

　のちに「赤十字」は世界的に医療や福祉活動で知られるようになるが、国際人道法の法典化や遵守促進における ICRC の役割については実はあまり知られていない。

　ICRC はこれまで国際人道法の規範の柱をなす 1949 年に締結されたジュネーブ諸条約、1977 年の追加議定書をはじめ、近年では対人地雷禁止条約やクラスター爆弾禁止条約の起草作業および採択において舞台裏で尽力してきた。

　さらに ICRC は人道支援活動において「支援」と「保護」を表裏一体と捉えており、保護措置において法的アプローチを用いる。具体的には、戦争下において適用されるルール（国際人道法）を紛争当事者に遵守させることにより、戦争捕虜や民間人を拷問や直接的攻撃から「保護」することを目指すのである。とはいえ、紛争当事者が規範を遵守する意思がなければ、いかなる条約も画餅に帰す。それゆえに ICRC は平時においては戦闘員に対し国際人道法を公布し、交戦時においては国際人道法の違反行為がないかをつねに監視する。そして違反行為が明白な場合には、紛争当事者に国際人道法を喚起し、対話を通じて違反行為の阻止や再発防止をはかる。被害者の保護が最優先課題であるため、違反者の訴追や、公然と非難することはしない。高い政治分析能力や交渉能力が必要とされる「説得」を重視するのである。時には国軍のみならず、武装集団を相手に交渉を行ったり、影響力を有する国に口添えを促したりすることもある。

　このように、人道支援活動という非政治的目的を追求する一方で、あらゆる政治的手段を模索するのが ICRC の特徴である。換言すれば、人道支援という目的を達成するために、現実的な手段を用いて紛争当事者にはたらきかけるのが ICRC で働く魅力であるともいえるであろう。ICRC の理念や活動

を多くの若者に知っていただき、将来のキャリアとしてぜひ検討して頂きたい。

＊「ソルフェリーノの戦い」……1859年にイタリアのソルフェリーノで、フランスとサルデーニャ王国の連合軍がオーストリア軍と衝突した戦い。スイスの起業家だったアンリ・デュナンは戦いのを目の当たりにし、のちに『ソルフェリーノの思い出』を出版。大きな反響を呼んだ。

（長嶺義宣）

　まず、「国家は誰を守るのか」という問題について考えてみよう。「国家は自国民を保護すべきである」というのは当たり前のこととして理解されているかもしれない[7]。しかし、「国家はその領域にいる人々を保護するべきである」というのが、実は本質である。このことを明らかにするために、次のことを考えてみよう。「国家は自国民を保護すべきである」ということに、「国家は領域内にいる自国民のみならず他の人々も守るべきである」ということが含意されているのであれば平和が実現できるに違いない。というのは、すべての国がそのように行動したら、ある国家が他国にいる自国民を保護することを事由とした防衛戦争は発生しないだろう。すると、このような状況においては、ある戦争の発端は国家の防衛であるとはいえず、ひょっとすると侵略に値するだろう。

　しかし、「国家は自国民を保護するべきである」という意味が「自国民のみを保護するべきである」とすると、次の疑問が生まれる。それは、「自国民以外はどうなるのか」ということだ。というのは、すべての国家において、その国に属する国民がそれぞれの国家の領域内に排他的に存在しており、同時にその国家の領域内にその国家以外の国籍をもつ者が存在しないという「実験室の試験管のなかのような状況」は、実際のところ存在しえないからだ。事実として、国家の領域内にはその国家の国籍をもたない人々がいる場合がほとんどである。しかし、「国家は自国民のみを保護すべきである」とする

---

[7] 国家は、自国民を保護する義務を一方的に（一部または全部）解除することがある。国家が自国民を保護する義務を一方的に一部解除した例の一つとして、太平洋戦争中のアメリカでの日系アメリカ人の強制収容を挙げることができる。

ならば、ある国家が自国籍をもたない人々を守らない（例えば、法によらない処刑や不当な弾圧を行う）状況においてはどのようになるのだろうか。言い換えれば、他国においてそのような不正を被った人々が国籍を有する国家は、どのように行動すべきなのか。このような状況にあっては、その国家は自国民の保護を相手の国家に要求するべきであり、そのように行動するだろう。そして、必要に応じては武力行使も選択肢として考慮される場合もあるだろう。すると、自国民保護が武力行使の目的と事由になり、ここにおいて「国家防衛」の概念に侵略（つまり、他国の主権や領土の侵害、またその国家の領域にいる人々への加害）がともなうことになるのだ。そのような戦争は、結局のところ双方の国家の国民のみならず、それぞれの国家の領域にいる人々に対して犠牲となるリスクを負わせることになるのだ。

逆に、「国家は自国民を保護すべきである」ということに、「国家は領域内にいる自国民のみならず領域内にいる他の人々も守るべきである」ということが前提として含意されている、つまり「国家はその領域にいる人々を保護するべきである」ということが前提とされているならば、このことこそが国家の正統性が国内的にも対外的にも担保される根拠に違いない。というのは、それぞれの国家が、その国家の国籍や市民権をもたないがその領域にいる人々に対する保護を行うのであれば、自国民保護を名目にした他国への武力行使は理論上発生する余地がなくなる。この状況において戦争が起こるとすれば、それは「国家防衛」ではなく純粋な「侵略」である。もしそのような状況が現実のものであれば、例えば、エンテベ空港人質救出作戦のような軍事作戦の事例は発生しえないだろう[8]。

繰り返しになるが、戦争において非常に憂慮されることは、次のことであ

---

(8) 1976年に起きたイスラエル国防軍による人質救出作戦。パレスチナ武装勢力によってハイジャックされたエール・フランス機がウガンダのエンテベ空港に着陸、イスラエル国籍をもつ者を人質にとる。イスラエル政府とウガンダ政府との人質解放交渉が難航するなか、イスラエル政府は軍事作戦を計画。イスラエル国防軍が航空機にて部隊を派遣し、同空港を急襲。人質解放につながる。なお、この事件は、イスラエルの軍事行動がウガンダの国家主権の侵害にあたるという議論が成立する反面、滞在または居留先の政府による保護を受けられない自国民救援のために軍事行動を起こすことの正当性を示す議論を支持しうる面をもつ。

る。それは、たとえその戦争が「国家防衛」のためであったとしても、その領域にいる人々は、「その国の国籍をもたない人々」はおろか「国民」でさえ、「国家体制」を維持するための犠牲にされることがあるということだ[9]。次節で詳しく検討するように、「ある国家が自国の「防衛」を行う戦争において、必ずしもその国家の領域内にいる人々の保護を保証しない」という戦争のアポリアを体現しているのが、太平洋戦争なのだ。

2　事例──太平洋戦争

　前節で検討した国家による国家防衛の戦争における人々の保護の問題をふまえ、本節では、太平洋戦争における日本の政策や姿勢といった事例に即しつつ、本章がテーマとする「防衛戦争」のアポリア、つまり、「国家防衛」を行う戦争において、国家は必ずしもその領域内にいる人々の保護を保証しないということを検討する。

1)「開戦の詔勅」──「自存自衛」の戦争

　日本にとって太平洋戦争はどのような戦争であったのか。例えば、「侵略戦争」であるとか、「植民地争奪戦争」であるとか、「自衛のための戦争」であるとか、「欧米帝国主義に対するアジア解放のための戦争」であるとか、「「大東亜共栄圏」確立のための戦争」であるとか、「欧米型自由民主主義に対する戦争」であるとか、いろいろな解釈がなされている。もし日中戦争を考えるのであれば、その実態として「侵略戦争」という表現が最も適切であるかもしれないが、太平洋戦争については、それらのどれもがそれらしいの

---

[9]　「国家は、国家防衛の戦争において、必ずしもその領域にいる人々を守らない」という論点をより明確にするために、次節より原則として、「太平洋戦争において日本政府および戦争指導部が「日本国民」を守ること」に焦点を絞る。それにより、議論の焦点となる保護の対象は、「日本国民」に限定する。しかし、このことは、当然ながら、「日本という国家の領域内にいるが日本の国籍をもたない人々を保護することは政府の責任ではない」ということを主張したいのではない。むしろ、当時の日本は、朝鮮や台湾の人々を軍属として徴用していたこと、また、主に朝鮮系の民間人を本土における労働力として強制徴用していたことからも、領域内にいる人々を保護していたとはいいがたい。

第Ⅰ部　戦争のアポリア

と同時に、どれもがそれらしくなさそうでもある。太平洋戦争が実態としてどのような戦争であったのかは諸説各論があるので、ここではそこに踏み込まない。

しかし、日本政府（戦争指導部）が太平洋戦争をどのように捉えていたのかについては、つねに一貫した見方があったといえる。それによれば、「太平洋戦争とは、帝国の「自存自衛」、つまり、国家防衛の戦争である」。

このことは、まず、「米國及英國ニ對スル宣戰ノ詔書（開戦の詔勅）」に明言されている。当該および関連個所は次に引用する。

　　經濟上軍事上ノ脅威ヲ増大シ以テ我ヲ屈從セシメムトス〔……〕帝國ノ
　　存立亦正ニ危殆ニ瀕セリ　事既ニ此ニ至ル帝國ハ今ヤ自存自衛ノ爲蹶然
　　起ツテ一切ノ障礙ヲ破碎スルノ外ナキナリ

つまり、米英が帝国の生存に重大な脅威を加えているという状況があり、「経済上軍事上の脅威を増大させ、それによって帝国を屈服させようとしている……帝国の存立はまさに危機に瀕している。ことがすでにここまで至ったので、帝国は自存自衛のために決然として立ち上がり、すべての障害を打ち砕く（開戦する）ほかに手段はないのだ」という意味である。

ここで重要なことは、日本政府は太平洋戦争を「国家防衛の戦争」であると開戦の詔書で認めていることである。また、同じく重要なことに、「帝国の「自存自衛」（国家防衛）のためには戦争のほかに手段がない」と、「戦争は国家防衛のための最終手段」と宣言しているのだ。このように、日本政府は、開戦において太平洋戦争を「国家防衛のための戦争」と位置づけたのだ。

2）「国土決戦教令」――国家防衛のためには国民が犠牲となるべし

太平洋戦争末期、連合国軍による沖縄への軍事作戦が開始されると、そのあとに訪れるであろう本土進攻がますます現実味を帯びてきた。それを受けて陸軍は、上陸してくる連合国軍を海岸近くで迎え撃つ水際作戦を基調とした本土決戦の準備をさらに推し進めた。その一環として、大本営陸軍部は、

決戦にあたっての将兵への具体的な指示にあたる「国土決戦教令」を 1945 年 4 月 20 日に発令した。

「国土決戦教令」においては、来るべき本土決戦において連合国軍に勝利し、国家（「皇国」）の生存をはかることが目的とされている。この「国土決戦教令」こそ、国家を防衛するためには国民が犠牲となるべきことを指示しており、まさに国家の「生存」は、国民のそれに優先するという思想を体現している。以下、その一部を検討する。

教令の要旨を説明した第一章に続く第二章では、「將兵ノ覺悟及戰鬪守則」（将兵の覚悟と戦闘において守るべき規則）が説明されている。同章第八条では、「國土決戰ニ參ズル全將兵ノ覺悟ハ各々身ヲ以テ大君ノ御楯トナリテ来寇スル敵ヲ殲滅シ萬死固ヨリ歸スルガ如ク七生報國ノ念願ヲ深クシテ無窮ナル皇國ノ礎石タリ得ルヲ悦ブベシ」と記されており、国家のために死をもって国に報いることを喜びとせよということが示されている。

第十一条は、「決戰間傷病者ハ後送セザルヲ本旨トス」とあり、傷病兵を後方に送ることを禁じている。その理由は、「負傷者ニ対スル最大ノ戰友道ハ速カニ敵ヲ撃滅スルニ在ル」とされ、負傷者に対する戦友としての最大にやってやれることは迅速に敵を撃滅することだからとされる。そして、このことを「銘肝シ敵撃滅ノ一途ニ邁進スルヲ要ス」、つまり肝に銘じて敵を撃滅することに一途に邁進する必要があるというのだ。それゆえに、「戰友ノ看護, 付添ハ之ヲ認メズ」と、戦友の看護や付き添いを禁じている。また、第十二条では、偵察、伝令、挺身攻撃部隊が任務を達成したあとにもともとの部隊に復帰するという例外を除き、「戰鬪中ノ部隊ノ後退ハ之ヲ許サズ」、つまり戦争中の部隊による前線後方への移動や撤退を禁じている。この第十一条と第十二条をもって、将兵が戦闘から後退することを「戒めた」とされる（防衛研修所戦史室 1971, p. 337）。このことは、将兵にとって後退はありえず、そこには勝利するか、さもなくば死かの選択肢しか残されていないことを示している。詳しくいえば、すでに大本営は上陸してくる連合国軍に対して水際および沿岸地域での決戦を行うことを決定している以上、将兵は敵の侵攻を阻止するために命を懸けて前線にとどまらなければならないことが命

第Ⅰ部　戦争のアポリア

令されているのみならず、この決戦に敗北した場合には将兵には死しか選択肢が残されていないことを意味する。一言でいうと、「戦闘員は国家防衛のために死ね」ということだ。

　「国土決戦教令」は、戦闘員のみに国家防衛のための死を命令しているだけではない。敵を倒すにあたっては非戦闘員の犠牲もためらうべきではない、つまり間接的にではあるが非戦闘員にも国家のために死ねと命令している。国家の「生存」のためには、非戦闘員が犠牲になることを厭うべきではないことを明示しているのが、次の第十四条である。それは、「敵ハ住民、婦女、老幼ヲ先頭ニ立テテ前進シ我ガ戦意ノ消磨ヲ計ルコト在ルベシ斯カル場合我ガ同胞ハ己ガ生命ノ長キヲ希（ねが）ハンヨリハ皇國ノ戦捷（せんしょう）ヲ祈念シアルヲ信ジ敵兵撃滅ニ躊躇スベカラズ」とあり、口語にすると、「敵が女性や老人や子供を前に並べてこちらの戦意を喪失させようと計画した場合があったとしたら、自分たちが生きながらえることよりも国家が戦いに勝つことを望んでいることを信じて敵を撃滅することに躊躇してはならない」と命じている。

　ここにおいて最も戦慄すべきは、「戦闘要員ではない民間人は、自分たちの生命よりも国家が戦いに勝つことのほうを望んでいるはずだ」という身勝手な憶測である。さらに注目すべきは、戦闘員に対して、その憶測を根拠に民間人の生命を省みず戦闘を行えという命令が下されていることである。ここでは、非戦闘員が自分たちの生命よりも国家が戦いに勝つことのほうをほんとうに望んでいるかどうかはまったく考慮されていない。むろん、国家の防衛のために戦闘に巻き込まれ死傷することを望んでいない非戦闘員がいるであろうにもかかわらず、そのことは半ば意図的に無視されている。実は、ここにおいて私たちが窺い知ることができるのは、「非戦闘員も国家防衛の先頭において死ぬことに意味を見出し、それを望んでいる」という自己欺瞞、いや、傲慢や怠惰とも呼べる思考様式である。それゆえに、「そうなのだから非戦闘員も国家防衛のための戦闘で死ぬことは当然である」ということになってしまうのだ。

3）國民義勇戦闘隊──国民の民兵としての組織化

　敗戦の色濃くなってきた1945年3月、本土決戦を予期した帝国政府は本土防衛のための民兵（正規軍に属していないが、政府や他の政治共同体などによって組織化された軍事要員）組織として「国民義勇隊」の組織を企画した。1945年3月23日に「義勇奉公隊（仮称）組織ニ関スル件」が閣議決定された（防衛研修所戦史室 1971, p.562）。これにより、本土決戦にあたって民間人を戦闘員として組織化する方針が決定されたのだ。「義勇奉公隊」を組織するにあたっての趣旨は次のように述べられている。

>　現下ノ事態ニ即シ本土防衛態勢ノ完備ヲ目的トシ当面喫緊ノ防衛及生産ノ一体的飛躍強化ニ資スルト共ニ情勢急迫セル場合ハ武器ヲ執ッテ蹶起スルノ態勢ヘ移行セシメンガ為左記ニ依リ全国民ヲ挙ゲテ義勇奉公隊（仮称）ヲ組織セシメ祖ノ挺身出動ヲ強力ニ指導実施スルモノトス（防衛研修所戦史室 1971, p.562）

　また、「義勇奉公隊」の役割は次のように述べられている。

>　義勇奉公隊ハ隊員各自ヲシテ旺盛ナル皇国護持ノ精神ノ下其ノ職任ヲ完遂セシメツツ戦局ノ要請ニ応ジ左ノ如キ業務ニ対シ活溌ニ出動スルモノトス（防衛研修所戦史室 1971, p.562）

　ここで明らかなことは、「義勇奉公隊」に組み込まれた構成員は、戦局の要請に応じ、特に情勢が急迫する場合には武器をとって蹶起すること、つまり戦闘員として戦闘に参加することが求められているということである。
　国民を民兵として組織化する政策として、1945年6月22日に「義勇兵役法」が制定された。この法律により、「國民義勇戦闘隊」として国民を民兵として組織化することが現実化した。この「義勇兵役法」における重要な点は以下とされる。

第Ⅰ部　戦争のアポリア

　　一　義勇兵は男子（女子）は年齢一五年（一七年）に達する年の一月一日から年令六〇年（四〇年）に達する年の一二月三一日まで服す。
　　二　右以外で義勇兵役を志願する者を勅令により採用。
　　三　六年の懲役又は禁錮以上の刑に処せられたる者は義勇兵役に服するを得ず。
　　四　義勇兵は勅令により召集して國民義勇戦闘隊に編入する。これを義勇召集と称す。
　　五　義勇召集を忌避の逃亡、潜匿、自傷、疾病作為等をなしたる者は二年以下の懲役に処し、故なく召集の期限に遅れた者は一年以下の禁錮に処す。（防衛研修所戦史室 1971, p.565）

　この引用より明らかなことは、乳幼児や高齢者を除くすべての労働可能人口を戦闘員として組織化することが企図されていたということだ。また、非常に興味深い点は、次である。本来「義勇兵」は、金銭を見返りとして求めず、自発的に戦闘に参加する者を意味する言葉である[10]。しかし、國民義勇戦闘隊の「義勇」は名目でしかなく、実態は国家によって強制的に召集される民兵組織であった。というのは、「義勇兵役法」は、兵役を定めているからである。つまり、この法律が根拠となり、国民が義勇兵役につく法的義務が発生しているのだ。さらに、この法律には召集に応じない者に対する刑事上の罰則規定まで設けられており、本土防衛において可能な限りの国民を戦闘員として戦争に参加させようとする政府の意図を読み取ることができるだろう。
　ほんとうに戦争指導部が「一億総特攻」や「一億玉砕」を本土防衛の戦闘にあたっての現実のシナリオとして描いていたのかどうか、「義勇兵役法」にもとづく「國民戦闘義勇隊」がそのシナリオの一部として描かれていたのかという問題については、議論があるかもしれない。実際の歴史では、本土での戦闘を待たずに日本政府がポツダム宣言を受諾し降伏したために、「國民戦闘義勇隊」が本土防衛の戦闘に参加することはなかった。しかし少なく

---

(10)　金銭的見返りを求めるか否かに、義勇兵と傭兵の最大の違いがある。

とも、このように国民を民兵として組織化する取り組みは、国民の犠牲を前提とした「国家防衛」戦争を遂行するにあたっての戦略の一環であったとはいえるだろう。

4) 大本営陸軍部の決戦思想——精神論と虚飾？

　本土決戦にあたって大本営陸軍部がどのような思想をもっていたかについての全容はいまだに完全に解明されていないが、防衛庁防衛研修所戦史室が著した『戦史叢書　本土決戦準備〈１〉——関東の防衛』で引用されている陸軍将校の回想を手掛かりに考察してみよう。

　参謀本部第一部長宮崎周一中将は、本土防衛のための決戦について、戦後、次のような回想を行っている。

　　このような悪条件の下で絶体絶命の一戦に臨もうとするのである。どんな構想の作戦をもって戦わんとするか、選択の余地などあろう筈はない。作戦は連続不断の攻勢。戦法は航空全機特攻、水上、水中すべて特攻、戦車に対して特攻、地上戦闘だけが特攻を避けられよういわれはない。頼むは、「石にたつ矢」の念力のみ。恐るべきは自己の内心にきざす疑念だ、将校の内心にわだかまる精神の動揺だ、これが作戦担当の立場におかれた私のつきつめた心境であった。(防衛研修所戦史室 1971, p.500)

　また、大本営陸軍部作戦課の本土決戦担当の原四郎中佐は、本土決戦のあり方について次のように回想している。少々長いが重要な史料なのでそのまま引用する。

　　（一）　本土決戦は名実ともに決戦であり、その決戦地域は水際を含む沿岸要域であり、内陸における持久作戦は一切考えない。しかも攻撃作戦であって、戦闘は敵と刺し違える戦法に徹するという考え方である。
　　（二）　したがって、各総軍の作戦は沿岸で終わり、沿岸要域の決戦で敗れた総軍はその沿岸要域において玉砕するものである。このためには、

総軍司令官以下の自己健存思想の打破が絶対必要と考えた。
　（三）　本土決戦の目的は、終戦導入の手段か、最後の決戦で勝利を得るのか、その他種々考えられるが、私（原）としては、敵に一撃を与えて連戦連敗の汚名をそそぎ、陸軍の名誉を飾りたい一心であった。（防衛研修所戦史室　1971, p.500）

　さて、これら2人の陸軍将校による回想からは、本土決戦に関する陸軍の思想を垣間見ることができよう。まず、本土決戦は、「九州そして関東に上陸してくるであろう連合国軍に対する防御ではなく攻撃にある」ということ。次に、本土決戦の戦法は「特攻」であり、その本質は部隊の「玉砕」であること。また、本土決戦の勝利のよりどころは「念力」にあり「本当の敵は己の心のなかにある」という精神論にあったということだ。物量的に大きく上回る連合国軍に対して、たとえ「精神力は無尽蔵」といわれても、先立つものがなければ戦闘すらままならないことは明らかではないだろうか。最後に、現代の価値観に照らして非常に恐ろしいのは、作戦主任者である原が、本土決戦の目的を「敵に一撃を与えて連戦連敗の汚名をそそぎ、陸軍の名誉を飾りたい一心であった」と考えていたことである。もし、本土決戦が実際に行われ、宮崎や原が描いたように戦闘が行われていたならば、「汚名をそそぎ、陸軍の名誉を飾」る「一撃」のために数十万人の将兵が玉砕したことだろう。はたして、数十万人の将兵に作戦地域からの後退を禁じ、玉砕を強いてまで飾ることのできる名誉があるとするならば、それはいったいどのような名誉なのだろうか。

　本土決戦の作戦に関わった2人の主要人物の回想から明らかなように、ここにおいて陸軍の決戦思想は「国家防衛」のための戦争という考えの延長線上にありつつも、すでに防衛の意味を失っている。というのは、国家防衛ではなく作戦に関わる全将校が「玉砕」すること自体が目的となっているからである。このような逸脱は、「ある国家が自国の「防衛」を行う戦争において、必ずしもその国家の領域内にいる人々の保護を保証しない」という戦争のアポリアを根源としつつも、その延長線上において起きるべくして起きたとい

えるかもしれない。

5）国家のために死ぬこと——その美化と道徳化

　ここで、国家のために死ぬことが美化されるという事態について考えたい。なぜなら、「国家のために死ぬことは名誉である」、「国家のために死ぬことは美徳である」といったように、国家のために死ぬことを美化ないし道徳化することは、国家防衛と国民の保護を考えるうえでのもう一つの重要なトピックだからである。

　国家のために死ぬことの美化や道徳化は、太平洋戦争以前からの日本においても見ることができる。それは、例えば、「七生報国」、つまり「７回生まれかわって国に報う」という言葉に象徴されるだろう。また、「同期の桜」という軍歌においても、「国家のために死ぬことの美化」を読み取ることができるだろう。第１番目の歌詞は次のとおりである。

　　　貴様と俺とは　同期の桜　同じ兵学校の　庭に咲く
　　　咲いた花なら　散るのは覚悟　みごと散りましょう　国のため

　後半の歌詞は、まさに国のために死ぬことを歌っている。しかも散ることを覚悟し、また「みごと」に散る（死ぬ）ことが美徳として奨励されているのだ。さらに、第５番目の歌詞は次のとおりである。

　　　貴様と俺とは　同期の桜　離れ離れに　散ろうとも
　　　花の都の　靖国神社　春の梢に　咲いて会おう

　ここにおいては、国のために散ったあとには靖国神社の「英霊」になるという名誉が約束されている。だからこそ、第１番目の歌詞にあるような、みごと散るということが「武人としての誉れ」であるということに由来する「善さ」が確認されているのだ。

　同じように、「海ゆかば」という歌では、国家（この場合は、直接的には天

第Ⅰ部　戦争のアポリア

皇）のために死ぬことが美化されている。歌詞は次のとおりである。

　　海ゆかば　水漬く屍　山ゆかば　草生す屍
　　大君の　辺にこそ死なめ　かえりみはせじ

　つまり、「海で死んで死体が水に漬かろうが、山で死んで死体が草に埋まろうが、天皇のかたわらで死ぬのだから、後悔はしない」という意味である。まさに、この歌には、国家（この場合、主権者たる天皇）のために国民（臣民）が犠牲となることが道徳的に称賛される義務とされ、また美徳とされることが象徴されているように思われる[11]。これらの歌からは国家（または天皇）のために戦争で死ぬことは尊いという戦中の教化のあり方の一端を窺い知ることができよう。

6）「終戦の詔書」──降伏はしたが、負けていない？
　1945年8月6日の広島への原爆投下、同月9日のソヴィエト連邦の参戦と長崎への原爆投下といった、一連の、日本にとって甚大な衝撃となる出来事を受け、14日には帝国政府はポツダム宣言を全面受諾し、同日「大東亞戰爭終結ニ關スル詔書」（「終戦の詔書」）が発布された。これにより、日本は降伏し太平洋戦争（または「アジア及び太平洋戦域における第2次世界大戦」）は終結した。
　では、この戦争はいったいどのようなものであったのか。興味深いことに、「終戦の詔書」には次のような節がある。

　　曩ニ米英二国ニ宣戦セル所以モ亦実ニ帝国ノ自存ト東亜ノ安定トヲ庶幾スルニ出テ他国ノ主権ヲ排シ領土ヲ侵スカ如キハ固ヨリ朕カ志ニアラス

　これは、「さきに米英に宣戦したのも帝国の自存と東アジアの安定を望ん

---

(11)　戦時中における「海ゆかば」の歌われ方についての研究は、丸山 2011 に詳しい。なお、著者の解釈は丸山のそれと必ずしも同じではないことに注意されたい。

でのことであり、他の国の主権を侵害したり領土を侵略したりするようなことは、決して自分（天皇）の思うところではない」ということである。注目すべきは、開戦から終戦に至るまで、日本がこの戦争を「自存」のための戦争と位置づけている点である。日本にとっての太平洋戦争とは一貫して、国家防衛のための戦争であったということを確認することができる。

　この国家防衛の戦争の代償が高くついたのはいうまでもない。数多くの戦闘員と非戦闘員が死傷した。日本が開始した国家防衛の戦争は、数多くの国民を犠牲にして敗北したのだ。まさに太平洋戦争は、「ある国家が自国の「防衛」を行う戦争は、必ずしもその国家の領域内にいる人々の保護を保証しない」というアポリアを体現したものであるといえる。

　ここで、「日本は「国家防衛」に失敗したのか」という問いが生じるかもしれない。結果として、天皇制は絶対君主制から象徴天皇制として「国体」は護持され、降伏とそれに続く軍事占領を経て 1952 年に日本は国家としての独立を回復するに至った。結果のみを見れば、国家防衛の戦争に敗北しても、占領により一時的に対外主権を失うことになったが、国家体制は維持された。

　さて、次はあえて議論のために煽ってみよう。それは、「はたして日本は戦争に負けたのか」という問いに集約される。たしかに、ポツダム宣言受諾により降伏したのは事実である。この意味において戦争には負けたが、国家は防衛されたという意味において（それ自体の善悪はおいておくとしても）太平洋戦争は究極的な敗北――国家の破滅――ではなかったといえるかもしれない。

　ところで、太平洋戦争が体現するところの、「ある国家が自国の「防衛」を行う戦争は、必ずしもその国家の領域内にいる人々の保護を保証しない」というアポリアについて、異なる理解ができるかもしれない。というのは、「もし 1945 年 8 月 14 日の時点でポツダム宣言を受諾しなかったら」という反実仮想から見直すことができるからだ。

　すでに見たように、陸軍は本土決戦において数十万人の戦闘員の死を前提としていた。また、戦争の継続は、連合国軍による九州への上陸作戦、またそれに続く関東への上陸作戦、陸海軍将兵や國民義勇戦闘隊の構成員はいう

第Ⅰ部　戦争のアポリア

```
┌─────────┐      ┌──────────────────┐
│国         │  ┌──│自存自衛に国民は含まれない│
│民を保護しなかった太平洋戦争│  │  │（第2節1項）          │
│         │  │  └──────────────────┘
│         │  │  ┌──────────────────┐      ┌─────────┐
│         │──┼──│民兵として国民を組織化    │  ──▶ │ただし、国家防衛には成功│
│         │  │  │（第2節2、3項）        │      │（第2節6項）    │
│         │  │  └──────────────────┘      └─────────┘
│         │  │  ┌──────────────────┐
│         │  └──│国民の犠牲の称揚       │
│         │     │（第2節4、5項）        │
└─────────┘     └──────────────────┘
```

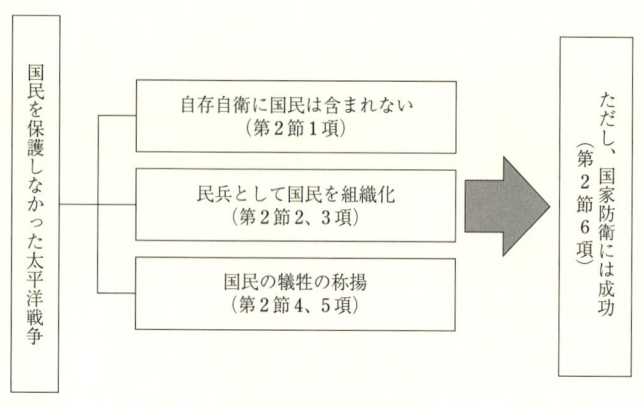

防衛戦争のアポリア

に及ばず、それらの上陸作戦にともなう民間人や民間施設の甚大な被害が見込まれた[12]。本土への空襲も続いたことだろう。また、大陸では満州および占領地域における戦闘員と民間人が連合国軍の攻撃の犠牲になったことだろう。このように考えると、その時点でのポツダム宣言受諾は、「帝国の領域内にいる人々を滅亡させなかった」という意味において、生き残った人々を確保した、つまりアポリアから部分的にではあるが脱却できたといえるかもしれない。

おわりに

本章では、太平洋戦争を事例として、「ある国家が自国の「防衛」を行う戦争は、必ずしもその国家の領域内にいる人々の保護を保証しない」という防衛戦争のアポリアについて検討してきた。
　私たちは、国家とは、私たちの生命や生活や財産を守る存在であり、また

---

(12)　『関東の防衛』には、「戦後判明した米軍資料（米陸軍士官学校教程）によれば、昭和二十年八月ころにおける米軍の上陸作戦は、昭和二十年十一月一日に九州南部へ侵攻（オリンピック作戦と呼称）、昭和二十一年三月一日に関東方面上陸（コロネット作戦と呼称）となっている」とある（防衛研修所戦史室　1971, p.591）。

第4章　防衛戦争

そうあるべきということを疑わないだろう。少なくとも、過去70年近くにわたって戦争を経験していない今日の日本のような国家に暮らしている私たちは、国家がその国家に敵対する勢力による脅威や暴力から私たちを守ることについて、当たり前のこととして考えているのかもしれない。ひょっとしたら、あまりにも当たり前すぎていて、そのような考えを意識する機会すらあまりないかもしれない。

　しかし、私たちが覚えておくべき重要なことは、時として国家はその「生存」のため、その領域にいる人々を犠牲にすることがあるということだ。たしかに、私たちを守るという国家の役割は大きく、その機能を国家以外のものに肩代わりしてもらうのは難しいように思える。しかし、すでに見たように、国家は私たちを守らない場合がある。また、時として国家の「防衛」や「自存自衛」という「生存」のために、私たちが犠牲を強いられることもあるのである。私たちを守らない国家が、その「生存」のために私たちに犠牲を強いる場合に、私たちはその犠牲に甘んじる道徳的義務があるのだろうか。

　これまでの議論からすでに明らかであると信じたいが、筆者は「国家のために死ぬことは馬鹿げている」、「国家のために死ぬのは犬死だ」と主張したいわけではない。そうではなく、「人々を保護しない国家が、その「生存」のために人々に犠牲を強いる場合、その国家のために死ぬ道徳的義務はない」というのが、筆者の主張である。もし国家が私たちを保護しないのであれば、その国家は義務に反しているといいうると筆者は考える。なぜなら、私たちが国家に忠誠を誓う義務を有するのは、国家が私たちを保護するという究極の責任を果たしているからにほかならない。仮に、国家が私たちを保護する責任を果たさないのであれば、私たちがその国家に忠誠を誓いそのために死ぬ理由はどこにもない。

　もし私たちの多くがこのような考えをもつようになったらどうなるだろうか。ひょっとしたら国家を信用しない「国家の敵」や「社会の敵」が増えることになるのだろうか。おそらく、そうはならない。逆に、私たちは国家に対してつねに批判的な態度をもって国家の行いを監視するようになる。国家が「自衛」という名のもとに、保護すべき人々に犠牲を強いることに対して

警戒するようになる。人々の批判的な監視と警戒にさらされた国家は、その本質的義務である人々の保護を履行する努力がいっそう求められる。つまり、国家は、人々に犠牲を強いるような国家防衛の戦争を戦わなくなるということだ。

　また、国家は人々の保護に関して説明する責任も負うことになる。つまり、国家防衛の戦争を行う場合にも、人々を犠牲にすることについて、その領域にいる人々、特にその戦争において影響を受ける人々の理解と納得を得ることが、国家の道徳的責務となる。すなわち、「人々が犠牲になることについてその人々から承諾を受けること」が国家防衛のための戦争の開始や遂行の前提となり、また、それを承認しない人々には戦争に参加しない権利を認めることも必要となる。たしかに、「戦争への任意的不参加を認めるのであれば国家防衛ができない」という考えもあるかもしれない。しかし、「その程度の国家であるならば、またそのようなことを人々の意に反して強制するような国家の本義に相反する国家であるならば、存在すべきではない」とも論じられよう。さらにいうならば、「私たちにはそのような国家に対して抵抗する権利、いや、道徳的義務さえある」と論じられるかもしれないが、これ以上の議論は本章の論旨から逸脱するので今回はここまでとしたい。

　最後に、ひるがえっていまの日本について戦争にからめて考えてみよう。太平洋戦争が終結して70年近くが過ぎた今日の日本では、日本という国家の防衛を考えるうえで積み残してきた問題や、新たな状況のなかで生まれてきた問題が数多くある。それらには、現行憲法の規定と解釈、憲法改正に関わる議論、国家防衛のための軍事力としての自衛隊のあり方、国家防衛の根本方針である日米同盟、また、それから派生する集団的自衛権のあり方、また沖縄をはじめとして国内各地にある米軍基地、尖閣諸島や北方領土といった領土をめぐる国家間の駆け引きや係争、武力攻撃を受けたときに人々の権利を制限することを定めた国民保護法などが含まれる。これらの問題はそれぞれがさまざまな論点を含んでいるため、紙幅や著者の力量に鑑みるに、残念ながら本章で検討することはできない。しかし、これらの問題について考えていく必要があることはいうまでもない。

── コラム 4-2 ──

「平和」という感覚のアポリア

　人類史上、最も多くの犠牲者を出してきたのは、ほかならぬ自国政府による自国民の殺害、すなわち、デモサイドであるといわれる。政治学者ルドルフ・ランメルは、20世紀におけるデモサイドの犠牲者数の総計は、戦争の直接的な犠牲者3850万人の約4倍にあたる1億7000万人にのぼると推計する。これだけの人々が自国政府によって殺害され続けるなかで、日本一国だけの「平和」を考えることは許されるのか。その「平和」は本当に平和といえるのか。（吉川元『国際安全保障論』有斐閣、2007年を参照されたい。）

　戦争の不在は必ずしも平和の実現を意味するわけではない。それどころか、戦争不在に由来する静穏さによって、世界の随所に存在するはずの「平和でない状態」が不可視化され温存されることもありうる。日本に暮らす多くの人々が抱く「平和」の感覚が戦争不在を求めることに限られるのであれば、その感覚は、皮肉なことに、「平和でない状態」の存続を暗黙のうちに支持していることになる。

　「戦争反対、平和擁護」という掛け声は、もはや世界中の人々が共有するあまりに基本的な理念であろう。しかし、それをあらためて口にし、大国の陰謀を喧伝することだけでは、平和はもたらされない。地に足の着いた平和構築は一筋縄では実現されないものである（大芝亮・藤原帰一・山田哲也編『平和政策』有斐閣ブックス、2006年）。そこでは時として、平和の「敵」とも手を結ぶことが必要な場面もあるだろう。例えば、武力による介入を原則として認めない「国境なき医師団」もまた、ルワンダでの大虐殺発生当初には武力による介入を世界に向けて呼びかけたのである。誰も手を汚さずにすむ平和な世界を実現させるためには、多少なりとも自らの手を汚すことを避けられないのかもしれない。

　こうした世界の実情は、私たちの日常的な「平和」という感覚を少なからず揺さぶるだろう。「誰もが争うことのない安全で平和な世界」を漠然とイメージしている段階から、現実にそうした世界の実現へと動きだす段階に移るとき、その試みもまた、数多ある理念の一つとしての「平和」を掲げた現実世界での「闘争」にほかならないことを私たちは知ることになる。こうした不可避的なアポリアを抱えながら世界中で平和の実現に向けた取り組みに（時に手を汚しながらも）関わる人々がいるなかで、日本に暮らす私たちはどのように平和と関わっていくべきだろうか。

（奥田太郎）

第Ⅰ部　戦争のアポリア

【参考文献】
眞嶋俊造 2010『民間人保護の倫理』北海道大学出版会。
防衛研修所戦史室 1971『本土決戦準備〈1〉——関東の防衛』〈戦史叢書〉、朝雲新聞社。
丸山隆司 2011『海ゆかば——万葉と近代』アヴァン札幌。

ICISS (International Commission on Intervention and State Sovereignty) 2001 *The Responsibility to Protect*.

■ 戦争を考えるための映画

『フルメタルジャケット』（制作：イギリス・アメリカ　1987年）
　監督・脚本：スタンリー・キューブリック
　原作：グスタフ・ハスフォード『ショート・タイマーズ』（邦訳『被覆鋼弾』）
　この映画はベトナム戦争を扱っており、戦争を体験したことのないアメリカの若者が新兵訓練課程に入ってから戦地に送られて実戦を経験するまでを描いている。全体の基調にあるのは戦争や戦闘に対する「精神的硬化 (mental hardening)」である。人を殺すことへの倫理的・心理的タブーをとりはらうこと、つまり人間が人間として共有している根源的な道徳価値をとりはらうことが、「一人前の兵士になること」として描かれている。クライマックスでは平和主義者の主人公がベトコンの女性狙撃手を射殺する。夜の野原を「ミッキーマウス行進曲」を合唱しながら隊列で行軍していくエンディングのシーンが象徴するように、「戦争が人を変える」一つのあり方を描いている。筋とはそれるが、もし主人公が無事に復員していたら、おそらくPTSD（心的外傷後ストレス障害）を発症したかもしれない（『地獄の黙示録』とあわせて参照）。

『地獄の黙示録』（制作：アメリカ　1979年）
　監督・脚本：フランシス・フォード・コッポラ
　原作：ジョゼフ・コンラッド『闇の奥』
　この映画は、まさに「戦争の狂気」を描いている。ストーリーは、主人公である米軍将校が「狂ってしまった」米軍大佐の暗殺という任務を遂行すべくインドシナのジャングル奥深くに向かうというものである。戦争に関わる「精神的硬化」ができている主人公にですら、任務に向かう途中での数多くの出来事が「「狂気」が当たり前になってしまった」状況として映る。それは、ベトコンの村を焼き払い、掃討作戦も完了しないうちに兵士にサーフィンをさせる騎兵隊の司令官に始まり、最前線での無秩序と無気力、そしてジャングルの奥地にある大佐の「王国」……。任務を完了した主人公による「恐怖、恐怖」というナレーションでエンディングを迎える。その言葉が意味するのは、戦場において「戦争の狂

気」が「日常」になってしまう「現実」である。

(眞嶋俊造)

第Ⅰ部　戦争のアポリア

第4章補論
太平洋戦争という悲劇
パラドクスとアイロニー

大庭弘継

　第4章で、太平洋戦争にはモラル・アポリアが生じていることを見てきたが、太平洋戦争についてはさらにいくつものモラル・アポリアを具体的に見出すことができる。まず解放戦争としてのモラル・アポリアである。そこには、大東亜共栄圏の理念と政治経済上の実態との乖離を見出すことができる。また太平洋戦争については、しばしば特攻の問題が象徴的に取り上げられるが、実はこうした戦後の思潮を「特攻の生みの親」がある程度想定していたふしがある。以下では、このパラドクスとアイロニーを追ってみよう。

解放戦争のパラドクス――大東亜共栄圏の理念と実態の乖離
　太平洋戦争は、帝国の自存自衛のほかにもう一つ戦争目的が掲げられていた。それは東亜の安定、大東亜共栄圏の確立である。大東亜共栄圏の語そのものは、1940年7月に松岡洋右外相によって使用されたのが初出とされるが、思想の源流は明治時代の大アジア主義にまでさかのぼる。例えば頭山満などの大アジア主義の活動家によってアジア諸国の革命家たちとの友好を築くなど、国家の枠組みを超えた交流も存在した。もちろん、これらの思想は日本独特の「アジア」主義であり、おのずと限界をもっていたともいえる（松浦 2010）。しかし、アジアの解放という理念があったからこそ、「傀儡（かいらい）」とはいえアジア各地に「政権」を樹立でき、インドの独立運動を率いていたスバス・チャンドラ・ボースや独立後のインドネシアで初代大統領となるスカル

ノなどの協力を得ることができたのも事実である。むろん、対米英戦争での資源獲得が主要な目標であり、完全無欠の理想や理念などでは決してないが、大東亜共栄圏は戦争目的として他のアジア人に一定の訴求力を有していた。

だが、この理念は未完に終わった。敗戦とともに消え去った。そして、敗戦からすでに70年近くを経過しつつも、しばしば「日本はアジアを侵略した」との批判があるとともに、「日本はアジアを解放したのだ」という主張も訴求力をもつなど、矛盾する言説の応酬が国内で繰り返されている。

ではこれらの言説の正しさを判定する術はどこにあるのだろうか。日本の拡張主義を担った大東亜共栄圏やアジア主義の言説に含まれる「悪しき」意図を見つけ出すことはたやすい。例えば、陸軍の軍務局長として戦争を主導し、戦後A級戦犯として処刑された武藤章陸軍中将は、大東亜共栄圏の前身概念である「東亜新秩序」について、「大和民族の満蒙支配」を目指すとしており、「共存共栄の「道義的理念」であったにもかかわらず、リアルな自己認識においては、日本ナショナリズムの一形態」であったという（川田 2011, p.184）。また逆に、正反対の言説を例示することも数多く可能である。つまり、氾濫する言説から正邪を結論づけることは、我田引水の謗りを免れない。

ここで注目したいのは、日本占領期の大東亜共栄圏の実態である。日本の統治がアジア地域に何をもたらしたかという点を問題としたい。

では日本の占領の実態はどんなものであったのか。いわゆる「戦争犯罪」などの日本軍の悪しきふるまいを多くの人々は思い浮かべるかもしれない。たしかに占領地における日本兵のふるまいは、傍若無人であったといえる。NHKが編集した『レイテに沈んだ大東亜共栄圏』は、大東亜共栄圏の崩壊について重要な論点を数多く提示している。フィリピン占領の失敗原因について、戦中の駐比大使村田省蔵は本国への報告書で、下記のように痛烈な批判を残している。

> マニラにおいて深夜、泥酔、高歌、放吟、不作法の限りを尽くせしものは何国じんなるや。昼間法規を無視し警官を憚らず横行闊歩、放縦自在の行動に出でしは何人なりや。

第Ⅰ部　戦争のアポリア

　　言語不通のため偶々意に叶わざれば直ちに鉄拳を喰わせ、私刑を加え
　　たるは何人なりや。鉄拳なればまだ可なり。比島人の最も嫌悪する平手
　　打を行い、終生恨みを抱かしめたるは何人なりや。(NHK 取材班編 1995,
　　pp. 86-87)

　だが、従来繰り返されているような日本の傲慢や野心のみで語れない問題がある。仮に日本の占領目的がアジア各地からの資源の徴収にあり、結果として戦争犯罪に至ったとしても、大東亜共栄圏という理想を掲げてアジアの解放を目指した戦いが戦争犯罪にまで落ちていくからには、日本の善意とか悪意といったものだけでは語れない、言説以外の問題が存在するのである。端的に述べれば、実務的な占領政策に失敗したことが主因である。

　第一に経済の破壊である。例えば、NHK は、日本軍による、当時流通していた「紙幣」の流通の禁止を取り上げる。そして「フィリピン人は財産をなくすのと同じ」状況に陥った (NHK 取材班編 1995, p. 102)。個別の占領政策は、占領地域の軍政当局によって異なるが、共通するのは、ハイパー・インフレーションである。日本は欧米が発行していた紙幣に代わって軍票(のちにまったく同じデザインだが所管がかわり南発券となった)を発行し、従来の紙幣に変わるものとして流通させようとした。だが紙幣は印刷すればいくらでも乱発できる。その結果占領地において、ハイパー・インフレーションが生じた。山本有造によれば「開戦時 – 終戦時の比較で、東京の 1.5 倍に対して、シンガポールの 350 倍、ラングーンの 1850 倍という異常」(山本 2011, p. 179) なまでのハイパー・インフレーションを占領地にもたらし、占領地の貨幣経済を破壊することとなった。

　第二に、飢餓の発生である。以下は、主として倉沢愛子の研究による (倉沢 2012)。日本による占領以前、南方地域はコメを域内で交易させることによって、食料を確保していた。具体的に述べれば、仏領インドシナ (ベトナムやカンボジア) とタイで生産したコメを、蘭領インドシナ (現インドネシア) に還流させ、南方域内での自給自足を達成していた。しかし日本占領後、この域内交易が途切れてしまった。というのも、日本による占領後、コメの流

通は日本軍によって統制され、域内交易に使用されていたもろもろの船舶が、日本軍や日本の商社によって徴発され、内地への物資輸送に優先使用され、連合軍の通商破壊も加わったからである（コリンガム 2012, pp. 237, 239; 倉沢 2012, pp. 206, 293）。その結果、域内交易が滞り、コメが余る地域とコメが不足する地域が発生した。加えて、日本内地でのジャワ米人気が拍車をかけ、日本軍による供出強要によって、例えばもともと島内で自給自足できていなかったジャワ島では、コメ不足が加速した。コメ生産の労働力も日本軍の徴用によって不足していた。さらにこの供出強要は、「ジャワはコメが豊富で、農民がコメを隠匿している」との誤解によって加速された。言葉が通じず、民情にも精通していない状況では、たとえ日本から大量の技術者がより効率的な農業を指導したという事実があるにしても、拭いがたい失態である。

　そして労務者の問題である。時期と地域により人を集める方法が、募集と呼ぶべきか徴発と呼ぶべきか様態は異なってくるが、おかれた労働環境が劣悪であったことは共通している。例えば映画『戦場にかける橋』で有名な泰緬鉄道の建設現場には、連合軍捕虜のみならず、マラヤやインドネシアから労務者が動員され、1万5000人の捕虜と5万人の労務者が死亡したといわれている（倉沢 2012, p. 22）。しかもそれは食料の不足、過酷な労働環境、劣悪な医療環境の相乗効果でもあった。

　これらの失敗に共通する要素は何か。それは、アジアの「解放」を目指したはずの日本が、モノを提供することがほとんどできず、収奪するだけであったという問題である。たしかに、占領地において、日本からのさまざまな技術移転が行われ、一定の効果があったといわれる。だがそういった行為も、おのずと限界があった。それは何より、解放を掲げた日本が、非倫理的だと断じた欧米諸国の植民地主義よりもはるかに劣って、アジアのためという美名のもと、戦争資源獲得を優先したため人々の生活向上には無縁の政策をとり続けたことによる。その結果、大東亜共栄圏の美名と裏腹に、「大東亜共貧圏」（例えば、NHK 取材班編 1995, p. 105; コリンガム 2012, p. 232）との揶揄がささやかれるのは当然であった。

　なお、NHK によれば、フィリピンにおいて日本軍が戦争犯罪に至る経緯

は以下のとおりである。日本軍は食料などを軍票によって現地から調達していた。だがインフレによって軍票の価値は紙くず同然となり、住民は食料を売らなくなる、そして日本軍は食料調達ができなくなる。そこで日本軍は食料を強奪する。恨んだ住民はゲリラに協力する。日本軍はゲリラに手を焼き自軍の被害が大きくなり、ついにシラミ潰しに村落でのゲリラ討伐を行う。しかし、民間人とゲリラをどう見分けることができるだろうか。結果として、無実の民間人が多数処刑される。そして家族や友人を殺された人々は、日本軍を憎み、攻撃する。エスカレートした結果日本軍は、「各地区共住民ハ全面的ニ敵ト連絡、我等ヲシテ困窮セシムルモノアリ。之ニ対シ断固容赦スルベカラズ」(NHK取材班編 1995, p.197) として、すべての民間人を殺害の対象として、残酷無比な戦争犯罪に走ることとなった。

　さてこういった失敗は、個人レベルでの邪な野心や心からの善意といった倫理的な説教で片がつく問題ではない。個人レベルでは、兵士の善きふるまいも悪しきふるまいも両方とも記録が残されている。問題は、個人の倫理観とは別次元で、理念に内実がともなわず、特に軍政当局が日本への資源輸送を優先して政策を推し進めたため、目に見えるところでは現地住民の反感、品不足などの物理的な困難をあおる結果となった点である。何より、単なる反感や反発よりも、生活と生存をかけた状況に追い込まれたからこそ、ゲリラの隆盛と日本の戦争犯罪を引き起こす結果となったのであった。理念以前に、占領地の人々は平凡で安定した生活を求めていた。そのことに無頓着であったため、日本は大東亜共栄圏の建設に失敗したのであった。

　ではこういった失敗、つまりは戦争犯罪の遠因を、日本はほんとうに反省できているのであろうか。単に日本の犯罪をあげつらうだけでは、問題の根幹を取り除くことはできない。日本の戦争犯罪を扱った筆者の講義に対する学生のコメントに、日本からパキスタンへ送られた人道支援の事例が紹介されていた。それによれば、大量の古着が贈られたが着るものには困っておらず、港で野ざらしにされた古着は事実上のごみとして放置されて続けていたという。パキスタン人に、「日本人はどれだけ衣服が大好きなのか」と皮肉を言われたとのことであった。アジアの解放を掲げた大東亜共栄圏の失敗と

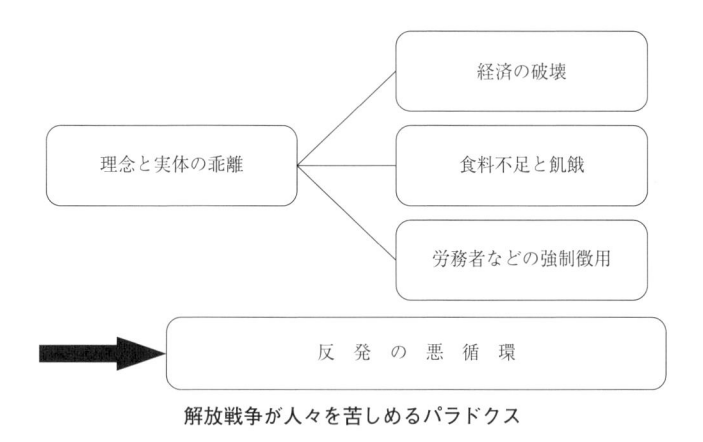

第4章補論　太平洋戦争という悲劇

```
                    ┌─────────────┐
                ┌──→│  経済の破壊  │
                │   └─────────────┘
┌─────────────┐ │   ┌─────────────┐
│理念と実体の乖離│─┼──→│食料不足と飢餓│
└─────────────┘ │   └─────────────┘
                │   ┌─────────────────┐
                └──→│労務者などの強制徴用│
                    └─────────────────┘

      ┌─────────────────────┐
   ──→│   反　発　の　悪　循　環   │
      └─────────────────────┘
```

解放戦争が人々を苦しめるパラドクス

同じく、現代日本もまた善意の名のもとで、他者が望まない善意を押し売りしているのかもしれない。

　先の戦争を反省せよ、謝罪せよと主張するだけでは、その内実に目を向けているとはいえない。また、先の戦争は聖戦であった、解放戦争であったと単純に主張する人々も、何も学んではいない。おそらくこの点において、現代の平和主義者と過去の軍国主義者とでは、本質的に大差はないのではないか。というのも、両者とも直観的な善悪判断や単純な理念にこだわり、理念と実践と結果の相互関係を詳細に見ようとはしていないからである。

　世界は単純ではない、アポリアに満ちているのだということをあらためて強調したい。そして、理念のみならず、実践の内実に目を向けなければ、同じ過ちを繰り返すであろうことも強調したい。

特攻のアイロニー──悲劇を糧に再生した「日本」

　読者のなかには、国民を守らないというアポリアから、特攻を連想する人もいるであろう。実際、もともと職業軍人ではなかった人々、学徒出陣組から少年兵に至るまで、多くの国民が生きては帰れない攻撃、特攻（特別攻撃）に出撃したのである。よって第4章本文で指摘される、国民を保護しないアポリアの典型例だとして、特攻を連想する人も多いかもしれない。なお

特攻は、航空機による「神風」を筆頭に、爆弾に飛行翼を取り付けた「桜花」、人間が乗り込む魚雷「回天」、揚陸艇を海中で待ち受ける「伏流」、特攻ボートの「震洋」など多岐にわたる。

特攻は、大戦末期の1944年のフィリピン戦で特攻作戦を始めた第一航空艦隊司令長官の大西瀧次郎海軍中将が「生みの親」とされる。

なぜ特攻が導入されたのか。一般的な説明は以下のとおりである。すでに帝国海軍は航空機と熟練搭乗員が激減した。未熟な搭乗員ではただ飛行機を飛ばすだけの技量しかもたず、敵艦に魚雷を命中させることが困難という状況に陥った。しかも、米軍は防空能力を大幅に向上させていた。この状況下で押し寄せる米艦隊を撃退するためには、飛行機を飛ばすだけでも勝ちうる方策を採用するしかない。そこで考え出されたのが、爆弾を抱いた航空機で敵艦に体当たりを試みる特攻であった。この方策であれば、技量が低い搭乗員でも敵に対して打撃を与えうる、と。

この攻撃方法は、論じるまでもなく、非人道的である。軍人はつねに死を覚悟している、と考えている読者には伝わらないかもしれない。だが軍人は死を覚悟するが、死ににいくわけではない。できる限り生きて帰ろうとする。日露戦争での「決死隊」と太平洋戦争での「特攻隊」の違いに関する草柳大蔵の説明がわかりやすい（草柳 2006, pp. 23-24）。決死隊は、「おそらく生還はできないだろう」が、旅順港閉塞作戦のように「全員収容」を、作戦の前提条件として付けていた（この収容過程で戦死したのが、「軍神」廣瀬中佐であった）。しかし太平洋戦争での「特攻隊」はまったく異なる。特攻隊には決死隊にあった生への可能性がまったくないのである。しかも、命令ではなく「志願」という形式をとっていたため、責任の所在が不明確であり、軍隊組織の活動としてきわめて異常なものとなっている。

この異常さは、「特攻の生みの親」とされる大西の吐露からも確認できる。「なあ、先任参謀。特攻なんてものは、こりゃ、統率の外道だよ」（草柳 2006, p. 25）、と。別の場所では、「前途有為の青年を大勢死なせてしまった。俺のような奴は無間地獄に堕ちるべきだろうが、地獄の方で入れてくれんだろうな」（草柳 2006, p. 33）と告白する。

しかし、西郷隆盛にも比肩される人格者かつ合理主義者と評される大西が、あえて「統率の外道」を推進した理由は、指揮官としての「合理的」判断にもあった。

〔大西〕「地上においておけば、グラマンに叩かれる。空に舞い上がれば、なすところなく叩き落される。可哀想だよ。あまりにも可哀想だよ。若ものをして美しく死なしめる、それが特攻なのだ。美しい死を与える、これは大慈悲というものですよ。」（草柳 2006, p. 38）

〔参謀〕「敵はすでにレイテに上陸し、戦局も一段落したのですから、体当たり攻撃はやめるべきでしょう。」
〔大西〕「いや、そうじゃない。こんな機材や搭乗員の技量でやっても、敵の餌食になるばかりだ。部下をして死所を得さしめるのは、主将として大事ですよ。これは大愛なんだ、と自分は信じているんだよ。」（草柳 2006, p. 152）

つまり、死が避けられないという状況であれば、無為な死ではなく意味がある死を用意すること、敵に一矢を報いることが可能な手段を用意することが、指揮官としての「合理的」な選択肢として考えうるのである。

だが、単に合理的とはいえない非合理な意図を、大西は込めているようにも思える。第4章本文で指摘されている「栄光」や「名誉」といったある種の自暴自棄にも響く言葉は特に戦争末期に頻出しているが、大西が言及する「美しい死」や「大慈悲」は、「合理的」判断や単純な自暴自棄以上のものを含んでいた。というのも特攻作戦が、ある種の「徒労」に終わることを大西が予期し、特攻によっても戦局を挽回できないことを自覚したうえで、なお特攻を必要だと主張しているからである。大西は特攻を推進する「本音」について、従軍記者との会話で吐露している。

〔記者〕「長官、特攻隊で戦況が挽回できるのですか？」

第 I 部　戦争のアポリア

　　〔大西〕「比島の敵は食いとめられるかもしれんがな。戦の大局はだな…」
　　〔記者〕「じゃ、なぜ、特攻を続けるんですか？」
　　〔大西〕「会津藩が敗れたとき、白虎隊が出たではないか。ひとつの藩の最後でもそうだ。いまや日本が滅びるかどうかの瀬戸際にきている。この戦争は勝てぬかもしれぬ。」
　　〔記者〕「それなら、なおさら特攻を出すのは疑問でしょう。」
　　〔大西〕「まあ、待て。ここで青年が起たなければ、日本は滅びますよ。しかし、青年たちが国難に殉じていかに戦ったかという歴史を記憶する限り、日本と日本人は滅びないのですよ。」（草柳 2006, pp.26-27）

　つまり、戦局の挽回はできないが、表現を選ばずに述べれば、若者を人柱として捧げることで日本を救おうとしたのであった。それは、新たな戦後日本のために文学と物語を残すためであった、と皮肉る声もあろうが、一定の筋道はある。さて、大西のこの非合理的な意図について、非難轟々であろう。実際、海軍大将から一線のパイロットに至るまで軍人たちも特攻作戦を非難しており、大西は「愚将」との評価をされている[1]。

　だが、気がつかないだろうか。大西を拒絶する人々であっても、特攻で死んだ人々の思いを拒絶できないことを。現代日本において、特攻をはじめとした悲劇が繰り返し語られていることを。映画やドラマを含め、しばしば特攻の物語が持ち出されることを。その結果、現代日本人は誓うのである、二度と同じ悲劇を繰り返さない、あなた方の死を無駄にはしない、と。そしてこの半世紀少し前の日本人に生じた悲劇を、同じ日本人として胸に刻みつけるのである。

---

(1)　ただし、名誉のために付け加えれば、1945 年 8 月 15 日の深夜に大西は割腹自殺した。しかも、切った腹から内臓が飛び出しており、数時間の激痛のすえに息絶えた。むろん腹を切ればよいという話ではない。大西は切腹のみでは無数の若者を死に追いやった責任をとれないと自覚しており、それゆえに介錯を断り、苦しみぬくことで少しでも責任をとろうとした。
　また特攻の「生みの親」との表現も、実際には帝国海軍全体で特攻を企画していたにもかかわらず多くが責任回避に走ったのに対し、大西が特攻作戦の責任を積極的にとろうとしたという事実にも由来していよう。いわば、歴史の悪名をも大西はあえて引き受けようとしたのであった。

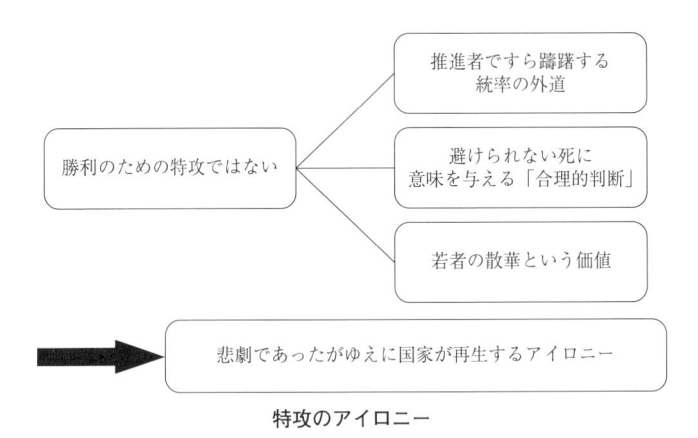

第4章補論　太平洋戦争という悲劇

```
                        ┌──────────────────┐
                    ┌──│ 推進者ですら躊躇する │
                    │   │   統率の外道      │
                    │   └──────────────────┘
┌──────────────┐   │   ┌──────────────────┐
│ 勝利のための  │───┼──│ 避けられない死に   │
│ 特攻ではない  │   │   │ 意味を与える「合理的判断」│
└──────────────┘   │   └──────────────────┘
                    │   ┌──────────────────┐
                    └──│ 若者の散華という価値 │
                        └──────────────────┘

         ┌──────────────────────────────────┐
    ➡    │ 悲劇であったがゆえに国家が再生するアイロニー │
         └──────────────────────────────────┘
```

特攻のアイロニー

　たしかに、戦争に敗けた。だがその敗戦は、新たな日本を生み出すことに成功したのではないか。死んでいった戦友たちを思いながら、日本の再建を使命として、大国としての地位を取り戻す、そのように生き残った人々を突き動かしたのではないか。そしてこの悲劇と再生の物語こそ、大西が考えた特攻の存在理由ではないだろうか。

　もし、この仮説が妥当ならば、第4章が示した国民を守らないというアポリアは、さらに「悲劇が新たな日本を生み出したのだ」というアポリアへと展開していくことになる。二つのアポリアのつながりが示すのは、悲劇と再生の共犯関係である。その意味で、特攻に代表されるように国家は人々を守らなかったかもしれないが、その悲劇によって新しい日本を生み出したのである。

【参考文献】
NHK取材班編　1995『レイテに沈んだ大東亜共栄圏』〈太平洋戦争　日本の敗因5〉、角川書店。
川田稔　2011『昭和陸軍の軌跡——永田鉄山の構想とその分岐』〈中公新書〉、中央公論新社。
草柳大蔵　2006『特攻の思想——大西瀧治郎伝』グラフ社。
倉沢愛子　2012『資源の戦争——「大東亜共栄圏」の人流・物流』岩波書店。
コリンガム、リジー　2012『戦争と飢餓』宇丹貴代実・黒輪篤嗣訳、河出書房新社。

第 I 部　戦争のアポリア

松浦正孝 2010『「大東亜戦争」はなぜ起きたのか——汎アジア主義の政治経済史』名古屋大学出版会.
山本有造 2011『「大東亜共栄圏」経済史研究』名古屋大学出版会.

■ 政治と戦争を考えるための小説・アニメ・漫画 ■

『銀河英雄伝説』（小説・アニメ）
　原作：田中芳樹
　現代から約 1600 年後、宇宙へと進出した人類を描いた小説。大貴族支配の銀河帝国と衆愚政治の自由惑星同盟が 150 年もの抗争を続ける人類社会は、英雄の出現により激変する。若く優秀な指導者が大貴族を打ち破って改革し強大となった帝国の侵攻を、衆愚政治を続ける同盟にあって民主主義を信奉する軍人たちが防いでいく。主人公の 1 人、同盟軍人ヤン・ウェンリーの「最悪の民主政治でも最良の専制政治にまさる」との言は考えさせられる。

『ガンダム』シリーズ（アニメ・小説・漫画）
　原案・原作：富野由悠季・矢立肇
　戦争の種は、未来にもちりばめられている。現代世界の延長にある国家間対立から（00 シリーズ）、地球に住み人々と宇宙に「捨てられた」人々の対立（UC シリーズ）、遺伝子改造をした人々とそうでない人々の対立（SEED シリーズ）、そして文明が崩壊したあとでの科学技術文明の遺産をめぐる対立（ターン A）など、『ガンダム』は戦争の種を描き出してきた。現代の対立の多くが過去に起因する以上、想像できる戦争の種は私たちの世代で取り除きたい、そう考えさせられる。

『MASTER キートン』（漫画・アニメ）
　脚本：浦沢直樹・勝鹿北星・長崎尚志　作画：浦沢直樹
　特殊部隊出身の元軍人で失業中の考古学者、本業は保険の調査員（探偵）という主人公が、不可解な殺人事件の解決から湾岸戦争などの国際情勢に至るまで、八面六臂の活躍をする漫画・アニメ。学問にかける情熱と世界の現実に対する深い洞察をもつ一方で、プライベートが冴えないアラフォー主人公は、10 代だった筆者たちに未来の「夢」を与えたが、主人公の思い悩む姿は、そのままアラフォーの筆者たちの自画像と重なり合ってしまった。

（大庭弘継）

第Ⅱ部

平和のアポリア

第5章
平和構築
国家の枠組みをめぐる合意の不在

中内政貴

はじめに

　平和構築（peace building）とは、紛争を経験した社会に平和の基礎を築く営みである。この概念が注目されてきた背景には、冷戦後、武力紛争の中心が国家間の戦争から内戦へと移行するなかで、紛争の根本要因（root causes）を解決する必要性が強く認識されたことがある[1]。停戦監視や兵力引き離しなど、国際連合を中心に取り組まれてきた従来型の平和維持（peacekeeping）は基本的に対症療法にとどまるものであり、これを超えて、紛争に至った要因にまでアプローチしようとすること自体はモラル上の高い意義を有しているといえよう。

　だが、ひとたび平和構築という名のもとで行われる具体的な活動に目を向ければ、その対象や、方針、内容、行為者（アクター）の役割などについて紛争当事者の間はもちろん、外部から関与を行う国際アクターと現地のさまざまなアクター（ローカル・アクター）との間などさまざまなレベルで合意が欠如している。雑多な関係者によるきわめて多様な活動、時として相反する目的を追求する活動すらも平和構築の名のもとに実施されてきたのが現状

---

[1]　紛争の要因を整理した一例として稲田 2004, p. 35 を参照。

である。そんななかで明らかになってきた一つの大きな傾向は、西側の自由主義を奉じる国際アクターが平和構築を主導するというものである。これは、時として、ローカル・アクターの意思に反して行われることもある。その結果、いまや平和構築とは、有力な国際的なアクターが紛争経験国に対して自らの意思を押し付けるための機会となっているとの見方も存在し、こうした見方はむしろ勢いを増している[2]。加えて、アフガニスタンやイラクでは、国際社会の威信をかけた大々的な平和構築活動が行われながら、現時点で治安の十分な回復すら実現できないまま国際社会は関与を減少させており、平和構築の実践は危機に瀕しているとさえいえよう。

　本章で指摘するアポリアは、第一に、「平和構築の関係者はいかなる平和が望ましいかについて合意できない」ということである。特にアイデンティティの相違を理由に掲げる紛争においては「国家の枠組みについてすら合意は成立しない」。アクター間の合意が不在のなか、軍事面や経済面での力（パワー）の差異を背景に、実際の平和構築活動は国際社会が担わざるをえない。だが、追求する平和についての合意が不在であるため、「国際アクター主導の平和構築はローカル・アクターが求める平和を実現できない」という第二のアポリアが現れる。それでも、代替する策は存在しないため、最終的に「国際アクターは口出しをやめられないが、自らの考える平和を押し付けて「出口」を求める」というアポリアに帰着するのである。

　以下では、まず第1節において平和構築概念の登場と実践の歴史を振り返り、それが拡大し希薄化するなかで、有力な国際アクターが主導する国家建設（state building）の活動へと収斂してきたことを明らかにする。続いて第2節では、アクターの置かれる立場によって平和への捉え方が異なることを指摘し、国際アクターが主導する平和構築の問題点を挙げる。第3節では、特に大きな問題点として、国家の枠組みに関する合意の不在を挙げ、分析を

---

(2) 代表的な議論としては、平和構築は有力な西側の国際アクターが自分たちが適切だと考える方法を紛争社会に押し付ける性質を帯びており、それは植民地時代に西欧列強が遅れた社会を「文明化する使命」を自らに課したことに類似しているというパリスによるものがある（Paris 2002, pp. 650-655）。

第 5 章　平和構築

行う。最後にこのアポリアの解決方法を模索する。

1　平和構築概念の変容

1）提唱と実践

　平和構築の言葉が用いられたのは、平和学の泰斗であるガルトゥングの1976年の著作が端緒とされる。この著作でガルトゥングは、「戦争が起こりそうな状況において、戦争の原因を取り除き、戦争に代わる選択肢を与えるような構造が見つけ出されなければならない」と述べ、戦争に対応する「平和の構造」を模索している（Galtung 1976, pp. 297-304）。

　その後、当時の国連事務総長のブトロス＝ガリが1992年にまとめた『平和への課題（*An Agenda for Peace*）』で予防外交や平和維持などと並んで平和構築を提唱したことがきっかけとなり、平和構築は政策概念として重要な位置づけを得るに至った。『平和への課題』においては、平和構築を「紛争の再発を回避するために平和を強化・定着させるような構造を見出し、支援する活動」（para. 21）（星野 2011, p. 105）と定義しており、「〔紛争の〕原因となっている経済的、社会的、文化的、人道的な問題を扱う継続的、協力的なはたらきによって、平和を永続する基礎の上に置くことができる」（para. 57）と述べられている。さらに平和構築が成功するためには「平和を定着させ、人々の間に自信と幸福の感覚を促進するような構造を特定し支援する包括的な努力」（para. 55）を含むことが必要であるとされている。戦争や武力紛争の原因へのアプローチや、「構造」への注目など、ガルトゥングとブトロス＝ガリの問題意識にはいくつかの共通点が認められよう。

　1992年、カンボジア紛争が前年に和平を迎えたことを受けて、国連はカンボジアに空前の規模の平和維持活動（PKO）となる国連カンボジア暫定統治機構（UNTAC、1992～93年）を派遣した。UNTACは、治安の維持や武装解除、違法武器の回収などを担ったほか、文民部門が1993年のカンボジア憲法制定議会の選挙の実施にあたった。特筆すべきは、選挙の実施に向けて、UNTAC文民部門が、カンボジアの政治勢力の外交、防衛、財務、公安、情

報関連の諸部門を直接監督する権限をもった点である（A/46/608 および S/23177）。それまでの国連 PKO の任務が停戦監視や兵力引き離しを主な任務としてきたことに鑑みれば、UNTAC の活動は国連 PKO の役割を大幅に拡大する画期的なものであった。UNTAC は平和維持の範囲にはおさまらず、『平和への課題』で平和構築活動が提唱されて以降、はじめて国連が本格的に実践に乗り出した平和構築活動であったといえる。

2) 拡大と希薄化

平和構築が実践へと移されるなかで、その概念にも修正が加えられてきた。1995 年にブトロス＝ガリ国連事務総長が発表した『平和への課題　追補 (Supplement to An Agenda for Peace)』では、UNTAC のような多機能型 PKO が平和構築活動を担う場合があるとの認識が述べられ（para. 50）、平和構築と平和維持の一体化という重要な方向性が打ち出されている。これは、UNTAC による実践を経て、PKO が正式に平和構築の担い手として位置づけられたものといえよう。

さらに 2000 年の国連平和活動に関するパネルの報告（Report of the Panel on United Nations Peace Operations、通称ブラヒミ報告）では、平和構築と平和維持は不可分であり一体とされるべきであるとして複合型（complex）平和活動が提唱されている（para. 28）。2008 年に発表された、国連平和維持活動局（DPKO）およびフィールド支援局（DFS）による文書『国連平和維持活動——原則と指針 (United Nations Peacekeeping Operations: Principles and Guidelines)』（通称キャップストーン・ドクトリン）においても明らかなように、国連においては平和構築は平和維持を内包する位置づけに変化している（図「国連における概念の整理」）。

PKO 部隊が平和構築活動の担い手として位置づけられたことは、平和構築にとって大きな意味をもつ。まず、現地において対立が残っていることを考えれば、平和構築活動を実施するうえで武力による保護が必要とされる場面があることは否定できない。この点で、PKO 部隊は文民に対する保護を提供しながら活動を行うことが可能である。他方で、平和構築に乗り出すな

第5章　平和構築

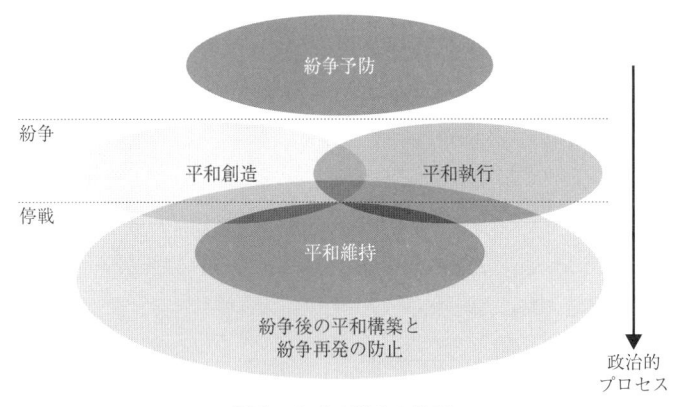

国連における概念の整理
出所）United Nations 2008.

かで、軍事力としての PKO 部隊には、中立的な立場での停戦監視や兵力引き離しを超えて和平体制を守ることが求められ、その役割の拡大が避けられない。特に、現地政府の能力の不足を補って治安権限の執行を肩代わりすることが増えている。このことは、現地に和平体制に反対して紛争を継続しようとする勢力が存在している場合には、PKO 部隊がこれらとの戦闘や逮捕といった活動を行わなければならない場合がありうることを意味する。さらに PKO 部隊には、現地の治安機構の整備を行って、自分たちで治安を維持できる状態へと橋渡しを行うことも求められる。物理的強制力を担う治安部門は紛争後の社会においてきわめて大きな政治的意味をもつ存在であり、その整備のためには現地の政治勢力の利害を調整することも必要とされる。

　国連における平和構築の位置づけに関するもう一つの重要な傾向は、その概念の範囲の拡大である[3]。平和構築は紛争の根本要因にアプローチしようとするものであるが、何が紛争に結び付くのかを特定することは容易ではなく、社会の幅広い側面に対するはたらきかけを包含することが必要とされる。2007 年には、アナン国連事務総長が設置した政治委員会が平和構築を「あら

---
(3)　平和構築のための諸活動の分類として、山田 2004, p.88 を参照。ここには、実に多様な活動が列挙されているが、それでもすべてが含まれているわけではない。

ゆるレベルで紛争を管理する国家の能力を強化することで紛争の発生および再発の危険を減らし、また持続可能な平和と発展の基礎を築くことを目的とする幅広い活動」(United Nations 2007; 星野 2011, p. 105) と定義している。この前半部分は次項で検討する国家建設への指向を明確に示している一方で、後半部分はあらゆる活動を平和構築と呼ぶことを、事実上追認しているといえよう。このように範囲を広げてしまえば概念としての希薄化は避けられない。

3) 国家建設への収斂

　概念の拡大は、実際の活動の拡大の反映でもある。国連はカンボジアに続いて、ボスニア (1995〜2002年)、コソヴォ (1999年〜)、東ティモール (1999〜2005年) に次々と大規模な PKO を派遣して平和構築活動の中心を担ってきた。これらの事例では、独立国としての経験を有していなかったり、長期の紛争を経たりした結果として、いずれも機能する国家機構が存在しない状態であった。このため、国連を中心に国際社会が暫定的に統治を担わざるをえず、国連 PKO の任務も規模もきわめて大規模なものとなったのである。

　しかし、このような関与をいつまでも継続し、また他の事例でも同様の活動を行うのが困難であることもまた明らかであり、国際社会は PKO を現地から引き上げるタイミングをはかり始める。そのためには、国際社会のプレゼンスがなくなっても自律的に平和を保ち、紛争が再発しない体制が必要とされる。こうして国際社会の側で平和構築に関して明確に一つの方向性が生まれてきた。それは、政府機関の設立・強化による国家建設を中心とする平和構築である (Grävingholt *et al.* 2009, pp. 1-4; 古澤 2012, pp. 118-121)。2001年にアナン国連事務総長が発表した『戦略なくして出口なし (*No Exit without Strategy*)』においては、国家建設を中心とする平和構築が PKO の撤退 =「出口」の条件として明確に位置づけられている (Section 3. 特に para. 20 (b))。

　国家建設のなかでも重要なのが治安部門の整備・改革 (Security Sector Reform: SSR) である。平和を標榜して介入を行った国際社会にとっては、治安の回復は最低限の義務であり、PKO 撤退後の治安を左右する SSR は平

和構築において中核的な位置を占めるようになった[4]。2001年以降は、9.11同時多発テロを受けて、国家機構が崩壊した国がテロ組織の温床となって国際的な安全保障を脅かす（White House 2006, p. 33）との観点からSSRの重要性はさらに高まった。国連以外の国際アクターでも、経済協力開発機構（OECD）開発援助委員会（DAC）は、脆弱国家への対応としての国家建設を平和構築の中心課題として挙げ（OECD/DAC 2007, p. 1; 2011, pp. 27-28）、SSRに関するガイドラインやマニュアルを整備している（工藤 2009, pp. 66-70）。

このように、1990年代の内戦型の紛争への注目を受けて、平和構築の概念と活動は拡大を続け、その結果として「出口」を目指す国家建設という方向性が生まれてきた。もとより、機能する国家機能が整備されたならば、国際社会が手を引くことは当然ともいえる。しかしこの変化は、多くの不合意を内包したまま起こってきたのである。

2　平和構築をめぐるモラル・アポリア

平和構築をめぐって、特に三つの点で合意の不在が顕著に表れている。第一は、そもそも求められる平和とはどのようなものか、というものである。第二は、平和を創り上げるのは誰か、というものである。そして、第三は自由主義はどこまで普遍化可能であるのか、というものである。以下で順に見ていこう。

1）「平和」に関するすれ違い

平和構築における最大のモラル・アポリアは、関係するアクターが同じ「平和」という語を用いながらも、その中身については合意が成立せず、異なる平和像を追い求めるという点である。紛争当事者の一方と他方、紛争当事者と介入する国際アクター、そして国際アクター同士など、さまざまなレ

---

[4]　平和構築における治安部門改革の位置づけについては、上杉・藤重・吉崎 2012 を参照。

ベルで平和に関する不一致が存在するが、それぞれが自らの考える平和を正しいものとして追求するために多くの問題が生まれてくる。

　これには平和の多義的な性格が影響している。ガルトゥングは人為的・直接的な暴力が存在しない状況、言い換えれば戦争がない状態を消極的平和と限定的に定義した（Galtung 1969, p. 169-172）。行使者の見えにくい構造的・間接的な暴力もまた取り除くべき重要な暴力なのであり、これをなくすことに成功してはじめて積極的な平和と呼べるとする考え方である。これに対して、『平和への課題』において示された平和構築は、「平和創造と平和維持の目的が達せられた」（para. 57）ときを平和構築の開始時期と考えている。すなわち、平和構築が行われる時点ではすでに和平合意によって「平和」がもたらされているとの立場であり、ここでの平和は紛争の不在のみを指しているのである。

　このように、実務上の概念としての平和構築の出発点において、国際社会の側では「平和」は武力紛争の停止と同義に位置づけられ、平和構築はそれが継続するための条件を整備する活動であった。これに対して、平和構築の対象となる社会のローカル・アクターが求めるのは、紛争の停止にとどまらない。しかも、その求める内容は紛争における立場によって異なる。そもそも、紛争を選択した当事者には、暴力に訴えてでも獲得したい価値や利益、あるいは紛争に訴えることでしか解決できないと考える不満が存在したはずである。その獲得や解決とそれを望まない側との間で平和裡に利害の調整ができなかった結果として紛争が起こるのである。だとすれば、明確な勝敗のつかないままで暴力の行使自体をやめたとしても利害調整は困難なままであり、むしろ紛争を通じて当事者はゼロ・サム的な思考を強めており、相手への妥協に対してより否定的な態度をとる可能性が高い。これを解決するには、国際アクターが経済制裁や軍事制裁などによって当事者にとっての紛争継続のコストを上昇させるなり、また逆に紛争後の復興・経済開発や改革に向けた支援を提示することで、暴力によらなくても目的を達成できるとの確信を紛争当事者に与えるといった介入が必要となろう[5]。だが、国際社会の介入による和平が、紛争当事者にとって十分に望ましい平和であることは稀であ

る。

　国際社会も、紛争の停止を超える意味での平和を目指す方向を示してはいる。2000年のブラヒミ報告においては、平和に関して「単に戦争がない状態を超える何か」（para. 13）との表現が用いられている。この背景には、「人間の安全保障」概念の登場も影響していると思われる。個々の人間の存在や生活を脅かすさまざまな要因を安全保障上の脅威として位置づける「人間の安全保障」は、1994年の国連開発計画（UNDP）の人間開発報告書（UNDP 1994）で取り上げられたことを一つのきっかけとして世界的に注目を集めるようになった。国家の安全保障を考えるだけでは不十分であるとして、個人の恐怖や欠乏からの自由を求める人間の安全保障は、積極的平和の議論との親和性が高く、平和構築における平和の意味にも影響を与えてきたと考えられる[6]。

　しかし、平和の実現が困難な事例が続出することによって、国際アクターとローカル・アクターとの食い違いははっきりと示されるようになってきた。国際アクターが政権を打倒して開始されたイラクにおける平和構築では、失敗国家化を懸念する声があったにもかかわらず、米軍などは治安が回復したとして撤退したのである（Parker 2012, pp. 94-98）。アフガニスタンでも、2014年に国際治安部隊（ISAF）が撤退する予定であるが、打倒の対象であったはずのタリバンの同意なくしては和平の存続は望めない状況にある（Miller 2013, pp. 99-100）。

　このように平和構築をめぐっては、平和というモラルの実現が目指されながらも、それが何を意味するのかが明確ではない。上記の事例から明らかなように、膨れ上がる現地からの要請によって現場レベルではミッション・ク

---

[5] 一方で、紛争には、当事者の双方が紛争を続ける合理性を見出せなくなる時点が訪れるのであり、そのタイミングでなければ外部からの介入は成功しがたいとする紛争の「成熟」に関する議論もある。代表的なものとして Zartman 2000 を参照。しかし、進行中の紛争がいつ成熟したのかを見極めることは困難であり、被害を抑制するためには可能な限り早期に介入を試みるべきとの考えにも合理性がある。
[6] 人間の安全保障の視点を取り入れた平和構築の可能性を探る研究の例として以下を参照。篠田・上杉編 2005；望月編 2006；Futamura *et al.* 2010。

リープ（任務が際限なく拡大してしまうこと）が避けられず、それに応じ続けることはできない国際アクターは、積極的な平和はおろか、停戦さえも危ぶまれる状況でも出口を模索するのである[7]。

2)「平和」の主体は誰なのか？

　上記のように、国際アクターのもつ選好は必ずしもローカル・アクターのニーズと合致しない。にもかかわらず、平和構築においてイニシアティブを握るのは国際アクターである。本来ならば、平和構築は、「主として当事国にとっての挑戦であり、その国の責任において実施」されるものとされ（United Nations DPKO/DFS 2010, p. 1; 星野 2011, p. 105）、現地社会のことは現地社会の人々に委ねる（篠田 2009, p. 165）ローカル・オーナーシップや現地の主権を尊重する立場をとっている（United Nations 2008, pp. 38-40）。しかしながら、平和構築の対象となる国には、人的・資金的・物的な資源やノウハウが大きく不足している。ましてや紛争後の状況であれば、戦闘行為がやんだとしても紛争当事者間の利害が厳しく対立しており、社会インフラも損なわれている。政府が紛争の一方の当事者であることも多く、紛争において敵対していた相手は権力への不信を深めているかもしれない。紛争に至ってしまった当事者同士が利害調整を行い、自ら平和の基礎を築いていけると考えるのは楽観的すぎるであろう。

コラム 5-1

移行期正義

　移行期正義は、抑圧的体制から民主体制へ、あるいは紛争から平和で安定した社会への移行途上にある社会が、過去の人権侵害や重大犯罪の責任の所在や真相を解明し、二度と同じ過ちを繰り返さないために実施する正義の概念でありその手法である。移行期正義が民主国における平時の司法正義と区別されるのは、それが「移行期」という政治的・社会的に脆弱な時期に実施されるためである。政治的転換期や紛争後の正義は、政治的影響を受けやすく、特殊な法や紛争解決メカニズムが採用されることがある。

　冷戦終結前後の南米や東欧の民主化移行期に「移行期正義」という概念が誕生した背景には、政治的安定が優先される移行期の正義のあり方が、人権

や法の支配尊重の観点から挑戦されるようになったことがある。すなわち、被害者の尊厳や人権を犠牲にして恩赦や免責を施すことで「平和」を優先するのか、あるいは「平和」を犠牲にして責任者の訴追・処罰を行うのかという移行期正義のディレンマである。

　冷戦後、平和構築活動の一環として導入されるようになった移行期正義には、新たなディレンマがともなうようになった。その契機となったのが、旧ユーゴスラヴィアやルワンダで起こったジェノサイドや戦争犯罪など重大犯罪を裁くアドホックな国際刑事法廷の設置である。両裁判所の設置以前は、「誰」の「どのような行為」を「どのように処罰」するかは当該国の国内管轄事項とされていたが、国際法上の重大犯罪に対する最も責任のある者については、国際的な法や基準によって処罰されることが求められるようになった。こうした国際正義規範の確立は、一方では犯罪行為の抑止や普遍的人権尊重に貢献するとされるが、他方で紛争当事国の人々が求める「正義」との相克を生み出している。紛争後の限られた財源が「国際標準」の司法制度構築に費やされ被害者救済が後回しになること、また特定の個人の責任を問う刑事裁判が現地社会の和解に必ずしも資さないという問題が指摘される。

（クロス京子）

　これに対して、国際アクターは、資金面や軍事面で豊富な資源を有しているのみならず、国家の運営に関してもノウハウをもっている。人道的介入や平和強制が行われた事例であれば、停戦や和平自体が国際アクターの介入があってはじめてもたらされたものであり、さらにPKOなどの形で軍事力が駐留することにより国際アクターの発言権はさらに強まる。こうして、本来はローカル・アクターを支援し不足を補う立場であるはずの国際社会が、ローカル・アクターを教育する対象とみなして（Paris 2002, p.650）、平和構築そのものを担う傾向が生まれる。

---

(7)　ただし、ローカル・アクター側でも国際社会のプレゼンス（特に軍事的なもの）の縮小を望む場合もある。先に引用したパーカーによれば、イラクではマリキ政権が米軍の撤退を待ちわびたように自身の権力基盤の強化をはかっているという（Parker 2012, pp.94-105）。アフガニスタンでもカルザイ政権は、ISAFから治安権限を委譲されることを歓迎している（『朝日新聞』2013年1月12日）。一方で、アフガニスタン野党から米軍撤退による治安の悪化を懸念する声が上がっている（『朝日新聞』2013年7月12日）。これは、ローカル・アクター同士でも追求する平和の形が異なる一例であると同時に、次項で見る国際アクターが平和構築をリードすることへのローカル・アクター（特に政権側）の反発を表している。

さらに、当然のことながら、国際アクターの側も、介入にあたって対象国との関係への期待や、どのような国になってほしいのかについての選好や、場合によってはより直接的な利害関係（例えば天然資源の分配をめぐるもの）などの国益を有している。この点、冷戦後は西欧諸国やアメリカをモデルとする西側の規範や価値が圧倒的な普遍性を獲得しており、次節で述べるように、平和構築においても自由民主主義や市場経済の導入が当然の前提とされるようになった。国際社会が優位に立つ平和構築は、決してローカル・アクターにとっての価値を忠実に実現する介入ではないのである。

国際アクターが平和構築を主導することのもう一つの大きな問題点は、国際アクターの関心の度合いにしたがって、関与に濃淡が生じることである。例えば、ボスニア紛争の際に、ブトロス＝ガリ国連事務総長は「ボスニアよりも悲惨な状況は世界に 10 カ所も存在する」と述べたとされるが（Holbrooke 1998, pp. 174-175）、平和構築への資源の投入量は当該紛争の規模や悲惨さではなく、国際アクターにとっての重要性によって決定され、重要性が低い地域では、その規模や悲惨さにもかかわらず紛争が放置されることも起こりうる[8]。9.11 テロ以降は、アメリカをはじめ支援国や国際機関は平和構築に費やす予算を増加させ、軍においても民生の向上をはかる活動が戦闘と同様に重視されるようになった（US DoD 2005, para. 4.1）。ただし、最も重視されているのは国際アクター自身の安全保障であり、国際アクターにとって脅威となる度合いによって介入の可否や投入量を判断する傾向は決して弱まってはいないと考えられる（Tschirgi 2013, pp. 202-208）。

以上、見てきたように、国際アクターは平和構築に関与するなかでその主役となり、ローカル・オーナーシップを侵食し自らの価値観に沿った平和構築を推し進め、一方で、自らにとって重要ではない事例は放置してしまうというモラル・アポリアが生じている。

---

[8] 一例としてコンゴ民主共和国での紛争を取り上げたホーキンスの研究を参照（Hawkins 2008）。この研究によれば、ある紛争が選ばれ、ある紛争が無視される背景には政治、社会、メディア、そして研究における関心や利害の高さが関係するとされるが（chs. 3-6）、これらはすべて当事国ではなく本章でいう国際アクターの側の事情であることは特筆に値しよう。

3）自由主義的平和構築の限界

　では、国際アクターが主導する平和構築はどのような特徴と問題を有し、どのような対策が行われているのだろうか。国際アクターが主導する平和構築の明確な特徴は、自由主義を重視していることである。特に、民主主義の導入および市場経済化は当然の方針とさえされている。すでに『平和への課題』において平和構築の文脈で民主主義の促進がうたわれ（para. 59）、さらに国連は1996年に『民主化への課題（*Agenda for Democratization*)』を発表しており、ここでは民主化が平和を実現する鍵であることが述べられている（para. 11）。ニューマンらは、近年の平和構築が西欧型の民主主義および自由主義経済の導入を基本として実施されていることを、「自由主義的平和構築（liberal peace-building)」として概念化して、それによって生じる問題の分析を行っている（Newman *et al.* eds. 2009, pp. 10-14）。これ以外にも多くの識者が自由主義的平和構築に対して批判的な見解を述べており、本節ではこれらを、民主化、市場経済、強制力独占という三つの問題点に整理して考察を加えていこう。

　民主化の問題点　民主主義には、集団の利害を表出させてこれを集団間で調整する機能が期待でき、平和構築に資すると考えられる（Paris 2004, p. 159）。だが、紛争後の状況においては、つねに民主的な制度の導入が対立を緩和する方向にはたらくとは限らない。最大の問題は、民主主義は基本的に多数決による意思決定の仕組みであり、選挙や政策の決定プロセスにおいて勝者と敗者を分けることが避けられない点である。これは、紛争によって集団間の利害が対立する社会においては重大な意味をもつ。選挙や政策決定において勝利した側は、民主主義の名において正当性を認められ、他方で敗北した側はそれを否定されるからである。特に、民族への帰属意識などによって集団間の分断が明確になっている場合、少数派は民主主義的な意思決定においてつねに不利な立場におかれる。しばしば少数派による選挙のボイコットが発生するのは、選挙において勝利できないことが明白であるため、選挙の正当性を否定しようとしているのである。

　選挙において不利な立場となる少数派が選挙結果を受け入れるためには、

単純な多数決ではなく何らかの形で彼らの利害が政治決定に汲み上げられる仕組みが必要である。例えば、比例代表式の選挙制度によって少数派集団が人口に応じた議席を確保できるようにすることは広く行われている。またあらかじめ少数派集団に一定の議席を割り当てるクォータ制の導入も試みられている。加えて、重要な決定に際しては、少数派に属する議員の過半数の賛成を必要とするような仕組み（少数派への拒否権の付与）が導入されることもある。

少数派の不満を緩和させる方策はこのようにさまざまなものが考案されており、ガーは実際にこれらが導入されることで紛争を減少させる効果を挙げていると指摘している（Gurr 2000, chs. 5-6）。しかしながら、紛争後に集団間の利害が厳しく対立している状況では、単純多数決でならば優位に立てる多数派が自発的にこれらを受け入れることは期待しにくい。多くの場合では国際アクターによる介入が必要とされるが、国際アクターの側でも、民主主義や選挙制度に関してはさまざまな制度、異なる意見が存在しており、特定の事例においてどのような民主主義制度が現地社会に適しているのかを見極めることは容易ではない。後述するボスニアの事例においても、民族的帰属を基礎に据えた分権的な民主制度は機能不全に陥っている（片柳 2011, pp. 71-76）。

市場経済化の問題点　　近年、紛争後の経済復興への支援を表明する場として、国連や世界銀行などの金融機関、あるいは EU（ヨーロッパ連合）などの地域機構によって支援国会議が実施されることが多い。支援国会議は、平和構築に不可欠な支援を確保するうえで重要な機会を提供する一方で、ドナー側が望ましい平和構築の方向性を指示する場となる傾向がある。ここにおいても、自由主義経済体制をとる国や国際・地域機関が圧倒的に有力であることから、紛争経験国の経済復興は、市場を重視する自由主義的市場経済路線をとらざるをえない。

だが、自由主義的市場経済は紛争後の社会には必ずしも適しているとはいえない。紛争に至った国は、開発途上の発展段階に位置する国が多く、しかも紛争による混乱を経験しており、国際的に経済上の競争力を有していると

は考えにくい。天然資源や豊富な労働力などの好条件を備えていない国では国際的な支援があっても早期に市場経済によって経済を復興させることは困難である。

また、自由主義的市場経済では、いわゆる「小さな政府」が指向され、公的部門の支出の削減などが求められる。これがもたらす難問として紛争時の戦闘員の再統合に関する問題がある。多くの紛争経験国では、紛争時の過剰な軍の人員や非合法武装組織を武装解除（disarmament）し動員解除（demobilization）し、社会に再統合（reintegration）すること（DDR）が必要とされるが、紛争後に民間の経済活動が停滞している状況では、新たに創設されたり再編される国軍や警察などが彼らの受け皿にならざるをえない[9]。だが自由主義的市場経済では政府機構の合理化・縮小が求められるため、治安維持のために必要以上の元戦闘員は再雇用されずに失業者となり不安定要因として残る事例が多い。

何よりも、自由主義的市場経済においては社会の内部で勝者と敗者を分けることが不可避である。その勝者と敗者が特定の集団に偏っている場合は、集団間の対立を助長することになりかねない。自由主義的な合理性の観点からは、敗者の苦痛を緩和する政策はとられにくく、そのためにローカル・アクターの不満が蓄積したり、最悪の場合は紛争が再発することさえも考えられる。

強制力の独占の問題点　　強制力の正当な行使の独占はヴェーバーの述べた国家の本質であるが（ヴェーバー 1980, p. 9）、平和構築が必要とされる国はこの点で重大な問題を抱えていると考えられる。そこで、国際社会がリードする平和構築においては、通常、国家が強制力を独占し、国内の治安を維持できるような体制が目指される。

強制力の国家による独占は紛争後の社会においても妥当なのであろうか。これを単純に国家の権限や力を強める方向で実現しようとすれば、紛争で政府と戦った勢力が反対し和平自体が危機に立たされる可能性が高い。したが

---

[9] 本章コラム 5-2 参照。また、旧ユーゴスラヴィア諸国における治安部門改革について中内 2010 および中内 2012 参照。

って、反政府勢力が強力であるほど、交渉によって統治機構に組み込むことが必要となる。アフガニスタンにおいて、タリバンが打倒の対象であったにもかかわらず、現時点（2013年10月）でタリバンとの交渉が模索されているのも軍事力でタリバンを抑え込むのが困難であることが明らかになった結果といえよう。

　だが、仮に政府と主要な反政府勢力との間で合意が成立したとしても、和平に反対する勢力が残ることは多い。これらすべてから合意を得て統治機構に組み込むことは困難であり、主要な勢力の合意さえ得られれば小規模な不満勢力は軍事力で抑えつけているのが現状であるが、弱小であったとしても反対派を軍事的に抑えつけることは、国民の一部に対しての国家の正当性を低下させることにつながりかねない。また、国家による強制力独占は、平和構築の対象国が伝統的に有している治安維持の方法との間でも緊張をはらむ。例えば、村落の長老や有力者が住民の支持を得て警察や司法などの治安権限を握っている社会は多いが、国際アクターがリードする近代国家モデルを目指すなかではこうした存在は否定されがちである[10]。

　このように、平和構築の実践にあたっては、民主化、市場経済、国家の強制力独占という自由主義モデルをどこまで適用できるかということについて、深刻な問題が発生しており、これらは国際社会と現地との食い違いというモラル・アポリアをいっそう深刻なものにしている。だが、事実上、国際社会優位・西側主導とは異なる規範や価値にもとづく平和構築（支援）の具体像はまだ見えていないのである。

3　国家への枠組みをめぐる不合意

　前節で見たように、平和構築という活動には、拭いようのないモラル・アポリアが生じてしまっている。さらに現地にどのような国家の枠組みを作るかということについても、モラル・アポリアが存在する。特に近年明らかに

---

(10)　一例としてシエラレオネにおいて伝統的な統治単位であるチーフダムの長に警察権限を認めた事例についての研究を参照（古澤 2012）。

第5章　平和構築

なってきたのは、少数派集団をどのように遇し、国家への統合か分離・独立かをどう判断していくのかという問題である。

1）少数派集団の処遇

　「民族紛争」と括られるような紛争を典型として、近年の多くの紛争では帰属意識（アイデンティティ）が重要な役割を果たしている。社会・経済上の利害などがそもそもの原因である場合も、集団の成員を動員する過程で集団への帰属意識が利用されることで、紛争はアイデンティティをめぐる性質を強めてしまう（Gurr 2000, pp. 5-7）。このような事例では、平和構築は特に深刻な問題に直面する。

　そもそも国家には、特定のアイデンティティを強調する側面がある。憲法によって、国家と特定の民族との結び付きを明記して「国民国家」として位置づけられることもある。公用語の多くは多数派集団の母語と同一であり、公教育は基本的にこの公用語によって行われる。宗教や文化の面でも、国家機構が多数派のアイデンティティと無縁でいることは難しい。特に独立などによって国家が形成されるときには国家と特定のアイデンティティとの結び付きが強調される傾向がある[11]。しかし、国家が特定のアイデンティティと結び付くことは、異なる言語的・宗教的・文化的背景をもつ少数派集団を疎外する結果をもたらす。

　異なるアイデンティティを掲げて対立する集団間の問題は、民主主義によっては解消することが難しい。集団への帰属意識が強い状態では選挙は自らの帰属する集団に対する忠誠を示す機会となり、投票先は自らの集団を代表する候補に限定される。選挙の国勢調査化（Horowitz 1985, pp. 83-87, 326-330）と呼ばれる現象である。そして、政党は自集団のみが票田となるため、自集団の利益のみを強調する選挙戦略がとられ主張を過激化させる傾向が見

---

(11)　例えば、旧ソ連の構成国では、独立に向けた動きのなかでほとんどの共和国が言語法を制定して、共和国内の多数派の言語を「国家語」に指定した（塩川 2004, 第3章）。また、ユーゴスラヴィアから独立したクロアチアの憲法では、冒頭に歴史的基礎の項目を設けて、クロアチア民族の長年にわたる主権国家創設の悲願が綴られ、明確にクロアチア共和国をクロアチア民族の国民国家と位置づけている。

第Ⅱ部　平和のアポリア

られる（Rabushka and Shepsle 1972, pp. 82-86; Horowitz 1985, pp. 349-360）。

　ひとたび戦端が開かれて紛争へと至ってしまうと、敵と味方との構図で集団への帰属意識はますます強化され、また動員が行われて集団への帰属にもとづいた行動をとるよう圧力が加えられる（Gurr 2000, chs. 1, 3）。この構図が強まれば、紛争は利害をめぐる条件闘争では終わらず、究極的には国家の枠組み自体をめぐる根源的な争いとなる。被支配的な立場におかれる集団は、分離・独立によって自らが多数派となる新たな国家の創設を求めるか、既存の国境内にとどまる場合でも領域的自治や連邦制による「棲み分け」を求めるのである。これに対して現行の国家において支配的な立場にある多数派は領土保全を求めるが、それは少数派との「共存」ではなく多数派への「同化」の要求となりがちである。そのため、ひとたび紛争がアイデンティティそのものをめぐる構図に陥ってしまえば、政治的妥協の余地が少なくなってしまうのである。だが、国家の枠組みが設定されなければ、国家建設を行うことはできない。この事態に国際社会はどのように対処するのであろうか。

2）分離・独立をめぐるアポリア

　国家の枠組みに疑問が呈されるとき、国際社会の対応の原則は国境の不変更、国家の一体性の維持であり、基本的に当事者同士が合意しない限りは分離・独立は認められない。だが、例外的に国際社会が分離・独立を強く支持することがある。それは、第一に植民地支配からの独立の場合である。国連憲章第1条2項がうたうように、帝国主義諸国によって植民地化された諸地域に対しては、第2次世界大戦後に人民の自決の名において独立が認められてきた。最近では、ポルトガルによる植民地支配ののちにインドネシアに強制的に併合された東ティモールの独立（2002年）に際して、インドネシア政府に対する国際的な説得が行われ[12]、独立が達成された。

---

(12) すでに1975年のインドネシアによる併合の動きの時点で、国連安保理決議384は、国連憲章および「植民地独立付与宣言」を根拠に東ティモール住民の自決と独立の権利を有すると述べている（S/RES/384）。

===== コラム 5-2 =====

東ティモールにおける国家建設の行方

　2002年にインドネシアに対する抵抗運動を経て独立した東ティモールは「平和構築の成功例」といわれていた。しかしながら、4年後の2006年に警察組織は機能不全に陥り、人口の10人に1人が国内避難民となる国家危機的な状況に至った。この発端は国軍内の差別的な待遇に不満をもった兵士らが起こした暴動であり、これに対応した警察と国軍との間では銃撃戦に発展した。当時の内務および防衛大臣は市民に武器を譲渡したとして罷免され、アルカティリ首相も辞任した。

　暴力の再発は、紛争後社会における最大の懸念である。この問題に対処するべく、秩序維持能力の回復に向けて、国軍や警察組織といった治安当局の再建はしばしば足早に進められる。しかし、東ティモールでは当の治安当局による暴力の乱用が引き起こされてしまった。国連では、事件が起こった要因に、制度と法の支配の脆弱性を挙げている。

　この事件は、国家建設が抱えるディレンマを浮き彫りにしている。国家建設は、早期の制度の構築・再建が期待されるが、一方で市民から信頼されるように公権力が正統性をもつことも求められており、これは時間をかけて醸成されるべきものである。例えば、短期間のうちに治安当局を再建するため、あるいは紛争当事者や旧治安当局関係者の不満に対応するために彼らの治安当局への採用が積極的とならざるをえない。しかし彼らには暴力の乱用を払拭することと、新しい組織下でのプロフェッショナリズムの醸成が要求され、これは結局時間を必要とする。また、治安維持の実行能力を高めるために国際部隊にその役割を一任したり、同部隊が治安当局を後方から支援することがあるが、二者の間でダブル・スタンダードが生じかねず、肝心の後者の正統性の確保は遅れていく。東ティモールでは、独立まで統治行政を行った国連の平和維持活動が一義的に国家建設を進め、2004年に国軍および警察権限が東ティモール側へ移譲され、国際社会からの支援は縮小していたが、事件はその矢先に生起した。制度の実効性を優先するか、正統性の確保を重視するかの狭間で、国家建設のあり方は模索が続いている。

（田中（坂部）有佳子）

　第二に、連邦国家から離脱する場合にも分離・独立が支持される傾向が見られる。連邦制は自治を保障する仕組みであり、単一国家の自治体に比べて共和国や州などの連邦構成単位が大きな権限をもち行政府や議会などの統治

機構を備える。かつて独立していた国が連邦国家の構成体になる場合もある。連邦制では、構成共和国に対して分離の権利を認める憲法をもつ国もあるなど[13]、もともと高い水準の自治権をもっていただけに連邦構成単位の独立に対しては当事者間の合意が成立しやすい傾向が認められる。チェコ・スロヴァキア（1993 年）やセルビア・モンテネグロ（2006 年）の連邦解消が合意にもとづく独立の典型的な例である。だが、当事者間の合意が成立しない場合でも、国際社会が独立を支持する場合がある。この例は、1990 年から 1991 年にかけてユーゴスラヴィアおよびソ連において連邦構成共和国が独立の動きを見せた際、ヨーロッパ共同体（EC）が独立を承認する基準を発表したことに見られた。EC の基準においては、国境不可侵原則の尊重が求められたものの、連邦政府や他の連邦構成体による合意は不可欠の条件とはされなかったのである（European Community 1991）。後述するボスニアの事例では連邦構成共和国の独立が国際的に支持されたが、独立宣言をきっかけとして激しい紛争に至ってしまった。

　第三は紛争において政府による虐殺などの人権侵害が行われた結果、アイデンティティを異にする複数集団が一国内で共生することが不可能であると判断される場合である。このような事例では当事者は一方的な独立宣言とそれへの否定という真っ向から対立する主張を掲げて対立し合意が成立しないため、国際社会が判断を下さざるをえない。

　共存が不可能であるから分離・独立を認めるという判断は、既存の国家に対して一定の領域や市民に対する統治の権利を否定することにほかならない。これは国家主権に対する重大な挑戦であるといえよう。しかしながら、国際社会は、その責任の重さにもかかわらず、国家の枠組みの問題に対して一貫性のない対応を行ってきた。2008 年にはコソヴォの独立が事実上国際社会によって承認され、このパターンによる独立の例となったが、翌年には、ス

---

(13) 有名な例としては1977年のソ連憲法は連邦構成共和国に対して自由に連邦から離脱する権利を認めていた。ただし、中井和夫は、これには具体的な手続きの定めがなく、ソ連末期の1990年にようやく採択された「連邦離脱手続き法」についても、連邦の人民代議員大会の承認を必要としているなど、共和国の離脱の権利を事実上制限するものであったと述べている（中井 1998, pp. 26-27）。同書「付属資料ソ連憲法（1977 年）抜粋」も参照。

リランカで少数派のタミル系住民地域の独立を掲げて政府と戦ってきた「タミル・イーラム解放の虎（LTTE）」が武力によって鎮圧され、結局タミル系の独立を認める国は現れなかった。これは、LTTE が国際的にテロ組織に指定されてきた組織であり、内戦末期には民間人を政府の攻撃に対する「人間の盾」として利用するなどの戦争犯罪を犯したことが大きい。だが、スリランカ政府が LTTE をテロリストと呼ぶのと同様に、セルビア政府もコソヴォの独立を目指すコソヴォ解放軍（KLA）をテロリストと呼び、かつてはアメリカの外交官も KLA をテロリストであると述べていた[14]。LTTE や KLA が自由を求める闘士であるのか、それともテロリストであるのか、その判断もまた事実上国際社会に委ねられており、判断基準は明確ではない。

さらに、国家の枠組みをめぐる判断は、対象国の国際アクターにとっての戦略的な重要性によって決まる部分も大きい。例えば、少数民族クルド人の人権状況にしばしば懸念が表明されるトルコに対しては、改善が求められることはあっても、クルド人の一部が唱えるような分離・独立を認めるような国は存在しない。チェチェン共和国の独立を認めないロシア政府に対しても、紛争中はロシアに対する強い批判があったものの[15]、ロシア政府の意向に逆らってまでチェチェンの独立を容認しようという国は存在しない。人道的な観点からの懸念は、戦略的な判断よりも下位に置かれているといえよう。

これらの事例を見れば、コソヴォの独立容認は、アメリカなどが主張するようにあくまでも例外的なケース（Rice 2008）といえるのかもしれない。コソヴォの独立を認めようとしないロシアや中国をはじめ、潜在的に分離・独立の傾向を有する少数派集団を抱える国も多く、分離・独立を認める先例を作ることは避けたいという事情もある。それでもこれを求める少数派がつねに存在するのは、国際社会においてなおも人民の自決原則が民族自決として理解されて力をもっていることが大きい。自決権は基本的に植民地住民を対象とするものであるが、バルト三国の独立や南スーダンの独立に関して米大

---

(14) BBC News, "The KLA-terrorists or freedom fighters?" June 28, 1998.
(15) 例えば欧州評議会の場では、ロシア代表の投票権の一時停止が決定され（Council of Europe 2000）、ロシアの同機構からの追放さえも議題に上った。

統領がこの言葉を用いているように (Bush 1990; Obama 2011)、住民の意思に反する統治体制からの独立に関して広く用いられる傾向にあり、独立に正当性を与える根拠となっているのである。

　国際社会の方針が一貫しないこの現状は危険である。極論するならば分離・独立を勝ち取るには国際アクターに認められさえすればよいということになりかねない。少数派は国際アクターを味方につけようとして、支配の不当性や非人道的な行為について戦略的に政府を非難するかもしれない[16]。国際社会の支援をあてにして勝ち目のない紛争に訴える可能性すらある。それに、分離・独立を認めても当該紛争が解決されるわけではない。少数派集団が分離・独立を求める地域にも、さらなる少数派が存在することは避けられず、こうした集団がさらに分離・独立を求めることが多い。次項で詳述するが、クロアチアやボスニアの紛争は独立によって少数派に転落したセルビア系住民が新国家からの分離を求めたことで始まったのである。

　このように、国家の枠組みをめぐって統合か分離・独立かの判断は事実上国際社会に委ねられている。いかなる集団が国家を形成することを認められるべきなのかについては、国家を必要とする人々の意志ではなく、国際アクターの対応次第になり、しかもその基準が一貫しないというモラル・アポリアがたびたび示されてきた。

3） アポリアの現れた事例

　国家の枠組みをめぐって当事者が合意できないというアポリアが最も明確に現れたのが旧ユーゴスラヴィアの一連の紛争である。旧ユーゴ解体過程では当事者間の合意がないままに国際社会が分離・独立を承認する事例が相次いだ。このことは平和構築にどのような結果をもたらしたのだろうか。クロアチア、ボスニア、コソヴォの順に検討しよう。

　クロアチア　　冷戦終結を受けてユーゴスラヴィア社会主義連邦共和国では、1990年に連邦構成共和国レベルで複数政党制による選挙が実施され、ほ

---

(16)　例えば、紛争中のボスニア政府が、アメリカ政府を味方につけようとして強くはたらきかけたことが知られている。高木 2002 を参照。

とんどの共和国で民族主義を掲げる政党が政権についた。まず経済的に発展していたスロヴェニア、クロアチアの両共和国が連邦からの独立に向かい、連邦維持を主張するセルビア共和国との間で対立が生じたが、スロヴェニア共和国では、スロヴェニア系住民が9割近くを占めセルビア系住民が3パーセントにも満たない人口構成が幸いして、ごく短い衝突ののちに独立への合意が成立した。

　だが、クロアチア共和国では、人口の約12パーセントを占めるセルビア系住民が独立を問う住民投票をボイコットし、セルビア共和国の支援を受けて、自治地域の設立、さらに分離を掲げてクロアチア政府との衝突に至り約4年間にわたって紛争が続いた。国際社会はクロアチア共和国内のセルビア系住民の処遇に懸念を表明していたものの[17]、ドイツを先頭にEC諸国がクロアチア共和国の独立を承認し、独立は既成事実となった。この紛争は最終的にクロアチア政府軍がセルビア系住民地域を制圧する形で終結した[18]。

　紛争と軍事制圧によって約30万人にのぼるセルビア系住民が難民・国内避難民としてセルビア共和国などに逃れた（UNHCR 2011, pp. 22-23）。このうちクロアチアに帰還したのは13万人あまりであり、現在もまだ帰還問題は完全には解決していない。この背景には、クロアチア独立の父となったトゥジマン大統領が、市民権法や居住に関する法律によって難民・国内避難民の帰還を防ごうとしたことがある（UNHCR 2011, p. 29）。2000年の政権交代以降の政権は難民・国内避難民の帰還を促進する立法措置をとり、帰還の進展が見られたが（UNHCR 2011, p. 30）、国勢調査においてセルビア系への帰属を明らかにする市民の割合は2011年でも紛争前の半分以下にとどまっている（Croatian Bureau of Statistics 2011）。

　2002年にはクロアチア政府は「少数民族の権利に関する憲法的法律（Constitutional Law on the Rights of Minorities）」を制定しており、この憲法的法律によって少数民族には言語面、文化面、宗教面などでの自由とアイデンティティを保持する特別な権利が保障された（Section 2）。この憲法的法律では、

---

[17] Arbitration Commission of the Peace Conference on Yugoslavia 1992a.
[18] クロアチア紛争の経緯について、以下を参照。Woodward 1995; 久保 2003; 月村 2006。

政治面では、少数民族に議会議席のうち最低でも5議席（最大8議席）が割り振られ、特に総人口の1.5パーセント以上を占める少数民族には最低でも1議席（最大3議席）が割り振られることを規定している（Article 19）。ただし、この割当数は総議席数151に比して高いものとはいえず、セルビア系に関しては、議会に占める議席の割合は人口比を下回っており、むしろ、上限を設けることで人口比に応じた議員選出が阻まれているともいえる。また、警察、司法、行政など公的部門への登用については人口比に応じて少数民族に適切に配分されることが同法で規定されているが（Article 22）、2006年頃の時点では特にセルビア系について履行が十分に進んでいないとの評価が国際機関によってなされた（OSCE 2006, pp. 8-9; Søberg 2007, pp. 52-54）。

クロアチアは、紛争と独立を経て多民族性を解消する方向に向かった事例ということができる。国際社会は、EU加盟条件などの形でセルビア系を中心とする少数民族の保護を要請してきており、それを一因として少なくとも法律・制度面では少数民族に対する保護の仕組みが導入されてきたが、履行面を含めるとクロアチア政府の消極性は明らかである。一方で、以下で検討するボスニアおよびコソヴォの事例と比べてクロアチアが順調に安定と発展の軌道に乗ってきたことも確かであり、セルビア系の政党も連立政権に参加するなど、少数派からの国家枠組みへの異議申し立ても沈静化している。それは一方の完全な勝利という形で紛争が終わったことによってもたらされた安定といえよう。しかし、この状況がセルビア系をはじめとする少数民族にとって「平和」と呼べる状況であるのかについては疑問が残り、平和構築をめぐるモラル・アポリアが完全に解消されているわけではないのである。

ボスニア・ヘルツェゴヴィナ　　クロアチア共和国での紛争が波及することが最も懸念されていたのがボスニア共和国であった。ボスニア共和国では、人口の過半数を占める民族集団が存在しなかったが、約43パーセントを占めるムスリム系と約17パーセントを占めるクロアチア系の多くが連邦からの独立を望み、約31パーセントを占めるセルビア系がこれに反対するという図式であった。独立を住民投票で問うたならば、民族間の対立が激化することは明白であったが、ボスニア共和国の独立の要件を審査したECの委員

第 5 章　平和構築

会は住民投票が実施されていないことを理由として審査対象にならないと述べた（Arbitration Commission of the Peace Conference on Yugoslavia 1992b）。これは事実上、住民投票実施の勧告と受け止められ、1992 年に実施された住民投票の結果は、予想されたとおりにムスリム系およびクロアチア系による賛成多数とセルビア系によるボイコットとなり、ボスニア共和国内のセルビア系勢力の蜂起と、独立を承認しないセルビア共和国による介入へとつながっていった[19]。

　ボスニア紛争は最終的に、北大西洋条約機構（NATO）によるセルビア系勢力への空爆などを経て 1995 年に和平合意（General Framework Agreement for Peace、通称デイトン合意）が締結され、ボスニア共和国は独立と領土一体性の維持を認められつつも、ムスリム系およびクロアチア系によるボスニア・ヘルツェゴヴィナ連邦（国土の 51 パーセント）、および、セルビア系のスルプスカ共和国（同 49 パーセント）という二つのエンティティ（国家を構成する主体）に分割された（Annex 2, Annex 4）。両エンティティは国家に近い権限をもつ存在であり、当初はそれぞれが軍さえも保有していた。新国家に不満をもつセルビア系住民に大幅な自治を認めた形といえるが、なおもセルビア系住民は国家の枠組みに合意せず、スルプスカ共和国側はことあるごとにボスニアからの独立の可能性に言及してきた（Chivvis 2010, pp. 98-101）。国際社会は、スルプスカ共和国の独立の動きに否定的であるが、ボスニアでは、民族は公式・非公式に構造化されており、経済的にも困窮が続くなか、市民は、民族集団に所属することによってパトロン＝クライアント関係を結ばなければ生活さえも困難な状況が続いている（片柳 2011, pp. 74-76）。民族主義政党が力を得やすい構図は紛争後 20 年近くが経過しても変わっていないのである。国際アクターは、国際社会の代表として派遣している上級代表（High Representative）に強力な権限を与えて各集団の民族主義的な動きを封じ込め、和平履行部隊（IFOR）から引き継がれてきた国際軍事部隊として 600 人規模の EU 軍事ミッション（EUFOR Althea）の駐留を 2014 年 4 月現

---

[19]　ボスニア紛争の経緯について、以下を参照。Woodward 1995; 久保 2003; 月村 2006; 佐原 2008。

第Ⅱ部　平和のアポリア

在も続けている（現在の任期は2014年11月15日まで）。

　ボスニアでは、独立主権国家の基盤となる国家枠組みへの合意が存在しないままに独立が目指され、国際アクターの主導のもとに独立の承認と和平がもたらされて国家建設を中心とする平和構築が行われてきた。その結果は、18年間にわたって膨大な投入を行いながらも、依然として国家として自立できない現状である。だが、仮に国際社会が関与していなかったならば、さらに悲惨な紛争が続いていたことも考えられる。何が正解であったのかは誰にもわからない、まさにモラル・アポリアが如実に現れた事例であるといえよう。

　コソヴォ　コソヴォはユーゴスラヴィア連邦においてはセルビア共和国内の自治州と位置づけられたが、建国時にコソヴォの人口の約7割弱であったアルバニア系住民は、大幅な人口増によって比率を高めるにつれ共和国への格上げ、さらには独立を求める動きを強めてきた。だが、セルビア共和国で政権を握ったミロシェヴィッチは、コソヴォにおいて人口の10パーセントを切るまでに追いやられたセルビア系住民のナショナリズムを煽る政策をとって、1989年にはコソヴォの自治権を剥奪した。これに対してアルバニア系指導者が独立を宣言し、コソヴォ問題は独立か否かという妥協の余地のない問題に発展していった。1998～99年にかけて行われた紛争では、アルバニア系のゲリラであるKLAが独立を掲げてセルビア政府と衝突し、最終的にNATOによるセルビア側への爆撃を経て、コソヴォはセルビア共和国の施政から切り離された[20]。

　1999年6月から国連コソヴォ暫定統治ミッション（UNMIK）が派遣されて暫定統治体制が敷かれたが、まだこの段階ではユーゴスラヴィア連邦共和国（セルビア共和国とモンテネグロ共和国で構成）の主権と領土一体性の保持がうたわれ（S/RES/1244）、コソヴォの独立は否定されていた。2007年から国連の仲介によってセルビア共和国政府とアルバニア系中心のコソヴォ暫定自治政府との間でコソヴォの地位に関する交渉が実施されたが、アメリカな

---

(20)　コソヴォ紛争の経緯について、以下を参照。O'Neill 2002; 久保 2003。

ど主要国が独立を受け入れる用意があることは周知の事実であり、事実上は一方的な独立宣言を視野に入れた交渉であったといえよう[21]。コソヴォ政府は 2008 年に独立宣言を行ったが宣言から約 6 年が経過した現在もセルビア共和国政府はコソヴォの独立を認めていない。

　コソヴォの地位をめぐる最大の問題は、コソヴォ内部のセルビア系住民の存在である。紛争と独立を経てその比率は 1.5 パーセント以下にまで低下してしまったが、コソヴォ北部にはセルビア系住民が多数派を占める四つの自治体が存在し、これらは非公式にセルビア政府の支援を受けて独自の統治制度を築いており[22]、現在もコソヴォ政府の統治を受け入れていない。一方で国際社会の強い関与のもとに制定されたコソヴォ憲法では少数民族に対する手厚い保護が規定されている。セルビア系住民には議会においてあらかじめ総議席 120 のうち 10 議席が割り当てられており（Article 64）、これに加えて得票による議席獲得も含めれば人口比以上の議席獲得が確実である[23]。また連立政権につねにセルビア系政党が含まれるなど、権力分有が制度化されているが、セルビア系政党は統治機構に参加しながらもコソヴォの独立自体は認めないという立場をとっている。

　以上、コソヴォにおいても、国家の枠組みに対する深刻な不一致が存在する状況でありながらも、国際社会の承認のもとに独立が承認され国家建設が行われてきたことを確認してきた。その結果は、紛争後 14 年が経過した現在も安定が得られず、国際社会は UNMIK および NATO 指揮の約 5000 人規模の軍事部隊コソヴォ・フォース（KFOR）の駐留を継続している。いかに少数派への手厚い保護を規定しても、国家の枠組みという根本的な点で紛争にまで至ってしまった不一致を穴埋めすることは困難なのである。コソヴォ

---

(21) セルビア政府の合意を得ないままに 2008 年 2 月にコソヴォの独立宣言が行われると、翌日にアメリカ、イギリスなどが承認した。以降、2013 年 10 月現在までに日本を含め 100 カ国以上が国家承認を行っている。
(22) 2013 年 3 月 15 日に筆者が実施したラディヴォエヴィチ国連開発計画（UNDP）コソヴォ事務所職員へのインタビューによる。
(23) ただし、この点に関しては、アルバニア系住民からセルビア系が過剰に代表されているという批判が存在する。2013 年 3 月 13 日に筆者が実施したクルサーニ・コソヴォ政策調査・開発研究所（KIPRED）上席研究員へのインタビューによる。

もまた、深刻なモラル・アポリアが明確に現れた事例であるといえよう。

以上のように、かつてユーゴスラヴィアを構成していたクロアチア、ボスニア・ヘルツェゴヴィナ、コソヴォの三つの事例を通して確認できるのは、国家への統合か分離・独立かを決定するのは当事者の合意ではなく国際社会による判断であり、その基準が一貫していない点、そして、そのような判断を行いながらも、国際社会の側では多民族国家においてどのような平和を築いていくのかという方針が確立していないという点である。また、国際社会の関与の結果として国家の枠組みが決定されたとしても、それは紛争当事者の一方にとって決定的に正当性を欠くものであり、不安定な国家となることも示された。こうして国家の枠組みをめぐる紛争は平和構築についての深刻なモラル・アポリアを投げかけるのである。

おわりに──解決策の探求

本章では、まず平和構築の考え方が登場し、注目を集めながらも、実践を行うなかで活動が拡大し、概念としては希薄化してしまった過程を確認した。続いて、平和構築の目標、主体、モデルをめぐる合意の不在の3点から平和構築に潜むモラル・アポリアを明らかにした。これらのアポリアがきわめて明確な形で現れ、深刻な問題となるのが、国家の枠組みをめぐる合意の不在という事態であった。平和構築を国家建設へと収斂させてきた国際社会にとって国家の存在は平和構築を行う前提条件であり、国家の枠組みに対する合意が得られないことは、平和構築に対して根源的な矛盾を投げかけてきた。それでも、旧ユーゴスラヴィア諸国の独立をめぐる事例において明らかなように、国際社会は強引にでも国家の枠を設定し、平和構築を行ってきたのである。国家機構を建設すべき土台が存在せず、「国民」の合意が得られていないのに、そこに国家の外観をもった機構を築こうとした結果が、現在のボスニアやコソヴォという機能不全な国家の存在である。これらでは紛争の再発こそ避けられているものの、それはいつまでも国際社会の大規模な介入を必要とする脆弱で消極的な平和にとどまっている。

このような深刻なモラル・アポリアに陥っている平和構築にはどのような解決策が考えられるであろうか。一つの可能性としては、ローカル・アクターによる主導を徹底する方向性がありうる。ローカル・オーナーシップを尊重し、国際アクターはあくまでもローカル・アクターを支える立場に徹すれば、より正当性の高い形での平和構築が行いうるのではないだろうか。

　これは理想的ではあるが、紛争が起こってしまった社会には紛争の要因があるはずであり、国際社会による支援があっても当事者同士でこれを解決できるとは限らない。当事者に委ねた結果が、紛争の勝者の側による勝者のための平和になってしまうのでは現状よりも望ましい状況とはいえまい[24]。少なくとも、紛争を止め平和的な手段による紛争解決および平和構築をローカル・アクターに受け入れさせるうえで、国際社会が役割を果たすことは必要とされている。停戦が得られたあとの国家の枠組みの設定や国家機構の整備をこそ、ローカル・アクターに委ねるべきであろうが、国際アクターは、自分たちのほうがローカル・アクターよりも平和に至る道を熟知しているという自負をもって人員や資金を投入しており、自らの選好にそぐわない体制の出現やローカル・アクターが犯す「失敗」に対して手をこまねいて傍観しているとは考えにくい。

　上記とはまったく逆に、いっそ国際アクターによる関与をさらに強化して、ローカル・オーナーシップを制限するという方策も考えられる。本章で見てきたように、現実の平和構築はこの傾向を強めているともいえる。この方策であれば、国際アクターによる投入が十分でありさえすれば、紛争が再発する蓋然性は低く抑えることができる。しかしながら、アフガニスタン、イラクのように、失敗すれば国際社会の平和や安全に重大な影響を及ぼすケースでさえも国際アクターの投入が逓減していくことは避けられないのであり、すべての紛争に対して国際アクターが十分な投入を行うことは期待できない

---

(24)　ただし、紛争当事者の強者による紛争解決と平和構築は、国家の安定に寄与する面があることは認めざるをえない。たとえば、トフトは、軍事的な勝利によって紛争が終結したほうが紛争の再発が起こらず、民主主義も定着しやすいことを統計的に示している（Toft 2010, ch. 4）。しかし、弱者が犠牲になる構図にはモラル上の深刻な問題が存在するため、本章ではこれを支持しない。

第Ⅱ部　平和のアポリア

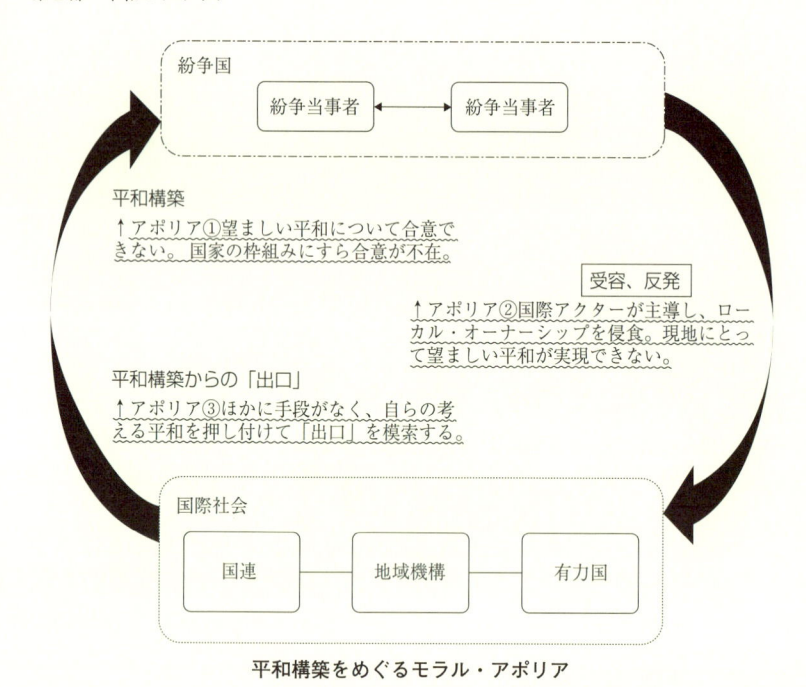

```
紛争国
  紛争当事者 ←→ 紛争当事者

平和構築
↑アポリア①望ましい平和について合意で
きない。国家の枠組みにすら合意が不在。

                    受容、反発
↑アポリア②国際アクターが主導し、ロー
カル・オーナーシップを侵食。現地にとっ
て望ましい平和が実現できない。

平和構築からの「出口」
↑アポリア③ほかに手段がなく、自らの考
える平和を押し付けて「出口」を模索する。

国際社会
  国連 ── 地域機構 ── 有力国
```

平和構築をめぐるモラル・アポリア

であろう。何より、国際社会の主導によって建設される国家は、ローカル・アクターにとっては正当性の低いものであり、正当性の低い国家は長期的には安定したものとはならないであろう。

　現実的な改善策はこの二つの方向性を折衷することしかないと思われる。思わぬ方向からの変化の兆しも存在する。近年は中国やインドなど、既存の先進国とは異なる価値・規範を有するアクターが台頭し、ドナーとしても存在感を発揮し始めている。国際アクター間の関係が変化し、ローカル・アクターにはさまざまな国際アクターの関与から望ましいものを自ら取捨選択できるようになる可能性はある。もっとも、多様化した国際アクターは容易に主導権争いに陥りかねない。まず求められるのは、幅広く国際アクターが合意できるなるべく非政治的な最低限の原則や行動規範の策定ではないだろうか。

　特に、上記で検討してきたようにアイデンティティの相違にもとづいて国

家の枠組みが争われるケースでは、幅広い国際アクターの対応が一致かつ一貫していることがきわめて重要である。例えば、領土保全の原則が徹底され、多数派の明示的な合意がない限りは分離・独立を認めないことが明確になっていれば、少数派にとって分離・独立が現実的な目標でなくなり紛争という選択肢が選ばれる可能性は低くなる。逆に、明示的な条件によって分離・独立を認める原則を定めれば、多数派の側で国家の分裂を招くような行為が慎まれて、やはり紛争が避けられるかもしれない。ただし、前者は抑圧的な環境にある少数派にとっての救済の可能性を低くする方向にはたらきかねない。後者は、主に少数派の側であえて挑発的な行動がとられる可能性が排除できない。加えて、ロシアや中国など、自国内に分離・独立の動きを抱える有力アクターにとって決して認められないものであろう。幅広い国際アクターの合意が可能であるとすれば領土一体性維持の方向であり、これを強化し、一方で既存の国家枠組みが国内的な正当性を高められるように、非政治的な面を中心に福祉の向上などによって少数派の理解を得ていくしか方法はないと考えられる。

【参考文献】

稲田十一 2004「紛争と開発・援助――どのような関係があるのか」、稲田十一編『紛争と復興支援――平和構築に向けた国際社会の対応』有斐閣、26-46頁。

ヴェーバー、マックス 1980『職業としての政治』〈岩波文庫〉、脇圭平訳、岩波書店。

上杉勇司・藤重博美・吉崎知典編 2012『平和構築における治安部門改革』国際書院。

片柳真理 2011「ボスニア・ヘルツェゴヴィナへの復興・開発支援と分断の再生産」『国際政治』第165号、70-82頁。

工藤正樹 2009「OECD/DACとSSR――共通の開発課題から政策課題へ」、上杉勇司・長谷川晋編『平和構築と治安部門改革（SSR）――開発と安全保障の視点から』〈IPSHU研究報告シリーズ No.45〉、広島大学平和科学研究センター、65-73頁。

久保慶一 2003『引き裂かれた国家――旧ユーゴ地域の民主化と民族問題』有信堂高文社。

国際連合 2008『国連平和維持活動――原則と指針』。

佐原徹哉 2008『ボスニア内戦――グローバリゼーションとカオスの民族化』有志舎。

塩川伸明 2004『多民族国家ソ連の興亡Ⅰ 民族と言語』岩波書店。

篠田英朗 2004『平和構築と法の支配――国際平和活動の理論的機能的分析』創文社。

――― 2009「平和構築における現地社会のオーナーシップの意義」『広島平和科学』第31号、163-202頁。

篠田英朗・上杉勇司編 2005『紛争と人間の安全保障――新しい平和構築のアプローチを

求めて』国際書院.
高木徹 2002『戦争広告代理店』講談社.
月村太郎 2006『ユーゴ内戦——政治リーダーと民族主義』東京大学出版会.
中井和夫 1998「ソ連」、柴宜弘・中井和夫・林忠行『連邦解体の比較研究——ソ連・ユーゴ・チェコ』多賀出版.
中内政貴 2010「旧ユーゴスラビア諸国における SSR の特徴と課題」、上杉勇司・長谷川晋編『平和構築と治安部門改革 (SSR)』〈IPSHU 研究報告シリーズ No. 45〉、広島大学平和科学研究センター、65-73 頁.
——— 2012「旧ユーゴスラビア諸国」、上杉勇司・藤重博美・吉崎知典編『平和構築における治安部門改革』国際書院.
星野俊也 2011「国連における平和構築」、藤原帰一・大芝亮・山田哲也編『平和構築・入門』有斐閣、104-125 頁.
古澤嘉明 2012「平和構築と「実態のない平和」——警察改革からみる平和構築研究の批判的転回」、日本平和学会編『平和を再定義する』〈*Peace Studies* No. 39〉、115-137 頁.
望月克哉編 2006『人間の安全保障の射程——アフリカにおける課題』アジア経済研究所.
山田哲也 2004「国連による平和構築とその課題」、稲田十一編『紛争と復興支援』有斐閣、75-96 頁.

Arbitration Commission of the Peace Conference on Yugoslavia 1992a "Opinion No. 5 on the Recognition of the Republic of Croatia by the European Community and its Member States," 11 January 1992, in Snežana Trifunovska ed., *Yugoslavia Through Documents: From its Creation to its Dissolution*, Martinus Nijhoff Publishers, 1994, pp. 489-490
——— 1992b "Opinion No. 4 on International Recognition of the Socialist Republic of Bosnia and Herzegovina by the European Community and its Member States," 11 January 1992, in Snežana Trifunovska ed., *Yugoslavia Through Documents: From its Creation to its Dissolution*, Martinus Nijhoff Publishers, 1994, pp. 486-488.
Bush, George H. W. 1990 "Statement by Press Secretary Fitzwater on the Restoration of Lithuanian Independence," 11 March.
Chivvis, Christopher S. 2010 "Back to the Brink in Bosnia?" *Survival*, Vol. 52, No. 1, pp. 97-110.
Council of Europe 2000 Parliamentary Assembly Recommendation 1456, 6 April.
Croatian Bureau of Statistics 2011 *Census of Populations, Households and Dwellings 2011*.
European Community 1991 "Declaration on the 'Guidelines on the Recognition of New States in Eastern Europe and in the Soviet Union'," 16 December.
Futamura, Madoka, Edward Newman and Shahrbanou Tadjbakhsh 2010 "Towards a Human Security Approach to Peacebuilding," *Research Brief*, No. 2, United Nations University.
Galtung, Johan 1969 "Violence, Peace, and Peace Research," *Journal of Peace Research*,

Vol. 6, No. 3, pp. 167-191.
——— 1976 "Three Approaches to Peace: Peacekeeping, Peacemaking, and Peacebuilding," *War and Defence: Essays in Peace Research Volume Two*, Christian Ejlers.
Gellner, Ernest 1983 *Nations and Nationalism*, Cornell University Press.
Grävingholt, Jörn, stefan Gänzle and Sebastion Ziaja 2009 "The Convergence of Peacebuilding and State Building: Addressing a Common Purpose from Different Perspectives," *Briefing Paper*, German Development Institute.
Gurr, Ted Robert 2000 *Peoples Versus States: Minorities at Risk in the New Century*, United States Institute of Peace Press.
Hawkins, Virgil 2008 *Stealth Conflict: How the World's Worst Violence is Ignored*, Ashgate.
Holbrooke, Richard 1998 *To End a War*, Random House.
Horowitz, Donald L. 1985 *Ethnic Groups in Conflict*, University of California Press.
Lidén, Kristoffer 2011 "Peace, Self-Governance and International Engagement: From Neo-Colonial to Post-Colonial Peacebuilding," in Shahrbanou Tadjbakhsh eds., *Rethinking the Liberal Peace: External Models and Local Alternatives*, Routledge.
Miller, Paul D. 2013 "The US and Afghanistan after 2014," *Survival*, Vol. 55, No. 1, pp. 87-102.
Newman, Edward, Roland Paris and Oliver P. Richmond eds., 2009 *New Perspectives on Liberal Peacebuilding*, United Nations University Press.
Obama, Barack 2011 "Statement Recognizing South Sudan as an Independent and Sovereign State," 9 July.
OECD/DAC 2007 *Principles for Good International Engagement in Fragile States & Situations*.
OECD/DAC 2011 *Conflict and Fragility: International Engagement in Fragile States-Can't We Do Better?*
O'Neill, William G. 2002 *Kosovo: An Unfinished Peace*, International Peace Academy Occasional Paper Series, Lynne Rienner Publishers.
OSCE 2006 *Report on Croatia's Progress in Meeting International Commitments Since 2001: 2006 Review*.
Paris, Roland 2002 "International Peacebuilding and the 'Mission Civilisatrice'," *Review of International Studies*, No. 28, pp. 637-656.
——— 2004 *At War's End*, Cambridge University Press.
Parker, Ned 2012 "The Iraq We Left Behind: Welcome to the World's Next Failed State," *Foreign Affairs*, March/April, pp. 94-110.
Rabushka, Alvin and Kenneth A. Shepsle 1972 *Politics in Plural Societies: A Theory of Democratic Instability*, Charles E. Merrill Publishing Company.
Rice, Condoleezza, Secretary of States 2008 "U.S. Recognizes Kosovo as Independent State". http://2001-2009.state.gov/secretary/rm/2008/02/100973.htm（最終アクセス

2014 年 3 月 26 日）

Richmond, Oliver P. 2005 *Transformation of Peace*, Palgrave Macmillan.
―――― 2008 *Peace in International Relations*, Routledge.
Søberg, Marius 2007 "Croatia Since 1989: The HDZ and the Politics of Transition," in Sabrina P. Ramet and Davorka Matić eds., *Democratic Transition in Croatia: Value Transformation, Education & Media*, Texas A&M University Press, pp. 31-62.
Toft, Monica Duffy 2010 *Securing the Peace: The Durable Settlement of Civil Wars*, Princeton University Press.
Tschirgi, Necla 2013 "Securitization and Peacebuilding," in Roger Mac Ginty eds., *Routledge Handbook of Peacebuilding*, Routledge.
United Nations 1992 *An Agenda for Peace*.
―――― 1995 *Supplement to An Agenda for Peace*.
―――― 1996 *An Agenda for Democratization*.
―――― 2000 *Report of the Panel on United Nations Peace Operations*（*The Brahimi Report*）.
―――― 2007 *Decision of the Secretary-General's Policy Committee*.
―――― 2008 *United Nations Peacekeeping Operations: Principles and Guidelines*（邦訳『国連平和維持部隊――原則と指針』）。
UNDP 1994 *Human Development Report 1994*.
United Nations DPKO/DFS 2010 *Peacekeeping and Peacebuilding: Clarifying the Nexus*.
UNHCR 2011 *Minority Return to Croatia: Study of an Open Process*, UNHCR Representation in the Republic of Croatia.
US DoD (United States Department of Defense Directive) 2005 "No. 3000.05," 28 November.
White House 2006 *The National Security Strategy of the United States of America*.
Woodward, Susan L. 1995 *Balkan Tragedy: Chaos and Dissolution After the Cold War*, Brookings Institute Press.
Zartman, I. William 2000 "Ripeness: The Hurting Stalemate and Beyond," in Paul C. Stern and Daniel Druckman eds., *International Conflict Resolution After the Cold War*, National Academy Press, pp. 225-250.

■ 平和構築を考えるための映画

『未来を生きる君たちへ（『HÆVNEN（復讐）』（制作：デンマーク、スウェーデン、2010 年）
　監督：スサンネ・ビア（Susanne Bier）
　脚本：アナス・トーマス・イェンセン
　二組の家族の葛藤を通して、罪と正義のあり方を問う作品。母の死によって深い心の傷を負ったクリスチャンは、父親に対して心を開くことができないまま、

デンマークへと引っ越してきた。転校した先でクリスチャンが出会ったのはいじめに遭うエリアスの存在だった。いじめに抵抗しようとしないエリアスに対して、クリスチャンは復讐によっていじめをやめさせようとする。一方で、エリアスの父親のアントンは、暴力に暴力で対抗することを否定する立場であり、自らの行動によって子供たちに暴力を拒否してみせる。だが、アフリカの難民キャンプで医療に尽力するアントンのもとに、ある日、妊婦の腹を裂いて殺害する悪人「ビッグマン」が重傷を負って運ばれてくる。これに対してアントンがとった行動とは。

『サラエボの花（『GRBAVICA』）』（制作：ボスニア・ヘルツェゴビナ、オーストリア、ドイツ、クロアチア、2006年）
　監督・脚本：ヤスミラ・ジュバニッチ（Jasmila Žbanić）
　サラエヴォに住む母娘の生活を通して紛争が残した傷跡を描く作品。原題はボスニア紛争で激戦区となったサラエヴォの地区の名前。父親のいないサラは、母親エスマから父親は民族のために戦死した英雄だと聞かされ、そのことを心の支えにしてきた。しかし、学校の修学旅行への参加費免除をめぐって、サラは父親が戦死した証明書の提出を求められてしまう。エスマは証明書の話題を避けようとし、勤め先から借金することでサラの修学旅行の費用を捻出するというが、サラに真実を明かすように詰め寄られてしまう。サラの出生の秘密が明らかになったとき母娘はどうなってしまうのか。

『アフガン零年（『Osama』)』（制作：アフガニスタン、日本、アイルランド、イラン、オランダ、2003年）
　監督・脚本：セディク・バルマク（Siddiq Barmak）
　1人の少女の姿を通して、タリバン政権下のアフガニスタンの市民の生活を描く作品。父や叔父を戦争で亡くし、看護師として働く母親も給料を受け取れない12歳の少女は、生活の糧を稼ぐ必要に迫られていた。母親と祖母は少女に男装させて働きにいかせることを思いつくが、女性が単独で出歩くことさえも禁じるタリバンに見つかれば、彼女の命さえも危ぶまれる。「タリバンにばれたら殺される」と少女は怯えるが、彼女に生活を託す母親と祖母に説得されてミルク屋で働き始める。うまくいくかと思われたのもつかの間、タリバンによる少年狩りに遭い、彼女は少年として宗教学校での修行を強いられる。何とか少年を演じ続けようとする少女に対して周囲の少年は「女だろう」と疑い始める。

　　　　　　　　　　　　　　　　　　　　　　　　　　　　　（中内政貴）

第Ⅱ部　平和のアポリア

第6章
民主化
デモクラシーの実現不可能性

杉浦功一

はじめに

　1980年代末に冷戦が終結して以降、国家の統治は「デモクラシー（民主主義）」にもとづくべきという国際規範は強固なものとなっている。それとともに、各国でデモクラシーを実現すること、すなわち民主化は各国にとって国際的な責務となり、各国のデモクラシーの追求を支えることは国際社会のアクターの道義的責任と考えられるようになりつつある。そこでのデモクラシーとは、代表制で、複数政党制にもとづく選挙を通じた政権選択、法の支配、自由なメディア、個人の人権の尊重、市場経済が制度的に保障された、いわゆる（制度的）リベラル・デモクラシーを意味する。1974年のポルトガルにおける「リスボンの春」を皮切りに始まった民主化の「第三の波」（サミュエル・P・ハンチントン）は、80年代半ばのブラジルを含む中南米諸国やフィリピン、韓国の民主化を経て、冷戦の終結によって拍車がかかり、90年代には東欧やアフリカ諸国の民主化と世界を席巻していった。アメリカの研究プロジェクトであるポリティⅣによると、「民主主義体制」に該当する国の数は、1974年には40を下回っていたが、1989年の48から1994年に77に急増し、2005年頃には90を数えるに至った[1]。それにあわせて、欧米や日本など西側先進諸国、国際機構、NGOなどによる民主化支援活動も多様化

第6章　民　主　化

しつつ拡大してきた[2]。

　それが今世紀になると、いったんは民主化された国で政権の強権化が進むなど、世界全体でデモクラシーの質の低落傾向が顕在化していった（Diamond 2008）。加えて、2003年のアメリカ主導のイラク戦争をきっかけに、民主化支援活動は国際的な反発を受けるようになる（Carothers 2010）。当時のアメリカのジョージ・W・ブッシュ政権が、国際的な戦争反対を振り切ってイラクに侵攻する大義名分として、大量破壊兵器の開発疑惑とともに、デモクラシーの推進を掲げたためである。特に中国やロシアなど一部諸国は、民主化支援を妨害する姿勢を明確に示すようになった。

　民主化支援への反発には、西側先進国で実践されるリベラル・デモクラシー自体の限界も関係している。冷戦終結にともなって起きた東欧革命では、「自由で繁栄している」西側先進民主主義諸国への強い憧れが、東欧諸国の市民たちを鼓舞した。しかし、西側先進諸国の従来型の民主政治は危機に対応できず構造的な機能不全を起こしているように見える。この流れは、2008年以降のリーマンショックによるアメリカの経済危機や2010年にギリシャの債務危機から進行したヨーロッパ連合（EU）のユーロ危機で拍車がかかった。他方、経済発展が進む中国が国際社会で存在感を増すにつれて、国家主権の強調、政府統制を維持しながらの市場経済の自由化促進、市民の反体制的な活動の制限、政府主導のインフラ開発と技術改善を特徴とする、政治経済体制の「中国モデル」を模倣する動きが見られるようになった（ハルパー 2011）。これらが重なって、欧米流のリベラル・デモクラシーへの「幻滅」

---

(1) ポリティ（Polity）プロジェクトはアメリカのメリーランド大学で1970年代に始められた。現在のポリティⅣデータセットでは、行政府首脳の選抜の規制、執行部の選抜の競争性、執行部の選抜の公開性、執行指導者への制約、参加の規制、政治的参加の競争性の各変数について専門家がポイントを付け、それらを加重し総計したうえで-10の「完全に権威主義的」から+10の「完全に民主的」までの「ポリティ・スコア」が算出される。そのスコアによって各国は、専制体制（autocracy）（-10から-6）、アノクラシー（anocracy）（-5から+5）、民主主義体制（democracy）（+6から+10）に分類される。詳細は同プロジェクトのHPを参照（http://www.systemicpeace.org/polity/polity4.htm）。

(2) なお、ここでは「民主化支援（democracy support）」を、開発援助での技術支援に限定されず、軍事的な介入や外交交渉を含む広い意味で用いる（杉浦 2010）。

207

が世界全体に広がっているのである。日本でも、少なくとも経済開発の視点からの国家の仕組みの好例として、国家が国際競争力のある産業育成を戦略的に主導する「シンガポールモデル」を推す知識人も見られる（大前 2013）。

そもそも、利益団体の跋扈や代議士と有権者の乖離など西側の代表制民主政治の内在的な欠陥は、すでに1970年代には、民主化の「第三の波」を主張したハンチントン自身によって「統治性の危機」として指摘されていた（ハンチントン／クロジェ 1976）。そのような欠陥はいまなお続き、国民の民主政治への不信を高め、従来の民主制度では政治過程に民意が十分反映されると感じられない「デモクラシーの赤字」ともいわれる状況を生んでいる（Norris 2011；ストーカー 2013）。日本でも、2011年3月の東日本大震災での福島第一原発事故への政府の対応が既存の政治への幻滅感を強め、官邸前での反原発の大規模なデモにつながった。これまで支援側であった西側先進国でのデモクラシーへの不信の高まりは、民主化を支援する側の熱意の低下と、支援される側の失望を生んでいる。しかも、グローバル化の進展によって国家に基礎を置くデモクラシー自体が限界を迎えていることが、世界的に国家の民主化が進みつつあった90年代より盛んに指摘されるようになった（Held 1995）。それは西側先進国のみならず新興民主主義国でも生じている構造的な側面をもつものである。

20年前の冷戦終結時に、政治体制をめぐる人類の争いの「歴史の終わり」（フランシス・フクヤマ）を飾るとまでいわれたデモクラシーに、現在何が起きているのであろうか（Fukuyama 1992）。また、デモクラシーの実現を目指す「民主化」はどのような困難に直面しているのであろうか。1996年、冷戦終結の熱気が残るなかで、当時の国連事務総長であったブトロス・ブトロス＝ガリは『民主化への課題』と題される報告書を公表し、国際社会が民主化を推進する必要性と道義的責任を訴えた（Boutros-Ghali 1996）。注目すべきは、ブトロス＝ガリは、国家のみならず国際関係の平等など国際レベルの民主化も訴えていたことである。その後20年近くが経過し、国際関係が大きく変化したことを受けて、国家と国際レベルの二つのレベルの両方を視野に入れながら国際社会における「民主化への課題」があらためて検討されるべき時

第 6 章　民　主　化

期に来ている。

　しかも、その課題は単なる技術的な問題ではない。デモクラシーの実現が求められながらも、極端な例ではアメリカによるイラク戦争のように、デモクラシーという価値の追求がかえって非民主的な結果を生むといった内在的なディレンマが存在する。また、平和構築や経済発展、国家主権といった、各国および国際社会がその実現に道義的責任を負う諸価値が並行して存在するなかで、各価値の追求がお互いの実現の困難を妨げる事態が頻繁に起きている。そこで、本章では、現在の国際関係でデモクラシーと民主化に生じている二つのモラル・アポリアに注目し、その全容と原因、争点を明確にすることで、政策担当者およびデモクラシーの「デモス（人民）」たる一般の人々が、民主化への課題の考察を深める材料を提示したい。

　本章での民主化に関するモラル・アポリアは次の２点にまとめることができる。

　　アポリア①：国家ではデモクラシーを実現できないというパラドクス。
　　アポリア②：国際社会は国家の民主化を推進できないというパラドクス。

　第一のアポリアは、国家を前提とする現在の形態のデモクラシーは、ほんとうの意味でデモクラシーの価値を実現できるのかという問題である。冷戦後、各国で実現され、国際社会が推進してきたデモクラシーとは、政治および経済の自由主義を主要な要素とする欧米流のリベラル・デモクラシーを意味した。冷戦の終結＝西側による「勝利」と認識されて国際的な普遍性を獲得し、自由と繁栄を導くモデルとして各国で模倣されるべきものと賞賛されることとなった。そして、それを実現することが国際社会の道義的かつ国際法上の義務となっていく（桐山 2001）。ところが、その「模範」たる欧米先進民主主義諸国では、先述のように経済的な困難に直面し、それと連動しながら、2011 年にアメリカの政界・経済界への抗議として起きた「ウォールストリートを占拠せよ」運動に象徴されるように、従来の代表制民主主義への不信が深まっている[3]。そもそも、1980 年代以降深化してきたグローバル化は、

第Ⅱ部　平和のアポリア

各国に競争のための規制緩和など主権の縮小を迫り、代表制による民主的な意思決定の対象範囲を狭めてきた。これらの事態は、国家を「民主化」しても結局デモクラシーの理想は実現できないのではないか、という疑念を人々の間に生んでいるのである。

　しかし、多くの途上国では依然として、従来的な意味での国家の民主化が大きな課題である。冷戦終結以後、アメリカをはじめとした西側先進諸国やEU、国連など国際機構は、リベラル・デモクラシーを平和や経済的繁栄を招くものとして称賛し、その推進を自らの国際的責務として強力にコミットしてきた。その手段は、軍事的な介入から経済制裁、開発援助への政治的コンディショナリティ[4]、外交的な圧力、合意にもとづく技術支援まで多岐にわたる。そして、1980年代末から東欧諸国やアフリカ諸国に拡大していった民主化の「第三の波」、今世紀に入ってウクライナ、グルジア、キルギスなど（旧）独立国家共同体（CIS）諸国での「カラー革命」、そして2011年初頭からチュニジア、エジプト、リビアと続くいわゆる「アラブの春」まで断続的に生じた民主化の動きは、民主化支援活動による好ましい結果とみなすこともできよう[5]。しかし、近年は、上記の諸国も含めて民主化されたはずの国でデモクラシーが後退する事例が目立つようになっている。同時に、90年代に国際的な支持を獲得したはずの民主化支援活動に対して、国際的な風当たりが今世紀になり強まりつつある。国際アクターという外部者ははたしてある国の民主化を支え推進することができるのか、またそのような関与は道義

---

(3)　この運動では、貧富の格差を広げるアメリカの経済界や政界への不満が、アメリカ各地での街頭デモとして表出された。そのスローガンは、大多数の国民を置き去りにしたままごく少数の富裕層がますます富を増やし続ける現状を批判する「私たちは99パーセントだ」であった。

(4)　開発援助への政治的コンディショナリティ（条件づけ）には、民主化の前向きな取り組みを評価して開発援助を増額する「ポジティヴ・リンケージ」と、民主化をためらう、あるいは逆行した場合に援助を減額・停止する「ネガティヴ・リンケージ」とがある（杉浦 2010）。

(5)　いわゆる「カラー革命」では、2003年11月グルジアの「バラ革命」、04年12月ウクライナの「オレンジ革命」、05年2～3月のキルギスでの「チューリップ革命」と、いずれも選挙での不正を国民が街頭に繰り出して糾弾することで政権の交代が生じた。「アラブの春」と称される事態では、チュニジア、エジプト、リビアで長期にわたって支配してきた独裁者がやはり国民の運動で追放され、その他のアラブ諸国でも政権への異議申し立てが強まった。ただし、「カラー革命」と「アラブの春」が起きた諸国でのその後の情勢は、必ずしも民主化にとって好ましい方向へと向かっているわけではない（塩川 2011）。

第6章 民　主　化

的に好ましいことなのか、関与は純粋な意図にもとづいているのかといった点について支援の当事者自身の間でも懐疑の声が聞かれるようになっている。民主化を推進しようとする国際社会が民主化を推進できない（あるいは阻害してしまう）というパラドクス、これが民主化の第二のアポリアである。そして、これら二つのアポリアは、結び付いて一つの大きな民主化のモラル・アポリアを突きつけている。

　本章では、以上の民主化のモラル・アポリアを詳細に検証していく。続く第１節では、デモクラシーの実現が求められているにもかかわらず、従来の国家を基盤としたデモクラシーでは、その基本理念を実現できないという第一のモラル・アポリアが生じている様子を描写する。かといって、国家の民主化よりもコスモポリタン・デモクラシーのような国家を超えるデモクラシーの実現が優先されるべきかというと、そうではないことも示される。第２節では、国際アクターによる民主化支援の限界やそれに対する批判を多面的に検証することで、デモクラシーは国際社会で実現されるべき価値であるにもかかわらず、外部アクター（＝国際社会のアクター）では当該国家の民主化を支えることができず、場合によっては非民主的な結果を生みかねない、というモラル・アポリアを描き出す。最後に、それでは、どのようなデモクラシーが、誰の手によって、どのように実現されればよいかについて示唆を述べることで締めくくりたい。

1　グローバル化による国家のデモクラシーの危機

1）グローバル化の進展

　冷戦が終わり、西側先進国のリベラル・デモクラシーが「勝利」をおさめたとされ、それを範とした民主化の波が世界を覆った。リベラル・デモクラシーの導入が半ば義務として各国に求められるようになり、いまでは、世界の３分の２の諸国が少なくとも制度上はリベラル・デモクラシーを実現した状態である。ところが、民主化を早くに実現し、民主化支援の中核を担う西側先進民主主義諸国のデモクラシー自体が揺らいでいることが、民主化の第

三の波が進む一方で指摘されるようになった。西側先進国では、従来型の民主政治への不信が強まっている（Norris 2011；ストーカー 2013）。もちろん、西側先進国での民主政治の危機自体は、先述のハンチントンの「統治性の危機」の議論にあるように1960年代末にまでさかのぼることができる（ハンチントン／クロジェ 1976）。それを解決するために、例えば参加型民主主義が提案され（Pateman 1970）、その後も、ラディカル・デモクラシーや熟議民主主義といった議論が盛んである（Mouffe 1993；フィシュキン 2011；山崎 2012）。しかし、それらの議論は、多かれ少なかれ、国家レベルにおいてリベラル・デモクラシーが制度上および機能上成立している、あるいは成立しうることを前提としている。問題は、1980年代以降、グローバル化の進展によってデモクラシーの基盤である国民国家が掘り崩されていることである（以下、杉浦 2007, 2012b）。

　グローバル化の定義は多様だが、例えばデヴィッド・ヘルドらは、グローバル化を「社会的関係と交流のための空間的組織の変容を具体化し——それは社会的関係や交流の広がり、強度、速度そして影響によって評価されるのだが——大陸横断的なフローもしくはリージョナル間のフローと、活動、相互作用、パワーの行使という三つのためのネットワークを生み出す過程もしくは複数の過程の組み合わせ」として、経済のみならず政治や社会、文化も含めた包括的な定義を提示している（Held et al. 1999, 邦訳 p.27）。ただし、現在進展しているグローバル化に対しては評価が分かれる。ヘルドらはグローバル化への姿勢を「ハイパーグローバリスト」「懐疑論者」「転換主義者」に分類している。それぞれ、グローバル化への国家への影響への見解も異なる（Held et al. 1999; Held ed. 2000; Scholte 2005；スティーガー 2010）。

　全体的な議論の動向としては、グローバル化という概念が脚光を集めだした1990年代、自由市場と小さな政府を重んじる新自由主義の思想にもとづくグローバル化の進展と、それによる国家の役割の低下が、ハイパーグローバリストによって好ましいものとして強く宣伝された。対して比較的少数の懐疑論者がグローバル化の存在や斬新さ、国家への影響を疑った。21世紀に近づくと、グローバル化を経済に限らないより広い現象として捉え、主権国

第6章 民主化

家の政府の権限、機能、権威を再編成、再設計しつつあると考える、転換主義者の議論が次第に支持されていく。同時期には、1999年の世界貿易機関（WTO）のシアトルでの閣僚会議に対するデモや2001年の世界社会フォーラムに象徴されるように反グローバリズム運動が盛り上がり、グローバル化の負の側面にも注目が集まるようになった。2001年の9.11同時多発テロ後のアメリカによる対テロ戦争と平和運動、2008年以降のリーマンショックによる世界的な経済危機と先述の「ウォールストリートを占拠せよ」運動にあるように、グローバル化の進展とそれに対する反グローバリズムという図式は現在にまで続いている。

　結局のところ、論者の規範的な立場、特に新自由主義的な政策アジェンダに対する態度や、経済や文化などどの分野に注目するかによって、グローバル化と国家への影響の評価が異なってくる。しかし、どの立場であれ、グローバル化とされる現象によって、一国では解決できない国境を越えた問題が増えており、多様な分野で国家の従来の政策や制度が何らかの変化を迫られ、国家以外のアクターが国際的な場面で活躍するようになっていることについては共通の理解が形成されている。このような変化を生んでいるグローバル化によって、国家におけるデモクラシーの実践が行き詰まるようになったのである。

2）国家におけるデモクラシーの行き詰まり

グローバル化による国家の自律性の低下　　グローバル化の過程では、1980年代以降、西側先進国では「小さな政府」をスローガンに経済の自由化が進められ、途上国でも援助機関による構造調整の要求により経済の自由化と規制緩和が進展し、自由貿易の拡大が促されていく。拡大したグローバル経済のもとでは、各国はいわゆる新自由主義に反する政策をとることが事実上困難になり、投資を呼び込むために競って規制を撤廃せざるをえない、いわゆる「底辺への競争」が激しくなった（スティーガー 2010；杉浦 2007）。グローバル化によって激化する国際競争に勝つために、各国は賃金や環境保護の規制を削減する必要に迫られ、国家の自律性を自ら手放さなければならな

くなる。そして、この流れによって各国のデモクラシーの基盤は掘り崩されていく。

　デモクラシーとは、特定の共同体の人民（＝デモス）が自らの運命を集団的に決定するメカニズムを意味する。共同体のなかで成員個人がどの程度自由の権利を有するべきかについては論争（コミュニタリアニズム論争など）があるものの、近代以降、人民＝国民であり、国家が運命共同体として想定されてきた。言い換えると、デモクラシーが成立するためには、国家自体が自らの運命を決定することができるという意味での「自律性」を有することが必要であった（Held 1995）。しかし、先述のようにグローバル化で政策の選択肢が制約される状況では、各国民は自らの運命を決することができず、どのような形態であれ、デモクラシーは実現されえないということになる。

　ヘルドによると、グローバル化によって、世界の相互連結性（interconnectedness）は、拡大・深化し、速度が速まり、そのインパクトが強まったという。グローバル化によって、国境を越えた問題が急増し、従来の国家を単位とした領域的な意思決定のあり方は変容を余儀なくされ、他方で、国際機構や多国籍企業、NGOなど地域的およびグローバルな組織や制度が急成長している（Held 2010a, pp. 28-31; See also, Held *et al*. 1999）。このグローバル化によって国家は変容し、従来のデモクラシーが依拠してきた想定から国民国家（と国家間システム）の現実は「乖離」することとなった。すなわち、第一に、運命共同体の範囲を規定する自己決定的な国民の集合体という概念は、もはや単一の国民国家の境界内には単純には位置づけることができない。第二に、実効的な政治権力の場と国民国家の一致はもはや想定できない。第三に、国家の実際の権力行使の形態は、新しいものになるか、変化しつつある。第四に、国際金融規制のような公共財の提供には多国間の協調した行動が要求され、国境を越えた問題の解決には各国内の政策の変更が求められる。第五に、国内・対外問題の区分や、国内・国際の政治問題の区別はもはや明確ではない。

　これらの文脈で、国家レベルでのアカウンタビリティ（説明／結果責任）やデモクラシーの意味は変わることになる（Held 2010a, pp. 35-39; 1995）。例

第6章　民主化

えば、原子力発電所の事故や経済不況の影響のように、ある国（A国）で起きた問題が別の国（B国）に影響を及ぼす事例が増えつつある。しかし、現在のデモクラシーの過程は各国内で完結するようになっているため、B国の国民は外交以外の方法でその声をA国の政治に反映させる術がない（Held 1995）。たしかに、ヘルドが指摘するような国家におけるデモクラシーのディレンマは昔より存在する。しかし、最近の地球温暖化や世界経済危機のように、グローバル化の進展にあわせて、影響を受ける国の数は拡大し、影響は強くなり、影響が伝わるスピードも速くなりつつあるため、デモクラシーの内実はいっそう掘り崩される。重要な点は、このようなグローバル化によるデモクラシーの浸食の責任の一端は、新自由主義的政策を国際的に推し進めた西側先進諸国やそれらが支配する国際機構にあるということである。

　グローバル化で生じる問題に対処する方策としては、大きく、再び国家の役割を強める方向と、逆に国家を超えて国際共同体の構築を試みる方向とがある。端的にいうと、アメリカや中国は前者を選択し、ヨーロッパ諸国はヨーロッパ統合の深化・拡大として後者を選択してきた。デモクラシーの模索についても、それら二つの方向性に沿う形で行われている。

グローバル化によるリベラル・デモクラシー以外の政治経済体制への注目の高まり　そもそも、政治（経済）体制としてのリベラル・デモクラシーが現実に維持され機能した国家は、第2次世界大戦後長らく西側先進国に限られてきた。多くの発展途上国では、リベラル・デモクラシーの維持は難しく、冷戦の間には多かれ少なかれ民主化の後退を経験してきた。冷戦以後の民主化の世界的な進展でも、その状況は大きく変わらない。それゆえ、西側先進国で実践されるリベラル・デモクラシーはイコール経済発展を連想させるものとなり、冷戦終結を機に、旧社会主義国や多くの途上国は富を求めてこぞってリベラル・デモクラシーへの移行を目指した。

　ところが今世紀になると、中国やインド、ブラジルといった途上国で経済発展が軌道に乗り、従来の南北関係に「新興国」というカテゴリーが登場する。並行して、1990年代以降、先進国が世界経済で占める割合は相対的に低下していく。それとともに、「パワー・トランジション」（田中 2011）や「先

進国-新興国複合体」の形成（山本 2012）といわれるような国際関係の変動が進んでいく。そのような中心（国）を欠く「Gゼロ」（ブレマー 2012）の世界では協調と競争が展開され、そこで主たる争点として再び浮上したテーマの一つが民主化であり政治経済体制の問題である。これまでは政治的自由と市場経済を備えたリベラル・デモクラシーこそが、経済成長をもたらしうると信じられてきた。ところが、グローバル化が進む国際経済で、中国やベトナムのように、政治は権威主義で経済は市場経済を採用して国家主導で産業化を進める、いわゆる「国家資本主義」を実践する国家が競争で優位に立つ局面が見られるようになった（ブレマー 2011）。また、ペルーのフジモリ政権（1990～2000年）、ロシアのプーチン政権（2000～08年、2012年～）、ベネズエラのチャベス政権（1999～2013年）のように、欧米諸国の強い圧力でリベラル・デモクラシーを性急に追求したことで破綻の危機に直面した状態から、むしろ権威主義的な手法によって国家の再建に「成功」したように見える事例も生まれた。

　これまでも、模範としての西側のリベラル・デモクラシーは、冷戦初期にはソ連の社会主義体制、1990年代には東南アジアなどの開発独裁体制の挑戦を受けてきた。その都度、冷戦の終結やアジア経済危機（1997年）によってリベラル・デモクラシーの優位は保たれてきた。しかし、2008年のリーマンショックや2010年のユーロ危機で、その優位が再度脅かされている。特に中国の政治経済体制は、先述のように「北京コンセンサス」あるいは「中国モデル」ともいわれて、一部の途上国を惹き付けている（杉浦 2011b）。中国の模倣とまでいかなくとも、やはり既述の「シンガポールモデル」のように個人の自由の制約をともなう体制が、途上国が学ぶべきモデルとして経済援助機関も注目するものとなっている。むしろ、そちらのほうがグローバル化に対応できると主張されることすらある。他方、これまで推進されてきたリベラル・デモクラシーの国際的な魅力は相対的に低下することとなる。

　いまのところ、各種の世論調査では統治システムがよって立つ価値としてのデモクラシーへの支持は揺るがない（Norris 2011）。しかし、グローバル化に対応するためにデモクラシーの基盤である国家の役割を見直して強化して

も、リベラル・デモクラシー以外の政治経済の体制が魅力を強める状況では、その「デモクラシー」の中身が、必ずしも欧米型のリベラル・デモクラシーを意味するとは限らないというディレンマが生まれている。

コラム 6-1

現代デモクラシー論のアポリア

　一般に私たちのリベラル・デモクラシーが「自由主義」と「民主主義」という二つの伝統の結合物であることは、これまでつとに指摘されてきたとおりである。つまりリベラル・デモクラシーは、個人的自由と差異を擁護する「自由主義的伝統」と、構成員の同一性と平等を重視する「民主主義的伝統」の二つの側面をあわせたものである。しかし現代デモクラシー論、特にラディカル・デモクラシーと呼ばれる潮流は、この伝統のうち主に後者のそれを復権させる方向で展開されてきた。それは、議会制のもとで形骸化した人民主権の理念を再起することで、政治を市民の手に取り戻すことを唱えたのである。

　しかしながら、「民主主義的伝統」の過度の強調はいささか私たちを困惑させるような事態を招いている。デモクラシーを「人民の声の回帰」と理解するとして、例えばマイノリティへのヘイトスピーチを行う排外主義的な社会運動を、はたして「デモクラシー的」と呼べるだろうか。あるいは敵（官僚、公務員、外国人など）を名指すことで人々の憎悪を吸収しながら展開される「ポピュリズム政治」は、ほんとうにデモクラシーのあり方として望ましいのだろうか。これらはたしかに、主権者たる人民の声を回帰させるという論理には適っているかもしれない。しかし「民主主義的伝統」を純化させればさせるほどに、どこかデモクラシーそれ自体を掘り崩してしまうのではないかという不安が首をもたげてくるのだ。

　このようなアポリアと折り合いをつける一つの方途は、自由主義的伝統を再度活性化させ、民主主義的伝統との節合をはかることで、デモクラシーに最低限の規範を担保することであろう。しかしこのことは単に両者をもとの鞘に戻そうというわけではない。重要なことは、この両者の関係が自然的な硬直したものではなく、むしろ偶然的で不安定な結び付きにすぎないことから、私たちのデモクラシーがこれら二つの伝統の危ういバランスの上に成り立っていることを受け入れることである。二つの矛盾する伝統の間で粘り強く交渉を続けること、ただそれのみが私たちのデモクラシーが不完全ながらもなんとか機能するための条件なのである。

（山本圭）

コスモポリタン・デモクラシー論の問題と国家の民主化　デモクラシーが国家だけではその本来的な価値を実現できない状況をふまえて、もう一つの方向性として民主的な国際共同体を構築する方向が提案されている。その一つが、コスモポリタン・デモクラシーあるいは政治的コスモポリタニズムである（以下、杉浦 2011a）。

その代表的な論者であるヘルドは、1987 年に『民主制の諸類型』（1996 年に第 2 版、2006 年に第 3 版）を刊行し、デモクラシーの原理と諸類型を考察し「民主的自律」の概念を導き出した（Held 2006）。1995 年には単著『デモクラシーと世界秩序』で、デモクラシーと国家主権および主権国家システムとの関係を省察し、よりグローバルなデモクラシーのあり方の一つとして「コスモポリタン・デモクラシー」の構想を提案し、その後は、文化や戦争、地球環境の問題への対処のあり方も含めた世界政治の規範的な枠組みを「コスモポリタニズム」として提示し議論の幅を広げている（Held 1995, 2010a, 2010b; 杉浦 2011a）。

ヘルドによると、コスモポリタニズムとは、「グローバルな機関や国家、市民組織、いずれの代表であれ、いかなる主体も侵害するべきではない基準あるいは境界線を設定する基本的な価値」であり、「国民国家の要求を超え、原則として政治権力の性質や形態に大きな影響を及ぼすような、権力・権利・制約を作り出す政治的規制や立法の形態」を意味する（Held 2010b, p.54）。このようなコスモポリタニズムが必要とされる背景として、先述のグローバル化による世界の変化が強調される。グローバル化によって国家は変容し、従来のデモクラシーが依拠してきた国民国家（と国家間システム）は「乖離」が生じている。その一方で、グローバル・ガバナンスは、多層的で多面的、多アクターのシステムへと変貌を遂げつつある（Held 2010a, pp.31-35）。しかし、それはグローバル化によって生み出される、地球温暖化や貧困、金融といった諸問題の解決には対応しきれておらず、「われらが時代の逆説」と呼ばれる状況が続いている（Held 2009, pp.542-543; 2010a, pp.143-146）。国境を越えた問題に対して、グローバルおよび地域レベルのガバナンスは実効性と民主的正当性の両面でいまだ十分でない。そこで、これらの問題を解決

しグローバルにデモクラシーを実現するものとして提案されるのが、コスモポリタンのアプローチである。

そこでは、まず、コスモポリタンの原則として、①平等な価値と尊厳性、②能動的行為（active agency）、③個人的な責任とアカウンタビリティ、④同意、⑤投票手続きにのっとり、公的問題を集団的に決定すること、⑥包括性と補完性、⑦重大な危害の回避、⑧持続可能性が提示される（Held 2009, p. 538; 2010a, pp. 69-75; 2004, 邦訳 pp. 224-225)。このコスモポリタンの諸原則を内在したものが「コスモポリタン（民主主義）法」となる。同法は、普遍的な基準や人権、民主的価値といった第2次世界大戦後の多国間秩序の強みの上に築かれる（Held 2010a, p. 97)。そこでは、主権は、固定された国境と領域という概念から切り離され、原則として基本的なコスモポリタン民主主義法の一属性と考えられるようになり、コスモポリタン法は、地域、国家、ローカルの「諸主権」が総合的な法的枠組みに服属することを求める。この枠組みのなかで各集団・団体は多様なレベルで自己統治を行う（Held 2010a, p. 99)。

さらにヘルドは、法、政治、経済、文化の側面に分けて、コスモポリタニズムの制度的要件を提示する。例えば、法的コスモポリタニズムの制度的要件には、各国が国際司法裁判所（ICJ）および国際刑事裁判所（ICC）の法的管轄権に服することや、新しい国際人権裁判所と国際環境裁判所の創設が含まれている（Held 2010a, pp. 104-105)。政治的コスモポリタニズムには、①多層的なガバナンス、拡散された権威、②ローカルからグローバルなものまでの民主的フォーラムのネットワーク、③政治の地域化の強化、④コスモポリタン法を擁護する最後の手段として強制力を行使するための効果的で責任ある国際的な治安部隊の創設、などが制度的要件として提示される（Held 2010a, p. 107)。経済的コスモポリタニズムの制度的要件には、グローバルな課税メカニズムや最も経済的に脆弱な人々に資源を分配することが含まれる（Held 2010a, p. 110)。文化的コスモポリタニズムでは、ローカル、国家、地域、グローバルで集団的な解決を求める、重なり合う「集団的運命」の理解を深めることなどが制度的要件とされる（Held 2010a, p. 112)。

第Ⅱ部　平和のアポリア

　以上のコスモポリタニズムの諸原則と制度的要件にもとづいて、安全保障理事会（安保理）の改編など国連改革を中心にグローバル・ガバナンスの具体的な改革案が提示される（Held 2010a, pp. 165-172, 181-183; 2004）。それらアジェンダと制度が実現された状態が「コスモポリタン・デモクラシー」である（Held 2010a, p. 178）。ヘルド以外の論者とあわせると、コスモポリタン・デモクラシーの共通の了解として次の点を挙げることができる（Archibugi 2008; Archibugi and Held eds. 1995; Beck 2006; ベック 2008, 2010）。
　第一に、コスモポリタン・デモクラシーを主張する前提かつ目標として、政治的かつ道徳的主体としての普遍的で平等な個人の存在である。また、自由主義思想の延長上に、個人が「自律」を実現している状態を基本的に望ましいものとする。第二に、グローバル化による国家および国家間システムの変容によって、「人民の支配」は国家のみではもはや達成しえず、個人が自らの人生を決定できるという意味での民主的自律も達成しえない。そのことがコスモポリタン・デモクラシーを必要とする主な理由となる。集団的自己決定としてのナショナルなデモクラシーは限界を迎えているとする（McGrew ed. 1997）。第三に、グローバル化および近代の進展による地球規模の課題、なかでも地球環境問題、金融・経済問題、テロや紛争の問題は、至急に対応しなければならない人類全体の課題であり、その解決の効果的な方法としてもコスモポリタン・デモクラシーは望まれる。第四に、コスモポリタンな政治形態（polity）の政治構造については、集権的な世界政府・国家構想よりも、国際機構や国家、ローカルな組織まで多層的な構造が望ましい。また、それらユニット間の役割分担について、政策の決定・実践は可能な最小の単位で行うべしとする、EU で実践される「補完性の原則」が参考にされる（Held 1995, p. 235; 2010a, pp. 72-73）。第五に、国連など国際機構と NGO など市民社会が、構想実現の主たるアクターとして期待される。第六に、コスモポリタン・デモクラシーの構想の実際の例あるいは萌芽として、国連システムや国際法の発展、EU の進展が挙げられる。特に、EU はコスモポリタンな政治形態の「実験」としての位置づけを占めてきた（Held 2010a, pp. 113-114）。第七に、この構想でも国家の役割は決して放棄されない。コスモポリ

タン主権のもとでは、国家や国家の民主的政体は不要になるわけではなく、国家が民主的意思決定の唯一の場ではなくなるだけである（Held 2010a, pp. 100-101）。

このコスモポリタン・デモクラシーの構想が実行されれば、国家における従来のリベラル・デモクラシーが先に挙げた問題を抱えていても、デモクラシーの理念は実現可能となるかもしれない。しかし、よくいわれる「西洋中心主義」や、共通のアイデンティティを有した国際規模の「人民（demos）」の不在、国際機構への集権化によって一部の専門家や国際公務員に権限が集中する「グローバル・テクノクラシー」の危険性に加えて、コスモポリタン・デモクラシーの構想には「移行理論」の不確立、新興国および途上国の視点の欠如、国家の民主化の位置づけの不足という問題が指摘できる。

第一に、コスモポリタン・デモクラシー論には、現在の国際関係がコスモポリタンな民主的政治秩序に変容していく「移行理論」がまだ確立していない。その実現不可能性はこれまで頻繁に指摘されてきた。国際政治学の現実主義者からは、主権国家システムは頑強であり、また、自らの権力を手放すような超国家的な集権化を大国ほど望まないと批判される（Archibugi 2008, pp. 126-129; McGrew ed. 1997）。実際、提案されている国連安保理の改革は進展が見られない。そのような状況に対して、ヘルドら主たる論者自身、既存の国際機構や国際制度、国際法における成功事例をいくつか提示するにとどまり、現在の世界からコスモポリタン・デモクラシーへどう移行していくのかに関する理論的な枠組みは欠如したままである（Held 2010a, pp. 50-58）。この点は、次節にあるような、権威主義体制から民主主義体制へ政治体制が「移行」し「定着」する過程の体系化が行われ、過程にはたらく諸要因の解明が比較的進んでいる国家の民主化研究と比べると明らかである[6]。

第二に、これまでのコスモポリタン・デモクラシーの議論は新興国や途上国の視点が十分ではない。ヘルドの議論の経緯にあるように、コスモポリタン・デモクラシーの可能性が考察され始めたきっかけは、冷戦後の東欧諸国

---

[6] 因果関係が完全に解明されているわけではないが、例えば、一定程度の経済発展や市民社会の形成が民主化を促すとされる（杉浦 2010, 2012b）。

の民主化にある (Held 2006)。国家の民主化の世界的な進展は自明とされたうえで、「デモクラシーの先進地域」である欧米の現状をふまえてナショナルなデモクラシーの限界とコスモポリタン・デモクラシーの諸目標が導き出されたのである。EU がその実験の例として頻繁に言及されるのは、当然の成り行きであるといえよう。ところが、国家の民主化はここしばらく停滞傾向を示している。国家でのリベラル・デモクラシーの一定の定着を自明として、そのうえで国際レベルの民主化を中心に考えればよいという、コスモポリタン・デモクラシー実現の前提は崩れつつある。加えて、グローバル化による相対的な国家の衰退により各国は EU のような国際共同体を追求せざるをえない、というコスモポリタニズム論者の想定も、国家主権の重要性を強調する国家資本主義の中国などでの成功によって自明とはいえなくなっている。中国など非民主的かつ国家主権を強く主張する国家の台頭が、コスモポリタン・デモクラシーの議論でどう位置づけられるかは不明なままである。

　これらの点と関連して生じている第三の問題として、国家の民主化の位置づけの弱さないし関心の低さが指摘できる。そもそも、コスモポリタン・デモクラシーの多層的な世界秩序の構想において国家に依然役割があるのであれば、国家レベルで一定の民主的ガバナンスが実現される必要がある。それにもかかわらず、多くの途上国が直面している国家の民主化という課題は、コスモポリタニズムの論者の視野には必ずしも入っていない。実際、コスモポリタン・デモクラシー（あるいはコスモポリタニズム）へ向けてヘルドが掲げる短期・長期的手段には、国家の民主化は言及されていない (Held 2010a, pp. 251-252)。

　結局、グローバル化による国家の限界からデモクラシーの理念を救い出すべく考えられたコスモポリタン・デモクラシーは、引き続き国家レベルでのリベラル・デモクラシーの存在を前提としているのである。逆にいうと、コスモポリタン・デモクラシーの実現には、政治体制・政治システムとしてのリベラル・デモクラシーが各国で必要ということになる。「国民」は選挙で政権が選ぶことができるようになってはじめて国家の限界に気づき、「コスモポリタン市民」となって国家を超えるデモクラシーを追求するようになる

のである。ここには以下のようなモラル・アポリアがある。グローバル化により国家のデモクラシーが限界を迎えつつあるが、それを打開するコスモポリタン・デモクラシーの実現には国家のデモクラシーが必要というパラドクスである。現在のコスモポリタニズムの議論では国家の民主化についての考察は十分とはいえないものの、すでに国家の民主化は取り組むべき国際的課題となり、国際社会によって民主化への支援が活発になされている。しかし、そこではさまざまな問題が生じており、民主化のもう一つのモラル・アポリアを生んでいる。

2　国際社会による民主化支援の限界

1）国際関係における国家の民主化と民主化支援

　冷戦終結後の世界的な国家の民主化の進展にともない、国家の民主化を支援する活動も急成長を遂げてきた。今世紀をまたぐ頃には、それまで西側先進諸国やEUに比べて政治体制に関わるイシューに消極的であった国連でも、リベラル・デモクラシーおよびそれを支援する活動を国際的な規範とする動きが顕著になる。2000年に採択された国連ミレニアム宣言では、デモクラシーの推進と法の支配の強化が唱えられ（24項）、国連人権委員会（現、人権理事会）では「デモクラシーの促進と強化・定着」と題される人権委員会決議2000/47および同内容の総会決議55/96が採択された。2005年には、国連機関ではじめてデモクラシーの名を関した国連民主主義基金（UNDEF）が設立されるに至っている（杉浦 2010）。

　しかし、そのUNDEF設立の熱心な旗振り役であったアメリカのブッシュJr. 政権は、イラク戦争を引き起こして、民主化支援活動の正当性を大きく損なった。ブッシュJr. 政権の発足当初は、前のクリントン政権とは異なり、国際問題や他国の問題への介入には消極的な姿勢を示したが、2001年の9.11同時多発テロを契機に、同年アフガニスタン、2003年にはイラクと相次いで軍事介入を進めていく。そして、その際に掲げられた道義的目的の一つが民主化であった。ブッシュJr. 政権は、2005年に再任されるとデモクラ

シー推進にさらに積極的となるが、それはアメリカに限らず国際的な民主化運動全体への「バックラッシュ（反動）」をむしろ強める結果となった（Carothers 2010）。例えば、中国やロシアは上海協力機構（SCO）などを通じて国家主権を擁護してデモクラシー推進に反対し、国際的に連帯していく。また、各国内では、民主化に関連するNGOの活動を制約するなど締め付けを強めていった。そのような「反」民主化支援の国際的な連帯に、それまでアメリカによる民主化圧力に悩まされていた権威主義体制国家が追随の動きを見せた。

コラム 6-2

戦後イラクにおける民主化のディレンマ

　2003年、軍事侵攻によってバアス党政権を転覆させたアメリカは、イラクに民主的な親米政権を作ることを目指した。そのために二つのことを行った。まず、バアス党を非合法化し、旧体制を支えた党幹部を公職から追放するとともに、軍や警察も解体した。次に、権威主義体制に逆戻りすることのないよう、政治権力を分散させ、分権的な議会・選挙制度を導入した。

　ところが、こうした教科書的な民主化支援・国家建設支援は、ことごとく裏目に出た。バアス党や軍・警察の解体は65万人にのぼる失業者を生み出した。彼らは武器庫から大量の武器を持ち出して反米・反占領闘争に身を投じた。極度に分権的な政治制度は、政治決定を不可能にし、政局の麻痺をもたらした。

　問題はそれにとどまらない。米軍の占領政策に対する批判が噴出し、それがイラク人の代表を選ぶ選挙を求める世論に結実した。当時、選挙制度は整っていたが、警察や軍の再建は始まったばかりで、選挙を安定的に実施できる状態ではなかった。それでも、民主的な選挙の実施を求めるイラク人の声は、抗しがたく拡大していった。

　だが、選挙の実施は民主化の定着を意味しなかった。アメリカが導入した分権的な制度が、その意図と乖離した形で運用されていったからである。民主的な制度は、多数派の形成によって自らの利益を最大化するための仕組みとして利用され、民主主義は多数派形成ゲームと化した。それも仕方のないことだった。分権的制度のもとで政治決定を行うには、安定的多数派の形成が必要だったからだ。とはいえ、こうした多数派形成ゲームは政治対立を活性化させ、治安の悪化をもたらした。選挙は内戦の引き金となり、民主化どころか国家建設すら頓挫した。

> 不幸にも、イラクは民主化支援が完全に失敗した事例といえるだろう。導き出される教訓は次の2点である。「支援を受ける当事者は早期の民主化を要求するにもかかわらず、準備不足の選挙は対立を助長する」こと、「外部アクターは権力を分散させながら体制を安定化させることを要求するが、国家機構が破綻した国でそのような民主化は不可能である」こと。こうした二つのディレンマから学ぶことは重要である。だが、民主化支援の失敗が生んだ惨事の被害を被っているイラクの人々に対して、アメリカをはじめとする国際社会はどのように責任をとるのだろうか。
>
> （山尾大）

　並行して、民主化の世界的な進展も停滞を示すようになる。たしかに、2000年代前半には、アメリカの後押しもあり、先述のように、ウクライナなど（旧）CIS諸国で「カラー革命」が起きた。2011年はじめからは、いわゆる「アラブの春」としてチュニジア、エジプト、リビアと、権威主義体制が強固だったはずの中東で相次いで体制の崩壊と制度面での民主化が進んだ。しかし、世界的に見ると民主化の停滞傾向が近年顕著である。アメリカのNGOのフリーダムハウスが算出する世界全体の自由度指標の平均は、2012年度まで7年連続で低下を示しており、2012年段階で、世界47カ国24億人弱がフリーダムハウスの基準で「自由でない」状態で暮らしていることになる（もっとも中国だけで13億人を占めている）（Puddington 2013, p.53）。2013年7月にエジプトで事実上の軍事クーデターが発生したような民主化後退の事例も散見され、リベラル・デモクラシーと権威主義体制の中間である「混合体制」が次第に目立つようになっている（Diamond 2008）。しかも、国際関係の変容のなかで、国家の民主化の過程はいっそう複雑な様相を呈しつつある。

　国家の民主化の過程は、一般的に、非民主的な政治体制から民主的なそれへの「移行（transition）」と「定着（consolidation）」の段階に分類される（以下、杉浦 2010参照）。移行の段階は、さらに、体制の内外で長期にわたる政治闘争が行われる「準備段階」、各勢力間で民主化への合意や協定ができる「決定段階」に分けられる。これらの過程は、体制側と反体制側の関係によって、①1985年のブラジルでの軍事政権からの民政移管のような、現政権による上からの移行（=「体制改革」）、②2011年2月のエジプトでのムバラ

ク政権崩壊のような、反体制勢力による政権打倒による移行（＝「体制変革」）、③政権と反体制勢力の交渉による移行（＝「体制転換」）に分けられる（Huntington 1991）。民主的な政治体制への移行は、自由で公正な競合的選挙の実施で基本的に測られる。

続く民主主義体制の「定着」とは、最も単純な意味では、権威主義体制への逆戻りの可能性がなくなった状態である。そのためには、デモクラシーのルールが「街の唯一のゲームのルール」となることが必要である。民主化研究では、一般的にこの定着が民主化のゴールとされる。民主主義体制の定着は移行に比べて測りがたいが、定期的に自由で公正な選挙が実施され、平和的に政権交替が行われていることや（Huntington 1991, 邦訳 p. 229）、主要野党が選挙に参加し続け、国民の間にも民主主義体制の転覆を目指す大規模な運動が存在していないことで確認される。ただし、実際の過程では、軍事クーデターなどによる民主化の後退や、政権の強権化のような民主化の停滞局面も頻繁に生じる。

その民主化の過程では、政権側の有力者や与党、野党、官僚、軍、教会、労働組合、市民社会組織といった当事国の国内のアクターが中心となる。しかし、第三の波以降の民主化の過程では、国際的な側面の影響が以前にも増して大きくなり、そのなかに民主化支援が位置づけられる。まず、国際的アクターは、多様なアプローチで対象国の国内アクターに移行をはたらきかけてきた。第2次世界大戦後の日本やドイツ、2003年のイラク戦争のような軍事的占領や、経済制裁や外交制裁など非軍事的な強制的手段、外交的圧力、開発援助への民主化など政治的コンディショナリティの付与、（EUのように）民主化を国際機構の加盟要件とすること、政権に対する説得や与野党間の対話の仲介といった外交的手法、在野の民主化勢力に対する資金・技術援助、統一的な民主化勢力形成のための仲介、民主化勢力に対する支持表明、といったように強制アプローチから合意アプローチまで多彩な関与が行われてきた（杉浦 2010）。

定着の段階でも、①有能な官僚や腐敗・汚職防止、民主的な警察や軍隊、法の支配、地方分権を含む、国家（政府）のガバナンス、②政党や選挙制度、

議会などの民主制度の制度化と機能、③市民社会やメディア、④民主的な政治文化、それぞれを改善するために技術・資金援助が実施されている。また、経済開発援助も、民主主義体制の定着に必要な中産階級の育成や政権の成果を左右する。定着段階では、民主主義体制の「擁護」のため、一国あるいは複数諸国による民主的政権回復のための軍事的措置や、経済制裁や国際機構のメンバーシップ停止など、非軍事的な強制的措置、説得・仲介のための外交的手法が実践されている。所定の手続きに沿って民主化の進捗状況をモニターし後退を予防することも、アフリカ連合（AU）やEUなど一部の国際機構で実施されている。

　移行段階、定着段階ともに、意図的な関与以外の国際的要因も影響を与える。第一に、各種メディアを通じて近隣諸国の民主化の情報が伝わることで国民の意識が変化し、民主化を求める動きが強まるという「感染」（Whitehead ed. 1996）あるいは「デモンストレーション効果」（Huntington 1991）がある。その主たる媒体は、東欧革命のときは衛星テレビであったが、2011年のチュニジアからエジプト、リビアへと民主化運動が伝播した際はフェイスブックなどソーシャルメディアであった。第二に、デモクラシーを支持する国際条約や国際機構の決議の広がりは、非民主的な政権の正当性を低下させたり、国際会合の場などを通じて対象国の政治エリートをデモクラシーの規範に晒して「社会化」させたりすることで、間接的に民主化の契機を作る。それらは、非民主的政権へ無言の圧力をかけ、逆に民主化を目指す勢力を勇気づける。第三に、国家間の経済的な相互依存の深化と経済のグローバル化の進展は、西側諸国との経済的なリンケージ（連関）を深めて対外的な圧力に対して脆弱にさせることで、民主化にも影響を及ぼす（以上、杉浦 2010）。

　注意しないといけないのは、国際的関与は民主化を促す意図のものだけではなく、民主化を妨害・後退させる目的の「権威主義支援」も存在することである（Burnell 2011, p.253）。具体的には、①選挙監視で非民主的な選挙に正当性を与えるなど、ある体制を反民主的な方向へ導く意図的な試み、②原理主義的な宗教的信念や排外的ナショナリズムなど、反自由・反民主的な権威

主義的価値の国境を越えた拡散、③国際的なデモクラシー推進から生じる民主化圧力に抵抗する体制を国際的な場で助ける、④民主化に関する他の国の外交政策に意図的に影響を与える、⑤政治路線の選択を当該国にまかせて何もしない、といった活動が含まれる (Burnell 2011, pp. 254-259)。先述のSCOの例のように、このような活動が一定の国際的な支持を集める場合もある。

　以上のように、現在の世界では、国家の民主化は国際的に取り組むべき課題となり国際的な民主化支援が実施されている一方、イラク戦争を契機にその正当性は疑われ、各国では民主化の停滞状況が続いている。他方で、民主化の過程への国際的な影響は、意図的なものであれ、そうでないものであれ、強まっている。国家への民主化支援は、このような国際情勢をふまえて実施されている。問題は、そのような支援が、当該国の民主化に実際に貢献できているかどうかを含めて道義上のディレンマに直面していることである。

2）民主化支援が直面するディレンマ

　民主化支援の当事者間の「非民主的」な関係　　民主化は、原則としてその国の国民自身が推し進め、擁護していくことが、デモクラシーの理念からいっても好ましいはずである。しかし、これまでの国際的な民主化支援には、「支援」する側がデモクラシーを相手国に事実上「強制」するという「非民主的」な図式が、つねに存在してきた。第2次世界大戦直後の連合国によるドイツや日本の占領統治や、イラク戦争後のアメリカによる軍政のように、あからさまに強制力を行使したデモクラシーの推進の例は限られるものの、民主化支援には不平等で強制的な要素がつねに潜んでいる。

　冷戦終結を機に政治の自由化を求めた東欧の共産主義諸国の市民にとって、「ヨーロッパ復帰」を意味するEC／EU加盟は究極の目標であり、西側諸国からの政治制度改革の要求をむしろ自ら積極的に受け入れていった。しかし、そこに至る背景には、1970年代のデタント（緊張緩和）以来、西側への経済的な依存が深まり、西側の求める民主化と市場化以外の選択肢が狭まったという事情がある（Levitsky and Way 2005）。他方、EU加盟の可能性が乏しいロシアは、90年代は西側に民主化のポーズを示してきたものの、2000年以

降プーチン政権下で天然資源が高騰し経済力が回復するにつれて権威主義化が進んだ。

1990年代初頭より相次いだアフリカ諸国の民主化も、そのきっかけは冷戦の終了による西側先進国以外の援助提供源の消滅であった。西側先進国およびそれらが支配する世界銀行や経済協力開発機構（OECD）などからの経済援助の条件として、政治的コンディショナリティを受け入れざるをえない状況に追い込まれた。例えば、ケニアのモイ政権は、91年11月の援助ドナーによるパリクラブの会合で複数政党制の選挙が行われない限り政府間ローンを提供しないことが決まると、その直後に複数政党制への移行を決定した。そのほか、95年のデイトン合意にもとづくボスニア・ヘルツェゴヴィナでの上級代表事務所（OHR）による国際委任型の統治でも、政党やメディアの活動の規制などいわゆる「ボン・パワー[7]」を用いるOHRの強権性がデモクラシーの理念に背くとして批判対象となってきた（Sebastian 2010）。

今世紀になると、開発援助の枠組みで、ガバナンスや法の支配の強化、市民社会の発展などへ向けた技術・資金支援がいっそう活発になった。それらは、基本的に対象国の政府との合意にもとづいて提供される。また、世界銀行など援助ドナーとの協議のうえで貧困削減戦略文書（PRSP）が策定され、そのなかにガバナンスをはじめとした民主化に関わる政治制度の改革も含まれる。最近では、2005年の「援助の実効性に関するパリ宣言」にあるように、オーナーシップを高めた援助が求められている。PRSPなど当該国自身の改革戦略にあわせて、ドナーは援助を提供するのである。しかも、具体的なプログラム援助ではなく、当該国の裁量の幅の大きい「財政支援」が主流になりつつある。しかし、経済力に大きな開きがあるなかで、結局はドナー側の意向が政策に反映されがちとなっている。例えば、先述のボスニア・ヘルツェゴヴィナでは、ドナーの民主化支援プログラムの立案においてローカル・アクターの参加が全般的に欠如しており、ドナーの優先順位が押し付けられ

---

(7) 1997年12月のドイツのボンにおける和平履行評議会の会合で、現地当事者が合意に達しない場合に暫定的措置を発効させる権限など、和平合意を履行するために必要と思われる措置を上級代表がとれるよう権限強化が行われたことから、そう呼ばれるようになった（橋本2000）。

る傾向にあることが現地の関係者から指摘されている（Sebastian 2010）。

　民主化支援において強制の要素が強くなると、道義的に問題があるだけでなく、結局は民主化が進まない結果になりかねない。外圧でしぶしぶ政権が民主化を進めたとしても、その民主化は見せかけで、デモクラシーの質の実質的な進展が見られない、あるいは後退する事例がよく見られる。実際、外部からデモクラシーを押し付けるというアプローチは、これまでのところ好ましい結果を生んでいない（以下、杉浦 2011a）。例えば、アメリカによる民主化を目的とした軍事的占領について、撤退後の最初の5年間で「成功」に至ったのは、1898年のキューバの占領から第2次世界大戦後の日本、2003年のイラク占領までの25の事例のうちの7つ（28パーセント）にすぎないという[8]（Coyne 2008）。

　1990年の選挙結果の無視以降、ミャンマー軍事政権に対する欧米諸国の執拗な経済制裁が結局功を奏さなかったように、制裁による民主化の促進・擁護も評価は分かれる（Von Soest and Wahman 2013）。他方、半強制的なアプローチである政治的コンディショナリティについては、EUによる加盟候補国に対するコンディショナリティは、1999年から2001年までの東欧の加盟候補国における政治改革の進展を検証する限り、正のインパクトがあったという主張がある（Ethier 2003）。しかし、加盟候補国以外へのEUのコンディショナリティや、西側先進国による90年代のアフリカ諸国への政治的コンディショナリティでは、（旧）CIS諸国やジンバブエに見られるように、表面的な民主化に終わっている事例が多々見られる。例えば、先述のケニアではたしかに複数政党制にもとづく選挙は行われたものの、その後はモイの当選が続き、退任する2002年まで政権は強権的な性格を帯びたままであった。

　デモクラシーを推進する民主化支援自体が「非民主的」である場合、支援が道義的な正当性を欠くため対象国に本心から受け入れてもらえず、結果、改革が表面的なものにとどまるなどしてその国の民主化への実質的な貢献に失敗しかねない。ただし、ここで再び問題となるのは、民主化支援で「対等」

---

(8)　なお、ここでいう「成功」とは、ポリティⅣプロジェクトの評価で、対象国のスコアが+4を超えた場合を指す。本章の注1参照。

たるべき当事者は誰かということである。国際法上は原則として当該国家を代表するのは政府＝現政権である。しかし、自由選挙のような民主的な手続きの実質を欠く場合、現政権がほんとうの意味で国民の意思を代表しているかどうかには疑義が生じる。その場合に、どのように支援の内容を決定するかは難しい課題であり続けよう。市民社会の代表など全当事者を協議の場に含むことを求めるなど、関与内容の決定過程自体が民主的正当性をもつよう工夫する必要がある（杉浦 2010）。2000年にペルーの大統領選挙で現職のフジモリ大統領による不正の疑いで混乱が生じた際には、米州機構（OAS）は事態の収拾のためのフジモリ政権と野党勢力双方を招いて調停を行った。しかし、民主化支援の「非民主性」は、支援側が先進国を中心に強い力をもつ場合、簡単には解消できない要素である。

民主化の「オーナーシップ」問題　　上で見たように、民主化の「押し付け」は道義的に好ましいものではなく、しかも十分な成果を上げていない。かといって、当事国の政権にすべてまかせると、政権が権威主義化する可能性があるのも事実である。繰り返すように、道義的な立場に立てば、国際アクターはあくまでも脇役に徹し、デモクラシーは当該国民による努力によって勝ち取られることが本来的に好ましい。そのような状況で、どの程度まで当該国にまかせるべきか、言い換えると「民主化のオーナーシップ」は、開発援助におけるそれと同様に難しい問題となっている。まず、先述のように民主化の過程は複雑で国際的な側面も強く、当該国のみでは解決できない場合も多い。例えば、2012年3月に発生したマリでの軍事クーデターの原因は、前年の隣国リビアでの内戦で武器や傭兵が反政府勢力に流入し、苦境に立たされた政府軍兵士が不満を強めたことにあった。結局、国際社会はクーデターを批判しつつも、民主的に選ばれた現職の辞任の調停とフランス軍の介入による反政府勢力の撃退という選択肢をとらざるをえなかった。

また、カンボジアやルワンダ、ロシアなど、1990年代に国際的な支援で民主化を進めた国の政権が次第に権威主義化していく、あるいはその権威主義的な「本性」を現すという例が目立ちつつある。93年5月、国連カンボジア暫定統治機構（UNTAC）の監督のもとで自由選挙を実施したカンボジアで

は、選挙後、国際社会はカンボジアから手を引いた。しかし、97年7月、連立与党の党首で第一首相であったラナリットを追放する政変が発生し、以降、フンセン首相とカンボジア人民党（CPP）による一党支配体制が強まっている。

コラム 6-3

2013年カンボジア総選挙における選挙監視活動

　去る2013年7月28日、カンボジアでは1991年の紛争終結後5回目となる総選挙が実施された。フンセンを首相とするカンボジア人民党（CPP）が長らくカンボジアを支配し、今回の選挙でも当初は圧勝が予測された。ところが、野党カンボジア救国党（CNRP）の党首で、政権側の告訴で国外に逃れていたサムランシーが、欧米諸国や国連の圧力で直前になり急きょ帰国が許されたことで状況が一変した。筆者は、日本のNGOインターバンドを通じてこの選挙の監視活動に参加する機会を得た。

　CPPは国家機構を利用した組織的な選挙活動を行う一方、CNRPはフェイスブックなどを活用し、広く若者たちに「変化」（カンボジア語で「ドー」）を訴えた。フンセン政権が治安と経済成長での実績を強調する一方、貧富の差は拡大し政権の汚職も目立つため、特に、有権者の3分の1を占める18歳から30歳の若者の間で不満が募るようになった。そのなかで、海外暮らしが長く新鮮に映るサムランシーとCNRPが期待を集めていく。

　選挙監視員は、次第に激しさを増す選挙キャンペーンで暴力や脅迫などが起きていないか各地の選挙委員会や各政党事務所などを訪問し、選挙キャンペーンが禁じられている投票日前日には、投票所を回って準備状況を確認するとともに、種々の情報にもとづき投票日に巡回する投票所を決める。そして投票日には、早朝から投票所で開場作業を見守る。投票時間中は複数の投票所を回り、投票の模様を監視する。15時の投票締め切り後は、特定の投票所で開票作業を見守る。筆者が回った限りでは、選挙運動と投票はおおむね平穏に行われた。ただし、ベトナム系住民（CPP寄りと見られている）の投票を地元住民が妨害し、騒動になっている現場も投票日に目撃した。

　選挙結果は、CNRPが大善戦したものの、国家選挙管理委員会（NEC）の発表ではCPPが68議席、CNRPが55議席で、CPPが政権を維持した。しかし、自らの調査では僅差で勝利しているとして、2014年2月末現在もCNRP側は結果を争っている。他方、国内外の選挙監視団の評価では、問題の存在は認めるものの、基本的にNECの発表と大差はない。

> 国際選挙監視員の存在は、不正を防止するうえで重要な役割を担いうるものの、一歩間違えば政権による長期にわたる巧妙な不正の結果を短期間の監視で承認してしまいかねない。民主化支援にとって選挙監視は要であるが、ディレンマをともなう活動なのである。
>
> （杉浦功一）

　このような状況があるときに、どのように、またどの程度「強く」民主化に関与すべきかは、国際アクターにとって道義性の観点でも実効性の観点でも難問となる。国際アクターにとって判断が難しい原因の一つには、「誰が」当該国の人民の意志を代表しているのかが自明でないという点が再度挙げられよう。当事国といっても、政権与党と野党勢力、官僚、軍、市民社会など多様なアクターが活動し、それぞれの間に複雑な権力関係が存在する。ユドヨノ政権（2004～14 年）下のインドネシアのように、民主化前の旧体制勢力の利権がある程度温存されているからこそ民主主義体制が定着・安定へ向かっているような事例もある（本名 2013）。そのなかで、誰が当該国国民の意志を「代表」する者として支援すべき相手か、逆に民主化の敵として圧力をかけるべき対象か、国際アクターは判断に苦しむことになる。それが、民主的選挙を通じて選ばれたものの、次第に民意から逸れつつあるように思われる政権の場合はさらに対応が難しい。

　実際、再選を禁じた憲法の規定の改正を狙ったホンジュラスのセラヤ政権を 2009 年 6 月に軍がクーデターで追い出した事態では、クーデター派の暫定政権による大統領選挙の合法性を当初は中南米諸国の大半が認めずセラヤの復帰を求めた。しかし、結局 2011 年 4 月アルゼンチンなどの仲介でセラヤと暫定政権の間で合意が成立してセラヤは亡命し、ホンジュラスは 6 月に OAS に復帰した。2010 年 2 月に軍事クーデターで政権転覆が起きたニジェールでも、その原因は、三選禁止を規定した憲法の改正を狙うなど独裁傾向を強めたママドゥ大統領の行動であった。ニジェールでも、結局は、国連や AU の調停で民政移管と大統領選挙が実施された。ボスニアでも、民族主義的な政治勢力間の対立による政治の行き詰まりから、外部の介入の継続を求める声が現地関係者の間で根強い（Sebastian 2010）。民主化のためにどのよ

うな関与が適切か、外部者が判断することは容易ではない。

デモクラシーの形態や民主化の程度の判断　　リベラル・デモクラシーと一言でいっても、イギリスのような議院内閣制からアメリカのような大統領制、フランスのような半大統領制、ベルギーのような多極共存型民主主義など多様な制度的形態が存在する。また、より実質的な平等を重視する社会民主主義や、政治や経済社会活動への直接的な参加を重んじる参加型民主主義やラディカル・デモクラシー、多様なアクターによる討議を重んじる熟議民主主義というように、リベラル・デモクラシーの補完あるいは代替になりうる多様なデモクラシーのあり方が西側先進国を中心に構想されてきた（Kurki 2013；フィシュキン 2011；山崎 2012）。

民主化支援においても、各アクターでリベラル・デモクラシーの構成要素のうちどれを重視するのかが異なっている。アメリカ政府が自由権や市民社会、市場経済を重視する一方、EUや国連開発計画（UNDP）は社会的な平等を重んじ、NGOは民主的な直接参加を求める傾向がある（Kurki 2013；UNDP 2002）。日本政府は経済政策のための政府のガバナンスを重んじる（杉浦 2010, 第7章）。

それぞれの国の環境にあわせて、各国国民がデモクラシーの形態を決定・採用することは道義的にも望ましい。それにあわせて、国際アクターは支援を行うべきであろう。しかし、デモクラシーの多様性を、民主化支援におけるデモクラシー評価にどのように織り込むのか、また、そもそも誰がある国のデモクラシーの質や民主化の進展を判断するべきかについて合意がいまだ存在しない。そのために、外部アクターによる民主化の評価は恣意的であるという批判が繰り返しいわれてきた。実際、2004年のウクライナの「オレンジ革命」など一連の「カラー革命」を「民主化革命」と欧米諸国が賞賛したのも、つまるところ「親欧米」政権が誕生した（と認識した）ためであるという指摘も存在する（塩川 2011）。

そこで、より客観的なデモクラシー評価が研究機関や援助機関により試みられてきた。有名なデモクラシー評価には、政治的権利と市民的自由に得点を付けて総合し各国を格付けするフリーダムハウスの自由度指標や、執政部

第6章 民主化

の選抜の競争性などに得点を付けて総合し各国を民主主義体制、アノクラシー、専制体制に分類するポリティⅣデータセットがある（注1参照）。それらの指標は、アメリカ政府のミレニアム・チャレンジ・アカウント[9]のように、民主化支援の内容や優先順位を決める際の判断材料とされる場合がある。開発援助機関でも多種多様なガバナンス評価が発明され、援助の配分額や内容の決定に反映されている。民主化に関わる指標を含むものには、世界銀行研究所の世界ガバナンス指標（WGI）がある。この指標は、民意（voice）とアカウンタビリティ、政治的安定性と暴力・テロリズムの不在、政府の実効性、規制の質、法の支配、腐敗の統制の六つの側面から各国のガバナンスを測定する。これらのガバナンス評価の結果は、EUの欧州開発基金のように配分額および支援内容の決定に反映される。評価自体が民主化を促す国際的な圧力にもなる（Kumar 2013; 杉浦 2010, 第4章）。

しかし、これらのデモクラシー評価はいろいろな批判を受けている（以下、杉浦 2011b）。フリーダムハウスの自由度指標に対しては、評価者の政治的中立性や客観性が疑われることがある（Giannone 2010）。WGIについては、技術的問題に加えて、政治制度に関する途上国との間の共通認識の相違が指摘されている（Kaufmann and Kraay 2008）。また、支援側と対象国側で評価への受け取り方が異なる場合がある。例えば、ルワンダについてWGIの2009年の報告書では腐敗の統制や政府の実効性に比して民意とアカウンタビリティの項目で評価が低く、フリーダムハウスの自由度指標でも厳しい評価が下されてきた。それに対し、政府系シンクタンクのルワンダ・ガバナンス諮問評議会（RGAC）は、「各国の文脈や発案（innovations）にもっと敏感になるべき」と批判する（RGAC 2010, p.29）。

そこで、今世紀に入るあたりから、先述の開発協力でのオーナーシップ尊重の風潮も反映して、対象国のオーナーシップを高めたデモクラシー評価が試みられつつある。国際民主主義・選挙機関（International IDEA）は、「デモクラシーの状態（State of Democracy）」という、当該国国民による質問票

---

(9) 2003年にブッシュJr.政権下で設けられた開発援助の特別会計。

を用いたデモクラシーの自己診断を提案している（International IDEA 2008）。しかし、政治意識の高い評価参加者と必ずしもそうではない一般国民との間での評価のずれが指摘される（International IDEA 2008, p. 255）。また、主観的かつ国家間の比較が難しい点で、国際アクターにとって援助実務の点で有用性が低い。また、オーナーシップの重視は、ともすれば相手政府への過剰な配慮につながりかねない。ルワンダでは2006年11月よりルワンダ政府とドナーによる合同ガバナンス評価（JGA）が実施されたが、公式の制度以上の構造的な政治的要素や非公式の権力関係は検証されないまま終わっている（Williams *et al.* 2009）。

　国際アクターがデモクラシーや民主化の評価で対象国のオーナーシップを重んじることは道義的に望ましいとしても、どこまで相手の主張を受け入れるべきか、その判断は困難をともなう。例えば、古くは共産党の指導を柱とする東側諸国の「人民民主主義」や、1990年代のシンガポールのリー・クアンユー元首相が主張した、個人の自由よりも集団（国家）の発展を優先する「アジア型民主主義」、今世紀になりロシアのプーチン政権が国家権力を体現する強い指導者の必要性を訴えた「主権民主主義」のように、権威主義的な政権が自らの支配の正当化のために「デモクラシー」の語を利用することは多々見られることである。かといって、それらを外部アクターが自らの基準でデモクラシーではないと一方的に断じることも好ましいとはいえない。

国際支援での民主化の優先順位や実施のタイミングのディレンマと不一致
　国際社会による民主化支援が各国の民主化にとって必要不可欠だとしても、開発から安全保障まで多様な目標実現のための外交や国際支援が行われるなかで、民主化支援の決定から実施に至る過程では、国際アクターはさまざまな選択に迫られる（Grimm and Leininger 2012; 杉浦 2012b）。

　その過程で、他の国際的な価値や目標の追求との間でディレンマが生じることがある。民主化支援活動は、多くの国々の民主化を促進し、クーデターなど非立憲的な政権転覆に対してはデモクラシーを擁護してきた。しかし、ある国で民主主義体制への移行と定着を目指す民主化支援は、治安、政治的安定、経済開発、ガバナンス、国家建設（state building）、外部アクター自身

の利益といった他の価値や目標の追求と並行して行われる。問題は、他の目標に対する民主化の優先順位や支援の順番である。

紛争後国家に対する支援では、民主化、特に自由選挙の実施を先行させるべきか、武装解除と治安の安定化を優先すべきか、両者の優先順位やタイミングをめぐって長らく議論が繰り広げられてきた（De Zeeuw and Kumar eds. 2006）。1992年のアンゴラでは、不十分な武装解除にもかかわらず選挙の実施を急いだことが、その後の紛争再発の導火線となった。もちろん、民主主義体制の定着こそ国内外の長期的な平和をもたらすとされ、平和構築では民主化と治安維持、さらには経済発展の同時進行が求められる。しかし、民主化の途上においてこそ紛争再発のリスクが高まることも明らかになっており、国際アクターはディレンマに直面することになる（Mansfield and Snyder 2005）。今世紀のアフガニスタンとイラクでは、アメリカによる軍事介入の出口戦略のために形式的な民主化が急がれ、治安の悪化と政権の腐敗を招く結果となった。国際アクターの価値観や利害関係が、その支援での民主化の優先順位やタイミングに影響を及ぼす。逆に、対象国側が、民主化を遅らせたり民主化支援の受け入れを拒んだりする理由として、政治的安定や治安維持を主張することもある。ルワンダでは、1994年の紛争で反政府勢力RPFによる軍事的勝利ののち、治安と民族融和を理由に憲法の改正と選挙の実施が2003年までずれ込んだ。現在のルワンダは、たしかに国内の治安維持には成功しているものの、カガメ政権の長期化と強権化が懸念されている。

紛争後国家を含む発展途上国の場合、民主化の課題は、国家建設や制度構築、経済開発との間で天秤にかけられやすい。スハルト政権（1967〜98年）下のインドネシアや現在のシンガポール、マレーシアでは、国家建設や経済開発を円滑に行うことが「開発独裁（体制）」ともいわれる権威主義的な体制の正当化の根拠とされてきた。マレーシアのマハティール・ビン・モハマド元首相（在任1981〜2003年）は、国家の統一と経済発展の優先を掲げて欧米の民主化圧力に抵抗を続けた（マハティール 2013）。1990年の選挙を反故にして軍事政権が2011年3月まで続いたミャンマーでも、その理由として国家の統一の維持が掲げられてきた。

経済発展も、権威主義的政権が民主化に慎重な姿勢をとり、民主化支援の受け入れに消極的な態度をとる口実とされやすい。先述のように「中国モデル」として注目される中国をはじめ、カンボジアやルワンダ、アンゴラなど経済成長が進む国に対しては、西側先進国は民主化を強く要求しづらい。経済的な利害が深まる場合は、余計にその傾向が表れる。また、世界銀行をはじめとした国際開発援助機関が経済開発に不可欠として推進する「ガバナンス」は、行政機関の能力構築に注目する狭い意味で用いられる場合、現政権を支持する官僚機構の強化を通じて民主化にマイナスの効果をもたらしかねない。ルワンダやベトナムなど、ガバナンスの改善が評価される一方で民主化が進まない事例も確認される。しかも、新興ドナーとしての中国による開発援助は、人権問題など内政問題を問わないため（下村ほか編 2013）、アンゴラやスーダン、ミャンマー、カンボジアなど広く浸透し、民主化と開発援助を結び付けようとする欧米諸国の影響力を薄める効果を生んでいる。

　また、民主化支援を担う国際アクター自身の利害も、関与の内容を歪める。安全保障やエネルギー戦略など国益の観点から重要な国が支援対象に選ばれる場合や、逆に、アメリカが中東の専制君主国家に対するように、民主化についてあえて厳しい態度で臨まない例も存在する。1990年代のロシアのエリツィン政権がチェチェン紛争で人権侵害を行うなど権威主義的な傾向を示した際は、共産主義勢力の復活を恐れる欧米諸国は批判を差し控え、21世紀になりプーチン政権との利害対立が増えると、一転して「民主化の後退」を批判するようになった（塩川 2011）。このような「二重基準」は国際的に批判され、当該アクターによる民主化支援の正当性を傷つけてしまう。

　優先順位やタイミングの問題は、ほかの価値や目標の間でだけでなく、民主化支援を構成する主要な分野の間でも起きる。民主化の過程は、選挙の実施のみならず、憲法改正、司法制度の構築、政党の能力強化、市民社会の育成、人権の尊重、ガバナンスの強化、民主的軍隊や警察の育成など多くの要素を含む。それらをどの順序で実施し、あるいはどれに重点を置いて支援するかは、国際アクター自身の意思決定に関わる難しい問題である（杉浦 2012b）。司法制度の構築や市民社会の発達が遅れたままでの自由選挙の

実施（とそれへの国際支援）がのちに政権の腐敗を招いたり、選挙の自由と公正の確保に先立ってのガバナンスの強化が政権の強権化につながったりと、結果的に民主化を阻害することがある。

しかも、以上のような民主化と他の目標および民主化支援内部の諸目標の間の優先順位やタイミングは、国際アクターの間で一致することが少ない。各アクターは、先述のように、利害関係やよって立つ価値基準、対象国との関係によって、目標やタイミングを各自考えるため、協調は難しくなりがちである。そのような国際アクター間の協調の欠如自体が、ある国への民主化支援の総体的な効果を減少させる結果を招いている。例えば、軍事政権が続くミャンマーに対して、欧米諸国は制裁など強制的なアプローチで臨んだが、ASEAN（東南アジア諸国連合）諸国や中国は経済関係や援助を続け、民主化への圧力効果を打ち消す結果となった。ただし、民主化以外の目標を追求する支援側国家の戦略はその国の民主政治の結果かもしれず、デモクラシーの別のアイロニーを生む。国内世論の動向を優先させて国際的な協調をしばしば乱すアメリカは、「デモクラシーの帝国」と揶揄される（藤原 2002）。

リベラル・デモクラシーへ向けた民主化は、特に冷戦終結以後、世界各国を席巻してきた。そこでは、国際的な民主化支援活動が一定の役割を果たし、現在も期待されている。しかし、その一方で、以上のような、民主化支援自体の非民主性、民主化のオーナーシップ問題、民主化の評価の困難、支援での民主化の優先順位やタイミングのディレンマと不一致、といったいわば「構造的」な問題によって、「国際社会が民主化を支える」という民主化支援本来の道義的目的の達成が行き詰まっている。しかも、民主化支援が進めようとする政治体制としてのリベラル・デモクラシー自体が、前節で見たように、結局デモクラシーの理念を実現できておらず、それがリベラル・デモクラシーの魅力を損ない、民主化支援の効果をさらに低下させるという悪循環を生んでいる。以上、国際社会は、デモクラシーを実現されるべき価値として、民主化を推進しようとするにもかかわらず、推進しえない、場合によっては阻害すらしてしまうというパラドクスをモラル・アポリアとして抱え込んでいるのである。

第Ⅱ部　平和のアポリア

おわりに

　本章では、民主化に関わるモラル・アポリアとして、第一に「国家ではデモクラシーを実現できない」というパラドクスを提示した。デモクラシーは実現すべき国際的価値ではあるが、グローバル化が進む現在の国際社会においては、国家を前提とする現在の形態のデモクラシー、すなわちリベラル・デモクラシーは、ほんとうの意味でデモクラシーの価値を実現できない。本章では、グローバル化による国家の自律性の低下、リベラル・デモクラシー以外の政治経済体制への注目の高まり、国家を超えるデモクラシーを提案するコスモポリタン・デモクラシー論の国家の民主化への隠れた依存を指摘した。続いて、「国際社会は国家の民主化を推進できない」という第二のパラドクスを示した。民主化は国際的な課題となり、民主化への支援は国際アクターの道義的責務となっているが、民主化支援自体の非民主性、民主化のオーナーシップ問題、民主化の評価の困難、支援での民主化の優先順位やタイミングのディレンマと不一致のために、外部からの民主化支援では民主化は推進されえないことを明らかにした。

　これら二つのモラル・アポリアが生じる背景には、主権者（＝デモス）は誰かという、デモクラシーの根本的かつ未解決の問いが根底に共通して存在している（本書第5章参照）。しかも、最初のアポリアをコスモポリタン・デモクラシーのような国家を超えたデモクラシーで解決しようとするにも国家レベルの民主化が不可欠であり、かといって国家の民主化を国際的な支援で実現しようとするといくつものディレンマに直面してしまう。このように、二つのアポリアは、結び付いてさらに大きな民主化のモラル・アポリアを形成している。

　これらのモラル・アポリアは難問である。しかし、それらを明らかにすることで、デモクラシーは誰もが求め実現されるべきものであり、その実現のために国際社会は何をすればよいかは半ば自明とされてきたが、実はそうではないことをあらためて認識することができる。デモクラシーの実現と民主

第6章 民主化

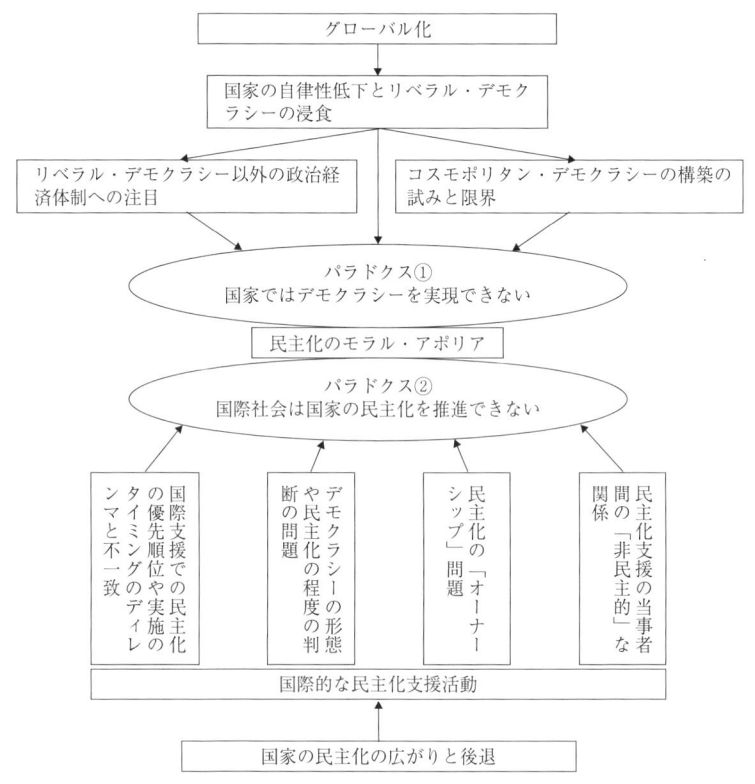

```
                    ┌──────────────┐
                    │ グローバル化  │
                    └──────┬───────┘
                           ↓
              ┌────────────────────────┐
              │ 国家の自律性低下とリベラル・デモク │
              │ ラシーの浸食              │
              └──┬──────────────────┬──┘
                 ↓                  ↓
    ┌────────────────────┐  ┌────────────────────┐
    │リベラル・デモクラシー以外の政治経│  │コスモポリタン・デモクラシーの構築の│
    │済体制への注目          │  │試みと限界            │
    └──────────┬─────────┘  └─────────┬────────┘
               ↓                      ↓
              ╱‾‾‾‾‾‾‾‾‾‾‾‾‾‾‾‾‾‾‾‾‾‾╲
             │    パラドクス①         │
             │ 国家ではデモクラシーを実現できない │
              ╲_____╱
                民主化のモラル・アポリア
              ╱‾‾‾‾‾‾‾‾‾‾‾‾‾‾‾‾‾‾‾‾‾‾╲
             │    パラドクス②         │
             │ 国際社会は国家の民主化を推進できない │
              ╲_____╱
         ↑      ↑       ↑       ↑
  ┌─────┐┌──────┐┌─────┐┌──────┐
  │国際支援でのタイミングの不一致│デモクラシーの形態や民主化の程度の判断の問題│民主化の「オーナーシップ」問題│民主化支援の当事者間の「非民主的」な関係│
  └─────┘└──────┘└─────┘└──────┘
              ┌────────────────┐
              │ 国際的な民主化支援活動 │
              └────────┬───────┘
                       ↓
              ┌────────────────┐
              │ 国家の民主化の広がりと後退 │
              └────────────────┘
```

民主化をめぐるモラル・アポリア

化の推進を楽観視することなく、現実の権力関係を見据えたうえで、内在するディレンマに向き合うことが可能となる。また、デモクラシーは外部から押し付けうるという傲慢なふるまいを抑制し、途上国のみならず、日本を含むすべての国々の人々が、主権者は誰か、また、主権者としてどのように政治に参加すべきか、そのための世界秩序はどうあるべきか、あらためて考える機会を提供する。さらに、デモクラシーの実現には、国家と国際両レベルの「民主化への課題」を結び付けて考察する必要が再確認される。

　民主化のモラル・アポリア自体は今後も解きえないものであろうか。政治の仕組みとしてデモクラシーに代わるものは現在見つかっておらず、多くの人々がデモクラシーの価値自体は支持している。むしろ現在の国際関係で実

際に起きているのは、複数の「グローバル・デモクラシー」の構想間の衝突かもしれない（杉浦 2004）。グローバル・デモクラシーをデモクラシーの原理が世界規模に実現された状態とすれば、そのあり方は本章で取り上げたコスモポリタン・デモクラシーに限定されない（McGrew ed. 1997；五野井 2011；杉浦 2004, 第2章）。G-77 など途上国グループは、EU が超国家化を含めた多層的なデモクラシーを追求するのに対し、伝統的な国際社会の原則である国家主権の平等と内政不干渉を尊重する「国際（国家間）民主主義」を国連の場などで 1960 年代より追求してきた。他方、アメリカ政府は、国家でのリベラル・デモクラシーの推進と政府間主義の組み合わせである「リベラルな国際主義」ないし「民主主義諸国の共同体」を、デモクラシーがグローバルに実現された理想の状態として、（表向きには）積極的に追求してきた（Cox *et al.* eds. 2013；McGrew ed. 1997）。その方向性は、日本など先進民主主義諸国に加え、多くの新興民主主義諸国が支持するものである。今世紀になると、新自由主義的なグローバル化への批判を軸に、国境を越えて直接民主主義を実現しようというラディカルな（革新的な）運動も盛んになりつつある（五野井 2012；土佐 2012）。

　民主化のモラル・アポリアを解きほぐし、デモクラシーの理念の実現、つまり民主化を進めていくためには、グローバル化の現状を批判的に見据えて、最終的なグローバル・デモクラシーのあり方を構想しつつ、国際社会、国家、地域といった各レベルで少しずつ政治システムの民主化をはかっていくという「多重の民主化」戦略が、困難ではあるものの有効なのかもしれない。

＊本章は平成 25 年度文部科学省科学研究費補助金（若手研究（B））の成果の一部である。

【参考文献】
大前研一 2013『クオリティ国家という戦略』小学館。
桐山孝信 2001『民主主義の国際法』有斐閣。
五野井郁夫 2011「グローバル・デモクラシー論――国境を超える政治の構想」、小田川大典・五野井郁夫・高橋良輔編『国際政治哲学』ナカニシヤ出版、155-182 頁。
―――― 2012『「デモ」とは何か――変貌する直接民主主義』〈NHK ブックス〉、NHK 出版。

塩川伸明 2011『民族浄化・人道的介入・新しい冷戦——冷戦後の国際政治』有志舎。
下村恭民・大橋英夫・国際問題研究所編 2013『中国の対外援助』日本経済評論社。
杉浦功一 2004『国際連合と民主化——民主的世界秩序をめぐって』法律文化社。
——— 2007「グローバル化と国家」、岩崎正洋・坪内淳編『国家の現在』芦書房、193-223頁。
——— 2010『民主化支援——21世紀の国際関係とデモクラシーの交差』法律文化社。
——— 2011a「民主化支援の実態」、木村宏恒・金丸裕志・近藤久洋編『開発政治学入門——途上国開発戦略におけるガバナンス』勁草書房、281-303頁。
——— 2011b「開発援助におけるデモクラシーと民主化支援」『国際政治』165号、111-124頁。
——— 2012a「コスモポリタン・デモクラシー論の現状と課題——「移行理論」と国家の民主化の扱いに注目して」『和洋女子大学紀要』第52集、83-94頁。
——— 2012b「民主主義の質と国際的関与の関係」『日本比較政治学会年報』第14号、169-196頁。
スティーガー、マンフレッド・B 2010『新版 グローバリゼーション』櫻井公人・櫻井純理・髙嶋正晴訳、岩波書店。
ストーカー、ジェリー 2013『政治をあきらめない理由——民主主義で世の中を変えるいくつかの方法』山口二郎訳、岩波書店。
田中明彦 2011「パワー・トランジッションと国際政治の変容——中国台頭の影響」『国際問題』第604号、5-14頁。
土佐弘之 2012『野生のデモクラシー——不正義に抗する政治について』青土社。
中谷義和 2009「グローバル民主政論の地平と課題」『立命館大学人文科学研究所紀要』第92号、1-28頁。
橋本敬市 2000「ボスニア和平プロセスにおける上級代表の役割——ポスト・デイトン期におけるマンデートの拡大」『外務省調査月報』No. 3、49-73頁。
ハルパー、ステファン 2011『北京コンセンサス——中国流が世界を動かす』園田茂人・加茂具樹訳、岩波書店。
ハンチントン、サミュエル・P／ミッシェル・クロジェ 1976『民主主義の統治能力』綿貫譲治監訳、サイマル出版会。
フィシュキン、ジェイムズ・S 2011『人々の声が響き合うとき——熟議空間と民主主義』岩木貴子訳、早川書房。
藤原帰一 2002『デモクラシーの帝国——アメリカ・戦争・現代世界』〈岩波新書〉、岩波書店。
ブレマー、イアン 2011『自由市場の終焉——国家資本主義とどう闘うか』有賀裕子訳、日本経済新聞出版社。
——— 2012『「Gゼロ」後の世界——主導国なき時代の勝者はだれか』北沢格訳、日本経済新聞出版社。
ベック、ウルリッヒ 2008『ナショナリズムの超克——グローバル時代の世界政治経済学』島村賢一訳、NTT出版。
——— 2010『世界リスク社会論——テロ、戦争、自然破壊』島村賢一訳、筑摩書房。

第Ⅱ部　平和のアポリア

本名純 2013『民主化のパラドックス——インドネシアにみるアジアの政治の深層』岩波書店．
マハティール、ビン・モハマド 2013『マハティールの履歴書——ルック・イースト政策から30年』日本経済新聞出版社．
山崎望 2012『来たるべきデモクラシー——暴力と排除に抗して』有信堂高文社．
山本吉宣 2012「先進国 - 新興国複合体の秩序構築へ——日本外交の長期戦略」『外交』Vol. 11、26-33頁．

Archibugi, Daniele 2008 *The Global Commonwealth of Citizens: Toward Cosmopolitan Democracy*, Princeton University Press.（中谷義和ほか訳『グローバル化時代の市民像——コスモポリタン民主政へ向けて』法律文化社、2010年）
Archibugi, Daniele and David Held eds. 1995 *Cosmopolitan Democracy: An Agenda for a New World Order*, Polity Press.
Beck, Ulrich 2006 *Cosmopolitan Vision*, Polity Press.
Boutros-Ghali, Boutros 1996 Agenda for Democratization, UN General Assembly, U. N. Doc. A/51/761, 20 December.
Burnell, Peter 2011 *Promoting Democracy Abroad: Policy and Performance*, Transaction Publishers.
Carothers, Thomas 2010 "The Continuing Backlash against Democracy Promotion," in Peter Burnell and Richard Youngs eds., *New Challenges to Democratization*, Routledge, pp. 59-72.
Cox, Michael, Timothy J. Lynch and Nicolas Bouchet eds. 2013 *US Foreign Policy and Democracy Promotion: From Theodore Roosevelt to Barack Obama*, Routledge.
Coyne, Christopher J. 2008 *After War: The Political Economy of Exporting Democracy*, Stanford, Stanford University Press.
De Zeeuw, Jeroen and Krishna Kumar eds. 2006 *Promoting Democracy in Postconflict Societies*, Lynne Rienner.
Diamond, Larry 2008 *The Spirit of Democracy: The Struggle to Build Free Societies throughout the World*, Times Books.
Ethier, Diane 2003 "Is Democracy Promotion Effective? Comparing Conditionality and Incentives," *Democratization*, Vol. 10, No. 1, pp. 99-120.
Fukuyama, Francis 1992 *The End of History and the Last Man*, Free Press, Toronto: Maxwell Macmillan Canada.（渡部昇一訳『歴史の終わり（上）（下）』三笠書房、1992年）
Giannone, Diego 2010 "Political and Ideological Aspects in the Measurement of Democracy: The Freedom House Case," *Democratization*, Vol. 17, No. 1, pp. 68-97.
Grimm, Sonja and Julia Leininger 2012 "Not All Good Things Go Together: Conflicting Objectives in Democracy Promotion," *Democratization*, Vol. 19, No. 3, pp. 391-414.
Held, David 1995 *Democracy and the Global Order*, Polity Press.（佐々木寛・遠藤誠治・小林誠・土井美徳・山田竜作訳『デモクラシーと世界秩序——地球市民の政治

学』NTT 出版、2002 年）
——— 2004 *Global Covenant*, Polity Press. （中谷義和・柳原克行訳『グローバル社会民主政の展望——経済・政治・法のフロンティア』日本経済評論社、2005 年）
——— 2006 *Models of Democracy*, 3rd edition, Polity Press.
——— 2009 "Restructuring Global Governance: Cosmopolitanism, Democracy and the Global Order," *Millennium: Journal of International Studies*, Vol. 37, No. 3, pp. 535-547.
——— 2010a *Cosmopolitanism: Ideals and Realities*, Polity Press. （中谷義和訳『コスモポリタニズム——民主政の再構築』法律文化社、2011 年）
——— 2010b "Cosmopolitanism after 9/11," *International Politics*, Vol. 47, No. 1, pp. 52-61.
——— ed. 2000 *A Globalizing World?: Culture, Economics, Politics*, Rutledge. （中谷義和監訳『グローバル化とは何か——文化・経済・政治』法律文化社、2002 年）
Held, David, Anthony McGrew, David Goldblatt and Jonathan Perraton 1999 *Global Transformations*, Polity Press. （古城利明ほか訳『グローバル・トランスフォーメーションズ——政治・経済・文化』中央大学出版部、2006 年）
Huntington, Samuel P. 1991 *The Third Wave: Democratization in the Late Twentieth Century*, University of Oklahoma Press. （坪郷實・中道寿一・藪野祐三訳『第三の波——20 世紀後半の民主化』三嶺書房、1995 年）
International IDEA 2008 *Assessing the Quality of Democracy: An Overview of the International IDEA Framework*.
Kaufmann, Daniel and Aart Kraay 2008 "Governance Indicators: Where Are We, Where Should We Be Going?," *The World Bank Research Observer*, Vol. 23, No. 1, pp. 21-22.
Kumar, Krishna 2013 *Evaluating Democracy Assistance*, Lynne Rienner Publisher.
Kurki, Milja 2013 *Democratic Futures: Re-Visioning Democracy Promotion*, Routledge.
Levitsky, Steven and Lucan A. Way 2005 "International Linkage and Democratization," *Journal of Democracy*, Vol. 16, No. 3, pp. 20-34.
Mansfield, Edward D. and Jack Snyder 2005 *Electing to Fight: Why Emerging Democracies Go to War*, MIT Press.
McGrew, Anthony ed. 1997 *The Transformation of Democracy?*, Polity Press （松下冽監訳『変容する民主主義——グローバル化のなかで』日本経済評論社、2003 年）
Mouffe, Chantal 1993 *The Return of the Political*, Verso. （千葉眞ほか訳『政治的なるものの再興』日本経済評論社、1996 年）
Norris, Pippa 2011 *Democratic Deficit: Critical Citizens Revisited*, Cambridge University Press.
Pateman, Carole 1970 *Participation and Democracy*, Cambridge University Press.
Puddington, Arch 2013 "The Freedom House Survey for 2012: Breakthroughs in the Balance," *Journal of Democracy*, Vol. 24, No. 2, pp. 46-61.
RGAC (Rwanda Governance Advisory Council) 2010 *Rwanda Governance Review*.

http://www.rqb.rw
Scholte, Jan Aart 2005 *Globalization: A Critical Introduction*, 2nd edition, Macmillan.
Sebastian, Sofia 2010 *Assessing Democracy Assistance: Bosnia*, FRIDE and World Movement for Democracy.
UNDP 2002 *Human Development Report 2002: Deepening Democracy in a Fragmented World*, Published for the United Nations Development Programme by Oxford University Press.
Von Soest, Christian, and Michael Wahman 2013 "Sanctions and Democratization in the Post-Cold War Era," German Institute of Global and Area Studies (GIGA) Working Papers, No. 212.
Whitehead, Laurence ed. 1996 *The International Dimensions of Democratization: Europe and the Americas*, Oxford University Press.
Williams, Gareth *et al.* 2009 "Carrying out a Joint Governance Assessment: Lessons from Rwanda," *Policy Practice Brief* 5. http://www.thepolicypractice.com/papers/15.pdf (最終アクセス 2014 年 3 月 26 日)

■ 民主化を考えるための映画 ■

『The Lady　アウンサンスーチー　引き裂かれた愛』(制作：フランス、2011 年)
　監督：リュック・ベッソン　脚本：レベッカ・フレイン
　ビルマ（ミャンマー）建国の英雄を父にもち、イギリス人と結婚して国外で幸せに生活していたアウンサンスーチーは、1988 年に母の看病のため帰国した際、まわりに推されて民主化運動の指導者となる。対して、軍事政権は自宅軟禁や暴力で彼女に国外退去を迫る。それらに屈することなく非暴力で闘い続ける彼女に、愛する夫や子どもたちと引き裂かれるつらい運命が降りかかる。この映画はほぼ実話にもとづいたもので、国際社会は、ノーベル平和賞を彼女を授与したり、軍事政権に圧力を加えたりしたものの、彼女を助けるには不十分であった。

『ザ・インタープリター』(制作：アメリカ、2005 年)
　監督：シドニー・ポラック　脚本：チャールズ・ランドルフ
　アフリカのマトボ共和国で白人植民の家族に生まれ、国連で通訳として働くシルヴィアは、偶然、同国の大統領の暗殺計画を知ってしまう。大統領は、かつての民主化の英雄だが、いまは独裁者として国民虐殺の罪で国際的に刑事訴追される瀬戸際にあり、自己弁護のために国連総会で演説する予定であった。シークレットサービスであるトビンは脅迫を受ける彼女を警護するが、シルヴィアの行動に裏があることを感じる……。映画でのマトボは仮想の国だが、人道の罪での国際的な刑事訴追や国連の関与は実際に行われている。

（杉浦功一）

第7章
国家主権
自由と安全の動的平衡

高橋良輔

はじめに

　今日、国家主権について考えることは、もはや時代錯誤のように思われるかもしれない。ますます加速する移動手段の革新と生活のすみずみまで行きわたった情報通信技術のネットワークのもとでは、画定された領域内を排他的に統治する国家主権という理念自体が、もはや過去の遺物であるかのように感じられる。しかしその限界を主張するのであれば、グローバル化のもとで何かをなしうる権力（potestas）としてのみならず、人々に受け入れられてきた権威（auctoritas）として、国家主権の政治的意義を分析しておく必要がある。フランスの政治哲学者エティンヌ・バリバールがいみじくも述べたように、「政治制度の危機ないし変容という状況のなかで主権に到来するのは何かを問うだけでなく、主権概念の形成、すなわち、主権概念が隠し持つ様々な緊張関係や対立関係をも問わなくてはならない」（バリバール 2007, p.312）。これは言い換えれば、国家主権の理念それ自体に埋め込まれてきたモラル・アポリアを掘り起こすことを意味する。

　そこで本章では、近代主権国家システムを基礎づけてきたこの理念をめぐる政治思想のいくつかへとさかのぼりながら、そこに隠されている三つのアポリアの徴候を見出してみたい。もとより主権概念の研究には膨大な蓄積が

あり、ここではわずかにその断層を垣間見ることしかできない。だが、国家主権の絶対性の基盤にいったい何があるのか、なぜ近代には国民の意思に最高の決定権が見出されなければならなかったのか、そして国家の独立性とは結局のところ何を意味するのか、といった根源的問いは、私たちが当たり前だと考えている諸前提を揺るがすことになる。

　もちろん、国家主権の根底にいくつかのアポリアを見出したからといって、それを即座に廃棄すべしという結論に直結するわけではない。むしろそこでは、この理念が近現代の国内／国際政治においてなぜかくも重要であったかということの理由が照らし出される。しかし同時に、そこでは国家主権の対内的絶対性、最高決定権、対外的独立性の道義的基盤が解体され、これまで自明視されてきた規範の不確かさもあらわになる。この一種の迂回路ともいえる思考の道すじを経てはじめて、グローバル化のもとで私たちがいかなる権威を尊重し、受け入れていくべきかという問いかけは新たな地平を手に入れるのである。

　以下では、まず国家主権の衰退と持続の同時並行というアイロニカルな現状を振り返ったうえで（第1節）、①対内的絶対性をめぐる「創設のパラドクス」（第2節）、②最高決定権にまつわる「決定主体のディレンマ」（第3節）、③対外的独立性を浸食する「独立性をめぐるアンチノミー（二律背反）」（第4節）を浮かび上がらせてみよう。実のところ、これらの三つの不確定性の徴候は、国際政治のなかで一つの星座のように結び付いて自由と安全の動的平衡[1]（dynamic equilibrium）というモラル・アポリアを構成している（第5節）。まさにこの自由と安全の揺れ動く平衡という特性ゆえに、国家主権は、今日の重層的な国際政治のなかでそのアイロニカルな地位を保っているのである（おわりに）。

---

(1) 生物学者の福岡伸一によれば、動的平衡とは「それを構成する要素は、絶え間なく消長、交換、変化しているにもかかわらず、全体として一定のバランス、つまり恒常性が保たれる系」（福岡 2011, p.76）を意味する。

コラム 7-1

国家主権をめぐる議論状況

　冷戦が終結した 1990 年代以降、国家主権は一貫して問い直しの対象になってきた。単純化を恐れずにまとめるならば、その潮流は大きく三つに整理できる。

　第一の潮流は、国家主権の絶対性を概念的に解体する試みである。国際関係論にポスト構造主義やコンストラクティヴィズム（構成主義）が導入されると、主権の形式と実態の乖離や多様な解釈史の開示、あるいは主権概念の系譜学や社会的構成の分析が追求され、国家主権それ自体が自明のものとしてあるという「存在論」自体が疑問視されるようになった（Walker 1993; Weber 1995, Bartelson 1995; Biersteker and Weber eds. 1996）。押村高は、これらの取り組みの背後にミシェル・フーコーらのポストモダン思想の影響があったことを指摘している。（押村 2013a, pp. 83-105）

　また第二の潮流としては、三十年戦争を終結させた 1648 年の講和によって近代国家が確立したとする「ウェストファリア神話」の歴史的検証がある（土佐 2012, pp. 19-22）。国家主権の複数性を前提とした国際システムの持続性を主張する現実主義に対して、マルクス主義や世界システム論は、資本主義の勃興や社会構造と地政学的システムの連動という観点から主権国家システムの生成を再解釈してきた（テシュケ 2008; ローゼンバーグ 2008）。また、ウェストファリア条約の緻密な検証という国際法学史研究や、国際立憲主義への軌跡に国家主権の概念史を埋め込む取り組みも、自明視されたウェストファリア史観を見直し、主権概念を歴史的に相対化する役割を果たしている（明石 2009; Shinoda 2000; 篠田 2012）。

　さらに、これら概念的解体ないし歴史的相対化とは別の角度から、国家主権の問い直しを牽引してきた第三の潮流が、以下で見る機能主義による分節化である。機能主義は、国家主権の理念が実のところ互いに区別できるいくつかの政治的機能のアマルガム（合金）であることを明らかにし、その永続性に疑問を呈していく。その嚆矢が「国家の退場と権威の拡散」を指摘したスーザン・ストレンジの国際政治経済学であった。

（高橋良輔）

第Ⅱ部　平和のアポリア

1　国家主権をめぐるアイロニカルな現状

1）私たちのピノキオ問題

　20世紀末、国際政治経済学者のスーザン・ストレンジは、「国家の領域的限界は、もはや政治的権威が経済や社会に及ぼす範囲や限界と一致しない」と述べ、「国家が――あるいは大多数の国家が――家族、企業、政党あるいは場合によっては地元のサッカーチームに対して示されるよりも実質的に大きな忠誠心を、今なお市民に期待できるかどうか疑問である」と喝破した（ストレンジ 1998, pp. 1, 125）。彼女によれば、現在、私たちが直面している問題は、児童文学「ピノキオの冒険」の最後に立ち現れる、ある難問にたとえることができる。

> われわれ一人一人を国民国家に縛り付ける糸は、自分で操ることも意思を及ぼすこともできない、あのピノキオを縛って彼を操り人形にした糸のように私には見える〔……〕木でできた操り人形から、最後に魔法で本物の少年になってからの彼の問題は、彼を導く糸がもはや存在しないということだった。何をするのか、どの権威を尊重し、どの権威に挑戦し抵抗するのか、彼は自分自身で決断しなければならなくなったのである〔……〕われわれが今直面しているのは、想像上の産物であるグローバル・ガヴァナンスではなく、相争う権威の源泉の、がたついた集合なのであり、われわれもまたピノキオ問題に直面しているのである。（ストレンジ 1998, p. 321）

　彼女によれば、領土の防衛、通貨価値の維持、経済発展のための開発戦略、景気対策や社会福祉、課税と貿易の管理、インフラストラクチャの整備から特定商品の国家独占、そして正当な暴力の独占まで、いまやあらゆる分野で「国家の退場」が生じている（ストレンジ 1998, pp. 126-139）。冷戦が終焉し、市場経済が勝利するとともに、私たちがいかなる政治的権威を信頼するべき

かについての動揺が広がり、「絶対性をめぐる新たな不安」が生じてきた。つまり主権国家は、グローバル化のなかでかつての全能性を失い、その権威も多国籍企業からテロ集団に至るさまざまな水準に拡散したというわけである。

コラム 7-2

「ドル化」のモラル・アポリア

　冷戦後、国際政治上、対処すべき脅威が多様化している。金融自由化によって解放された資本移動も、自然と同様、うまく制御できれば大きな力を生むが、制御を誤れば（あるいは制御不能な場合）国家／国民にとって死活的"暴力"に転化しうる。そして、この暴力を前にしたとき、国家主権のアポリアが鮮明に現出するのである。

　さかのぼること 40 年、1971 年の夏に金とドルの兌換が停止され、ブレトンウッズ体制は破綻、以後、国際通貨秩序の屋台骨は、貴金属から遊離し、国家の"信用"のみに裏づけられた不換紙幣が担うこととなった。その結果、国家は民間資本を利用して実体に見合わない経済力（および、それに依拠する政治力、軍事力）を創造できるようになったが、反面、信用が傷つけば即座に危機に追い込まれかねない世界が誕生した。そして、現代、国民にセキュリティを提供し、国民／国家の一体性を保ち、独立／自律を表現するという国家主権の政治的責任／道義的理念は、国際競争のなかで資本を呼び込みながら、それを巧みに制御することで実現されるべきものとなった。

　しかし、数々の通貨危機が示してきたとおり、資本移動の制御はきわめて困難である。"資本移動の自由"を維持しようとすれば、"金融政策の独立"と"為替の安定"を同時に追求することはできず（国際金融のトリレンマ）、途上国は後者を選択することがほとんどである。ところが、"金融政策の独立"を代償に、固定的な為替制度（ペッグ制など）を採用したにもかかわらず、国家の信用および制御能力の欠如から"為替の安定"ひいては国内経済・社会の安定を実現できずに、深刻な経済的・社会的危機に直面する国もある。

　そのような死活的事態において、為替を安定させられず、かといって独自に金融政策を実施する能力も、資本移動を規制して独力で経済発展する資力もない国家に残された、ほぼ唯一の手段は、自国通貨を放棄して米ドルなどの外貨を公定通貨とする「公式のドル化」である（エクアドルなどが実施）。ドル化の利点は、外貨の"信用"を借用することで、為替や金利、インフレ率の安定、敷衍すれば、国内経済・社会の安定と発展をはかれることにある。

> 他方、国家はかろうじて保持していた金融面での自律性を完全に放棄することになる。
> 　ここに国家主権のアポリアが顕現する。国家は、ドル化という最終手段をとって国民にセキュリティを提供し、国民／国家の一体性を保つという国家主権の責務を果たしうるが、そのためには国家主権が表現すべき自律性を放棄しなければならない（国家主権のディレンマ）。いわば、ドル化とは、国家主権の責務を果たすために、その責務の一部を外部に丸投げすることである。ドル化の道を進もうと、国家の信用や能力の向上につながるわけではなく、長期的には国家の存在理由が浸食されていく可能性すらある。国際金融のトリレンマや国家主権のディレンマをくぐり抜けようと、その先には行き詰まり＝アポリアが待っているのである。
>
> 　　　　　　　　　　　　　　　　　　　　　　　　（高澤洋志）

　スティーヴン・クラズナーは、こうした機能主義的な分節化を直截的に国家主権の理念へと適用している。彼によれば、実のところ主権には、①公的権威を組織する「国内主権」、②越境的な動きを統制する「相互依存主権」、③諸国家の相互承認にもとづく「国際法主権」、④国内管轄領域の排他性を表す「ウェストファリア主権」という四つの側面があった（Krasner 1999, pp. 9-25）。前者二つが国内政治に、後者二つは国際政治に連動するが、この分析では、すでに一つの総体としての主権概念が機能別に分割されている。クラズナーは、「領域、統制、承認、自律といった、主権に結び付けられるすべての特徴を、あらゆる、あるいはほとんどの政治的実体が兼ね備えていた理想の時代など、いまだかつて存在しなかった」（Krasner 1999, p. 258）と述べ、国家主権という理念それ自体が「組織的偽善」であったと主張した[2]。

　さらにこうした機能主義的な主権理解は、ヨーロッパ統合において新たな政治的ヴィジョンを切り拓くことに貢献してきた。押村高によれば、「伝統的な主権が「あるかないか」「独立か従属か」といった観点から語られていたのに対して、新機能主義者は、主権の実質を「欧州人がグローバル経済に行使し得るコントロールの度合い」と解釈しつつ、グローバル化のなかでは、

---

[2] Krasner ed. 2001; Philpott 2001; Howland and White eds. 2008 なども参照。

単一市場や金融統合が、実質的な主権の保持に有効であることを示そうとした」（押村 2013b, p.61）。強固に結晶化されてきた国家主権を、さまざまな制御能力の水準として再定義すれば、その維持を目指す政治戦略は新たな柔軟性を獲得できる。主権の実在論から機能主義への位相転換は、ヨーロッパでは、他国との協調を通じて形式的な自律性を喪失しながらも、「共有され、束ねられた主権」という形で実質的制御能力を取り戻すという新たな可能性を下支えしたのだった[3]。

2) 国家主権の持続力

しかし過去 20 年あまりにわたって、主権の衰退をめぐる研究が積み重ねられてきたにもかかわらず、現代の国際政治では依然として国家主権が基盤的理念の地位を占めているようにも見える。一方で、それは領土や国民の生命と並んで、戦争に訴えてでも守るべき至高の価値であり続けてきた。国内の統治権限をめぐる血生臭い内戦も、また領土や資源をめぐる国家間の紛争も、国家主権の理念抜きには考えられない。また他方で、軍事独裁政権や権威主義的な政府に抵抗し自由や独立を求める人々にとっても、国境を越えた紛争被害を抑え込もうとする国際社会にとっても、国家主権の確立は平和の達成に不可欠の目標となっている。

皮肉にも、その重要性をはっきり示してきたのは、第 2 次世界大戦後の国際秩序を象徴する国連憲章であった。その第 2 条第 1 項では、「この機構は、そのすべての加盟国の主権平等の原則に基礎をおいている」と宣言され、その組織基盤が国家主権の複数性にあることが明示されている[4]。かつてイマニュエル・カントは、「永遠平和のために」のなかで国際法の前提を「たがいに独立した国家が隣接しあいながらも独立していること」（カント 2006, p.207）に見たが、主権平等という国連憲章の原則が裏書きしてきたのも、やはり併存する国家主権の対外的独立性にほかならない。この点では、国際の

---

[3] 主権と自律の分離という戦略の可能性と限界については、髙橋 2012, pp.109ff.。
[4] 以下の国連憲章からの引用は、国際連合広報センターのホームページ（www.unic.or.jp/info/un/charter/text_japanese/　最終アクセス 2014 年 2 月 20 日）による。

平和と安全を維持するための最も包括的な国際機関は、国家主権の融合でも拡散でもなくその複数性に基礎をおいてきた。

しかもこの第2条は、第2項から第6項で加盟国の義務や行動準則を提示したあと、第7項であらためて国家主権の権能を確認する。「この憲章のいかなる規定も本質上、いずれかの国の国内管轄権内にある事項に干渉する権限を国際連合に与えるものではなく、また、その事項をこの憲章に基づく解決に付託することを加盟国に要求するものではない」。加盟国はその領域内で生じる事態について排他的権限を有し、またその決定権を譲渡するように求められない。いわば国連憲章は、国家主権の対内的絶対性と最高決定権を担保している。国際の平和および安全を脅かさない限り、国連加盟国の主権は絶対性と至高性を保証される。①対内的絶対性、②最高決定権、③対外的独立性という三つの属性は、現在も国家主権のメルクマール（標識[5]）なのである。

さらに興味深いことに、こうした国家主権の重要性は国境を越えて展開される国際協力の分野でも暗黙の前提となっている。西側先進国が構成してきた経済協力開発機構（OECD）は、1961年の設立以来、①経済成長、②開発途上国援助、③多角的な自由貿易の拡大を推進してきた。なかでも各国の対外援助政策に大きな影響力をもつ開発援助委員会（DAC）は、21世紀の開発目標の中心を民主化とグッド・ガバナンス（善き統治）に見出している。冷戦終結以降、援助国は被援助国で貧困問題を構造化してしまう政治・行政・社会的要因に注目し、参加型開発とグッド・ガバナンス（Participatory Development and Good Governance：PD/GG）こそ、開発協力の中心的要素であると考えてきた（OECD DAC 1997, p.3）。

もちろんPD/GGの追求は、直接的に国家主権の強化を目指すわけではない。そこで実施されるのは、あくまで国家の統治機能（ガバナンス）の確立である。日本の国際協力機構（JICA）がDACの方針にもとづいて発表した

---

[5] バリバールによれば、ジャン・ボダンの『国家に関する六書』やトマス・ホッブズの『リヴァイアサン』において、主権の本質はその標識（markes）を通じて開示されている（バリバール 2007, pp.321-326）。

報告によれば、ガバナンスとは「ある国の安定・発展の実現に向けて、その国の資源を効率的に、また国民の意思を反映できる形で、動員し、配分・管理するための政府の機構制度、政府・市民社会・民間部門の間の協働関係や意思決定のあり方など、制度全体の構築や運営のあるべき姿」（国際協力機構社会開発部 2004, p.21）を指す。

このことから、JICA 社会開発部はガバナンス支援が、①政治体制、②政府機能、③仕組みや制度という三つの局面に及ぶと分析する。すなわち第一の局面では、選挙支援、立法府支援、警察・刑事司法支援など、民主化に向けた政治体制の構築が要請される。また第二の局面では、行政機能の効率と効果の改善、調和のとれた地方分権の推進、参加の促進と透明性の向上など、行政機能向上への支援が必要となる。そして第三の局面では、法案起草・立法化支援、法の執行・運用のための諸制度の整備、法曹養成、社会意識の向上、法学教育の向上といった支援を通じて法制度整備が追求される（国際協力機構社会開発部 2004, pp.23ff.）。これら政治体制・行政機能・法制度整備への国際社会からの支援は、事実上、画定された領域内部を確実に統治する国家建設（state building）を外部から促進することを意味した。この点で、ガバナンス支援という国際協力の最終ゴールもまた、まぎれもなく国家主権の確立におかれている。

グローバル化が進む21世紀の世界のただなかで、最も包括的な国際機関が国家主権の複数性によって基礎づけられ、国境を越えた協力のゴールが国家主権の安定にあるという事態は、いまも汲み尽くせない規範性が国家主権の理念に見出されていることを暗示している。ストレンジやクラズナーの分析やヨーロッパ統合の進展にもかかわらず、国家主権という理念は依然として国際政治を考える際になくてはならない基本的理念であり続けてきた。消え去ったはずのピノキオの糸は、どうやらいまもなお、私たちの思考と行動を縛っているようである。

2 創設のパラドクス

1) セキュリタイゼーションによる設立

　こうして今日、国家主権の衰退と持続というアイロニカルな状況は、この理念になぜそれほどまでの絶対性が付与されてきたのかという素朴な問いを呼び覚ます。たしかに近代の国家主権において、最も強調されてきたメルクマールがその対内的絶対性であることは論をまたない。主権概念をはじめて明示したジャン・ボダンは、国家を国家たらしめる主権の絶対性・永続性・不可分性を、宇宙の秩序における全能の神とのアナロジーで考えていたといわれる（川出 1995, p.158）。トマス・ホッブズもまた、国家の絶対性を神とのアナロジーで捉えていたが、彼の独自性はそれを人々の間の契約によって基礎づけた点にあった。強大なコモン・ウェルスの創設を描く以下の文章は、あまりにも有名である。

> 　わたくしは、この人に、また人々のこの合議体にたいして、自己を統治するわたしの権利を権威づけあたえる（authorize and give up）が、それはあなたもおなじようにして、あなたの権利をかれにあたえ、かれのすべての行為を権威づけるという、条件においてである〔……〕これがあの偉大なリヴァイアサン、むしろ（もっと敬虔にいえば）あの可死の神の生成であり、われわれは不死の神のもとで、われわれの平和と防衛についてこの可死の神のおかげをこうむっているのである。（ホッブズ 1954, 第 2 巻 pp.33f.）

　人々をこの権利放棄へと駆り立てるのは自然状態＝戦争状態の恐怖であった。「すべて、人々がかれら自身の強さ、およびかれら自身の工夫によってあたえられるもの以外に、なんの保証もなしにくらしている時代」では、「継続的な恐怖と暴力による死の危険とが存し、人間の生活は、孤独で、まずしく、険悪で、残忍で、そして短い」（ホッブズ 1954, 第 1 巻 pp.203f.）。こ

の「万人の万人に対する戦い」というイメージが、彼の生きた時代のイングランド内戦と連動していたことはよく知られている。ホッブズを高く評価したカール・シュミットの表現を借りれば、「自然状態の恐怖が恐怖に満たされた人々を結合に駆り立て、その恐怖が頂点に達したとき、理性の閃光がひらめいて——突如我等の前に新たな神が立つ」(Schmitt 2003, S. 48, 邦訳 p. 55)。いわば内戦の鎮圧と侵略に対する防衛こそ、主権国家設立の欠かせない条件であった。

　こうして国家設立の動機が、死の恐怖からの脱却の最優先化——セキュリタイゼーション[6]（安全保障化）——に見出されたことから、国家主権は絶対的権力の表現としての地位を獲得する。近代の主権国家の生成とは、「かれらを外国人の侵入や相互の侵害から防衛し、それによってかれらを保全して、かれらが自己の勤労と土地の収穫によって自己をやしない、満足して生活できるようにするという、このような能力のある共通権力の樹立」(ホッブズ 1954, 第2巻 p. 33) 以外の何ものでもなかった。そのため、平和と防衛に必要な水準よりも少ない権力で満足すると主権国家は弱体化する（ホッブズ 1954, 第2巻 p. 254）。また、内戦や戦争で敵が究極的勝利を得て臣民たちが保護されなくなれば、それは主権国家の解体を意味した（ホッブズ 1954, 第2巻 p. 269）。つまり国家主権の絶対性とは、人民に安全をもたらす主権者権力（Soveraigne Power）の表現にほかならなかったのである。

　この点でシュミットは、『リヴァイアサン』の扉に描かれた可死の神のイメージ——無数の人間によって合成された巨人が頭に王冠を戴き、右手に剣、左手に杖を握り、平和な町を上から守護している——を取り上げ、そこに付された旧約聖書ヨブ記からの引用に注意を促している（Schmitt 2003, S. 25, 邦訳 p. 45）。「地上にはこれと並び立つ権力はない non est potestas super terram quae comparetur ei.[7]」という言葉は、国家主権の本質が何よりも

---

(6)　セキュリタイゼーションとは、「ある争点が通常の手続きや規範からの逸脱を許容しても対処すべき死活的問題とみなされる事態」を指す。
(7)　ヨブ記第41章24節。なお日本聖書協会『聖書』(1982年) では、同じ表現が41章33節に見られる。

第Ⅱ部　平和のアポリア

ホッブズ『リヴァイアサン』の扉絵

安全を保障する権力にあることを示す。もし多数の人々が、彼らすべてを恐れさせておく共通権力がなくとも正義や自然法を守ることに同意するならば、市民的統治も国家も存在する必要がなく、臣従をともなわない平和が訪れるかもしれない（ホッブズ 1954, 第2巻 p.33）。だが、人々が自分の利害を追求しているとき、どうすれば社会に秩序をもたらせるかという課題に対して、ホッブズが示した回答は当初から両義的であった。すなわち、それは恐怖から逃れるための自発的権利放棄として描き出されるが、この安全保障の絶対化は最終的に国家権力に対する絶対的服従も要請する。王冠を戴き、無数の人々からなる巨人の手には、剣による権力と杖による権威の両方が握られていた。シュミットもいうように、ホッブズは権威と権力を区別せず、至高権

力 (summa potestas) をもって至高権威 (summa auctoritas) とみなしたのである (Schmitt 2003, S. 68, 邦訳 p. 65)。

2) 絶対的権威をめぐるスキャンダル

さらに主権国家の絶対性が、共通権力の創出というホッブズ自身の社会契約論を裏切り、むきだしの暴力によって基礎づけられていることを鋭く指摘したのは、デイヴィッド・ヒュームであった。「原始契約について」のなかで、彼は次のように述べる。

> 用いられる手段はともかくとして、新政府が樹立される場合、人民は、それに不満をもちつつも、忠誠ないし道徳上の義務に関する観念からではなく、むしろ、恐怖と必要とから服従するのが普通です〔……〕時間の経過が、このようなごたごた一切を、おもむろに除去し、そして最初は、権力簒奪者ないし外来の征服者とみなされた一族を、合法的な君主ないし在来の君主とみなすように国民をならしていきます〔……〕作られたばかりの政府は、暴力によって形成され、よんどころのない服従を国民からうけ取ります。そして、その後の統治もまた、力によって維持され、そして、選択ではなく義務の問題として、人民に黙諾されます。（ヒューム 1982, 上巻 pp. 138f.）

ここで明るみに出されたのは、国家主権の絶対性は自発的同意ではなく、実は暴力の実践にもとづくかもしれないというスキャンダルである。政府への服従義務の理由について、ヒュームは「そうしなければ、社会が存続できないからだ」（ヒューム 1982, 上巻 p. 146）と端的に答えた。主権国家は、まずセキュリタイゼーションを完遂する圧倒的暴力として設立され、しかるのちに人々は恐怖と必要からそれに同意する。そこでは人民の同意が権力を創設するのではなく、国内で生じる内乱と国外から迫る侵略を抑制できる圧倒的暴力が絶対的権威として受け入れられていた。再びシュミットの表現を借りるならば、「国家は内乱の終結者であって、内乱を終結させない限り国家で

はない」(Schmitt 2003, S. 72, 邦訳 p. 67)。国内の治安さえ維持できない国家は、国家たる資格がないのであった。

このように、絶対的な国家主権の創設をめぐっては、暴力が権威化されて共通権力として定着するという「すり替え」のプロセスが介在する。ヒュームが明らかにしたように、国家主権は人々の同意によって生み出されるとは限らない。むしろそれが対内的絶対性を標榜するためには、まず実効的に対内的治安と対外的防衛をもたらす暴力が必要であり、この暴力の絶対性が人々の同意による権威づけを経て、はじめて共同体の権力として定着するのだった。

3) 対内的絶対性の不確定性

圧倒的な暴力（Gewalt）の実践が、人々の権利（Recht）と結び付けられ、やがては共同体の権力（Macht）を構成していくという主権の創設プロセスを、20世紀初頭に精神分析の理論を構築したジグムント・フロイトは、次のように表現している。

> 力の強い者が、むきだしの力を使うか、才覚に支えられた暴力を使うことで、他者を支配するのです。もちろんこのような原始状態は、次第に変化するようになり、暴力から権利への道が始まるのです〔……〕この道はただ一つだと思います。一人の人の力が強くても、弱い人がたくさん集まれば、これに対抗できるのです。「団結は力なり L'union fait la force」なのです。多数の人が団結すれば、一人の暴力に対抗できます。ですから団結した人々の力が、一人の暴力に抗して、権利を確立したのです。こうして権利（Recht）は、共同体の権力（Macht）として生まれたわけです。（フロイト 2008, pp. 14f.）

もちろんフロイトは、この共同体の権力もやはり暴力であることを見過ごしていない。共同体に逆らう人々にとって、国家主権の対内的絶対性は恐るべき暴力として立ちはだかる。それがむきだしの暴力と異なるのは、ただ強

者の私的目的のためにではなく、共同体全体によって行使されるためでしかない。暴力の実践が、人々の権利と結び付けられて権威化されるとき、政治体の共通権力は有無をいわせぬ絶対性を獲得する。

　振り返れば、主権の設立に暴力がともなうという現実は、今日なお内戦状態にある破綻国家によくあてはまるように見える。例えば、およそ50万人から100万人もが虐殺されたあと、ルワンダ愛国戦線（RPF）の首都侵攻によってようやく終結に向かったルワンダ内戦、1990年代を通じて続き、北大西洋条約機構（NATO）による空爆を被ったユーゴスラヴィア紛争、あるいはNATO軍の空爆支援を背景に前指導者カダフィの殺害に至った2011年のリビア内戦など、多くの内戦は相争う諸勢力の自発的同意によってではなく、あからさまな暴力の行使によってはじめて収束へと向かい、そのあとに国際社会の後援を受けた和平会議がようやく当該国家の主権性を権威づけたのだった。

　ここにおいて、国家主権は国内での絶対的暴力として設立されるが、それは同意にもとづく至高の権威として受容されるという逆説が浮かび上がる。国家主権が確立されていない内戦状態では、人々の同意は戦乱を抑え込む暴力に対して事後的にもたらされる。だが新たな政治的権威が受け入れられ定着するためには、それがあたかも人々の同意にもとづく共通権力として創設されたかのように、順序を逆転して示さねばならない。まさにこのために、国家主権は安全を保障する暴力として創設されると同時に自発的同意にもとづく権威として表象される。そしてこの反転は、安全を追求するために犠牲にされる個々人の自由という代償をしばしば覆い隠してしまう。この「暴力にもとづく権威」から「権威にもとづく権力」への反転こそ、国家主権の対内的絶対性をめぐるアポリア、「創設のパラドクス」にほかならないのである。

3 決定主体のディレンマ

1) 正当化の物語(ナラティヴ)

　もっともこの反転は、絶対的な臣従を説いたホッブズから、抵抗権を承認するロックを経て[8]、人民主権を提示したジャン＝ジャック・ルソーへと至る社会契約論の意義を減じるものではない。なぜならそこでは、社会契約論は主権国家の設立の説明や実証的な記述としてではなく、主権者権力を至高の権威へと変換する「正当化の物語(ナラティヴ)」として展開されたからである[9]。ボダンやホッブズと同じくロックにおいても、主権の至高性は神学的パラダイムと不可分だったが[10]、むきだしの力から政治体の権威を導き出すことの問題を誰よりも明敏に察知していたのは、ルソーであった。『社会契約論』冒頭の一節で、彼はこう問題を設定する。

　　最も強いものでも、自分の力を権利に、〔他人の〕服従を義務に変えないかぎり、いつでも主人でありうるほど強いものでは決してない。ここから最も強いものの権利などというものが出てくる。みたところ皮肉にとれる権利だが、実際は権利として確立されているのだ〔……〕暴力は一つの物理的力である。そのはたらきからどんな道徳的なものが結果しうるか、わたしにはわからない。暴力に屈することはやむをえない行為だが、意思による行為ではない。それはせいぜい慎重を期した行為なのだ。

---

(8)　「長く続く一連の悪政、言い逃れ、策謀がすべて同じ方向を辿っているために〔……〕人民が自ら決起し、統治が最初に設立されたときの目的を自分たちのために保証してくれる人々の手に支配権を移そうとすることは決して不思議ではないのである。」(ロック 2010, pp. 565f.)
(9)　「人間は自由なものとして生まれた、しかもいたるところで鎖につながれている〔……〕どうしてこの変化が生じたのか？　わたしは知らない。何がそれを正当なものとしうるか？　わたしはこの問題は解きうると信じる。」(ルソー 1954, p. 15)
(10)　ジョルジュ・アガンベンは、「権力はなぜ栄光を必要とするのか？　権力というのが本質的に言って行動や統治の力や能力のことであるというのならば、なぜ権力は儀式・喝采・儀典といった厳格な、厄介な、「栄えある」形式を引き受けるのか？」と問いかけ、現代の民主主義国家にまで続く「同意による統治（government by consent）」のパラダイムを中世の政治神学のなかに探求している（アガンベン 2010, pp. 10f.）。

いかなる意味でそれが義務でありうるだろうか？（ルソー 1954, p.19）

ルソーによれば、権利の源泉が力であるという教説は原因と結果を取り違えている。力の喪失が権利の消失と同義であれば、権利という言葉には独自の意味がなくなってしまうからだ。

それゆえ、力と権利のトートロジー（循環論法）から脱するために彼が構想した社会契約論は、その代わりに人々の権利を再帰的に確証する新たな循環を引き入れる。「われわれの各々は、身体とすべての力を共同のものとして一般意思の最高の指導のもとにおく。そしてわれわれは各構成員を、全体の不可分の一部として、ひとまとめとして受けとるのだ」（ルソー 1954, p.31）。この文章の前半、各人の権利を集約し共同体全体の安全を確保するという戦略には必ずしも新奇性はない。重要なのは後半である。ホッブズやロックとは異なり、ルソーは権力を行使する主権者とそれを権威として受容する人民とを同一視した。統治者と被治者をはじめから一体化してしまえば、もはや統治の正統性を問い続ける必要性自体を消し去ることができる。

そのため、彼の社会契約論では、各契約者の特殊な自己に代わり一つの精神的で集合的な団体が作り出される[11]。「それは、受動的には、構成員から国家（État）と呼ばれ、能動的には主権者（Souverain）、同種のものと比べるときには国（Puissance）と呼ばれる。構成員についていえば、集合的には人民（Peuple）という名をもつが、個々には主権に参加するものとしては市民（Cityens）、国家の法律に服するものとしては臣民（Sujets）と呼ばれる」（ルソー 1954, p.31）。ここに生じた変化こそ、〈国家＝主権者＝国〉と〈人民＝市民＝臣民〉の存在論的な同一化である。この同一化により、ホッブズやロックを悩ませていた主権者と臣民の不一致という政治的リスクはあらかじめ除去できるのであった。

---

(11) なおバリバールは、ルソーの主権論の特性を次のように解釈している。「主権とは、政治体が「自己と結んで」維持する「関係」のことであり、結果としてその関係は、政治体自らが選択した統治形態へのあらゆる義務から政治体を解放して、臣民（言い換えれば個人として捉えられた諸市民）の権利という形式的保証を無用にする」（バリバール 2007, p.334）。

2) 人民主権論という「錬金術」

　そして実のところ、ここで含意されていたのは国家主権と人民主権の融合である。「主権者について」では、その化学反応が次のように表現される。「この公式から次のことがわかる。結合行為は公共と個々人との間の相互の約束を含むことと、また、各個人は、いわば自分自身と契約しているので、二重の関係で——つまり、個々人にたいしては主権者の構成員として、主権者にたいしては国家の構成員として——約束していること、とである」（ルソー 1954, p.33）。ここでは主権者の対内的絶対性が、安全を保障する暴力の実効性ではなく、あくまで人民の自己自身との契約によって正当化される。人民という主権者が自己自身と契約する以上、主権は分割することも、譲り渡すことも、誤ることもできない。「主権者はそれが存在するというだけの理由で、主権者として持つべきあらゆるものを常に備えている」（ルソー 1954, p.34）と彼が述べたとき、国家主権の絶対性は暴力の実在ではなく、人民の自律性を再帰的に確認することで正当化されたのだった。

　さらに〈国家＝主権者＝人民〉を等号で結び付けるこの「錬金術」は、中世の政治神学の躓きの石であった「王の二つの身体」という矛盾を打ち砕いた。エルンスト・カントーロヴィチの研究によれば、中世ヨーロッパでは、「王は自らのうちに二つの身体、自然的身体と政治的身体を有している」（カントーロヴィチ 2003, p.28）。一方で、その自然的身体は可死的な存在であり、王といえども他の人々と同じ身体的弱点をもち、老いて死んでいく運命を免れなかった。しかし他方で、その政治的身体は政治組織や統治機構から構成され、時間の内部にありながら不変的なものを表す。王の崩御は自然的存在の消滅にすぎず、政治的身体は変わることなく次の王の身体へと移行すると考えられた。

　実際そこでは、キリストの人性と神性という二重性が主権者の可死性と永遠性へと重ね合わされていた。このアナロジーによって、王の統治には逆らいがたい聖性が付与される。カントーロヴィチは、この視点を「法を中心とする王権」、「政体を中心とする王権」、「人間を中心とする王権」の表象に見出している。つまり、移ろいやすい統治者の身体性と変わることのない政治

体の持続という二重性こそ、近代の主権国家が最高決定権をもつ「可死の神」としてイメージされねばならない理由であった。これに比べて人民主権論では、もはや国家主権のメルクマールを王の身体に託す必要はない。可死性と永遠性の矛盾は、主権を公共の一般意思の行使として提示することで回避できる。具体的な人格をもった王の自然的身体性と比べ、一般意思のもとにある人民という集合的身体は個々人の死を越えて存続しうるのだった。

　ただしこのとき、ルソーは新たにもう一つのアポリアに直面する。国家主権の最高決定権が人民の人民自身による契約によって正当化されるとしたら、いったい誰がその社会の初期条件を見出し、共同体の最も基本的な枠組み（constitution）を定めるのか[12]。ルソーは一般意思の無謬性を強く主張したが、同時にそれを人民の全体意思から区別し、人民の判断がつねに啓蒙されてはいないことにも注意を向けていた。

> 生まれたばかりの人民が、政治の健全な格律を好み、国是の根本原則にしたがいうるためには、結果が原因となること、制度の社会的産物たるべき社会的精神が、その制定をつかさどること、そして、人々が、法の生まれる前に、彼らが法によってなるべきものになっていること、などが必要なのであろう。こうして立法者は、力も理屈も用いることができないのだから、必然的に他の秩序に属する権威にたよる。その権威は暴力を用いることなしに導き、理屈をぬきにして納得させるようなものである。（ルソー　1954, p.65）

　ここには、国家主権の最高決定権をめぐるアポリア、「決定主体のディレンマ」が浮かび上がっている[13]。たしかに、人民主権論は人々の自律性を再

---

(12)　それまで、人々が生きるべき秩序を法規範という形で実体化することは、通常の人間の所業ではなかった。旧約聖書で神の十戒をイスラエルの民にもたらしたモーゼ、古代ギリシャでデルポイの神託にしたがって都市国家スパルタに軍制をもたらしたリュクルゴス、そして近代初期にスイスのジュネーヴ市で宗教改革を指導したジャン・カルヴァンら、共同体に秩序の基本的枠組みをもたらした立法者は、いずれもそこに安住することはできなかったのである。
(13)　ウィリアム・コノリーは、このアポリアを法とエートスが互いに先行しなければならない「設立におけるパラドクス」と見ている（コノリー　2008, p.226）。

第Ⅱ部　平和のアポリア

帰的に確証することで、その対内的絶対性を正当化した。しかしこの閉じられた自己決定の循環論法では、共同体の基本的枠組みを定める立法者の最高決定権を十分に導き出せなかった。「もし人々を支配するものが、法を支配してはならないなら、法を支配するものはやはり人々を支配してはならない」（ルソー 1954, p.61）。共同体の枠組みを定める立法者と、その枠組みにもとづいて統治する支配者が同一人物になれば、それは専制政治になってしまう。皮肉にもルソーの人民主権論では、国家にその枠組みを与える立法者は、主権の外部にある何らかの権威に依拠せざるをえなかったのである。

3) 最高決定権の不確定性

　この最高決定権の不確定性を回避するためには、国民という特定の共同体に超越的価値が見出されなければならなかった。神の永遠性のもとで歴史的継続性から至高性を引き出した王朝的正統性とは異なり、民主的正統性では国民の意思に最高の権能が与えられる。フランス革命前夜に憲法制定権力を理論化したエマニュエル＝ジョセフ・シィエスは、もはや国民の自由な意思こそいかなる正当化も必要としない最高決定権だと宣言することを躊躇しなかった。

　　いかなる仕方で望もうとも、国民が望みさえすれば十分である。どんな形式でもよい。その意思は、常に最高の法律である〔……〕反復を恐れず繰り返し言おう。国民は、いかなる形式にも拘束されない。そしていかなる態様で望もうとも、国民の意思が表明されさえすれば、国民は、全ての実定法の源泉であり最高の主人であるのだから、いかなる実定法も、その意思の前には効力を失うのだと。（シィエス 2011, pp.109f.）

　ここでは、人民というアモルフ（無定形）な存在が国民という具体的な共同体に結晶化されている。その際、国民共同体が歴史や言語により定義されるか、文化や宗教による紐帯から規定されるかは問題ではなかった。国民の自由な意思こそ、最高決定権の権原である。

さらに重要なのは、ここで最高決定権が立ち現れる時間軸に大きな変更が生じたことである。かつて国王二体論のディレンマは、王の自然的身体が可死的であるにもかかわらず、政治的身体としては永遠性が見出されなければならないところにあった。そのため中世には、最高決定権の正当化は全能なる神の永遠性とのアナロジーを必要としたのである。カントーロヴィチによれば、この神学的パラダイムは人民や政体、祖国の存在に恒久性をもたらしていた[14]。

　ところが、人民主権論への転回を経て国民の意思に最高決定権が直接帰属するとみなされると、国家主権の自己正当化はいつでも主権者が決断する瞬間から引き出すことができる。その意味で、「主権者とは非常事態についての決断者である」というカール・シュミットの命題は、かつて永遠性によって担保されていた国家主権の至高性が、決断の瞬間へと凝結していったことを示している。

> 決断を下すのが決断権者であるということは、決断を相対的なものとするが、時にはそれを絶対的なものとする。即ちその内容の正当性（Richtigkeit）から独立し、疑問があるとかないとかというそれ以上の議論を打ち切ってしまうのである。決断は下されるや否やたちまちその論拠から独立し、独自の価値をもつに至る。(Schmitt 2003, S. 37, 邦訳 p. 25)

　シュミット自身が明言するように、ここではルソーが一般意思を導入して非人格化した主権者の地位が再び人格化される（Schmitt 1996, S. 52, 邦訳 p. 37）。もちろん誰が具体的な決断者になるかは、時代と国家によってまちまちである。だがシュミットによれば、国家主権の本質は法的・規範的内容

---

(14) 「恩寵とともに正義や法も、容易には無視できない永遠性の価値であり続けた〔……〕しかし、政体を中心とする新たな支配観念を育んだ不可死性ないし連続性という価値は、「決して死ぬことのない」統合体（universitas）、すなわち不可死の人民や政体や〈祖国〉の恒久性に帰属していたのであり、個々の王がこれらから容易に分離することはあっても、王朝や王冠や王の威厳がこれらから分離することはなかった。」（カントーロヴィチ 2003, p. 350）

とは別次元にある。それは何よりも現実の政治のなかでの最高決定権にあり、主権は強制や支配ではなく決断の独占として捉え直されねばならない。

こうして、いまや主権者とはあらゆる状況を創造しそれを保障する存在だとされる。非常事態が国家の権威の本質をあらわにするのは、いかなる根拠もない究極的決断の独占者が誰であるかが、その瞬間に明らかになるからである。それゆえ国民主権の場合には、国民がいつもすでに国家主権に先行して存在している必要があった。

だが今日、国際社会が取り組む平和構築やガバナンス支援が「国家建設（state building）」ではあっても「国民形成（nation building）」にまで達しえないのは、まさにこの決断する主権者の正統性が不確かだからである[15]。諸々の民族・宗教集団や軍閥が相争う破綻国家では、最高決定権の所在は浮遊し、明滅する不確定性のもとで消え去ってしまう。いったい誰が主権者としての国民であるべきか、それを代表‐再現前する者は誰なのか、という問題に、人民の自己決定という再帰的な主権論では十分に応えることはできない。「規範的に考察すれば、決断は無から生まれたものである」（Schmitt 1996, S. 37f., 邦訳 p. 25）というシュミットのニヒリズムは、結局、国家の基本的枠組みそれ自体の定立者は、人民‐国民主権論の再帰的循環からは導き出せず、何らかの超越的存在を密輸入するしかないというディレンマの別の表現なのであった。

4　独立性をめぐるアンチノミー

1) 不可欠な相互承認

このように、国家主権の根源に見出される「創設のパラドクス」や「決定主体のディレンマ」は、この理念が決して自己完結的なものではないことを示唆している。国家主権は人々に安全を保障する暴力として設立されるが、それはいつもすでに同意された権力として定着しなければならない。また主

---

[15]　本書第5章および第6章を参照。

権者と臣民の同一化は、最高決定権を神という超越的存在から国民という内在的存在に移し込んだが、そこでは再び外部の権威や国民の意思の絶対化が必要になってしまう。これら二つのアポリアは、国家主権の国内的正統性が、その根底において不確定なものであることを示してきた。

しかも国家主権の確立にあたっては、これら対内的なアポリア以上に重大な二重基準が存在する。たしかに一方では、国家主権には戦乱の恐怖からの解放と人民の政治的自由を表現する道義的価値が見出されてきた。そのため対内的絶対性と最高決定権は、ほかでもなく人々の安全保障と集合的自律性によって正当化される。だが他方で、国家主権は国内の正統性のみでは決して確立できない。それはまた国際社会からの承認を必要とする。今日でも未承認国家や破綻国家の不安定な地位が示しているように、国内的正統性と国際的正統性の間にはしばしば捻じれが生じてきた。

この点では、カントのコスモポリタニズム（世界市民主義）を激しく批判し、国家主権の至高性を主張したG・W・F・ヘーゲルが、実は近代ヨーロッパ社会の紐帯を重視していたことは皮肉である[16]。ナポレオンが国民軍を率いてイェーナに入城する光景を目の当たりにして「世界精神が馬に乗って通る」と述べたヘーゲルは、主権国家こそが絶対的で究極の目標であると宣言することを厭わなかった（ヘーゲル 1978, p.586）。だがその理論の射程は、必ずしも偏狭なナショナリズムに尽きるものではない。彼は、国家の対外的法権利すなわち国際法の出発点を、独立した諸国家の関係性に見出していた。『法の哲学』の終盤で国内と国外という国家の二つの顔を結び付ける次の文章は、控え目にいっても両義的である。

> 個々人が他の諸人格との関係を欠いては、現実的人格ではないように、国家も他の諸国家との関係を欠いては現実的個体ではない。だから国家の正統性、もっと的確に言って、国家が国外に向かっているかぎりでは、その国家の君主権の正統性は、一面ではまったく国内に関わる関係であ

---

(16) ヘーゲルのコスモポリタニズム批判については、高橋 2011, pp.26f.。

第Ⅱ部　平和のアポリア

るが〔国家は互いに干渉すべからず〕、——他面では諸国家から承認を得ることによって完璧なものにされなければならない。しかしこの承認を得るには、他の諸国家に対して自国の承認を要求する国家が、当の他の諸国家を同じように承認するという保証、すなわち当の他の諸国家の独立性を尊重するであろうという保証が必要である。したがって、承認を要求している国家の国内で何が起こっているかは、当の他の諸国家にとってどうでもよいことではありえない。（ヘーゲル 1978, pp. 589f.）

　しばしば強調されるように、ヘーゲルにとって国家主権の絶対性や最高決定権はかけがえのないものであった。だがそれと同時に、彼の考える国民国家は決してそれ自身の決定だけで存在するような、閉じた共同体ではない。むしろ主権国家は、他の諸国家から承認されたときにはじめて完全な存在になる。しかもこの承認は一方的なものではなく、国家間の相互性にもとづいていなければならなかった。

　この相互承認が立脚するのは、各共同体の均一化と融合を経て世界国家に至るような普遍主義ではなく、諸国家の特殊性を差異として維持するメタレベルの普遍性である。近代ドイツにおける世界市民主義（コスモポリタニズム）と国民国家との混淆を跡づけたフリードリヒ・マイネッケは、それを「諸国家のうえに立つ法廷によって外から諸国家に命じられるものではなく、かれら自身の内部の生活から、また、かれらの本来の精神的＝倫理的親近性から、生じるものである」（マイネッケ 1968, p. 302）と表現した。彼によれば、ヨーロッパ社会に諸国家の独立性と同時に各国家を包含する絆を見たヘーゲルは、世界主義的理念と国民的理念を結び付けていた。その両義性を帯びた相互承認ゆえに、国家間の関係は戦争のような外面的な水準にとどまらず、しばしば互いの国内動向への関心にまで及ぶ。つまり、主権国家がいくらその内部に対して絶対的で最高の存在としてふるまっても、お互いを注視し影響を与えようとする国際関係から無縁ではいられないのである。

2) 埋め込まれた自律性

　20世紀半ばに近代ヨーロッパの公法秩序の衰退を論じたカール・シュミットは、ヘーゲルが示唆したこの承認関係を、戦争は人と人の関係ではなく、国家と国家の関係であると見たルソーの思考法と重ね合わせている (Schmitt 1997, p.122, 邦訳 S.174)。ルソーにとって、戦争の恐怖と国家主権の成立は相互に連動していた。ただし、ホッブズやロックの社会契約論が内戦や戦争に対処するために主権国家を創出したのとは反対に、ルソーは複数の社会の成立こそ戦争の原因だと見ている。「ただ一つの社会の成立が、いかにしてほかのすべての社会の成立を必要欠くべからざるものにしたか、団結した力に立ち向かうためには、いかにして自分たちもまた団結しなければならなかったかは、容易にわかる」(ルソー 2012, p.93)。戦争状態は、社会を構成する動機であると同時に社会の複数性の結果であった。このことから彼は、「それぞれの国家が敵とすることができるのは、ほかの諸国家だけであって、人々を敵とすることはできない。異なった性質のものの間には、いかなる真実の関係も成りたちえない」(ルソー 1954, p.24) と述べる。そこでは、戦争が何よりもまず複数の国家間の相互作用であることが認識されていた。

　ただしこうしたルソーの世界観を引き継ぎつつも、ヘーゲルがさらに一歩踏み込んで次のように述べたことは注目に値する。「国家が国家として互いに承認しあうことのうちには、戦時においてさえ、すなわち違法、暴力、偶然においてさえ、一つの絆が失われることなく存続するということが含まれている」(ヘーゲル 1978, p.593)。国家は自力で独立した存在でなければならないが、その独立性は実のところ国際的な相互承認に深く依拠していた。ホッブズとは異なりヘーゲルにとって、国際関係は絶えざる戦争状態などではない。むしろそこでは、各国を結び付ける相互承認の絆が、戦争を「過ぎ去っていくべき一時的なもの」と見ることを可能にしていた。いわば国家の対外的独立性は、戦争さえ貫いて存続する相互承認の絆によってはじめて確立されるのである。

　ここに浮かび上がってくる徴候こそ、国家主権の対外的独立性にまつわるアポリア、他律性に埋め込まれた自律性である。国家主権の対外的独立性を

確立するためには、他国からの承認を欠かすことができない。その意味では、国権の最高の発動である戦争さえ、実は国家の独立性を確証するものではなかった。国家の自律性を示す対外的独立性が実は決して自己実現できず、むしろ他律的な承認のなかに埋め込まれているという事態こそ、国家主権をめぐる最大のアポリア、「独立性をめぐるアンチノミー」なのである。

3）対外的独立性の不確定性

たしかにクラズナーが分節化したように、国家主権には対内主権と対外主権の二つの側面がある。そのため国家主権の国際的正統性は、しばしばその国内的正統性と一致しないという事態も生じてきた。このことは、今日もありふれた存在である専制国家（dictatorship）や未承認国家（unrecognized state）といった「例外事例」から読み取ることができる。

まず国内／国際という二つの正統性から見た場合、専制国家は国内で人民の集合的自律性が達成されていないにもかかわらず、国際社会からは主権国家として承認されている政治体である。冷戦時代には、アメリカ合衆国とソヴィエト連邦がしばしば第三世界の軍事独裁政権に政治的・経済的・軍事的援助を与え、国内体制に正統性がなくても国際的正統性を承認してきた。だが冷戦後、国内で治安を維持できず、また人民の同意も十分に調達できない国家は、失敗国家（failed state）と呼ばれるようになった。

これに対して未承認国家は、国内で人民の集合的自律性が達成されているにもかかわらず、国際社会からは主権国家として承認されていない政治体である。例えば近年、未承認国家について分析したニナ・カスパーソンは、その特徴を次のように説明する。

> 未承認国家と失敗国家とは、コインの裏表の関係にある。失敗国家あるいは準国家（quasi-state）は、対内主権を欠いているか、それをごく限定されたまま対外主権を享受している。その一方、未承認国家は対外主権をもたずに生存を確保し、少なくとも対内主権は達成してきたと主張する。準国家は自立を欠いたまま独立を享受するが、それは対外主権に

よって支えられている。他方で、未承認国家はそのような保護を受けることができない。不干渉という規範はこれらの国家には適用されないため、少なくとも軍事的な意味での自立がその生存のために決定的な意義をもつ。(Caspersen 2012, p. 8)

彼女によれば、20世紀後半から現在までだけでも、アブハジアやチェチェン、エルトリアやクルド人自治区、さらにはソマリランドや南オセチア、トルコ系の北キプロス共和国、そしてパレスチナなど、未承認国家に分類できる多くの実例が存在してきた。

コラム 7-3

キプロス共和国というアンチノミー

　東地中海に位置するキプロス共和国。地政学的要所として大国の思惑に揺らぐ歴史を紡いできたこの島は、主権国家にからみつくアンチノミーを表象する一つの例といえよう。

　主権国家の設立が対内的平和と対外的防衛の暴力装置という権力として位置づけられるとするならば、キプロス共和国の創設は、すでに一つのアンチノミーを抱えていた。すなわち内乱の終結者であり内乱の扇動者というアンチノミーである。キプロス共和国の独立はイギリス統治下からの独立という意味では内乱の終結であった。しかし、独立以前よりマジョリティーであるギリシャ系住民はギリシャとの併合（エノシス）を、マイノリティーのトルコ系住民は分割統治（タクシム）を望んでおり、キプロスの独立は両者の内乱を鮮明化させることとなる。

　このアンチノミーを抱える背景となったのは、イギリス・ギリシャ・トルコがキプロスの独立・領土保全・安全保障、そして民族間の共存関係を考慮した憲法を承認し保証することを義務づけたチューリッヒ・ロンドン協定である。この協定によりキプロスは関係諸国の思惑の駆け引きのなかで再び翻弄されることとなる。独立直後より両系住民の対立は再燃し、共存状態にあった両系住民は島の南北へと分離し、1964年には停戦監視のために国連平和維持軍（UNFICYP）が派遣された。しかし、対立はくすぶり続け、1974年にギリシャとの併合を強く望む一部ギリシャ系住民によるクーデターが勃発した。トルコは同協定にもとづきマイノリティーであるトルコ系住民の保護を名目としてキプロスへの共同の軍事介入をイギリスに申し出た。しかし

第Ⅱ部　平和のアポリア

> 拒否され、トルコは単独でキプロスへの軍事介入を試みた。両系住民の対立は関係諸国を名実ともに巻き込み悪化し、国連は島の中央を南北に分断するグリーンラインを設置した。ここに両系住民の分断は決定的なものとなる。
> 　キプロスのアンチノミーの本質は、本章で「最大のアンチノミー」として言及されている、国家の自立性を示す対外的独立性が他律的な承認のなかに埋め込まれているという事実である。現在、南のギリシャ系住民からなるキプロス共和国は国際社会の承認を受け 2004 年 5 月には EU（ヨーロッパ連合）への正式加盟を果たしている。他方、北のトルコ系住民からなる「北キプロス・トルコ共和国」はトルコのみが承認するキプロス共和国の未承認地帯という位置づけである。しかし、現実には北キプロス・トルコ共和国はトルコの財政的支援を受けつつも、国内的正統性を有するものとして機能している。そのため、主権国家という枠組みのなかで両系住民の妥協点を模索した国連の再統合案をめぐっても意見の一致が見られず、両系住民はいまだ各々別々の主権国家のあり方を求めて分断状況にある。
> 　主権国家をめぐるアンチノミーはグローバル化の進む今日においていまなお古く、そして新しい問題なのかもしれない。
>
> 　　　　　　　　　　　　　　　　　　　　　　　　　（堀内めぐみ）

　主権をめぐる伝統的な見方では、国際的承認がなければ対外主権は存在せず、主権がなければ国家性（statehood）もない（Caspersen 2012, pp. 12f.）。だが数多くの未承認国家の実在は、多かれ少なかれ従来の想定とは異なる形式の主権が存在しうる可能性を示している（Caspersen 2012, p. 18）。そのためカスパーソンは、皮肉にも今日では未承認国家の不安定な地位が主権のパラダイムの強度をあぶり出しているという。

　　承認されていないからといって、国家性が不可能になるわけでも、無意味になるわけでもない。しかし、そこに生じる国家性は、承認された国家性とは重要な点で異なっている。それらの存在は、両義性ときわめて不安定な地位にとどまる。未承認国家は単に〔承認されることを〕待ち続けてはいないが、承認を欠いたままでは承認された国家とまったく等しい存在になれない。これらの存在は、対内主権がとりうる別の形式を指し示すことで、支配的な主権概念に挑戦するとともに、このパラダイム

の根強い力を浮かび上がらせる。対内主権と対外主権は完全に切断されているわけではないので、むしろ主権パラダイムの強度が描き出される。現在のグローバル化が進んだ世界でも、国家の存在が承認されるかどうかは重要な問題である。(Caspersen 2012, p.121)

例えば台湾のように、国内社会を十分に組織化し国家性ともいうべき統治を実現している政治体であっても、国際的には十分に主権国家としての権利を享受していない。国家主義者であるヘーゲルも気づいていたように、主権国家の独立性はその内部の統治性のみでは決して確証されなかった。その対外的独立性は、国際社会における承認によってはじめて確立できる。政治的自律性が他国からの承認なくしては確立できないというアンチノミーは、いまなお国内的正統性と国際的正統性との二重基準として立ち現れているのである。

コラム 7-4

パレスチナ問題と主権国家への歩み

2012年11月29日、国連総会はパレスチナにオブザーバー国家の地位を付与する決議案を採択した。138カ国の賛成を得た同決議は、パレスチナ人の1967年以来占領されている領土での自決と独立の権利も再確認した。パレスチナ独立への道筋は依然険しいが、これまでの歩みも苦難の連続であった。

同決議のちょうど65年前の1947年11月29日、国連総会はパレスチナ地域をアラブ人国家、ユダヤ人国家、エルサレム国際管理地区に分割する決議を採択した。人口の約3分の1のユダヤ人に地域の半分以上を与える案に、アラブ諸国は強く反発した。1948年にイスラエル独立にともない発生した第1次中東戦争で土地がさらに奪われ、1967年の第3次中東戦争ではイスラエルがヨルダン支配下の東エルサレムを含む西岸地区と、エジプト支配下のガザ地区を占領した。同年、国連安全保障理事会はイスラエルに占領地撤退を、アラブ諸国にイスラエルとの共存を求める決議を採択した。この「領土と平和の交換」原則が今日に続く中東和平問題解決の基本枠組みである。

しかし、この原則にもとづく「二国家解決」案の実現も容易ではない。一つは、イスラエルとの交渉である。1993年、パレスチナ解放機構（PLO）と

> イスラエルは、相互承認と西岸とガザ地区でのパレスチナの自治を認める「オスロ合意」（暫定自治合意）に調印した。だが、両者間の相互不信は深く、エルサレム、難民、入植地問題を含む国境画定、安全保障、パレスチナの国際的地位、水資源という「核心議題」に関する交渉は困難を極め、2000年代には両者間でたびたび暴力が激化した。
> 　二つは、パレスチナ内部の問題である。和平プロセスの間、世俗的な民族主義にもとづく解放運動を展開してきたPLOを基盤として設立されたパレスチナ自治政府に対し、ハマスのような和平に反対するイスラムの教えにもとづく抵抗運動が台頭した。2007年、ハマスがガザ地区を武力制圧したことで、西岸地区のパレスチナ自治政府と、ガザ地区を実効支配するハマスという分裂状態が顕著になった。イスラエルとの交渉に加え、パレスチナを一つにまとめる大作業も、独立に向け残された課題である。
>
> （辻田俊哉）

5　モラル・アポリアの星座

1）自由と安全の統合

　以上ここでは、国家主権をめぐるアポリアの徴候を三つの不確定性として抽出してきた。第一に、国家主権はセキュリタイゼーションを完遂する圧倒的暴力を人々の同意によって権威づけ、共同体の絶対的権力として表象するところに創設される。つまり対内的絶対性の根幹には、内戦と戦争に対処する圧倒的暴力の実践がある。だが国家主権の絶対性が定着するためには、「暴力にもとづく権威」を「権威にもとづく権力」へと反転しなくてはならない。この「創設のパラドクス」を覆い隠し、国家主権の対内的絶対性を受容させる動因こそ、戦乱の恐怖から逃れようとする人々の期待、安全への希求であった。

　第二に、むきだしの暴力を承認された権威へと変換し安定させるために、国家主権はある種の「錬金術」によって正当化される。ルソーの人民主権論は、国家主権を人民による自己支配という再帰性のなかで確証することで、権力を行使する主権者とそれを権威として受容する臣民の乖離という問題自体を消し去る。だがその閉じた循環構造では、共同体の基本的枠組みを定め

る最高決定権を導き出せない。ここに生じる「決定主体のディレンマ」は、国民の意思を超越化しその自律性を最高規範にまで高める国民主権論によって覆い隠されてきた。このとき国家主権の最高決定権は、国民の集合的自由に最高の価値を与えることで支えられる。無から生まれる決断に至高の価値を見出すニヒリズムは、このアポリアを覆い隠す「イチジクの葉」にすぎない。

　もっとも、これらのアポリアを内在化しているにもかかわらず、国家主権は戦乱を抑え込んで安全をもたらし、国民の集合的自由を表現する道義的価値であり続けてきたことも確かである。近現代の政治思想において、国家主権はいわば共同体の生存権を確立するという実践的意義を見出されてきた。ただしフロイトが指摘したように、「すべての人々が安全な共同生活が過ごせるようにするためには、個人がみずからの自由を、みずからの力を暴力として行使する自由を、どの程度まで制限し、放棄しなければならないかは、共同体の法が決める」（フロイト 2008, pp. 16f.）ことになる。つまり、共同体の安全と個人の自由との間には深刻な「トレードオフ」が存在した。国家主権の理念は、個々人の自由の放棄を集合的な自律性の実現へとずらすことで、このトレードオフを埋め合わせる。ホッブズに始まりルソーを経てヘーゲルに至るまで、国家主権の対内的絶対性や最高決定権を擁護した思想家たちが追い求めたのは、この集合的な自由と安全の統合だったのである。

　この自由と安全という価値の集合的追求が、国家主権に道義的威光をもたらしてきたことは否めない。国家主権が共同体の生存権を保障し、その自律性を担保するとき、そこに至高の政治的価値が見出される。日々の生活を守る防衛戦争や植民地の人々の独立闘争に道義的なアウラが生じるのは、それがかけがえのない安全や自由への戦いとして表象されるからである。その道義的基盤の不確さにもかかわらず、国家主権はこの二つの価値を統合する概念装置として、強力な訴求力を発揮してきたのだった。

2）揺れ動く主権の重心

　しかし第三に、国家主権の対外的独立性が他の国々からの相互承認によっ

第Ⅱ部　平和のアポリア

てはじめて確証されるという「独立性のアンチノミー」は、あらためてその不確定性に目を向けさせる。未承認国家の不安定性に見られるように、共同体の安全と自由を結合して国内的正統性が成立しても、国家主権は必ずしも確立できない。国内秩序が安定して存続するためには、国際関係のなかでそれが承認される必要がある。国家の独立性が熱心に追求される理由は、皮肉にもそれが決して自己実現できないからであった。

　それゆえ国際的正統性から見れば、国家主権はいつも揺らぎのもとにある。すなわち、国家主権の管轄領域内に想定された自由と安全の間の重心は、国家をとりまく地政学的状況によって大きく揺れ動くのである。この点では、イギリスの上級外交官であり、ヨーロッパ連合（EU）の対外関係担当事務局長も務めたロバート・クーパーの世界観は、現代の振幅を反映したものだった。彼は 2000 年の論文「ポスト近代国家と世界秩序」のなかで、「もはや世界は単一の政治システムの形式をとっていない」（Cooper 2000, p.15）と宣言し、現代をプレ近代／近代／ポスト近代が同時並行的に存在する世界として描き出している。

　まずプレ近代とは、帝国が崩壊したあとも国家がその求心力を確立できず、カオス（混沌）が支配的となっている世界である。例えば、ヨーロッパ列強の植民地帝国が撤退したあとのアフリカ諸国などがそれにあたるかもしれない。そこでは、国家が提供する秩序は重要だが、社会の諸勢力を圧倒できるほどには強力ではなかった。この「無主の地 (terra nullius)」では、「国家は危険であるにはあまりにも脆弱で、非国家主体があまりにも強力」（Cooper 2000, p.16）である。民族・宗教集団や軍閥などが抗争を続ける脆弱国家 (fragile state) は、いわばホッブズが描き出した自然状態に近い。OECD／DAC（経済協力開発機構開発援助委員会）の表現では、それは「国家の構造が貧困削減や開発、および国民の安全保障や人権の保障に必要な基礎的機能を提供する能力または意思を欠く」状況にほかならなかった（国際開発高等教育機構 2008, p.8）。

　このためプレ近代の世界では、何よりもまず「国家機能の構築」が中心課題に据えられる。JICA 国際協力総合研修所によると、ここでは国家の正統

性の回復こそキーワードであり、不安定化のリスクに対応しうる「国家の強靭さ」が要求された（国際協力機構国際協力総合研修所 2008, p.11）。つまりプレ近代では、自由と安全の間の重心は大きく安全の側に傾いている。その際には、政府の政治的権威を人々に受け入れられるように改善することが不可欠であり、国際社会からの支援のもとで、あの「創設のパラドクス」が再演されなければならない。このとき国家主権の道義的な訴求力は、実効的な安全の確保にこそある。

これに対して近代とは、主権国家システムの論理が貫徹している世界である。その特徴は、国家主権の承認、国内問題と対外問題の分離、国内事情への外部からの干渉禁止であった（Cooper 2000, p.16）。なるほど前期近代の国家では、国家の権能はまず国内社会の安全と結束に向けられる。これらの国家が外部からの干渉を嫌悪するのは、それがようやく確保した国内秩序を脅かしかねないためであった。このとき国家主権の重心は、やはり安全の確保へと傾いている。

しかし国内秩序がある程度まで安定すると、自由と安全の間の重心は集合的自由の拡大に傾き始める。今日、中国、インド、ブラジル、ロシアなど、急速な経済成長を達成した国々で、国家の威信を高めようとする動きが活発化しているのは偶然ではない。グローバルな政治リスクの分析・コンサルティングで知られるイアン・ブレマーによると、「主要新興国が合意しているほぼ唯一の点は、未来を形成する重要な決定に対して、自分たちの発言権をもっと大きくすべき時期が来ている、という認識である」（ブレマー 2012, p.48）。後期近代には、国家主権は国民的自由を拡大するために、しばしば地域的な覇権を目指す。そこでは国内での「決定主体のディレンマ」を覆い隠すためにも強力なナショナリズムが召喚され、国家主権が国民の最高決定権として道義的な訴求力をもつのである。

これに比べてポスト近代の世界では、もはや主権や国内／国際の分断は重要ではない。クーパーによれば、その先行事例であるヨーロッパ統合は以下の五つの特徴を示してきた。第一に、そこでは国内問題と国際問題の区分が融解する。第二に、そこでは国内問題に関する相互監視と相互干渉が常態化

第Ⅱ部　平和のアポリア

		国家	経済	対外関係	国家主権の重心
	プレ近代	国家機能は、権威主義的で弱体。統制は頻繁に崩壊。国家活動はほぼ軍事的。封建制度と軍事帝国。	農業	カオス的、帝国あるいは宗教的秩序との結び付き。主な目的は領土獲得。	集合的な安全の獲得（国内秩序の構築）
近代	前期	さらなる組織化と集権化。軍事と外交機能が国家の中心だが、いまやいくつかの機能が商業に関連している。	農業／商業	国家間関係が支配的。国内政策と対外政策の分離。商業が戦争原因になり始める。	集合的な安全の確保（国内秩序の維持）
	後期	イデオロギー的、権威主義的ないし民主的な中央集権化と官僚化。軍事機能とともに教育、健康、福祉、工業への責任を負担。	商業／大量生産産業	ナショナリズム的であり、大衆による軍隊と総力戦の時代。	集合的自由の拡大（地域覇権の追求）
	ポスト近代	権力が国内的・国際的に拡散。メディアと民衆感情に大きく影響される点で民主的。産業機能はたいてい後退。競合する圧力が意思決定を複雑化。	工業／ポスト産業サービス産業・情報産業が支配的になり始める。	透明性と相互の脆弱性。メディアを含む非国家主体が重要な役割。政策の時間枠組みは短期化。	個人の自由の保障（国内／国際区分の融解）

三つの世界と国家主権の重心

出所）Cooper 2000, p. 43 をもとに筆者が追記して作成。

する。第三に、紛争解決のための武力が拒絶され、結果として行動ルールの法典化が進む。第四に、国境がますます不適切なものと考えられるようになる。第五に、安全保障は透明性、相互開示、相互依存と互いの脆弱性によって基礎づけられる（Cooper 2000, p. 22）。

　ここに浮かび上がるのは、ポスト近代世界では国家主権の対内的絶対性や最高決定権、そして対外的独立性さえもはや不可欠ではないということである。むしろそこでは、国家主権に組み込まれた第三のアポリア、つまり他国との相互承認関係が積極的に制度化される。このとき共同体の自由と安全は、

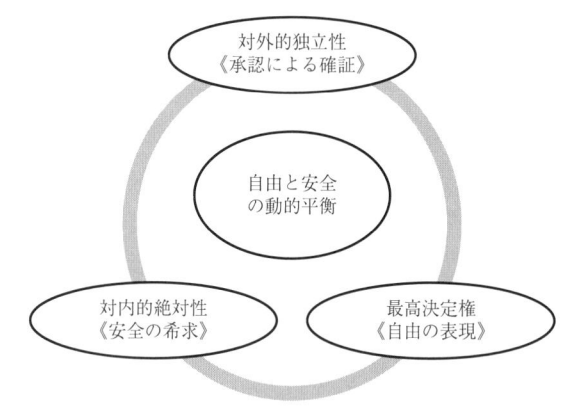

```
        対外的独立性
       《承認による確証》

           自由と安全
           の動的平衡

  対内的絶対性        最高決定権
 《安全の希求》       《自由の表現》
```

国家主権をめぐるモラル・アポリアの「星座」

単独の国家によってではなく国家間連合や国際共同体によって担保される。この新たな国際的枠組みのもとでは、自由と安全の間の重心は、共同体の自由の拡大ではなく、むしろ個人の自由の保障へと傾くわけである。

　むろんこの世界観に、ヨーロッパ中心主義や進化論的前提を見出すことはたやすい。しかし重要な点は、国家主権の持続性が揺れ動く動的平衡として捉え直されることである。国家主権の道義的価値を示す自由と安全の間の重心は、国家をとりまく地政学的状況によって揺れ動いてきた。その平衡状態が、強固な静態性ではなく不安定な動態性のもとにあるのは、それが変化する外部環境との関係性のなかで存続していかざるをえないためである。熱力学や生物学のメタファーを借りれば、いかに精巧で強固に組み上げられた秩序も、永い時間の経過とその外部との関係性のなかで摩耗し崩れていく。このエントロピー増大の法則のもとで秩序の持続性を確保するには、逆説的にもそのあり方自体を柔構造にしておくことが有効であった[17]。

　もちろん、熱力学の法則や生物学の知見を社会科学の秩序観に素朴に適用

---

[17]「わざと仕組みをやわらかく、ゆるく作る。そしてエントロピー増大の法則が、その仕組みを破壊することに先回りして、自らをあえて壊す。壊しながら作り直す。この永遠の自転車操業によって、生命は揺らぎながらも、なんとかその恒常性を保ちうる。壊すことによって蓄積するエントロピーを捨てることができるからである。」(福岡 2011, p.77)

はできない。だが、グローバル化のもとで生じる「絶対性をめぐる新たな不安」が、主権国家が築き上げてきた国内秩序の摩耗に起因していることは間違いない。そしてその一方で、主権国家によって形づくられてきた国際秩序は、依然として国家承認の相互性を通じた持続性を保っている。このアイロニカルな事態は、国家主権をめぐるモラル・アポリアを星座のように自由と安全の動的平衡として結び付けることで理解できる。対内的絶対性、最高決定権、そして対外的独立性にそれぞれからみついた不確定性は、皮肉にも地政学的状況にあわせて国家主権の柔軟な解釈を許す冗長性をもたらし、その国内的衰退と国際的持続の同時並行という事態をもたらしているのである。

おわりに

こうして国家主権に組み込まれたモラル・アポリアは、私たち自身が「ピノキオ問題」を考え抜くための手掛かりを与えてくれる。いまや、「どの権威を尊重し、どの権威に挑戦し抵抗するのか」という問いかけは、次のように言い換えられる。「私たちの自由と安全の平衡を、いかなる重心のもとで確保すべきか」。その答えは、決して一義的なものではない。むしろそこでは自由と安全の平衡という道義を、個々の国家をとりまく地政学的文脈にあてはめることが必要だろう。その作業は、中世以降のカトリック教会などで重視されてきた決疑論（casuistry）の判定に似ているかもしれない。決疑論とは、ある一般原則が模範的に適用できる事例から始め、それをより複雑な事例に適用していくことで類推による判定を行う方法であり、道徳的な相対主義を回避しつつ、個別事例の特殊性を尊重する判定方法といわれる。つまり国家主権の理念は、今日の重層化された世界の文脈に応じて、異なる適用のされ方を求めるのである。

まずプレ近代世界では、人々はある程度の自由を犠牲にしても安全を保障してくれる国家主権を望む可能性が高い。そこでは、「創設のパラドクス」の存在にもかかわらず、対内的絶対性が追求されるだろう。むろんここには「自由と安全のトレードオフ」が生じるため、課題となるのは、いかに安全

を確保する暴力を馴致ししつつ、自由の制限を最小化するかである。

　また近代世界では、国内秩序がある程度確保されるまでは安全の確保が優先され、それが安定したのちに共同体の自由の拡大が目指される。国家主権の重心が、安全から自由へ向かっていく移行期こそ、「決定主体のディレンマ」を隠蔽するために、この理念の強度が最も高められる瞬間である。それゆえ課題となるのは、その自由の拡大を国際秩序の相互承認関係のもとにいかに組み込むか、にほかならない。

　そしてポスト近代世界では、国家主権は国際社会の相互承認の網の目に埋め込まれる。そこでは国家主権は、対内的絶対性・最高決定権・対外的独立性といった近代のメルクマールを失ってしまう。むろんそれには、主権国家に代わって人々の安全と自由とを保障する国際的な枠組みの成立が不可欠である。このとき重要な問題は、「独立性のアンチノミー」を積極的に制度化した場合、もはや国民の集合的自由が保障されないことであろう。この世界では、国家主権に代わる自由と安全の平衡がいかに新たな共同性を生み出しうるかが根源的課題となる。

　それゆえ問われるべきは、各国家をとりまく地政学的状況と国家主権の内実を適合させることにほかならない。この点では、アメリカの外交官ジョージ・ケナンが1950年の講演「現代世界の外交」で述べた言葉を振り返っておこう。当時、彼は、「一国に一票」という原則を掲げて国際司法機関に信頼を寄せようとする態度の落とし穴をこう指摘した。

> それは、完全に平等な地位に立つ主権的国民国家だけから形成される世界を想定しているのである。こうすることによって、この原則は、世界が諸国家に分割されている根拠の正しさと強さとは、それぞれの場合によってははなはだしい差異があるということ、すなわち、国家の境界や国家の人格の起源は、多くの場合偶然的のものであるか、あるいは少なくとも現実を不完全にしか現していないという事実を無視している。この原則はまた変化の法則をも無視している。国民国家の定型は固定した不動のものでないし、そうすべきでもなく、またそうすることもできな

い。本来、それは絶えず変化と流動の状態にある不安定な現象なのである。(Kennan 1984, pp. 97f., 邦訳 p. 148)

　諸国家の歴史は、各々の国民がその与えられた環境のなかで活動する意思と能力を絶えず変化させてきたことを例証している。国境や政府といった組織形態に反映される国家主権の内実は、時代とともに変化しうる。ケナンにとって国際社会の役割は、この変化を容易ならしめるところにあった。

　今日では、こうした変化の徴候を「保護する責任」論をめぐる一連の言説構造のなかに見出すことができるかもしれない。2008 年、国連事務総長潘基文は、「国境を越えた脅威の時代における責任ある主権」と題したベルリン講演のなかで、次のように主権概念に触れている。「保護する責任は、人道的介入のための新たな規準ではない。むしろそれは、責任としての主権概念をいっそう肯定的で積極的なものとするところに構築されるものなのだ……[18]」。彼によると保護する責任の内容は、①政府は人民を保護する一義的かつ継続的な法的義務を負う、②国際社会はこの義務を果たせるように国家を援助する、③国連加盟国は国連憲章にもとづいて対処する責任を負うという三つの責任概念からなる。それは、国家主権を新たな国際的枠組みへと置き換えるものではないが、国家主権の正統性が何よりも人々を保護する責任にあることを確認し、あくまでも国際社会の相互承認関係に埋め込まれていることを思い起こさせる。

　なるほど、ここで見てきたモラル・アポリアは国家主権が決して自己完結した絶対的なものでも、変わることのない永遠の価値基準でもないことをあらわにしている。だが国家主権はまた、人々の自由と安全の間にいかなる平衡をもたらすべきかという道義的課題への一つの回答でもあった。いまや国家主権という権利には、自由と安全の平衡という義務がともなう。絶対性への不安が蔓延し、多様な権威の拡散や重合が生じている 21 世紀の世界で求められるのは、おそらく国家主権のかたくなな護持でも、それを一気に投げ

---

(18) RtoP is not a new code for humanitarian intervention. Rather, it is built on a more positive and affirmative concept of sovereignty as responsibility.....(Ban 2008)

棄ててしまうことでもなく、それを国家の権利からその義務へと再編成していくことなのである。

＊本章は、平成25年度科学研究費助成事業　若手研究B（課題番号24730121）「グローバル・デモクラシー理論の〈熟議的転回〉の研究」、および基盤研究B（課題番号25285044）「多層化する国民国家システムの正統性の動態分析——セキュリティとデモクラシー」の成果の一部である。
　なお論文の作成にあたっては、星野俊也教授（大阪大学大学院）、山田哲也教授（南山大学）から貴重な示唆を受けている。また「おわりに」で言及した生存権については押村高教授（青山学院大学）、決疑論については土佐弘之教授（神戸大学大学院）からいただいたコメントを参考にしている。ここに記して謝意を表したい。

【参考文献】
明石欽司　2009『ウェストファリア条約——その実像と神話』慶應義塾大学出版会。
アガンベン、ジョルジュ　2010『王国と栄光——オイコノミアと統治の神学的系譜学のために』高桑和巳訳、青土社。
押村高　2013a『国家のパラドクス——ナショナルなものの再考』法政大学出版会。
────　2013b「欧州統合と主権論争——実在論から機能主義へ」、羽場久美子編『EUを知るための62章』明石書店。
川出良枝　1995「ボダン——主権者と神」、藤原保信・飯島昇藏編『西洋政治思想史Ⅰ』新評論、158-175頁。
カント、イマニュエル　2006「永遠平和のために」『永遠平和のために／啓蒙とは何か他3篇』〈光文社古典新訳文庫〉、中山元訳、光文社、147-273頁。
カントーロヴィチ、エルンスト・H　2003『王の二つの身体——中世政治神学研究（上）（下）』〈ちくま学芸文庫〉、小松公訳、筑摩書房。
国際協力機構社会開発部　2004『JICAにおけるガバナンス支援——民主的な制度づくり、行政機能の向上、法整備支援　調査研究報告書』。
国際協力機構国際協力総合研修所　2008「脆弱国家における中長期的な国づくり——国のリスク対応能力の向上に向けて」。
国際開発高等教育機構　2008「グローバル化と国際開発研究」、外務省委託「脆弱国家の開発戦略」研究報告書。
国際連合広報センター　「国連憲章テキスト」http://www.unic.or.jp/info/un/charter （最終アクセス2014年3月26日）
コノリー、ウィリアム　2008『プルーラリズム』、杉田敦・鵜飼健史・乙部延剛・五野井郁夫訳、岩波書店。
シィエス　2011『第三身分とはなにか』〈岩波文庫〉、稲本洋之助・伊藤洋一・川出良枝・松本英実訳、岩波書店。
篠田英朗　2012『「国家主権」という思想——国際立憲主義への軌跡』勁草書房。

ストレンジ、スーザン 1998『国家の退場——グローバル経済の新しい主役たち』櫻井公人訳、岩波書店。
高橋良輔 2011「国際秩序の変容——絡みあう戦争と平和」、小田川大典・五野井郁夫・高橋良輔編『国際政治哲学』ナカニシヤ出版、5-53頁。
―― 2012「グローバルな政治空間の徴候診断——デモクラシーとコスモポリタニズムの葛藤」、後藤正英・吉岡剛彦編『臨床知と徴候知』作品社、91-126頁。
テシュケ、ベンノ 2008『近代国家体系の形成——ウェストファリアの神話』君塚直隆訳、桜井書店。
土佐弘之 2012『野生のデモクラシー——不正義に抗する政治について』青土社。
バリバール、エティンヌ 2007「主権論序説」『ヨーロッパ市民とは誰か——境界・国家・民衆』松葉祥一・亀井大輔訳、平凡社、309-341頁。
ヒューム 1982「原始契約について」『市民の国について(上)』〈岩波文庫〉、小松茂夫訳、岩波書店、126-154頁。
福岡伸一 2011『動的平衡2——生命は自由になれるのか』木楽舎。
ブレマー、イアン 2012『「Gゼロ」後の世界——主導国なき時代の勝者はだれか』北沢格訳、日本経済新聞出版社。
フロイト 2008「人はなぜ戦争をするのか」中山元訳、『人はなぜ戦争をするのか——エロスとタナトス』〈光文社古典新訳文庫〉、光文社、9-39頁。
ヘーゲル 1978「法の哲学」藤野渉・赤沢正敏訳、『ヘーゲル』〈世界の名著44〉、中央公論社、149-604頁。
ホッブズ 1954『リヴァイアサン(一)～(四)』〈岩波文庫〉、水田洋訳、岩波書店。
マイネッケ、フリードリッヒ 1968『世界市民主義と国民国家——ドイツ国民国家発生の研究Ⅰ・Ⅱ』矢田俊隆訳、岩波書店。
ルソー 1954『社会契約論』〈岩波文庫〉、桑原武夫・前川貞次郎訳、岩波書店。
―― 2012「人間不平等起源論」原好男訳『起源』〈白水iクラシックス ルソー・コレクション〉、白水社、7-148頁。
ローゼンバーグ、ジャスティン 2008『市民社会の帝国——近代世界システムの解明』渡辺雅男・渡辺景子訳、桜井書店。
ロック、ジョン 2010『完訳 統治二論』〈岩波文庫〉、加藤節訳、岩波書店。

Ban Ki-moon, 2008 "Responsible Sovereignty in an Era of Transnational Threats," Bertelsmann Foundation, Belrin, 15 July.
Bartelson, Jens 1995 *A Genealogy of Sovereignty*, Cambridge University Press.
Biersteker, Thomas J. and Cynthia Weber eds. 1996 *State Sovereignty as Social Construct*, Cambridge University Press.
Caspersen, Nina 2012 *Unrecognized States*, Polity.
Cooper, Robert 2000 "The Postmodern State and the World Order," *Demos*, June, pp. 7-43.
Harvey, David 2009 *Cosmopolitanism and the Geographies of Freedom*, Columbia University Press.（大屋定晴・森田成也・中村好孝・岩崎明子訳『コスモポリタニズ

ム――自由と変革の地理学』作品社、2013年）
Howland, Douglas and Luise White eds. 2008 *The Sate of Sovereignty: Territories, Laws, Populations*, Indiana University Press.
Kennan, Geroge F. 1984 *American Diplomacy: expanded edition*, The University Chicago Press.（近藤晋一・飯田藤次・有賀貞訳『アメリカ外交50年』〈岩波現代文庫〉、岩波書店、2000年）
Krasner, Stephen D. 1999 *Sovereignty: Organized Hypocrisy*, Princeton University Press.
――― ed. 2001 *Problematic Sovereignty: Contested Rules and Political Possibilities*, Columbia University Press.
OECD DAC（OECD Development Assistance Committee）1997 "Final Report of the Ad Hoc Working Group on Participatory Development and Good Governance Part 1," Paris. http：//www.cmi.no/library/online/OECD.DACfinal.pdf（最終アクセス2014年3月27日）
Philpott, Daniel 2001 *Revolutions in Sovereignty: How Ideas Shaped Modern International Relations*, Princeton University Press.
Schmitt, Carl 1996 *Politische Theologie: Vier Kapitel zur von der Souveränität*, Duncker & Humblot.（長尾龍一訳「政治神学――主権論四章」『カール・シュミット著作集Ⅰ 1922-1934』慈学社、2007年）
――― 1997 *Der Nomos der Erde: im Vöikerrecht des Publicum Europeaeum*, Duncker & Humblot.（新田邦夫訳『大地のノモス――ヨーロッパ公法という国際法における』慈学社、2007年）
――― 2003 *Der Leviathan*, KLETT-COTTA.（長尾龍一訳「レヴィアタン――その意義と挫折」『カール・シュミット著作集Ⅱ 1936-1970』慈学社、2007年）
Shinoda, Hideaki 2000 *Re-Examining Sovereignty: From Classical Theory to Global Age*, Macmillan Press.
Walker, R. B. J. 1993 *Inside/Outside: International Relations as Political Theory*, Cambridge University Press.
Weber, Cynthia 1995 *Simulating Sovereignty: Intervention, the State and Symbolic Exchange*, Cambridge University Press.

■ 国家主権を考えるための映画 ■

『ラスト・キング・オブ・スコットランド』（制作：イギリス、2006年）
　監督：ケヴィン・マクドナルド
　脚本：ピーター・モーガン、ジェレミー・ブロック
　原作：ジャイルズ・フォーデン　『スコットランドの黒い王様』（新潮社、1999年）
　1971年に軍事クーデターによりウガンダで政権を掌握したイディ・アミンが、民衆の歓呼に迎えられる大統領から残忍な独裁者へと変貌する様相を描く。人々

の同意を得たカリスマ的な指導者が同時にまた恐ろしい暴力の担い手でもあることを思い起こさせる展開は、国家統治の根源にむきだしの暴力が伏在していることを見せつけてくれる。

『グローリー』（制作：アメリカ、1989年）
　監督：エドワード・ズウィック　脚本：ケビン・ジャール
　原作：リンカーン・カースティン、ピーター・バーチャード、ロバート・グールド・ショー
　アメリカを分断した内戦であった南北戦争中に、北軍に創設された本格的な黒人部隊第54連隊。根深い人種差別に曝された彼らは、アメリカ国民としての自由と平等を手に入れるため、難攻不落の要塞の攻略に自ら身を投じていく。近代の国家主権の確立が、国民共同体の称揚によって支えられていることを暗示するエンターテイメント大作。

『麦の穂を揺らす風』（制作：イギリス、アイルランド、2006年）
　監督：ケン・ローチ　脚本：ポール・ラヴァーティ
　1920年代のアイルランド。独立戦争を戦いイギリスからの限定的な独立をつかみ取った兄と、「完全な独立」というはてしない夢を追ってアイルランド人同士の凄惨な内戦へと身を投じていく弟との悲劇を描く。迫害に抵抗し国家の独立とその承認を追い求める崇高さと、それがもたらす悲惨な結末とが鋭いコントラストをなす。その胸に迫る描写は、見る者に国家の独立の意味を問い直させずにはおかない。

　　　　　　　　　　　　　　　　　　　　　　　　　　　（高橋良輔）

第8章
人　　　権
人を救えないとき

池田丈佑

はじめに——人権が人を救えないとき

　この章が扱うのは人権である。辞書で「人権」をひくと、「人間が人間として生まれながらに持っている権利」（『広辞苑』）とある。それは、国内にあっては憲法と数多くの法律によって、国際社会においては世界人権宣言や国際人権規約に代表される国際人権法によって、定められ、保障されている。その範囲は、難民、女性、子供、障がい者、セクシュアル・マイノリティなど大きな広がりを見せ、その内容は単に「権利をもつ」という以上に、特定の行為を禁止したり（例えば、拷問や人身売買）、逆に特定の扱いを推奨（例えば、ジェンダーを中心に据えて考える「主流化」や、マイノリティに配慮した積極的な格差是正）する、より踏み込んだものへ変化しつつある。そして今日、私たちは、この人権を享受して生きている。いかにも、人権抜きでは今日の生活は成り立たない。

　そのうえで本章は、人権が抱える「内なる矛盾（アポリア）」を見る。しかもその矛盾とは、「人権が人を救えない」というものである。これは大変に重い意味をもつ。私たちが普通抱く直観にも、経験にも反している。社会の各地で人権はうたわれ、尊ばれ、実現のために非常な努力が払われているからである。それが人を救えないとはどういう意味か、訝しがる人もあるだろう。だが、

第Ⅱ部　平和のアポリア

　私たちのまわりを見回すと、人権が人を救えないという状況は、いつも、具体的な絵をともなって私たちの前にある。それは例えば、バグダッドでテロに巻き込まれることであり、ダルフールの内戦に翻弄されることであり、東京の一角で貧困ゆえに餓死することであり、デリーで理由も事情もわからないままきれいな水が飲めずに暮らすことであり、その暮らしぶりをよくするために自らの身を売らざるをえなくなることである。それは、明日の命を心配せず、明日の食べ物を心配せず、明日自分が今日と同じように起きて暮らし、眠りにつくことのすぐ隣にある。だから、人権のアポリアを言い直すなら、「人権が尊ばれ、実現されているすぐ隣で、人権は人を救えていない」ということになる。この矛盾に、私たちはどう向き合えばよいか。
　こう問うと、人権が現実の前に無力なのだと考えがちである。実際それは正しい。この本が作られている時点（2013年秋）で、シリアに住む人々の人権侵害に対し、国際社会が有効な手立てを打てないままである理由は、ひとえにアサド政権がもつ政治的影響の強さゆえであり、アメリカ・イギリス・ロシア・中国の間で介入をめぐって意見が分かれているからである。しかし仮に、人権が人を救えない理由が、一国の政情や大国間による権力政治にではなく、人権という考えそのものがもつ矛盾にあるとするなら、どうだろうか。まさかそんな、と思う人もあるだろう。だがこの章では、むしろその「まさか」を考えてみたいのである。
　人権とは、人間の権利をいう。そこで第1節と第2節を割いて、人権を人間と権利とに分割し、それぞれについて考えたい。ここから明らかになるのは、人間にせよ、権利にせよ、それがカバーするべき人々すべてをカバーしたことは一度もなかったという状況である。しかしこのことは、だからこそ人々が人権の実現に向けてたゆまない努力をしてきたという証にもなる。だから第3節は、人権がいかに発展を繰り返しながら今日に至ったかを見る。ここで中心になるのは倫理である。人権は、「人は人として尊ばれるべきである」という倫理観抜きには語れないからである。人権の歴史そのものは、すでに多くの本で語られてきた。しかし、その内容は法を中心とする制度としての発展が主であり、一つの倫理の歴史という側面は背景に退いていた。

第3節は、人権が一つの倫理として世界的規模で発展し、私たちがその恩恵を受けるに至ったことを教えてくれるだろう。しかし同時に、その倫理自身が矛盾を抱え込んでしまった点も、示すことになるだろう。人権の限界は、たしかに困った話である。しかし、困った困ったと言うだけでは、現実に苦しむ人は救えない。幸い、この章は『国際政治のモラル・アポリア』で扱うトピックの最後を飾る。だからアポリアを考えたあとには、いったん世界へ出る必要が出てくるだろう。それがどういう意味なのかを、章の最後に書いておきたいと思う。

1 権利の限界

1) 権利とは何か

まずは人権を形づくる二つの要素、「人間」と「権利」のうち、権利のほうから見ていこう。本節では、権利の限界について確認する。

私たちは権利という言葉を知っている。しかしその意味までは知らないことが多い。だから、権利という言葉の意味を知るところから、議論を始めよう。『広辞苑』では大きく四つの意味が与えられている。権能、力、能力、自由である。はじめの三つは、権利をもった者がそれを振るうという行動に、最後の一つはそれを可能にする状況に、それぞれ注目している。そのうえで権利という言葉に立ち返ると、これがライト（right）という英語を意味していることもわかる。重要なことだが、権利は日本に古くからあった言葉ではない。本格的に使われだしたのは明治期であり、しかも権利は「権理」とされたり、英語だけではなくフランス語のドロア（droit）からも訳されるなど、複雑な経緯を経ている。フランス語で権利を意味するドロアは、同時に「法」という、英語ではもちえない意味も有する。ここから、権利という考えが法を抜きにしては成り立ちにくいことがわかる。

そこで、権利という言葉を法の文脈で、しかも英語のいうライトとして考えてみるとどうなるか。この問いに取り組んだのが19世紀の法哲学者ウェスレー・ホーフェルドである（Hohfeld 1919/2001）。彼は、権利に、①特権

(privilege)、②力 (power)、③免除 (immunity)、④請求 (claim) という四つの側面があることを論じた。そのうえで、権利が請求されるべきものであることが最も重要だと指摘した。彼の議論から導かれたのは、権利が、ただもっているだけでは意味をなさないということであった。この点は、「権利の上に眠る者に保護は与えられない」という考えと相まって、権利を積極的に「振るう」べきものだとする見解へ、私たちを導く。勘の鋭い読者であれば、ここで早速、権利の限界が見え始めることに気がつくだろう。権利を請求しようにも請求できない人たちは、世界に数多くいる。この人たちはどうなるか。「権利の上に眠る者」としてみなされ、保護が与えられないということになるのだろうか。この点は、あとで再び考えてみよう。

2) 人の権利と国の権力

権利を考えるうえで一つ重要な問いがある。それは、「権利は誰のものか」というものである。今日の文脈で考えるなら、当然「人間」あるいは「個人」、つまり私たち一人ひとりだ、という答えになろう。しかし歴史をさかのぼれば、必ずしもそうでなかった。むしろ、グローバルな視点で、個人の権利が重要であると認識され始めたのはほんの80年ほど前にすぎない（Lauterpacht 1950, p. 28[1]）。

ここで、権利という言葉が力という意味をもっていた点に立ち返ろう。私たちの暮らしにあって、力を握っているものは誰か。いまであればさまざまな答えを出すことができるだろうが、一つの理解として、次のようなまとめ方ができる。すなわち、古代ギリシャにおいて、究極の力は、万物を生み出し、万物を変化させる自然に求められた。中世に入ると、勃興するキリスト教を背景に、究極の力はキリスト教のいう神へ求められることになる。ところが、古代・中世を通して、この究極の力をもった者がなせる内容は、権利以上に法という言葉を通して考えられた。自然のなせる業、神のなせる業とは、すなわち自然の掟・神の掟だと考えられたわけである。フランス語で権

---

(1) ここで著者ハーシュ・ローターパクトは、1928年のダンツィヒ裁判所管轄権に対する常設国際司法裁判所の意見を特に重視している。

第 8 章 人　　権

利を意味するドロア（droit）が、同時に法をも意味していることを、ここで思い出すとよいだろう。つまり権利とは掟であり、法であった。そしてその主は、自然であり神であった。中世の神学者トマス・アクィナスが、人間の定める法の上に、自然法と神法とを置いたことは、当然の話であった。

　これが、ルネサンス以降、近代になると変化する。一言でいえば、ルネサンスとは、人間がもつ英知を全面的に信頼する運動だと考えてよい。それは自然を畏れず、神に頼らず、自力でどこまでも物事を考え抜き、そこから人間世界を再構築してゆこうとする運動である。ここにおいて、長い間当然だと思われてきた自然や神の力が疑われ始める。そもそも、「われ思うゆえにわれあり」というデカルト的懐疑は、自分自身のいっさいが嘘ではないかと疑う自分自身がいることだけは嘘とはいえない、という確信を指す。言い換えれば、それ以外のいっさいは疑いうるものであり、事実疑わしいのである。そう考えるなら、究極の力がどこからくるのかという問いに対しても、疑いの目を向けざるをえない。そして事実、疑わしいのである。ここにきて、究極の力とは、自然がもたらすものでも、また神の振るうものでもなくなる。人間世界において究極の力を考える以上、それはいつも人間からくるのである。それが誰からくるか、がむしろ問題なのである。かくして、近代以降、究極の力をめぐる問いは、誰が究極の権利を振るえるか、というものになる。そして近代初期のルイ 14 世に象徴されるように、絶対王政では国王が究極の権利を振るうものとされた。

　ところが、究極の権利を振るう王がどう生まれるか、という問いに突き当たったとき、王の権利は揺らぎ始める。そもそも、王はなぜ王足りえるのか。この理由づけにあたって、王権は中世の遺産を引きずっていた。王の権利は自然から、あるいは神から、やってくると考えたのである[2]。しかし、ルネサンス以降の近代精神に立ち返るなら、究極の権利は人間が生み出すはずで

---

[2] 大まかにいえば、王が神の力を借りる場合と、神が王となって統治する場合という 2 種類が唱えられることになる。前者は「王権神授説」、後者は「神権政治（テオクラシー）」と呼ばれる。テオクラシーについてはパコー 1985、より専門的な議論であればカントローヴィチ 2003 を参照するとよい。

第Ⅱ部　平和のアポリア

ある。つまり、王といえども人間であり、自然でも神でもないのである。王の土台を支えるのが最終的には人間なのだ、という思考は、人々が一つの社会に集まり、契約を交わすという手続きを経て、人民（国民）主権として表れる。ようやくここで、権利の担い手が人である、ということが見えてくる。しかし、国際政治という舞台にあって、すべての人が人であることを理由に権利の主体になれる状況は、この時点からさらに150年ほどの時を必要とした[3]。

さて、権利と権力とをめぐるこの簡単な歴史からわかるのは、人権というものの若さである。そしてその若さゆえ、近代以降、人権が私たちにとってどのようなものであるかを特徴づける作業が急ピッチで進められたのである。しかし急ピッチで仕事をする以上、見落としも多い。そしてここで、あらためて「権利は請求するもの」だという点が問題になってくる。

3）権利の上に眠れない者

「権利を請求しない者は保護を与えられない」としよう。では、権利を請求できない者はどうなるだろうか。世界的規模でこの問題は、実は相当に深刻である。一つに、権利というのが何かわからない人々がいる。それは単なる無知ではない。紛争や貧困、文化的制約や環境破壊といった社会的状況を理由に、権利という単語に手が届かないのである。権利を知らず、権利を請求する術をも知らないとするなら、では、その人たちは保護に値しないのだろうか。それはないはずである。

ここで問題となるのは「請求としての権利」という部分である。なぜ、人であることを理由にして、それだけで保護が与えられないのか。近年、この部分に注目して、権利が拾い上げられなかった人々をどうするか考えようとする議論が盛んである。なかでも世界的に有名になりつつあるのが、経済学

---

[3] 国際法が国家ではなく個人をその担い手と考え、個人の権利を重視するようになったのは1940年代以降の話である。とりわけ前述したローターパクトの役割は大きい。Lauterpacht 1945/2013, 1950 を参照。なお、日本においてローターパクトと似た役割を担ったのは、国際法学者の田畑茂二郎である。田畑 1951a, 1951b を参照されたい。

者のアマルティア・センと哲学者のマーサ・ヌスバウムという2人が唱えた「潜在能力（capability）」という考えである[4]。従来、重視されてきたのは、人がどんな権利をもちうるか、ということであった。だからこそ、世界人権宣言や国際人権規約に代表される国際人権法も、いわば権利のカタログとして、与えられるべき権利を掲げてきたわけである。しかし権利の限界を前に、センとヌスバウムは、私たち自身が具体的に何ができるのかというところに注目した。そもそも私たちが教育を受けられるのは、「教育を受ける権利」を与えられている以前に、私たちがものを考え、人と議論し、思うことを表現できるからである。この「できる」という部分が、潜在能力に直結する。私たちは何か権利を与えられているから、あることができるのではない。あることができるから、そしてそれが人として生きてゆくのに欠かせないから、権利として保護されるべきなのである。つまり、潜在能力とは権利の土台である。土台である以上、表に出ることは少ない。それは各人のなかで、種のようにじっとしている。しかし一度機会がやってきたら、種は芽を出し、花をつける。花を咲かせるように、人が人として存分に自らの力を発揮できることを、「人間の開花（human flourishing）」という[5]。潜在能力とは、その種なのである。

　請求することを通して自ら実現すべきとされた権利から、ただ人間に備わっているという理由だけで社会的に実現されるべきとされた潜在能力へ、私たちの視点が移るとき、ではどのようなことが起こるか。少なくとも、「権利を請求しないから保護しない」という事態は許されなくなる。人々はそれぞれ、自分のなかに種をもつ。問題は、自力でそれを咲かそうとするかではなく、それが芽吹き、花がつけられるような状況にあるか、となる。芽吹かないのは、自分が主張しないからではない。芽吹けない理由があるからである。そしてその理由が、芽吹くのを妨げる社会にあるとすれば、個人ではなく社会の状況が改善されなければならない。かくして、権利の限界は、誰がどう人を救うべきかについて、私たちに再考を促すことになる。かつてその

---

(4)　2人の考えは、それぞれセン 1999；ヌスバウム 2012 が詳しい。
(5)　この点は、Nussbaum 2000 ならびに Pogge 2008 を参照されたい。

答えは、権利をもった自分自身による主張だとされていた。すなわち自助である。しかしこの考え方では、自分の権利を主張する力をもたない人間を、人権は救えないことになる。ここに「請求権としての権利」が陥る内なる矛盾(アポリア)がある。潜在能力は、こうした人権の限界を認識し、それを社会によるあるべき姿の実現、すなわち「社会正義(social justice)」の問題へと置き直すことで、限界を突破しようとしている。社会正義へと変化する人権は、私たちに何をもたらすのだろうか。この点は、第3節でもう一度取り上げることにする。

2 人間の限界

1)「人間」の歴史

ここまで、「権利の限界」という点から、人権の矛盾(アポリア)を見てきた。かわって「人間」という角度から、矛盾をあらためて捉えてみることにしたい。

仮に、権利をめぐる理論的な問題が改善され、潜在能力といった新しい考えによって補われるようになったとしよう。「人権が人を救えない」という難問は、ある程度解決されることになるだろう。例えば、潜在能力という考えは、人権とともに、近年注目されている「人間の安全保障[6]」を下支えしている。人間の安全保障は、文字通り、国家ではなく私たち一人ひとりの安全が大事だと考えるところに特徴がある。国家と違い、私たちは脆い。傷つきやすいがゆえに、人間は国家以上に積極的に守られなければならない。今日、人間の安全保障は、その是非はともかく、外交政策や国際政策[7]という形で実践もされている。ところが、こうした実践にもかかわらず、権利の限

---

[6] この考えは、「人間は傷つきやすいが国家は死なない」と論じた(政治)哲学者トマス・ホッブズの裏返しである。だから、人間の安全保障とは、彼の議論を土台に完成した「国家を軸とする安全保障」の裏返しでもある。国家と人間の関係をどう考えるかという問いは、この本を通しても繰り返し現れているので、積極的に他の章を読み返すことをお勧めしたい。一方、人間の安全保障一般については、長 2012; 高橋・山影編 2008; 人間の安全保障委員会 2003 が手近である。国家の安全保障と対比したいのであれば、バリー・ブザンによる古典 Buzan 1991 を併読するとよい。また、傷つきやすさを軸とするより専門的な議論に挑戦してみたい読者は、Turner 2006 や Linklater 2011 を読んでみるとよいだろう。

界の先にはより厄介な問題が現れる。それは、いわば「人間の限界」と呼んでよい状況である。

　簡単にいえば、「人間の限界」とは、「人間」という言葉がすべての人を含められない状況をいう。言い換えれば、「人間」という枠組みにはつねに外側があって、そこには「人でなし」だとみなされた人々がいたのである。普通、「人権」と聞いたとき、私たちは文字通り、それが人間の権利を指すと考える。そして「人間」と聞いたとき、私たちは文字通り、地球上の人すべてを指すと考える。しかし歴史的に振り返るなら、おそらく、人間という枠組みが地球上に生きる人すべてを取り込んだことは一度もない。そしてそれは、今日も続いているのである。この、少し信じがたい状況を、以降考えてみることにしよう。

　そもそも、「人間」という言葉は思った以上に歴史が浅い。長らく、人々は自分たちと似た背格好をし、言葉を話し、神を敬い、性格や気質をもった人々と共に生き、そうでない人々を自らの仲間とはみなさない暮らしをしてきた。ここに「人間の限界」の出発点がある。権利と同じようにこれを歴史的に振り返るなら、これもまた、古代ギリシャから始めるのがよいだろう。この時代にあって、人間はすでにさまざまに分けられてゆく。まず、同じ言葉を話すか話さないか。ギリシャ世界において、同じ言葉を話す者の共同体はヘレーネ（Helene）、そうでないものはバルバロ（Barbaro）と呼ばれた。英語で「野蛮」を意味するバーバリティー（Barbarity）は後者が起源である。同じ言葉を話さない者は同じ文化を共有できないものとされ、そのまま野蛮だと考えられたわけである。これは何もギリシャ世界に限った話ではなく、その隣にあったイスラームにおいても、はるか彼方の中華世界にあっても、さらには時代は異なるが日本においても（「南蛮人」の「蛮」という文字を思い出すとよい）同じであった。言語の壁は、人間を隔てる壁であった。

---

(7)　簡単にいえば、外交政策は、ある国が自国の国益を実現させようとして他国にはたらきかける政策をいう。国際政策は、ある国、あるいは複数の国が、国際社会における共通の利益を実現しようとして協調することをいう。より専門的な定義と内容については、渡邉編 1998を参照するとよい。

これに加えて、ギリシャが生んだもう一つの分け方がある。それはただ生きるかよく生きるか、というものである。ただ生きるとは、毎日を無目的に、まるで動物が生きるかのように暮らすことをいう。起き、飲食し、排せつし、眠る、というサイクルの繰り返しである。一方、よく生きるとは、そうした生活を越え、自らが秘めている力を遺憾なく発揮して毎日を生きることをいう。速く走る馬とは走る能力を存分に活かしている馬を指す。よく響く笛とは音が鳴る能力を存分に活かしている笛をいう。同じように、人間もまた、自分自身の力を遺憾なく発揮すれば、それはよく生きることにつながるのである。ただ生きるのではなくよく生きることが大事だ、という考えを掲げた１人はプラトンである。そして弟子のアリストテレスがその思想を受け継いだ。とりわけこの２人は、しっかりと、また正しく考えることが、よく生きるためには欠かせないと考えた。すなわち、理性を存分にはたらかせることが、よく生きる条件であり、また人間の条件だとされたのである。この考えは、哲学者ハンナ・アーレントによるゾーエ（zoe、ただ生きる命）とビオス（bios、よく生きる命）の発見以降、現代思想において、再び注目されるに至る。

　第三の分け方は、神をめぐるものである。つまり、ある神を信じるか信じないかによって、人間であるかどうかが判断されたのである。大体において、自分の信じる神と異なるものを信じた人間は、誤った神（あるいは悪魔とされることもある）に踊らされているか、文字通り自分たちと同じ人間とはみなされないか、いずれかであった。そして、このような立場にある人々に対しては大きく二つの対応がとられることになる。一つは、その信仰を誤ったものだと断じ、自分の信じる神を同じように信じるよう導くことである。いま一つは、誤った信仰をもった人々を徹底して排除し、時に殲滅することである。

　かくして、言語、理性、宗教という三つが、人間とは何であるかをめぐって重要な役割を果たすことになる。端的にいえば、同じ言語を共有し、同じ神を信じ、与えられた理性を活かしてよい生き方を切り開く者が、人間としてふさわしいと考えられてきた。この三つがいわば一体化するのが古代ロー

マであり、ラテン語で文化（特に都市（＝ローマ）の文化）を意味したキヴィス（civis）が、人間のみならず人間社会の条件と考えられるようになる。実際、このキヴィスを語源として生まれた言葉が「文明」を意味するシヴィライゼーション（civilization）であり、その対極にあるのは「野蛮」である。人間の条件とは文明の条件であり、それぞれは野蛮と対峙していたことになる。

コラム 8-1

神と動物

　神がまだ「神々」であった古代ギリシャでは、法のもとにおける人間と動物の区別は今日と異なっていた。それを表す面白い事例が、プルタネオン裁判所である。そこでは、人間だけではなく動物や岩も訴えられ、処罰を受けた。人間に嚙み付いて死刑になった豚の記録も残っている。だが時を経るにつれ、人間と動物は区別され、人間の特殊性や卓越性が強調されるようになる。

　アリストテレスによると、感覚作用の霊魂たる動物に対して、人間は思惟作用の霊魂であり、同時にポリス的な動物（zōon politikon）でもあった。ポリスとは共通の善を究極の目的とする政治組織をいう。人間は言語をもち、言語を通じて善悪の知覚を他人と共有し、協働する。人間は生まれながらに善を希求する存在であり、その善は「幸福＝自足的であること」を意味した。一方で、協働できないものは野獣、協働を必要としないものが神とされた。

　アリストテレスの神・人間・動物の区別は、キリスト教やイスラム教における「唯一神」と人間との関係のなかで決定づけられていく。キリスト教では人間は、一定の固有性を与えられた他の動物とは異なり、神の息吹を吹き込まれたがゆえに神性を有する。ピコの『人間の尊厳について』によると、人間は自由意志に従って野獣へと退化することもできれば、神的なものへと昇華できる存在なのである。イスラム教では、人間は、神が創造した動物を含む地上のあらゆるものに対する主権を委託され、それらの管理を任されているとされる。

　近代以降、「科学」は、「神」を現象の説明から遠ざけ、人間の理性を全面に打ち出してきた。そのなかで、人間と動物との区別には、新たな揺らぎが生じている。現在、人間だけではなく動物もまた法的保護の対象となり、ジュゴンをはじめ熊、梟に訴訟当事者能力が認められ、勝訴に至る判例も出ている。生物多様性条約のように、生態系そのものが保護の対象とされる動きもある。「科学」という「機械仕掛けの神（Deus ex machina）」によって、

第Ⅱ部　平和のアポリア

> 今後人間と動物の関係はさらに詳細に解明され、多様化していくことになろう。
>
> （川村仁子）

2)「人でなし」の歴史

　前項から、「人間」という考えは、つねに特定の人々だけを指してきたことがわかってきた。これは大きな矛盾である。本来、地球上に生きる人をすべて含めるべきである「人間」概念が、実際には誰が「人間」足りえ、誰が足りえないか、いわば選別してきたからである。では、その結果「人間」だと考えられなかった存在とは、いったいどのような人々だったのか。

　三度、古代ギリシャに戻ろう。一言でいえば、当時まっとうな「人間」だと考えられていたのは、ギリシャの基本的共同体であるポリスに参加できる者、つまり成人男子であった。したがってこの時期、成人でなく男子でもない存在、つまり女性と子供が、まず「人間」の枠から外されることになる。しかし実際には、この人々もまた、男性に準ずる扱いを受けていたのは事実である。ただしあくまでも「準ずる」話である。例えばアリストテレスは、その著『政治学』において、女性をこう位置づける。

> 男性と女性との関係についてみると、前者は自然によって優れたもので、後者は劣ったものである。また前者は支配する者で、後者は支配される者である。そしてこのことは凡ての人間においても同様でなければならない。（アリストテレス 1961, p.42）

　一方、ギリシャ世界とその他の世界とのつながりで見れば、真っ先に「野蛮人」とみなされたのはバルバロの語源となったギリシャ世界の外の人々、具体的にはペルシア人やトラキア人[8]であった。ここで「人でなし」を端的に表現する存在として「奴隷」が登場する。つまり野蛮人とはギリシャ世界

---

(8)　ペルシア人は、現在のイランを中心とする地域に住んでいた人々、トラキア人は現在のブルガリアを中心とする地域に住んでいた人々をいう。

にあって奴隷であった。それは売り買いができる存在であり、主が自由にその処遇を決められるモノに近い存在であった。

　これとは別に、宗教によって「人間」とそれ以外とを隔てるとき、「人でなし」は、野蛮人や奴隷ではなく「異教徒」として表れる。自分が信じる神を信じないという点で異教徒は宗教的に存在を認められない。したがって、改宗しない限り、自分たちの考える「人間」の世界から排除されることになる。改宗か排除かという選択肢を掲げた宗教上の戦争は歴史を通して繰り返し起こった。ただ16世紀における西欧世界によるラテンアメリカ征服は、征服者（コンキスタドールと呼ばれる）による改宗の要求が聞き入れられない場合には殺害も含めた排除が起こったこと、その規模が大きく[9]、結果的に西欧文明はその外にある文明（アステカ王国、インカ帝国）を滅ぼしたこと、という点からも特筆すべき例である。またこの時期、こうした人々が「人間」でないことを示すべく、食人（カニバリズム）や近親相姦といったタブーが動員され、異教徒と結び付けられることもあった。悪魔と結び付けられることで、異教徒は「人間」ではないとされたわけである。

　一方、同じ神を信じる者同士のなかでも、「人間」の選別は繰り返される。キリスト教、なかでもローマ・カトリックは神を頂点とする巨大な階層構造（ヒエラルキー）を作り上げた。その構造のどこに自分が位置するかというのはすぐれて宗教的事柄であり、身分の高い・低いを正当化する理由は、そのまま自分自身の宗教的生活に対する評価を反映していた。文化を変えれば、同じように強力な階層を作り出したのはヒンドゥー教である。今日まで続くカースト制度は、

---

(9)　この点については、スペインの修道士ラス・カサスの書いた『インディアス史』（ラス・カサス 2009）ならびに『インディアスの破壊についての簡潔な報告』（ラス・カサス 1976）が詳しく内容を語っている。一方でインディアス（インディオ）と呼ばれる人々に対する苛烈な処遇の是非については本国スペインでも激しい議論を巻き起こした。このとき、インディアスもまたヨーロッパ人と同じ「人間」だと論じるラス・カサスに相対したのは、同じスペインの司祭セプールベダであった。彼はアリストテレスとカトリックの教義を組み合わせる形で、スペインによるインディアスの植民地化を擁護する。インディアスが人間であるかどうかを論じるにあたって、ここでもアリストテレスが引き合いに出されていることに注意しよう。実際、セプールベダがインディアスを支配する理由として挙げたのは、その人々に理性が欠けており、「自然の奴隷」だと考えられたからである。ラス・カサス 1995 ならびにセプールベダ 1992 を参照。より専門的な議論は、松森 2009 を読むとよい。

第Ⅱ部　平和のアポリア

前世に本人が行った業(karma)をもとに決められ、本人の人生のいっさいを縛る。カースト間には職業や結婚を中心に越えられない壁が残る。なかでも問題なのが、「アウト・カースト」と呼ばれるカーストの外に置かれた人々である。一般にアウト・カーストは触れると穢れる存在であり、つねにヒンディー社会の外に置かれてきた。この仕組みをみて、江戸時代日本における士農工商と、その外に置かれた「えた」「非人」という枠組みとよく似ていることに気づいた人もあるだろう[10]。文化を問わずに共通するのは、こうした選別が、ある地域を効率よく統治するための手段として用いられた点である。カトリックにあってはキリスト教秩序を維持し、カースト制にあってはヒンディー秩序を保ち、士農工商は徳川幕府による封建制度を支えるために用いられた。つまり、人間の選別には、いずれも政治的意味がともなっていたことになる。

　さて、近代が掲げた「人間」という概念は、まさにこうした人間の選別を打破するためのものである、はずであった。しかし、「人は生まれながらにして自由かつ平等な権利を有する」とうたい、人権の第一歩となったフランス人権宣言でさえ、現実には女性を排除することで最初から躓いてしまう[11]。加えて、近代は新しく人間を選別するための考えをも生むことになる。「人種」である。18世紀以降、自然科学の目覚ましい発展と西欧諸国による植民地化の動きが重なり合った地点に生まれたこの奇妙な考えは、アーレントの考えを借りれば、文明人にとって理解できない人間を説明するための急場しのぎの言葉(Arendt 1951/1966, p. 185)であった。それはもっぱら外面的な特徴(肌の色、背格好、頭の大きさ、体格など)から人間を分類し、その分類をもとに、ある人々の文化的・精神的暮らしぶりを判断するものである。ここに

---

(10)　日本で、いわゆる部落差別がどうなされてきたかに関しては、今日多数の文献がある。ただ、入手のしやすさとカバーしている期間の長さ、出版当時の社会的影響力の高さという点で、高橋 1992 は古典の位置にあるといってよい。

(11)　この点は、オランプ・ド・グージュ、メアリ・ウルストンクラーフト、J・S・ミルといった初期のフェミニストによって克服が目指された。ウルストンクラーフト 1980 ならびにミル 1957 を参照。人権と女性の権利をめぐる専門的・歴史的議論については、辻村・金城 1992 が役立つ。

加えられるのが進化論・遺伝学の知見と「血」の考えであり、三者は一体化する格好で「優生」という思想を形づくる。これによれば、ある人種による他人種の支配が認められるのは、もっぱらその人々が種としてすぐれているからだということになる。一方で、進化の競争に勝ち残り、すぐれた種を残すために「適切」な交わりが求められることになる。「血」の純粋が求められ、「血」が混じること、とりわけ「劣等」とみなされた人々との接触は避けられるようになる。人種や「血」によって人間を選別するという考え自体は古くから存在した。しかしそれが科学と結び付き、大規模な抑圧をともなったのはそんなに古い話ではない。ナチス・ドイツがアーリア人の優位を叫び、一方でユダヤ人や障がい者など多くの人々を絶滅収容所へ送ったことは近現代において極点に位置する例であろう。ここにおいてユダヤ人や障がい者は「最終解決[12]」の対象でしかなかった。人間として扱われることも、人間として死ぬことも、許されなかったのである。

3）人間が選別されるとき

　繰り返しになるが、地球上に生きるすべての人を指すはずの「人間」が、つねにどこかで誰かを人として扱ってこなかったというのは、明らかに矛盾である。しかし歴史をたどる限り、むしろ人間はそれしか行ってこなかったとさえ考えられる。なぜなのか。この皮肉を考えるうえで参考になるのは、「排除（exclusion）」と「包摂（inclusion）」という概念である。本来同じ人間であるはずなのに、一方は「人間」とされ他方は「人でなし」だとされる。それは、誰かが何らかの事情で区分線を引くからである。内側の者は「人間」として包摂され、外側は「人でなし」として排除される。線を引くことで特定の人間を排除する、というはたらきが、人間の限界を形づくっている。

　だとすれば、排除がいかに行われるのかについて、私たちはもう少し知っておく必要がある。政治哲学者のアイリス・ヤングは、排除を、外的なものと内的なものとに分けた（Young 2000, pp.53-55）。彼女によると、特定の

---

(12)　「最終解決」とは、ユダヤ人をどう扱うかという「問題」をめぐってナチス・ドイツが下した絶滅政策をいう。

人々を政治的討論や意思決定の仲間に入れないことは外的排除であり、その人々がもっている考えに（他の人々とあまりに違うゆえに）まともにとりあわないことは内的排除となる。現実にあっては、排除が外的・内的のいずれかのみでなされるとは考えにくい。つまり、大体において両方を含んでいると考えたほうがよい。だからこそ、その裏返しとして、いくつかの人権条約が成立するにあたっては、その当事者の「声」が反映されるべく、努力がなされてきたのである。ナイロビや北京、ソウルなどで定期的に開かれてきた「世界女性会議」は、女性の地位向上のみならず、女性の権利が人権であること、女子差別撤廃条約に代表される人権諸条約を確認し、そこに記されている権利を実施することを求めた。子供の権利条約もまた、社会・文化・芸術生活に子供が「参加」することを積極的に認めている（9条2、23条1、31条）。ただ、このような「参加」を通した「包摂」が、排除の存在を前提とし、それを乗り越えるためのものであった点は、繰り返し注意しておいてよい。

　これに加えて、人間の排除は一度ならず起きる。この状況を理解するためには、インターセクショナリティ（intersectionality）という単語を用いなければならない。日本語で「複合差別」、あるいは「交差性」と呼ばれるこの言葉は、自分自身が、異なる状況下で、異なる理由で、重ねて排除される状況を指す考えとして、1990年代以降、注目をされてきた。この言葉が私たちに訴えるのは、排除にせよ差別にせよ、それが一回限りでは決してないという点である。簡単な例を挙げよう。インド東北部、ネパールと境を接するところにお茶で有名なアッサム（Assam）という州がある。近年の統計によれば、アッサムは1人当たりの国内生産額・年間収入ともにインドにおいて最も低いグループに属している[13]。女性の識字率は3分の2をわずかに下回り、インド国内の平均以下でもある。また、女性に対する性暴力の件数は全国7位、割合から見ると国内で最悪である。これらの統計は、アッサム州の女性が、社会に根づいた執拗な排除の構造に苦しんでいることを示唆している。それは経済のみならず、ジェンダー、そしてカーストという三段構えの排除である。誤解してはならないのだが、こうした複合的排除は、どの地域で起きうるかという点を問わない。つまりインドでも日本でも、条件さえ整えばいつ

でも起こりうるものなのである。

　では、私たちは、この排除というはたらきから逃れることはできないのだろうか。できないと論じた代表格はドイツの法学者カール・シュミットである。彼は、「政治的なるものの概念」という論文のなかで、人間を「友」と「敵」とに区別することが、政治と呼ばれる営みの中心だと論じた（シュミット 1970）。友を得るために敵を作り、敵があるからこそ友ができる。シュミットにとって「敵」とは、異質な存在を別の言葉で言い換えた者といえるだろう。前項までの言葉を用いるなら、奴隷や異教徒、あるいは異人種が、「敵」とみなされることになる。重要なのは、こうした「敵」を作るからこそ、「敵」の敵となる自分たちが結束できる点にある。シュミットの議論は、ナチス・ドイツが「国民」として結束しユダヤ人を排除する論理とも重なり合った[14]。しかもこの考えは過去の遺物ではない。

　ところで、これまで述べてきた「人間」と「人でなし」の選別は、主に政治的な理由によってなされてきた。つまり、国や地域を治めようとする者が、都合よく支障なく統治できることをねらったものであった。一方、産業革命にともなう急速な工業化と資本主義の進展によって、まったく新しい人間の排除が加わることになる。それは「資本」をめぐるものである。ここにおいて選別の基準となるのは、ものを作り出すための手段が、さらに端的にいえば金が、あるかどうかというきわめて単純な尺度による。

---

(13)　国内生産額については、Reserve Bank of India, *Handbook of Statistics of Indian Economy* (Web 版), Part I, Table 8 (http://rbidocs.rbi.org.in/rdocs/Publications/PDFs/008T_BST130913.pdf。数値は 2012 年現在)、1 人当たり収入については Press Information Bureau, Government of India (http://pib.nic.in/newsite/erelease.aspx?relid=73929。2011 年 8 月 4 日付。数値は 2004 年から 2011 年まで)、識字率については Census India 2011 (http://www.census2011.co.in/literacy.php)、女性を対象にした犯罪件数 (http://ncrb.gov.in/CD-CII2012/CII%20Maps%202012-Final%20PDF/80%20Incidence%20of%20Crime%20against%20Women%20-%20Number%20-%20Total%20-%20Map.pdf) ならびに 10 万人当たり発生率 (http://ncrb.gov.in/CD-CII2012/CII%20Maps%202012-Final%20PDF/82%20Rate%20of%20Crime%20against%20Women%20-%20Per%20cent%20-%20Total%20-%20Map.pdf) は National Crimes Record Bureau, Ministry of Home Affairs, *Crimes in India 2012* を、それぞれを参考にした（いずれも、2013 年 10 月末に最終閲覧・確認）。

(14)　ただし、ナチスとシュミットの関係をめぐっていえば、双方はのちに距離を置いている。この点は大竹 2009 を参照されたい。

この、持つ者と持たざる者をめぐる選別は、国内のみならず、国際政治の場にも持ち込まれる。国際政治を、持つ者と持たざる者との間で起こる対立と考えた代表例は、歴史家でもあったE・H・カーであった。第2次世界大戦後、当時の「国際秩序」の外側に追いやられていた国々は結束して対抗軸を作った。それは、アメリカ主導で立ち上げられ、維持されてきた世界銀行・国際通貨基金（IMF）体制への抵抗であり、それゆえに「新しい」国際経済秩序（New International Economic Order, NIEO）と呼ばれた。いわゆる途上国が「途上」である理由は、先を行く国々によって意識的にその地位にとどめおかれているからだとする低開発（underdevelopment）論が論じられる。そして低開発をめぐる「搾取」と「従属」のメカニズムは、イマニュエル・ウォーラーステインによって「世界システム」という、近代世界の歴史を貫くダイナミクスとして示される。一方、そのような「南北問題」を、経済的平等を求めるゆえの「西洋に対する反逆」の一端だと考えたのはヘドリー・ブルである。だから彼は、ヨーロッパ主体の国際秩序の外にある問題を集めて、それを「正義」に関わる問いとして考えようとした。今日に至ってなお、「グローバル正義論（global justice）」と呼ばれる研究の中心は、世界大の貧困をめぐる問題によって占められている。つまり、持つ者と持たざる者との格差を問うている。

しかしより重要なのは、こうした資本をめぐる人間の選別が、私たちの外にある世界のみならず、私たち一人ひとりの内側でなされるところにある。経済学者カール・マルクスは、このメカニズムを「疎外」と呼んだ[15]。マルクスにとって疎外とは、人間が自らの存在と生活のために生み出したものが、つまりお金が、やがて人間を縛り、逆に人間を支配してしまう状況をいう。彼はその典型を労働と資本に求めた。人間は自らの手であらゆるものを作り、その世界に君臨することで自分の存在意義を確かめる。そのためにははたらきかけが必要であり、それを可能にするものが要る。だからそのために資本

---

(15) 疎外に関する議論は、マルクスの多くの著作を通してふれられているが、ここではそのきっかけとなった『経済学・哲学草稿』（マルクス 1964）を挙げておきたい。特に「第一草稿」と呼ばれる部分が重要である。

を投下し、産業を興し、人びとは働くことを通して産業の主となり、より豊かな生活を目指すべく尽力する。ところが産業自身が利潤を生み始めると、資本は利潤のために必要となる。資本を持つ者はそれでよい。問題は持たない者である。労働の意味は変わり、資本を持たない者は自らを労働力として切り売りし、産業の主にではなくその奴隷になる。自らを、いわば売り物として貶めるこの疎外という過程は、自分で自分を人間から遠ざける自己排除の過程でもある。

かくして、私たちの生活のさまざまな側面で、人間は選別されてゆく。この点こそが、「人間」をめぐる限界、矛盾(アポリア)なのである。さすがに今日、「人間か人でなしか」と露骨に問うことはしない。しかし、より「人間」に近い位置にある人と、「人でなし」に近い人とに私たち自身を選り分けている事実はさほど変わっていない。すべての人が「人間」という名において平等だとされる一方、現実の世界にあって「人間」はすべての人をカバーしていないのである。そしてそれを行ってきた当の主は、私たち人間自身である。

3　倫理の限界

1）尊厳と倫理

もし、権利に限界があり、またその範囲たる「人間」がつねに誰かを人でないとして追い出していたとしたら、私たちは「人間の権利」である人権を頼れない、ということになる。実は、人権に限界があることは、以前から認識されていた。先に述べた「潜在能力」という考えは、現に、人権を補うべく提案されたものでもある。

一方で、第2次大戦以降、人権は世界政治において一つの中心となり、国際社会は人権を保護する制度を段階的に整えてきた。世界的規模でいえば、世界人権宣言以降、国際人権をめぐる条約の数は100を超えている[16]。国連は「人権理事会」「規約人権委員会」を軸に、各国が人権条約を誠実に守っているかを監視し、必要に応じて勧告その他の行動をとる。加えて、数多くの作業部会を立ち上げ、細分化する人権問題に対してきめ細かな対応をとるよ

うにもなった。国内避難民や強制失踪問題、同性愛者に対する権利の問題などは代表例である。これとは別に、人権は各地の実情にあわせて「地域化」の方向をとっている。欧州（1950年）、米州（1978年）、アフリカ（1981年）には独自の法枠組みが作られた。さらに、世界化・地域化の双方を通して、人権の侵害を「罪」と見る文化が根づいてきた。それは端的には、侵害を裁く裁判所の設置によって明らかとなる。今日、人権侵害は罪である。だから侵害に加担した者は、国内法のみならず国際法によっても罰を受けうる。米州・欧州の人権裁判所はもちろん、ルワンダや旧ユーゴスラヴィアに特設されていた法廷が常設の国際刑事裁判所（ICC）という形でグローバルな展開を見せていることは、国際社会が人権を守るべく自覚的にはたらいてきた姿勢を反映した動きだと考えてよい。

その意味でいえば、人権はたしかに、国内にあってもグローバルな文脈でも、私たちの生活に根づき、私たちが暮らすための基本的条件として有効にはたらいてきた。限界をもち、人を救えないという理由ゆえに人権そのものを斥けることは、望ましくなく、適切でもない。だが同時に、そのことを理由に、人権をいつまでも万能だと考えるわけにもゆかない。確実に、人権の限界は何とかされなければならないのである。ではどうすればよいか。

ふたたび、人権の足元に立ち戻ることにしよう。これまでの話を振り返るなら、人権とは人間の権利であり、人間の権利とは人が他人や国家に対して請求するもの、あるいは主張できる力であった。しかし何を請求し、なぜ主張するのだろうか。この問いを考えるにあたっては、次の事実が出発点となる。すなわち、人権を求める者は、本来その人に与えられているべき何物かを奪われている、ということである。奪われているものを具体的に挙げるな

---

(16) 国連人権理事会・ウェブサイトの紹介による。世界人権宣言や国際人権規約に代表される中核的なもの（http://www.ohchr.org/EN/ProfessionalInterest/Pages/CoreInstruments.aspx）と、個別イシューに関する国際的取り決め（http://www.ohchr.org/EN/ProfessionalInterest/Pages/UniversalHumanRightsInstruments.aspx）について、条約本文（ただし英語）が掲載されている。書籍を通して確認したい読者は、Brownlie and Goodwin-Gill eds. 2010、あるいは松井ほか編 2005 が手近にあるとよい。ただしいずれも、最近の状況を必ずしも反映していないので、適宜オンライン・ソースと条約集とを併用することを勧める。

ら、それは毎日の食であったり、雨風をしのげる住まいであったり、教育を受ける機会であったりする。内容はさまざまであろうが、重要なのは、それが本来与えられるべきものであり、しかし現実には与えられていないところにある[17]。

　本来、権利とはまさにこの点を是正するために存在したはずであった[18]。現実がそうではないということは、第1節で見たとおりである。ただ、話を先に進めるうえでむしろ重要になってくるのは、権利が不完全ながらも有効にはたらくとして、ではいったい何を実現させたかったのかである。先の言葉を用いるならば、それは、本来与えられているべきものがきちんと備わった状況、ということになろう。仮にこうした環境において人間が生きてゆけるなら、では何が実現できるか。それは人が人として生きてゆけることそのものである。一見当然のように思われるこの状況は、人間らしさを支えるためにはどうしても欠かせない。どのような人であれ、人としてあるということそれ自体が、一つの素晴らしい価値をもっているのである。一例を挙げよう。イラク戦争からほどなく、アブグレイブ（Abu Ghraib）という刑務所の囚人を写した写真が大問題になったことがある。バグダッド郊外に位置するこの刑務所へは、かつてサダム・フセイン側に協力的であった人々を中心に多数が収容された。その際、米軍による拷問があったとされ、それに関連した写真が流出、世界中を駆け巡ったのである。軍用犬をけしかけられる囚人、あるいは兵士によって犬のように扱われた囚人たちは、この時点で人であることの価値を奪われていた。たとえ囚人であったとしてもである。別の例を挙げよう。現在、世界では約250万の人たちが人身売買の結果、強制的に労働をさせられている（United Nations Global Compact 2012）。その43パーセントにあたる人々は「商業的性的搾取（commercial sexual exploitation）」を経験し、実にその98パーセントが女性である。こうした人たちもまた、人で

---

(17) この点は、フランス人哲学者シモーヌ・ヴェーユが「根こぎ」という言葉を用いて説明している（ヴェーユ 2010）。
(18) 例えば、アメリカの哲学者ヘンリー・シューは、権利の本質を生存に対する「合理的要求」として理解している（Shue 1996, p. 1）。

あることの価値を奪われている。人が人として生きる以上、そこには欠いてはならない人の価値がある。一般にこの価値は「尊厳」と呼ばれる。そして権利は、尊厳を実現しようとして、ともかくも苦闘してきた。人間が権利を通して求めるものは人間の尊厳であり、また尊厳のために人間は権利を主張するのである。そしてこの尊厳という考えに立ち返ることが、人権の限界を克服する際に、大事な基準点となる。

　人が人として扱われず、尊厳を奪われているとき、私たちは多かれ少なかれ、それに対して嫌な感じを抱く。この感覚が何かを探ってゆくと、それが倫理をめぐるものであることが次第にわかってくる。尊厳とは何より、人が人に対してどうふるまうべきかをめぐって打ち立てられている価値である。のみならず、尊厳は人と人とが作る協同の空間がどうあるべきかについての価値でもある[19]。尊厳が倫理的価値であり、一方でそれを実現しようとする人権が、「権利」という側面においても、また「人間」という側面にあっても、それぞれに限界をもっているとするなら、私たちは人権の土台である倫理そのものから問題を考え直してみてはどうだろうか。

=== コラム 8-2 ===

庇護権

　庇護権とは、自国政府から迫害を受けたことによって、他国に逃れざるをえなくなった個人に対して、他国が個人の入国・滞在を許可し保護を与えることができるという「国家の権利」のことをいう。一方で、世界人権宣言第14条に、「すべての者は、迫害からの庇護を他国に求め、かつ享受する権利を有する」と規定されるように、庇護権を「個人の権利」としてみなす見解も存在する（例えば本間浩）。しかしながら、対外的な主権原理を理由として、庇護を個人に与えるか否かの決定権は国家にあるというのが、国際法上の一般的な見解であり、「国家の権利＞個人の権利」という図式が成り立っている。

　庇護権が問題となる具体的な争点は、難民の国際的保護である。主権国家体制のもとでは、国家が自国民を保護するという基本的な想定がある。しかし、難民は、自国による保護を期待できないために自ら国家とのつながりを断ち切って他国に庇護を求める、主権国家体制からの「逸脱者」であるといえる。このような考えからは、難民保護とは、「逸脱者」に対する限定的な措

置としてみなされる。つまり、主権国家体制を維持するためには、「逸脱」事例は当然少ないほうがよく、自国の利益にならない限り、庇護許与の権利をもつ国家は難民を受け入れない。これは、日本において議論となっている難民の認定者数・認定率の低さにもつながりうる考え方であろう。一方で、1990年代以降の国内避難民に対する支援システムの発展は、国外に逃れようとする人々を国内に封じ込めることで、難民という「逸脱者」を最小化し、主権国家体制を維持しようとする国家の要請にもとづくものとして捉えることも可能である。難民認定の厳しさと国内避難民への支援は、一見、「人道的」な観点からは相反するものとみなされがちだが、「国家の権利」としての庇護権という観点からすれば、両者は主権国家体制を維持するという目的のもとに同じ方向を向いている可能性があるのである。

(赤星聖)

2) 倫理の発展と人権のグローバル化

まず、倫理という言葉の意味を確認するところから始めよう。『広辞苑』によれば、「倫理」とは「人倫のみち」であり、「実際道徳の規範となる原理」、あるいは「道徳」である。そのため言葉のうえで、倫理と道徳とはほとんど同じように解される。実際、二つの違いはその語源がギリシャ語 (ethos) かラテン語 (mores) かという点にすぎない (佐藤 1960, p.8)。しかし日本では、二つの間に微妙な違いもある。道徳がもっぱら個人のふるまいを問題にする一方で、倫理は、「倫＝なかま、人間同士の整理された関係」(『漢字源』) からもわかるように、ある社会における個人のふるまいや (金子 1987, p.17)、社会性自体の良し悪しをも問題にする[20]。したがってこの章では、道徳ではなく倫理を考えることにする。倫理はいわば道徳よりも大きな円であり、そのなかに道徳も含まれうるからである。

さて、倫理は、当初から影響の及ぶ範囲が限られていた。「繰り返されるべき習慣」という本来の意味からも示唆されるように、ある習慣が「繰り返

---

[19] この点で、日本の哲学者和辻哲郎が論じた「人間の学としての倫理学」という考えが参考になる。彼によれば、「人間」とは、人のみならず人の間、すなわち空間をも含んだ広い概念である。和辻 2007, 第一章第一節を参照。

[20] 前者は「行為倫理」、後者は「社会正義」と呼ばれる。Frankena 1959, p.1 ならびに川本 1994, p.iii を参照。

されるべき」だと考えられるためには、その習慣をよしと判断する人々の集団が先になければならない。その集団のなかではじめて、倫理は倫理としての地位を獲得できるのである。ギリシャ時代にはポリス、ローマ時代にはローマ帝国がこれを体現した。その後、近代以前はキリスト教によって、近代以降は「人間」の登場によって、倫理はいちおう全世界を射程におさめることが可能になる。もっともここでいう「人間」とは西洋的、また理性的という接頭語が必ずともない、また近代のいう「世界」とは、当初は地中海を、その後は大西洋を中心とする地域に限られていた点で、文字通りの全世界からほど遠かった点には、留意しておく必要がある。

　加えて、全世界の全人間を包み込むと標榜し、反面その範囲が限られていたのは、ひとり西洋の倫理観に限らなかったことにも目を向けておこう。イスラムであれ、中華世界であれ、西洋であれ、基本的にそれぞれの文明圏が掲げた倫理観は世界全体の全人間を対象とするものであり、しかし同時にさまざまな条件をつけることで適用範囲を限定していた。イスラムにおいてはムハンマドの教えが、中華圏にあっては儒教が、西洋においてはキリスト教が、それぞれ倫理の基盤として存在し、その基盤を共有する範囲でのみ、世界はどこまでも広がっていった。だが逆にいえば、その基盤を共有できない地域は、倫理の及ぶ範囲から外れることになる。つまり、それぞれの倫理がいう「世界」の外に追いやられるわけである。その意味でいえば、単一の倫理観が世界全体にわたって全人類を覆ったことはいまだかつてない。

　こうした歴史にもかかわらず、現代の世界は、確実に倫理のグローバル化と呼べる現象を経験している。背景にはいくつかの事情がある。まず20世紀中盤に至るまで、西欧諸国や日本は植民地を作り、自らの影響力を拡大した歴史がある[21]。次に、技術の発展とともに遠く離れた地域同士を結ぶ交通・通信の手段が飛躍的に発展したこと、それにともなって従来存在した時間差が縮められ、少なくとも技術上は世界全体がほぼ同時に何らかの状況を共有できるに至ったことが挙げられる。この現象は、大きく二つの意味で倫

---

(21)　この点については、Bull and Watson 1984 が詳しい。似たような議論を歴史学でたどりたい場合には、フェルナン・ブローデルの著作（ブローデル 1995-96）が役立つだろう。

理のグローバル化につながった。第一は、実際に起きる諸問題が世界的なインパクトをもつようになった点である。ダルフールの内戦は、サブ・サハラ・アフリカ地域のみならず、世界の平和と安定をも脅かす。中国やインドで続く環境汚染は、国境を越え世代を越え生物の種を越えて、生きるということそのものの条件を脅かす。反面、それに対する批判はそのまま、中国やインドをはじめとするいわゆる後発国地域における人のよい暮らしぶり（well-being）を否定することになる。世界規模になった問題にどう取り組むかというのは、言い方を変えれば、私たちの知らない人々に対してどうふるまうことが望ましいのか、あるいは私たちの地球がどのような姿であるべきかを考えることに直結する。グローバル化した問題は、グローバルな倫理問題に結び付く。

　第二に考えられるのが、それ自体がすでにグローバルであり、最初からグローバルな対応を迫る問題の出現である。核兵器の登場とその数の増加は、ある地域が攻撃されるか否かではなく、人類文明を滅ぼすかどうかという問題へ、直接私たちを連れてゆく。スリーマイル島やチェルノブイリ、福島で起こった放射能漏れは、世界的な広がりはもちろん、私たちの世代のはるか先にまで影響を与えうる点で、もはやグローバルという言葉の範囲を越えようとさえしている。共通するのは、これらの問題が一度に人類全体を対象としうることであり、「私は関係ない」といえないところにある。問題がはじめからグローバルである以上、求められる倫理もまた、グローバルにならざるをえない。

　これに加えて、世界では、グローバルな感情の共有という現象が進んでいる。倫理がどこからどう生まれてくるか、というのは倫理学における難しい問題の一つであるが、感情を軸に説明しようとする試みは、アダム・スミス以降長く続けられてきた（スミス 2013）。それは他者の苦しみに共感を寄せることであり、誰かが苦しんでいる状況に対して嫌悪や恥の感情をもつことから始まる。グローバル化は、私たちが何によろこび、何に心を痛め、何を恥ずかしいと考えるかについて、ゆっくりと、しかし着実に、共通の感情を形づくろうとしているわけである。今日、広がりは、「コスモポリタンな感

情」という地点にまで達しつつある (Linklater 2011, pp. 207-230)。

　ただ問題は、こうした倫理のグローバルな広がりが、人権の発展とどう関わってきたかという点にある。そして重要なのは、相互が補い合って、今日、人権をめぐるグローバルな考えや制度を形成しつつあることにある。潜在能力や人間の安全保障が人権を補い始めていることは先に述べた。それは、人間の尊厳や社会正義という考えによって人権の限界を突破しようとする試みである。一方で人権の側は、グローバルな倫理が制度へと変化する場面で、力不足になりがちな倫理に形と力を与えようとしている。世界人権宣言や国際人権規約に代表される、国際人権法の発展はその一例である。それは、国際条約数の増加という目に見える発展をともなっている。のみならず、以前は見向きもされなかった人々の苦しみを拾い上げ、問題として示し、世界の対応を促すようにさえなってきている。国内避難民は難民と異なり、国境を越えないゆえにかつては無視に近い扱いを受けてきた。強制失踪もまた、国内における移動だということで長く世界的対応の外に置かれてきた。同性愛に至っては、その権利を主張する側と、それを罪だと見る側との間に、いまだ越えられない深い溝がある。だがいずれの例も、過去10年あまりの間に、国境を越える関心事として本格的に扱われている。だからこそ今日、世界は、1998年に国連人権委員会に提出された「国内強制移動に関する指導原則」や2006年に国連総会で採択された「強制失踪禁止条約」の成立をみ、あるいは2008年にやはり国連総会に提出された「性的志向と性自認に関する声明」の登場[22]をみるに至ったのである。そしてそれを可能にしたのは、人権という共通の言葉なのである。それは数多くの条約として私たちの権利を定め、あるいは倫理の制度化に向けた原動力となってきた。人権と倫理は、グローバル化する今日、互いを補い合いながら、私たちの暮らしをしっかり支えている。

---

(22) ただし、この声明に対しては、主に同性愛を宗教上・文化上禁止している各国から、反対表明も出されている。

3）自壊する倫理と人権の限界

　ところが、この話にはまだ続きがある。そしてその続きは、人権と倫理の「幸せな結婚」が必ずしもうまくいくわけではないことを、残念ながら示す結果となる。その理由は、倫理の抱える矛盾にある。

　ここで明らかになるのは「倫理は倫理的に生まれない」という矛盾である。これは相当に厳しい。正しさを示すはずの倫理が正しく打ち立てられていないというからである。しかし、よく考えてみればありえない話ではない。たとえ「人権は尊重されるべきだ」という、普通に聞けば疑いようのない正しい内容であっても、それが暴力をともなって打ち立てられるなら、ほんとうにその倫理が倫理的かどうかはわからないだろう。そして実際、倫理の成り立ちを探ってゆくと、多くがこの最初の時点で躓いていることがわかってくる。この状況を、「自壊する倫理」と呼ぶことにしよう。

　倫理がどのように生まれうるかは先にも述べた。起源の一つは感情である。だが実は、倫理は理性から生まれてくるという見方が、長い間優勢であった。理性とは、物事の本質を見極めてしっかり考えることをいう。ともすればむらのある感情とは違い、理性によって良し悪しを判断する限り、私たちは安定した倫理を手に入れることができると考えたわけである。今日、グローバルな倫理の多くが、この理性に土台を求めている。「効用」という尺度で物事の正しさを判断する功利主義[23]の立場も、「義務」と「意志」を通して正しさを追求する義務論の考え方も、種類は違えど、理性のはたらきなしには倫理が導けないという点を共有している。人権をめぐる倫理についても同じことがいえる。「コスモポリタンな感情」の共有によって人権を支えようとするのは最近のことであり、一方で、人間には尊厳があること、そしてその尊厳は守られなければならないこと、という二つの理屈づけ（reasoning）から倫理を打ち立てようとする試みが活発になされてきた[24]。

　ところが倫理の自壊は、まさにこの点に現れる。そもそも倫理は、何が正しく、何が正しくないかを明らかにしているはずである。そのために普通、

---

[23] 「功利主義」に関しては序章のコラム 0-1 を参照。その是非を含めた専門的な議論を見たい場合には、Williams and Smart 1973; Sen and Williams eds. 1982 が役立つ。

第Ⅱ部　平和のアポリア

二つの方法がとられる。一つは、ある「べき」状態やなす「べき」ふるまいを定めることである。もう一つは、逆に、ある「べきでない」状態やなす「べきでない」行為を定めることである。つまり、倫理的だと思われるものを自らの必要として取り込み、逆に倫理的でないと思われるものを不要なものとして排除するわけである。こうすれば、「すべきこと＞すべきでないこと(25)」として、何が望ましいかがはっきりわかってくる。だが、倫理的なものと倫理的でないものという区分けはどうすればできるのか。実はこの点をつきつめて考えると、最後は「力」だと答えざるをえなくなる。ここに、倫理の矛盾(アポリア)がある。

　倫理の基礎に力がある、という見解は、哲学者ジャック・デリダの考えからヒントを得ている。デリダは、倫理ではなく哲学のなかでこの思考を進めた。哲学において最も大事な部分、つまり哲学の本質はどうすれば明らかになるか。彼は、本質と思われるものを力づくで定める最初の瞬間があると論じた。たとえ理性によって十分考えられたとしても、何が本質かは、皆からことごとく同意を得て定められたものでもなければ、私たちの経験をすべてふまえて出されたものでもない。結局、「えいや」と勝手に置かれることになる。この話が倫理でも通用するわけである。ここで押さえるべきは二つある。まず、この力が、必ずしも、軍事力や暴力のような目に見えるものではない点である。端的にいえば、それは、「すべきこと＞すべきでないこと」という図式を作り上げ、押し付ける思考のはたらきをいう。何をすべきで、何をすべきでないかを決めるのは、倫理的思考そのものである。だから単純にいえば、倫理的思考がそのまま力となって威力を振るうことになる。ところが第二に、こうしてできあがった「すべきこと＞すべきでないこと」という

---

(24) その例の一つが、法哲学者ジョゼフ・ラズによる議論である（Raz 1991）。彼の場合、尊厳は「よい生き方（well-being）」あるいは「共通の善（common good）」として読み替えられ、それを理屈づける倫理が唱えられた。彼は、「人がどの程度よくふるまい、ふるまったか」が、「よい生き方」をはかる基準の一つだという（p. 3）。この点は、先に述べた「潜在能力」の考え方に近い。一方で、当の潜在能力を論じたセンは、それが「正しい理屈づけ」によって導かれるべきであり、その過程を「正義」と呼んでいる（Sen 2011, Introduction）。

(25) ここで「＞」は望ましさの程度を指す。したがって、「A＞B」はAはBより望ましい、という意味になる。

図式はやがて立ちゆかなくなる。「すべきこと」を徹底してしようとすると、必ずどこかで「すべきでないこと」を挟まざるをえなくなるのである。「すべきこと」を徹底するために「すべきでないこと」をする。となれば、「すべきでないこと」は「すべきこと」になってしまう。つまり、倫理的思考によって打ち立てられたはずの図式は、転倒してしまうのである。結局、倫理としてどちらが望ましいかは、判断できないことになる。デリダはこれを、「決定不可能性（undecidability）」と呼んだ。

例を挙げながら[26]説明を続けよう。人権問題においてその影響が深刻なものの一つに難民問題がある。当然、ここで救われるべきは難民である。1951年に採択された「難民の地位に関する条約（難民条約）」の1条A項（2）によると、難民は、「人種、宗教、国籍もしくは特定の社会的集団の構成員であることまたは政治的意見を理由に迫害を受けるおそれがあるという十分に理由のある恐怖を有するために、国籍国の外にいる者であって、その国籍国の保護を受けることができない者」をいう。ここでおそらく最もわかりやすい指標は、ある人が自国の外にいるかどうか、ということになるだろう。ここで国際社会は、難民問題の際に誰を救うべきかについて、「難民＞難民以外の人々」という原則を据えてきた。救うべきは難民であり、それ以外の人々ではない。だから、迫害を受けるおそれがあって逃げていても、国境を越えていない人は含まれない。各国が主権をもち、相互に干渉しないと約束してきた点から見ても、この考えには納得できる。そしてこれが、長い間、強制移動の被害者を保護する倫理の根幹にあった。

ところが、1990年代以降、内戦と同時に増えたのは、難民と似た境遇にありながら国境を越えない人々、「国内避難民（internally displaced persons）」であった。この人々は、難民保護をめぐる倫理から考える限り「本質ではない」はずである。だが、国内避難民の数は難民のはるか上をゆく。現に、難

---

(26) 紙幅の都合でここには含めなかったが、この決定不可能性は、人権侵害に際して各国や国際社会がどのようにふるまうべきかという倫理についてもあてはまる。具体的には「保護する責任（responsibility to protect）」が掲げる限界となる。この点は、池田 2012, pp.115-119 において考察を加えておいた。

民の数が国内避難民の数を上回った年は、両者の統計が出揃う 1989 年以降、2011 年に至るまで一度もなく、国内避難民は難民の倍程度の数存在するのである[27]。加えて、国内避難民は、国境を越えれば難民となりうる。この人々は難民「予備軍」(大島 2002) なのである。難民問題を扱う国連難民高等弁務官事務所 (UNHCR) は、その規程第 1 条で、自らの目的を難民保護のみならず難民問題の「恒久的解決 (durable solution)」だと位置づけている。だとすれば、その目的を達成するためには、難民になりそうな人にも何らかの手立てを施す必要が出てくる。本来の難民保護を徹底するために、逆に難民以外の人々への保護が必要になってくるのである。かくして、1952 年に設立された UNHCR は、年を経るにしたがって、次第に難民以外の人々(この人々は「援助対象者 (persons of concern)」と呼ばれる)をも保護と支援の対象にしてゆくことになる。そして今や、UNHCR は、難民よりも難民以外の人々を多く扱う組織となった[28]。

　ここで加えておくべきは、こうした国内避難民を保護する制度というのが、1998 年までこの世界に存在しなかったことである。つまり、国内避難民保護は人権保護という点で長らく空白であった。もちろん、実際には平和維持活動や、UNHCR によるはたらきによってある程度の保護が試みられてきた。しかし、難民保護が、難民条約や「難民の地位に関する議定書」(1967 年採択)、「アフリカ統一機構条約」(1969 年採択)、中南米をカバーする「カルタヘナ宣言」(1984 年採択) といった国際条約、また UNHCR を中心とする国際制度によって支えられていた反面、国内避難民については 1998 年の「指導原則」まで、制度的枠組みがなかったのである。幸い、国内避難民保護については、2009 年に採択された「アフリカの国内避難民の保護と支援に関する条約 (カンパラ条約)」を契機に発展をみようとしている。しかしここへ至

---

(27) 難民の数については、UNHCR 2000, Table 3 (1989〜99 年);UNHCR 2006, p. 105, Table 20 (2000〜06 年)、ならびに各年の Statistical Yearbook (2007 年以降) を、国内避難民の数については Internal Displacement Monitoring Centre による Global IDP Estimates (1990〜2011) を、それぞれ参照した。

(28) UNHCR Statistical Yearbook 2011 によれば、2005 年以降、国内避難民が難民を数において上回っている。

第8章　人　　権

る歴史は、難民保護を徹底し、問題を解決するために、難民だけを見ていては不十分であったことも、私たちに教えてくれる。「難民＞難民以外の人々」という図式は、限界に直面した。だからこそ、難民問題は今日、「強制移動（forced migration）問題[29]」と名前を変えて、より包括的な保護を模索しているのである。

　かくして、デリダにヒントを得て考えるならば、倫理が自壊するさまが浮き彫りになってくる。この事実は、実は倫理のみならず、ものごとの本質が何かを考える思考のプロセスすべてにあてはめてゆくことができる。つまり、これまで述べてきた「権利」や「人間」に対しても、同じように応用可能なわけである。だとすれば、同じ結論が導かれることになる。権利とは何か、人間とは何かについても、その本質を定める作業は力なしには成り立たない。しかも、権利の本質、人間の本質を定めるためには、何が権利でないか、何が人間でないかを先に定める必要が出てくる。したがって権利の本質や人間の本質だけに注目してしまっては不十分なのである。第2節で論じてきた「人間」と「人でなし」の区分をめぐる歴史は、まさにこの点を浮き彫りにしたものといえるだろう。誰が「人間」であるかは、人間の本質を見ない限りはわからない。そして、何が「人間の本質」であるかは、何が人間の本質ではないかを見なければわからない。にもかかわらず、歴史を通して人間は、人間の本質が何であるか、見切り発車で定め続けてきたのである。何が本質であり、どれがそうでないか、突き詰めるならわからないにもかかわらず、である。

おわりに──アポリアからモラルへ

　さて、この章はいったい、私たちに何を語ろうとしてきたのか。章の冒頭では、「人権が尊ばれ、実現されているすぐ隣で、人権は人を救えていない」という矛盾(アポリア)が示された。ここまでの議論を振り返るなら、それは、人権の不

---

[29]　この点は、墓田ほか編 2014 におさめられる各章を参照されたい。

十分な実現や、人権が現実政治に屈した結果だけではなかったことが、明らかになっただろう。つまり人権が抱える矛盾(アポリア)とは、「人間」「権利」「倫理」のそれぞれが、いずれも力をともなって成り立った思考の体系であること、そして、それぞれについて、本質が何であるかという問いへの答えが力によって与えられているにもかかわらず、突き詰めれば判断できないということからきている。矛盾は根深い。根が深すぎて、人権を形づくるあらゆる要素を吹き飛ばしてしまうくらいである。

かくして、人権は人を救えていないという一見信じがたい状況は、三つの限界を理解するならば、実はいつどこで起きていても不思議ではない出来事だとわかってくる。外へ出てみるとよい。あなたが歩く街角にも、段ボールでこしらえられた「住み処」を見るだろう。そこには誰かが住んでいる。たまたまあなたではないだけである。あなたは空腹を覚えれば食べることができる。風邪をひけば薬も飲める。しかしその段ボールに住む人は必ずしもそうとは限らない。日本であれば社会保障を求めることもできるだろう。しかしそれを頼まず、頼めない人がある。「なぜ」そんな矛盾が起こったか。もちろん多様な答えが出てくる。行政の怠慢かもしれないし、「自己責任」かもしれない。グローバル化によって引き起こされた格差が日本にも浸透してきていることでもあるだろう。だが、この章がいいたかったのは、その理由がさらに深い地底を走っているという点にある。何が人間であり、権利であり、倫理であるか、突き詰めれば「判断できない」というこのことゆえに、ある人々が人権によって保護されているすぐ隣で、人権が人を救えていない事態が併存しているのである。

では、逆にこの章はいったい、私たちに何を示唆しようとしているのだろうか。人権の基盤のはずであるあらゆる考えが限界をもち、しかも何が人間・権利・倫理の本質であるかが「判断できない」というのであれば、もはや人権を信じる理由などないようにさえ思われる。だが、それは早合点である。人権の矛盾は、その一面にすぎないからである。たしかに人権は人を救えないことがある。しかしそのすぐ隣で、人権は人を救ってもきているのである。こういうと、なんだかだまされたような気分になるだろう。いかにも、

矛盾で示した文章の前半と後半とを入れ替えただけである。しかし、「倫理の自壊」として前の節で示したかったこととは、実はこの点である。人権は人を救えないこともある。だから国内避難民には長らく、どのような権利があるかさえ不明であった。しかし人権は人を救うこともできる。だからこそ、「指導原則」や「カンパラ条約」ができあがってきた。「倫理の自壊」とは、単にある考えが力をもって決められたことを暴露するためにあるわけではない。その考えが何であるのか、本質が何であるのか、決められないにもかかわらず人間は決めてきたということを、明らかにするためにある。

となれば、過去のアポリアを浮かび上がらせるだけでは終わりにならない。何が人間であり、権利であるのか、何が倫理であるのかを、決められないにもかかわらずこれからも決めてゆくことが、むしろ重要になるのである。しかし、それは単に勝手に決めればよいわけではない。世界はあなたと私だけでは回っていないからである。他の人々があり、私たちがある以上、何が人間であり、権利であり、倫理であるかということは、慎重な吟味のうえで決めなくてはならない。そして決めたあとにも、慎重に吟味を重ねなければならない。かつてカントは、慎重な吟味のことを「批判」と呼んだ。しっかり考え、決め、そしてしっかりと考え直すこと。私たちは世界の方向を変えるには非力である。しかし「批判」を怠らないことはできない話ではない。倫理の限界を了解したうえで、なおも倫理が何であるかを決め、しかもそのあとに至ってなお吟味を重ねる。そうすれば、倫理はいまよりは少し倫理的になるだろう。そしてそのような倫理の上で成り立つ人権もまた、少しは倫理的になるだろう。

かくして、本章を終えようとするにあたって、重要なのは批判の実践だということが見えてくる。考えることも、決めることも、吟味することも、積極的に私たちが他の人々と共に関わり、動いてゆかなければ果たされないからである。かつて、国際政治と倫理を考えるにあたって、デイヴィド・キャンベルとマイケル・シャピロは、私たちが集って、こうした実践を繰り広げることが大事だと論じ、これを「モラル」と呼んだ（Campbell and Shapiro eds. 1999, ch. 1）。かつて人権は、女性の権利を事実上排除してきた。先に述

人権をめぐるモラル・アポリア

人権のアポリア	「権利」の限界	権利は「振るう」ものであって、ただもつだけでは救われない	権利を「行使しない」人は救われない
	「人間」の限界	「人間」がつねに特定の人々を指す一方、同時に「人でなし」にあたる人々を想定してきた	「人でなし」は救われない
	「倫理」の限界	倫理は最初の時点において、倫理的に形成されない（倫理は倫理的に創られない）	人権を支える倫理的基盤は倫理的でない

人権が尊ばれ、実現されている隣で、人権は人を救えていない

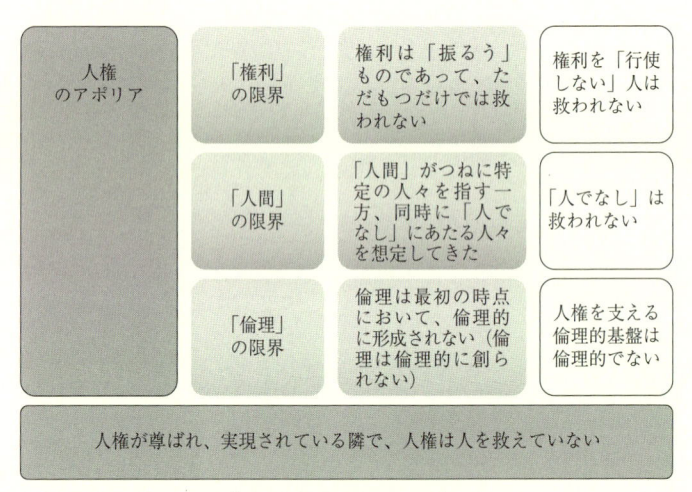

人権をめぐるモラル・アポリア

べた数々の国際女性会議は、そうした人権の限界を吟味し、女性の権利を中心に据えて人権を豊かにする必要を説いた。しかしそうして鍛え直されたはずの人権は、その担い手が「男か女」のどちらかだという考えから抜け出せていない。「性的志向や性自認に関する声明」は、人権をさらに「批判」し吟味することの必要性を私たちに示している。たしかに、異なる文化や宗教を前にして、試みが成就されないこともあるだろう。しかし、それは「批判」をしないでよい理由にはならない。この章はおろか、本全体を通してアポリアを嫌というほど見続けてきた私たちも、もはやアポリアを前に困った困ったとだけ嘆いているわけにはゆかないのである。他人とともに国際政治のモラル・アポリアを考え、何が倫理であるかを吟味することが、より倫理的な倫理を打ち立てるには欠かせないからである。となれば、いまこそ、次のステップに移るときである。「モラル・アポリア」の先には、ふたたび「モラル」が待っている。

【参考文献】
アリストテレス 1961『政治学』〈岩波文庫〉、山本光雄訳、岩波書店。

池田丈佑 2012「他者救援をめぐるグローバル倫理の不可能性について」『社会と倫理』第27号、105-120頁。
ヴェーユ、シモーヌ 2010『根をもつこと（上）（下）』〈岩波文庫〉、冨原眞弓訳、岩波書店。
ウルストンクラーフト、メアリ 1980『女性の権利の擁護』白井堯子訳、未來社。
大島賢三 2002「忘れられる国内避難民――国際社会は何をすべきか」『外交フォーラム』4月号、46-51頁。
大竹弘二 2009『正戦と内戦――カール・シュミットの国際秩序構想』以文社。
長有紀枝 2012『入門・人間の安全保障』〈中公新書〉、中央公論新社。
金子晴勇 1987『倫理学講義』創文社。
カントローヴィチ、エルンスト 2003『王の二つの身体――中世政治神学研究(上)(下)』〈ちくま学芸文庫〉、小林公訳、筑摩書房。
川本隆史 1994『現代倫理学の冒険――社会理論のネットワーキングへ』創文社。
佐藤俊夫 1960『倫理学〔新版〕』東京大学出版会。
シュミット、カール 1970『政治的なるものの概念』田中浩・原田武雄訳、未來社。
スミス、アダム 2013『道徳感情論』〈講談社学術文庫〉、高哲男訳、講談社。
セン、アマルティア 1999『不平等の再検討――潜在能力と自由』池本幸生・野上裕生・佐藤仁訳、岩波書店。
セプールベダ、ファン・ヒネス・デ 1992『征服戦争は是か非か』染田秀藤訳、岩波書店。
高橋貞樹 1992『被差別部落一千年史』〈岩波文庫〉、岩波書店。
高橋哲哉・山影進編 2008『人間の安全保障』東京大学出版会。
田畑茂二郎 1951a『世界人権宣言』〈アテネ文庫〉、弘文堂。
――― 1951b『人権と国際法』〈法律学大系　第二部　法学理論篇〉、日本評論社
辻村みよ子・金城清子 1992『女性の権利の歴史』岩波書店。
人間の安全保障委員会 2003『安全保障の今日的課題』朝日新聞社。
ヌスバウム、マーサ 2012『正義のフロンティア――障碍者・外国人・動物という限界を越えて』神島裕子訳、法政大学出版局。
墓田桂・杉木明子・池田丈佑・小澤藍編 2014『難民・強制移動研究のフロンティア』現代人文社。
パコー、マルセル 1985『テオクラシー――中世の教会と権力』坂口昂吉・鷲見誠一訳、1985年。
ブローデル、フェルナン 1995-96『文明の文法Ⅰ・Ⅱ』松本雅弘訳、みすず書房。
マルクス、カール 1964『経済学・哲学草稿』〈岩波文庫〉、城塚登・田中吉六訳、岩波書店。
ミル、ジョン・ステュワート 1957『女性の解放』〈岩波文庫〉、大内兵衛・大内節子訳、岩波書店。
松井芳郎ほか編 2005『国際人権条約・宣言集』東信堂。
松森奈津子 2009『野蛮から秩序へ――インディアス問題とサラマンカ学派』名古屋大学出版会。
和辻哲郎 2007『人間の学としての倫理学』〈岩波文庫〉、岩波書店。
ラス・カサス、バルトロメ・デ 1976『インディアスの破壊についての簡潔な報告』〈岩波文庫〉、染田秀藤訳、岩波書店。

―――― 1995『インディオは人間か』染田秀藤訳、岩波書店。
―――― 2009『インディアス史（全7巻）』〈岩波文庫〉、石原保徳・長南実訳、岩波書店。
渡邉昭夫編 1998『現代日本の国際政策』有斐閣。

Arendt, Hannah 1951/1966 *The Origins of Totalitarianism*, Meridian Books.（『全体主義の起原（全3冊）』大久保和郎ほか訳、みすず書房、1972-74年）
Brownlie, Ian and Guy Goodwin-Gill eds. 2010 *Basic Documents on Human Rights*, Oxford University Press.
Bull, Hedley and Adam Watson 1984 *The Expansion of International Society*, Oxford University Press.
Buzan, Barry 1991 *People, States and Fear: An Agenda for International Security Studies in the Post-Cold War Era*, Harvester Wheatshelf.
Campbell, David and Michael Shapiro eds. 1999 *Moral Spaces*, University of Minnesota Press.
Census India 2011 http://www.census2011.co.in/literacy.php （最終アクセス2013年10月28日）
Frankena, William 1962 "The Concept of Social Justice," in Richard B. Brandt ed. *Social Justice*, Prentice-Hall.
Hohfeld, Wesley N. 1919/2001 *Fundamental Legal Conceptions as Applied in Judicial Reasoning*, Ashgate.
International Displacement Monitoring Centre *Global IDP Estimates (1990-2011)*. http://www.internal-displacement.org/8025708F004CE90B/%28httpPages%29/10C43F54DA2C34A7C12573A1004EF9FF?OpenDocument （最終アクセス2013年10月28日）
Lauterpacht, Hersch 1945/2013 *International Bill of Rights*, Cambridge University Press.
―――― 1950 *International Law and Human Rights*, F. A. Praeger.
Linklater, Andrew 2011 *The Problem of Harm in World Politics: Theoretical Investigations*, Cambridge University Press.
National Crimes Record Bureau, Ministry of Home Affairs *Crimes in India 2012*. http://ncrb.gov.in/CD-CII2012/CII%20Maps%202012-Final%20PDF/80%20Incidence%20of%20Crime%20against%20Women%20-%20Number%20-%20Total%20-%20Map.pdf （最終アクセス2013年10月28日）
―――― http://ncrb.gov.in/CD-CII2012/CII%20Maps%202012-Final%20PDF/82%20Rate%20of%20Crime%20against%20Women%20-%20Per%20cent%20-%20Total%20-%20Map.pdf （最終アクセス2013年10月28日）
Nussbaum, Martha 2000 *Women and Human Development: A Capability Approach*, Cambridge University Press.
Pogge, Thomas 2008 *World Poverty and Human Rights*, 2nd edition, Polity Press.
Press Information Bureau, Government of India 2011　http://pib.nic.in/newsite/

erelease.aspx?relid＝73929（最終アクセス 2013 年 10 月 28 日）
Raz, Joseph 1991 *Ethics in the Public Domain: Essays in the Morality of Law and Politics*, revised edition, Oxford University Press.
Reserve Bank of India, *Handbook of Statistics of Indian Economy*. http://rbidocs.rbi.org.in/rdocs/Publications/PDFs/008T_BST130913.pdf September 16, 2013（最終アクセス 2013 年 10 月 28 日）
United Nations Global Compact 2012 *Human Trafficking: The Facts*. http://www.unglobalcompact.org/docs/issues_doc/labour/Forced_labour/HUMAN_TRAFFICKING_-_THE_FACTS_-_final.pdf（最終アクセス 2013 年 10 月 28 日）
United Nations Office for High Commissioner for Refugees 2006 *UNCHR Global Trends*. http://www.unhcr.org/4676a71d4.html（最終アクセス 2013 年 10 月 28 日）
――― 2007 *UNHCR Statistical Yearbook 2007*. http://www.unhcr.org/4981b19d2.html（最終アクセス 2013 年 10 月 28 日）
――― 2008 *UNHCR Statistical Yearbook 2008*. http://www.unhcr.org/4bcc5bb79.html（最終アクセス 2013 年 10 月 28 日）
――― 2009 *UNHCR Statistical Yearbook 2009*. http://www.unhcr.org/4ce532ff9.html（最終アクセス 2013 年 10 月 28 日）
――― 2010 *UNHCR Statistical Yearbook 2010*. http://www.unhcr.org/4ef9cc9c9.html（最終アクセス 2013 年 10 月 28 日）
――― 2011 *UNHCR Statistical Yearbook 2011*. http://www.unhcr.org/516282cf5.html（最終アクセス 2013 年 10 月 28 日）
United Nations Office for High Commissioner for Human Rights *The Core International Human Rights Instruments and Their Monitoring Bodies*. http://www.ohchr.org/EN/ProfessionalInterest/Pages/CoreInstruments.aspx（最終アクセス 2013 年 10 月 28 日）
――― *Universal Human Rights Instruments*. http://www.ohchr.org/EN/ProfessionalInterest/Pages/UniversalHumanRightsInstruments.aspx（最終アクセス 2013 年 10 月 28 日）
Sen, Amartya 2011 *The Idea of Justice*, Penguin Books.
Sen Amartya and Bernard Williams eds. 1982 *Utilitarianism and Beyond*, Cambridge University Press.
Shue, Henry 1996 *Basic Rights: Subsistence, Affluence and U. S. Foreign Policy*, Princeton University Press.
Turner, Brian 2006 *Vulnerability and Human Rights*, Pennsylvania State University Press.
UNHCR（United National Huch Commissioner for Refugees）2000 *The State of World's Refugees*, Oxford University Press.
Williams, Bernard and J. J. C. Smart 1973 *Utilitarianism: For and Against*, Cambridge University Press.
Young, Iris Marion 2000 *Inclusion and Democracy*, Oxford University Press.

第Ⅱ部　平和のアポリア

■ 人権を考えるための映画・小説・絵本 ■

『夕凪の街・桜の国』（原作は 2004 年・映画は 2007 年）
　　原作：こうの史代　監督：佐々部清
　広島と東京、1955 年と 2004 年（映画では 2007 年）という二つの街と時をつないで描く物語。原爆で失った妹の思い出を背負い生きる平野皆実、皆実の苦悩を受け止める打越豊、ひとり茨城へ疎開して難を逃れ、戦後広島で医師を目指す皆実の弟石川旭、旭と結婚するも被曝の影響に苦しむ太田京花、旭と京花の子として、そして被爆二世としていまを生きる七波と弟の凪生。凪生と交際しつつ被爆二世であることを理由に親から別れるよういわれる利根東子。救われた者・救われなかった者・残された者が、普段の生活を通して、人間の尊厳を静かに語る。

『あかちゃんのくるひ』（至光社、1970 年）
　　文：武市八十雄　絵：いわさきちひろ
　私のうちに赤ちゃんが来る――「お姉ちゃん」になる主人公はそわそわ。赤ちゃんはどんな子だろう、お母さんをとられるんじゃないか、どうしよう、はじめて出会う「弟」に、小さな心は揺れ動く。そして赤ちゃんがやってきた。いのちの誕生と、世界で一番近い「他者」との遭遇に全力で向きあう主人公を通して、「やがてくる者」がもつ意味を微笑ましく描く一篇。

　　　　　　　　　　　　　　　　　　　　　　　　　　　　　（池田丈佑）

終章
アポリアとの対峙

大庭弘継

はじめに

　多くの人々が、世界を善くしようと努力している。しかし、世界は簡単に変わらない。なぜか。本書は答えの一つとして、解決困難な問題、アポリアを提示したのであった。そして、本書が描き出した数々のアポリアは、世界を変えるための前提条件となる。それはラインホルド・ニーバーの静謐の祈りと思いを同じくする。

　　神よ、変えられぬことを受け入れる静穏を、
　　変えられることを変えていく勇気を、
　　そしてその違いを見分ける知恵を与えたまえ。

　多くの人々が世界の変革を望んでいる。にもかかわらず、世界は容易に変わらない。であれば、容易に変わらない理由を自覚することが有効と考える。そこで本書は、現代の国際政治において直面する困難やはまり込む陥穽などを、アポリアというタームで明示することで、世界を変革するための必須条件を逆説的に提示しようとしたのである。
　ここで、序章とは別の視点から、アポリアというタームの使用理由を示し

ておこう。本書は、国際政治の文脈で、現代世界が対峙しているモラル・アポリアを列挙している。わざわざ難問という日本語ではなく、アポリアという聞きなれない単語を使用する理由は、アポリアというタームには、「放っておけない」、「解決を要求する」、というニュアンスが含まれるからである。その意味で、世間一般で使われる難問よりも用法は狭くなる。本書は、一般的な難問と区別するため、西洋でも使用頻度の低いアポリアという単語を、わざわざ持ち出してきた。

では、アポリアというタームで何を示したのか。本書を通じて描き出したのは、普段は意識していなくてもよくよく考えてみれば、つまりは論理的帰結として解決困難な（あるいはそもそも解決不可能な）問題、アポリアの存在とその詳しい状況である。それゆえ本書は、「アメリカが悪い」、「各国は国益だけを考えている」、「マネーゲームが世界を覆っている」、「核は悪い」、「悲劇を二度と繰り返しません」、などといったよくある言説を回避している。これらの言説とは正反対に、「現代世界が抱えている問題は一般的な言説では解決しない」という点を出発点とした。

そのため、本書は一風変わった学術書となっている。教科書として使用できることを念頭におきながら、冷めた第三者的な言説ではなく、生きた言葉として伝えることも重視した。この終章の内容も、率直な表現でなければ読者に響かないと思う。そこで、この終章では、本書の動機や意図などを本音でお伝えするため、エッセイ調で記述する。

以下、この終章の構成を述べる。第一節において、コラムの紹介を行う。第二節においては、本書で指摘したアポリアの限界を示す。第三節では、本書のメッセージを示す。

1　コラムの紹介

序章ですでに各章の紹介を行っているので、ここでは本書のもう一つの主役でもある多彩なコラムの紹介をしておこう。

序章のコラムでは、杉本俊介に功利主義（帰結主義）と義務論の紹介をお

願いした。国際政治学者間で誤解の多い定言命法については、編者2人の要望で特に詳述いただいた。

　第1章のコラムで、まず第4章執筆者でもある眞嶋俊造が保護する責任の特徴を列挙した。次に政所大輔は、対立する諸国家が新たな規範である保護する責任を生成していく過程を描き出した。そして上野友也は、執筆者の多くにとってモラル・アポリアの出発点ともいうべき、90年代前半の人道的危機と対処の失敗、ソマリア、ボスニア、ルワンダの事例を解説した。最後に溝渕正季は、現在進行中であるシリア情勢の混迷について、善悪という単純図式があてはまらない現状を、現地アクターの多様さを軸に描き出した。

　第2章のコラムで、角田和広は、ソマリア「沖」での海賊対処に向けて結束する国際社会が、ソマリア「領土」への介入に消極的であるという、対照的な現状を描き出した。近年のテロについて、山田真司は、社会のネットワーク化が脆弱性を高め、テロリストは低いコストで攻撃できるという、テロリズムの誘因を論じた。

　第3章のコラムで、木村周平は原発事故への対応における決定不可能性（不確実性や責任の拡散）を指摘した。弘田忠史は、オバマ大統領のプラハ演説の理想主義と現実主義の両面性を指摘した。田中慎吾は、核エネルギーを利用する政策と核軍縮・不拡散外交政策とのいびつな「結婚」について論じた。

　第4章のコラムで、長嶺義宣は、人道という非政治的な目的を追求するためにあらゆる政治的手段を駆使する国際赤十字委員会（ICRC）の特徴を描き出した。奥田太郎は、日本人の多くが感じる「平和」の感覚の問題点をえぐり出した。

　第5章のコラムで、クロス京子は、戦争犯罪を見逃して「平和」を優先するのか、それとも犯罪処罰を追及して「平和」を犠牲するのかという移行期正義のディレンマについて論じた。田中（坂部）有佳子は、東ティモールを事例に、紛争後の社会は治安回復のため警察・軍隊を必要とするが、急造の治安機構は国民の信頼を得ていないため、かえって治安が悪化するという国家建設のディレンマを描き出した。

第6章のコラムで、山本圭は、人々の憎悪を吸収しながら展開されるポピュリズム政治などが、実は「民主主義的伝統」の過度の強調に由来すると指摘し、自由主義とのリバランスの必要性を指摘した。山尾大は、選挙が内戦の引き金となり国家建設すら頓挫したイラクを事例に、民主化支援の限界を論じた。第6章執筆者でもある杉浦功一は、自身の経験をもとに、国際選挙監視員が不正防止に有効だとしつつも、見逃された巧妙な不正を国際的に承認しかねないというディレンマについて指摘している。

　第7章のコラムでは、まず本章を執筆した高橋良輔が、近年の主権概念をめぐる議論の状況を振り返っている。そのうえで、辻田俊哉は、2012年にオブザーバー国家への昇格を達成したパレスチナの独立とイスラエルとの和平の現状について描写した。堀内めぐみは、キプロスを事例に、独立を達成したがゆえにギリシャ系とトルコ系の住民の対立が先鋭化し、ついには南北に分断されたというアンチノミーを指摘した。高澤洋志は、通貨発行権を放棄する国家に焦点を絞り、国民を保護するために主権の一部を放棄するというディレンマの行方について考察した。

　第8章のコラムで赤星聖は、難民を受け入れないが国内避難民支援を拡充するという一見矛盾する動向が国家主権体制の維持という同じベクトルを有している、と指摘する。川村仁子は、「神」を見る視線によって、人間と動物の境目が揺らぎ左右されてきたと指摘する。

　以上、各章の執筆者に加えて、コラム執筆者の熱意が加わって本書は完成した。記して感謝したい。だが、完成は完結ではない。日暮れてなお途遠しである。それ以上に、本書は別種の限界を抱えている。次節でその限界を考察しよう。

2　モラル・アポリアの消滅

　本書には限界が存在する。というのもモラル・アポリアが、いずれは消滅するからである。モラル・アポリアは永遠不変ではない。ヴィトゲンシュタインの「生の問題の解決を、人は、その問題の消失という形で気づく」との

終章　アポリアとの対峙

言明は示唆的である。モラル・アポリアもまた正面から解決されるのではなく、消滅するものだといえるからである。

　アポリアが消滅する条件は無数に存在する。究極的には人間の絶滅であろう。そこまで極端ではなくても、現代の社会構造が消滅すれば本書のアポリアは存在しようがなくなる。隕石衝突やパンデミックで、アポリアと一緒に現在の繁栄が一瞬で消滅することは可能性としてつねにつきまとう。

　また、フランシス・フクヤマが主張したような「歴史の終わり」はどうだろうか。フクヤマが主張した歴史の終わりはリベラル・デモクラシーに達した現代を意味していた。この解釈は批判も多いが、いつの日か根本的な価値観の対立が解消され歴史の終わりに至ったならば、モラル・アポリアも存在しえないだろう。

　しかし以上の想像は、可能世界ではあっても、妥当有意な未来像とはいいづらい。まずは、ありえそうな事態を列挙するべきであろう。下記に列挙する想定は、過去にも存在し、将来も再現しうる、アポリアが消滅する事態である。

1）倫理の対象が閉じられるとき

　私たちの倫理観は変容する。倫理学者からの批判を招く言い方ではあるが、そもそも私たちの目指す正しさそのものが、非常に限られた寿命しかもちえないのかもしれない。少なくとも、人道的介入を専門とする筆者から見て、人々を救えと叫んで介入し、介入に失敗したあとは虐殺を黙殺するという「ジグザグの途」（土佐 2003, p.249）を歩んだ国際社会を考える限り、過去も現在も未来をも透徹する絶対的な正しさは想像できない。

　そのうえで、倫理を支える前提条件の最たるものは情報通信技術と移動技術である。いま私たちは、世界各地の悲劇をニア・リアルタイムで知ることで、何とかしなければという感情に襲われる。これは不思議なことではない。だが、現代の技術力ではたどりつけない遠い異星の悲劇を耳にしたとして、遠く離れた異星人の星への人道的介入を誰が主張しうるだろうか。人道的介入を支える感情は、時と場所が遠ざかるにつれ、薄まることになる。今日の

331

倫理は、地球の裏側の出来事をほぼ瞬時に把握でき、早ければ一日でその悲劇の現場にたどりつくことができる、という現代の科学技術によって裏打ちされている。つまり経済や科学技術といった下部構造が私たちの倫理を支える一因である。そして、こういった経済的技術的紐帯が、人類の一体性を支えている。

　だが、経済的技術的紐帯が戦争を阻止する倫理的紐帯である、とまでは断言できない。相互依存の深化によって戦争は非合理的となった、と喝破したのはノーマン・エンジェルであった。だが皮肉なことに、ベストセラーとなった主著『偉大なる幻想』は第1次世界大戦を阻止することはできなかった。『偉大なる幻想』は「長期戦争が経済的に不可能である」という心情を万人に持たせることに成功したが、逆に「誤解されたとはいえ〔……〕ノーマン・エンジェル教授は〔……〕ヨーロッパ人の頭に短期戦争の概念を吹き込んだのだった」(タックマン 2004, p.265)との皮肉な見方も存在する。経済的技術的紐帯が世界を覆い、戦争の非合理性が認識されていたとしても、強力な非合理的動機がすべてを凌駕してしまうこともありうるのである。

　現在では、100年前よりもグローバル化が進んでいる。ということは、一つの国の内側においては、国外よりもより太い紐帯が共有されていてもおかしくない。しかし、現実には、他者を排除し自国や自民族を中心に行動しようという動きがあとを絶たない。ボスニアの民族浄化やルワンダのジェノサイドなどはその典型例ではないか。つまり、世界大で偏狭なナショナリズムに回帰する可能性がないわけではない。

　かつては、自国と自民族の運命が最優先であった。そういう時代がわずか1世紀前にも存在し、世界を戦火に巻き込んだ。第1次世界大戦後の理想主義が、第2次世界大戦で潰え去ったように、国境を越えた人道や人権の考え方が現代でも再び消滅するかもしれない。戦火の時代が到来し、本書が前提とする異民族や他者への配慮が消え去るとき、本書で取り上げたモラル・アポリアもまた消滅する運命にある。

2) 倫理への問いが不要になるとき

　倫理や倫理への問いが不要となるとき、問題は消滅する。ジョージ・オーウェルが描いた『1984』はその極端な「未来」世界であろう。『1984』の世界では、「ビッグ・ブラザー」なる指導者が、すべての良きこと悪しきことを定めていて、人々は「ビッグ・ブラザー」に盲目的に従うことで安心した生活を送ることができる。この世界で、人々の多くは倫理的なアポリアを感じ取ることはない。

　『1984』は空想の世界だが、ファシズム研究においても同様の傾向が指摘されてきた[1]。特に興味深いのは、スタンレー・ミルグラムによる、通称「アイヒマン実験」である。詳細は省くが、この実験の主題は、被験者に命じて、電気ショックを別の人間に与えさせることで、どこまで「非道な命令に対してどこまで人は服従するのか」というものであった。バリエーションはさまざまあるため、最も著名な第一の実験を挙げる。結果は、被験者40人全員が300V（きわめて激しいショックとボタンに書かれている）までは送電を継続し、65パーセントの26人が、研究者に不快を表明しながらも、最終的な450V（XXXとボタンに書かれている）まで送電を続けた。ミルグラムは次のように総括する。

> 盗み、殺し、暴行を心の底から忌み嫌っている人でも、権威から命令されると、これらの行為をわりあい気軽にやってしまう。自分の意志でふるまっているときなら考えられもしない行動が、命令されたときには、ためらいなく実行される。（ミルグラム　1995, p. 9）

「悪の凡庸さ」（ハンナ・アーレント）とも評されるように普通の人々は、その倫理的感覚に反して、巨悪を行いうるのである。それは、アウシュビッツ

---

(1)　エーリッヒ・フロムの『自由からの逃走』はさまざまな自由に疲れた人々が自由を放棄し、ナチスの独裁を生み出したと指摘しているし、丸山眞男の「超国家主義の論理と心理」では自分の責任に傾注して全体を顧みない、しかも頂点にいる天皇は責任をとる立場にはないという日本に内在する「無責任の体系」を指摘している。

収容所長であったルドルフ・ヘスの手記からも読み取れる。彼もまた、倫理的に苦悩しながら、巨悪をなしえたのであった。

> 関係者の多くが、虐殺施設で私が監督しているときに、私に歩みより、自分たちの沈痛な気持、自分たちの印象を私にぶちまけ、私に慰めを求めた。彼らの腹蔵ない会話で、私は、くり返し、くり返し、こういう疑問を聞かされた。
> いったい、われわれは、こんなことをする必要があるのだろうか。何十万という女子供が虐殺されねばならぬ必要があるのだろうか。
> そして私は、自分自身では心の奥底で数知れぬほど、この同じ疑問をいだいた身でありながら、総統命令を楯に彼らを説き伏せ、なだめたことだった。(ヘス 1999, pp. 306-307)

つまり、人間は倫理的苦悩に悶えながら、人々を虐殺することができる。注意するべきは、単なる倫理的苦悩はモラル・アポリアではないことである。倫理的苦悩はあっても、現実の行動はすでに定まっているからである。

『1984』は全体主義の恐怖を描き出した。しかしその背景に描かれていたのは、倫理的な判断の重さから逃れたがる、普通の人間の等身大の姿であったのかもしれない。本書で挙げたモラル・アポリアは、個人が背負うにはあまりにも重いものなのである。いずれにしても、ある種の権威主義的な体制のもとでは、倫理的な問いかけ、ましてやモラル・アポリアは生じにくい。

3) 選択の帰結が予測可能になったとき

人間の行動に関して、あらゆる選択肢とその結果を完全に予測することができれば、モラル・アポリアを消滅させることが可能かもしれない。10万人救うために1000人の犠牲ですむと計算できれば、人道的介入で生じる民間人の犠牲も、一定の基準にもとづいて許容可能なものとされるかもしれない。実際、米軍は、集落の居住状況などをデータとして、戦闘時に生じる民間人被害を推計するシステムを開発し活用しているそうである（大治 2012,

終章　アポリアとの対峙

pp.113-114)。そして、本書第 1 章の人道的介入においても、正しさを考える争点に、人命の多寡を重視している。だが、はたして人命の多寡のみで正しさを語ってよいものだろうか。

この観点から見て、1997 年に行われたベトナム戦争をめぐるハノイ対話でのやり取りの一つは面白い。この対話は、ベトナム戦争当時のアメリカ高官とベトナム高官が直接、約 30 年前のベトナム戦争時の意思決定について語り合うという試みであった。その一場面に次のようなものがある。ベトナム戦争当時の国防長官であったロバート・マクナマラは「65 年末から 68 年の間に交渉していれば、最終的に実現した和平と同じ条件で和平を達成できたはずだ」(マクナマラ編 2003, p.418) としたうえで、「このような厖大な人命の損失に心を動かされなかったのですか？　なぜ多くの人々が死んでいくのを目の当たりにしても交渉をはじめなかったのですか？」とベトナム側に問いかける。

これに対するベトナム側の返答を抜粋する。

> 元外相グエン・コ・タク「われわれがとことん平和を望んでいたのは確かでした。しかし、何を犠牲にしてもよかったのではありません。われわれがそのために戦っているものを放棄しなければならなくてもよかったのではありません。」(マクナマラ編 2003, p.421)

> グエン・カク・フィン「爆弾が国民の上に雨あられと振りそそぐ中で、その爆弾を落としている張本人と和平交渉をしているなどと、自国の国民にどう説明ができると言うのですか。」(東 2010, p.175)

やや乱暴だが、このハノイ対話のやり取りは、アメリカの（一面的ではあるが）人命優先の主張に対し、ベトナムはおそらく自由や独立といった人命に優るものを主張しているとまとめることができる。生命を賭けて手に入れたいものがあるとき、人命が最優先だという主張が通ることはない。戦争の大義を「人命」だけで片づけることはできないのである。

第4章補論末尾で紹介している小説『銀河英雄伝説』のなかに次のようなセリフがある。

> 人間の社会には思想の潮流が二つあるんだ。生命以上の価値が存在する、という説と、生命に優るものはない、という説とだ。人は戦いをはじめるとき前者を口実にし、戦いをやめるとき後者を理由にする（田中 2007, p. 344)。

勝利と敗北を含めて帰結を見通すことができたとき、無意味な戦争は減少するだろう。だが、生命以上の価値とか敗者の美学という言葉もあるように、ある場面では譲れない価値観、別の場面では不合理な価値観が、犠牲者数についての功利的計算を凌駕し、「合理性」が覆される恐れはつねに存在する。予測可能性の精緻化は、モラル・アポリアの局限に有効かもしれないが、決定打とはならないであろう。

3　本書のメッセージ

　本書で取り扱ったのは、現代世界で生じている戦争と平和にまつわるアポリアであった。少なくとも編者の2人としては、従来の国際政治学は問題解決を重視するあまり、解決できない問題を軽視してきた、と感じている。そこで問題解決を目指すうえで前提とするべき解決できない問題、つまりアポリアを示す必要があると考え、本書『国際政治のモラル・アポリア』の企画を立ち上げたのであった。
　読者は、本書を通じて破綻国家や民間人被害などの個別問題への考察を深めるかもしれない。だが、本書で取り上げた個別のアポリアの奥に以下のようなメッセージを込めてもいる。最後に、ここで提示したメッセージを参考に、本書の行間を埋めていただきたい。

1）理念と実践には溝が存在するため、架橋が必要であること

　人道的介入であれ、平和構築であれ、民主化であれ、本書で扱った数々のタームは、理念のレベルでは正しいと直観させるものが多い。しかし現場での実践に目を向けるとき、理念と現実がうまく整合しない、理念と逆方向の事実が生じるといった場面に数多く直面する。

　理念と実践の乖離という問題は、近代化の議論においてしばしば耳にするテーマである。この問題は、「隣は何をする人ぞ」という専門分化の弊害、蛸壺化の弊害に顕著に表れる。さらに進んで、近代においては、私たちがどこへ向かっているのか、誰も把握できなくなるという主張もある。ひたすらオールを漕ぎ続けるようなもので、行き先を考えることも勝手に動き回ることも期待されていない。

　専門分化がもたらす弊害の一つは、与えられた「目的」への盲目的突進である。だが、そのまま目的地に到着できる保証はない。例えば、地図の上に道が描かれていたとしても、実際には道路が陥没していたり、整備不良の悪路であったりもする。はたまた地図そのものがまったく違う場所のものであるかもしれない。目的地の選定自体が、不適切かもしれない。日本の原発設置が、漠然とした原子力への憧れを背景に進展し、3.11を境に瓦解したことは周知のとおりである。

　たしかに、人間は合理的であろうとするが、その合理性はつねに限定的であり、すべてを見通した行動をとることはできない。だからこそ、できるだけ問題の総体を捉えるためにも、理念だけでなく実践も、実践だけでなく理念も、射程に収めた学問が必要とされている。

　残念なことに理念と実践の溝は、うまくいっているときには、もしくはうまくいかせるべきという思いにとらわれているときには、明確には顕現してこない。だが3.11のように、ある日突然、脆弱性が取り返しのつかない悲劇を生み出してしまう。取り返しのつかない悲劇となる前に、学問の段階で乖離を表出させ、乖離を架橋する試みが必要なのである。

2) 正義は悪を含みながら存在していること

　誰でも思いつく格言だが、「誰かにとって良いことは、別の誰かにとっては悪いことである」。そもそも人類の良心に衝撃を与える悲劇であるジェノサイドや民族浄化は、その「犯罪」を正しいと確信する人々がいたからこそ生じたのであった。正義が万人に共通するものではない、というのはこの一事をとっても容易に理解しうる[2]。

　上記の格言は、本書『国際政治のモラル・アポリア』をふまえて、次のように修正しても違和感はないだろう。「自分にとって正しいことのなかには、自分にとっての悪も含んでいる」と。私たちが直観する正しさは、それ自身のなかに私たち自身が受け入れがたい悪をも含む。自分自身の正しさを盲信できる人間は幸いである。正しさについて悩む必要がない者には、本書の内容は響かないだろう。そう、思慮することなく自分の正しさを盲信できる徳の騎士だけがこの苦い自覚を回避できる。しかし、本書の読者にとって、正しさを盲信することは大変居心地が悪い状況のはずである。

　とはいえ、「すべてを疑え」と主張したいわけではない。懐疑主義やニヒリズムの流行を願っているわけではない。かといって安直なオプティミズムで世界を眺めることもできない。倫理的に聞こえる言説で世界を騙さないこと。正義は悪を必然的に含むということを認めるということが必要だと考えている。

　本書では、あらゆる選択が悪とされる恐れを、各章の事例を通して論じてきた。1人も傷つけない選択肢は、本書で扱った事例において存在しない。正義の騎士であると自分を盲信するのでなければ、揺らぐ倫理のなかで正義のなかにある悪をも引き受ける覚悟が求められている。

3) 究極的には決断だが、そのときまで熟慮し続けること

　結局のところ、悪を含んだ正しさを選択しなければならない。だが、より

---

[2] むろん倫理学においては、普遍的な倫理が存在するのか否かという点もまた論争となる。だが一般的に世界的な善を語ろうとする人々は、普遍的な倫理の存在を前提においていることだろう。

終章　アポリアとの対峙

小さな悪を選択しようとしても、より小さな悪であることを誰も保証できないのである。それでも選ばなくてはならない。それが黙殺であれ行動であれ、選択を迫られていることには変わりはない。実際、根拠の不在という（モラル・）アポリアは普遍的に存在する。ジャン・ポール・サルトルは、「いかなる一般道徳も何をなすべきかを支持することはできない。この世界には指標はないからである」としたうえで、「君は自由だ。選びたまえ。つまり創りたまえ」と述べる（サルトル 1996, p.56）。つまり、決断を称揚したのであった。

だが単なる決断主義であれば、本書『国際政治のモラル・アポリア』は不要である。アポリアに直面して選択する、その決断の背後に正しさを求めているからこそモラル・アポリアが課題となるのである。

またサルトルとは異なり、本書で掲げたモラル・アポリアの事例は、個人の決断にのみ還元できるものではなく、個人が行うにしても人類の名において決断しなくてはいけない点を見逃すことはできない。決断の正当性が揺らぐ世界において、にもかかわらず決断が求められている。しかも、カール・シュミットが「人類を騙るものは詐欺師である」と喝破したように、人類の名における決断であっても、疑念と猜疑から逃れることはできない。

この事実を前に、単に正当化の論理を準備するだけでは不足である。本書で示したように、あらゆる正当化は、いくつかの脆弱性を抱える。正しさは破綻するのである。

本書は「善悪の彼岸」を示したともいえる。決断の背後にある熟慮の深みを提示し、行きつく先を見せることで、決断の後押しをする。悪が避けられないとすれば、それが必然だと示すことで、躊躇する時間を短縮させる。実践者たちは、数多くの現場で選択し決断しなくてはいけない。本書が目指したことの一つは、その孤独に理解を示すことであり、孤独に苦しむ決断者たちに、同じように苦しんだ過去の知己を紹介することである。決断者の苦しみを誰も肩代わりすることはできないのだから。

おわりに

　国際政治で探求される正しさは、モラル・アポリアによって揺り動かされる。そのため、正しさを求めることをあきらめ、あえて私利私欲だけを考えて行動する、価値判断を行わず機械的に理屈にもとづいて行動する、あるいはそもそも他人に影響を与えるような行動をしないという選択肢もあろう。

　だが、それでもなお、私たちは正しさを求めることをやめることはできない。モラル・アポリアに直面するということは、血の通った人間であることの証である。そもそも現在の世界で、未熟ながらも探求されている正しさですら、数百年をかけて生み出されてきたものである。モラル・アポリアに苦しむことは、いわば、産みの苦しみではないか。であれば、必要とされるのはモラル・アポリアを引き受ける覚悟であるのかもしれない。読者の皆様も、本書を通じて、正しさを求める行動について考え、そこに生じるモラル・アポリアを受け止める覚悟をし、それでも実現すべき価値を徹底して考え抜いてくれることを願っている。

＊　＊　＊

　本書の刊行にあたっては、多くの方々から支援を賜った。ここでは特に若手・中堅の研究者たちの研究会に足を運んで下さった星野俊也教授（大阪大学大学院）、山田哲也教授（南山大学）にあらためて御礼を申し上げる。

　また、日本政治学会 2013 年度研究大会公募企画 A7「現代国際政治のモラル・アポリア——介入、民主化、国家主権」（9 月 15 日、北海学園大学）において貴重なコメントをいただいた押村高教授（青山学院大学）と土佐弘之教授（神戸大学）にもこの場を借りて感謝したい。なお序章 4 節の記述は両先生からの示唆に依拠するところが大きい。

　佐渡紀子教授（広島修道大学）には、日本平和学会 2013 年度秋季研究集会軍縮・安全保障分科会（11 月 9 日、明治学院大学）でのパッケージ企画「平和を目指すうえでのモラル・アポリア——PKO、平和構築、核兵器廃絶」の開

催にご助力いただいた。ここに記して御礼申し上げる。

　最後になったが、ナカニシヤ出版の酒井敏行さんの理解と尽力なくしては、このような試みが一冊の本となることもなかっただろう。心より御礼申し上げる。

　なお、本書は、南山大学社会倫理研究所の「「国際社会」と倫理」研究プロジェクトによる研究成果の一つである。

【参考文献】
大治朋子 2012『勝てないアメリカ――「対テロ戦争」の日常』〈岩波新書〉、岩波書店。
サルトル、ジャン・ポール 1996『実存主義とは何か　増補新装版』伊吹武彦訳、人文書院。
田中芳樹　2007『銀河英雄伝説1　黎明篇』〈創元SF文庫〉、東京創元社。
土佐弘之 2003『安全保障という逆説』青土社。
マクナマラ、ロバート・S編 2003『果てしなき論争　ベトナム戦争の悲劇を繰り返さないために』仲晃訳、共同通信社。
ミルグラム、スタンレー 1995『服従の心理――アイヒマン実験』岸田秀訳、河出書房新社。
東大作 2010『我々はなぜ戦争をしたのか――米国・ベトナム　敵との対話』平凡社。
ヘス、ルドルフ 1999『アウシュヴィッツ収容所』〈講談社学術文庫〉、片岡啓治訳、講談社。
タックマン、バーバラ 2004『八月の砲声（上）』〈ちくま学芸文庫〉、山室まりや訳、筑摩書房。

人名索引

ア行
アーレント　Hannah Arendt　298, 302, 333
アイディード　Mohamed Farrah Aidid　90
アウグスティヌス　Aurelius Augustinus　27
アガンベン　Giorgio Agamben　262
アクィナス　Thomas Aquinas　27, 293
アサド　Bashar al-Assad　54
アナン　Kofi Annan　175, 176
アラファト　Yasser Arafat　84
アリストテレス　Aristotle　6, 298-301
アルストン　Philip Alston　64, 65
ヴィトリア　Francisco de Victoria　27
ヴェーバー　Max Weber　8, 105, 185
ヴェーユ　Simone Weil　309
ウォーラーステイン　Immanuel Wallerstein　306
ウォルツァー　Michael Walzer　100, 104, 105
エンジェル　Norman Angell　332
オーウェル　George Orwell　333
大西瀧次郎　164
オバマ　Barack Obama　54, 63, 65, 68-73, 116, 117, 329

カ行
カー　E. H Carr　8, 9, 306
カスパーソン　Nina Caspersen　272, 274
カダフィ　Muammar Gaddafi　50, 51, 261
カビラ　Laurent-Désiré Kabila　41
カマート　Patrick Cammaert　44
カルザイ　Hāmid Karzai　67
ガルトゥング　Johan Galtung　173, 178
カント　Immanuel Kant　5, 6, 253, 269, 321
カントーロヴィチ　Ernst Kantorowicz　264, 267, 293
ギャディス、ジョン・ルイス　John Lewis Gaddis　109-111, 115
キャンベル、デイヴィド　David Campbell　321
クアンユー、リー　Lee Kuan Yew　236
クーパー、ロバート　Robert Cooper　278, 279
クラズナー、スティーヴン　Stephen Krasner　252, 255, 272
グロチウス　Hugo Grotius　27
ケナン　George F. Kennan　9, 283
高坂正堯　118
コノリー　William E. Connolly　265

サ行
サルトル　Jean-Paul Sartre　339
シィエス　Emmanuel Joseph Sieyès　266
シェリング　Thomas Schelling　113
ジャービス　Robert Jervis　101
シャピロ　Michael J. Shapiro　321
シュー　Henry Shue　309
シュミット　Carl Schmitt　257-259, 267, 268, 271, 305, 339
ストレンジ　Susan Strange　249, 250, 255
スミス　Adam Smith　313
セーガン　Scott Sagan　116
セン　Amartya Sen　295

タ行
タックマン　Barbara W. Tuchman　15
ダレール　Roméo Dallaire　3, 4, 6
タンネンワルド　Nina Tannenwald　111-115, 116, 119
デリダ　Jacques Derrida　13, 316, 317, 319

ナ行
ナイ　Joseph Nye　108, 110, 121, 122
ナポレオン　Napoleon　269
ニーチェ　Friedrich Nietzsche　8
ヌスバウム　Martha Nussbaum　295

ハ行
パスカル　Blaise Pascal　3, 4, 18
パネッタ　Leon Panetta　72
バリバール　Étienne Balibar　247, 254, 263
潘基文　Ban Ki-moon　23, 284
ハンチントン　Samuel P. Huntington　206, 208, 212
ヒューム　David Hume　259, 260
ビン・ラディン　Osama bin Laden　62, 66, 67
フーコー　Michel Foucault　249
フクヤマ　Francis Fukuyama　208, 331
ブザン　Barry Buzan　113, 296
ブッシュ　George W. Bush　62, 66, 68-70, 86, 89-91, 207, 223, 235
ブトロス＝ガリ　Boutros Boutros-Ghali　173, 174, 182, 208
ブル　Hedley Bull　8, 9, 101, 102, 306
ブレマー　Ian Bremmer　279
フロイト　Sigmund Freud　260, 277
ブローディー　Bernard Brodie　101
ブローデル　Fernand Braudel　312
ヘーゲル　G. W. F Hegel　269-271, 275, 277
ヘス　Rudolf Hess　334
ヘルド　David Held　212, 214, 215, 218-222
ホーフェルド　Wesley Hohfeld　291
ポール　T. V. Paul　115, 116
ボダン　Jean Bodin　254, 256, 262
ホッブズ　Thomas Hobbes　256-259, 262, 263, 271, 277, 278, 296
ホフマン　Stanley Hoffmann　104, 105, 120

マ行
マイネッケ　Friedrich Meinecke　270
マクナマラ　Robert McNamara　335
マハティール・ビン・モハマド　Mahathir bin Mohamad　237
マルクス　Karl Marx　306
ミル　John Stuart Mill　16, 302
ミルグラム　Stanley Milgram　333
ミロシェヴィッチ　Slobodan Milošević　35, 36, 38, 39, 196
武藤章　159
村田省蔵　159
モーゲンソー　Hans Morgenthau　9
モブツ・セセ・セコ　Mobutu Sese Seko　41

ヤ・ラ・ワ行
ヤング　Iris Marion Young　303
ラズ　Joseph Raz　316
ルソー　Jean-Jacques Rousseau　262, 263, 265-267, 271, 276, 277
ローターパクト　Hersch Lauterpacht　292, 294
ロック　John Locke　262, 263, 271
和辻哲郎　311

事項索引

A
ASEAN（東南アジア諸国連合）　239
AU（アフリカ連合）　227, 233

C
CIA（中央情報局）　54, 66, 68, 69, 72, 74
COIN（反乱鎮圧作戦）　11, 63, 67, 70, 76-80, 82, 83, 92
CTBT（包括的核実験禁止条約）　117

E
EC（ヨーロッパ共同体）　190, 193, 228
ECOMOG（西アフリカ諸国経済共同体監視団）　42, 43
EU（ヨーロッパ連合）　31, 90, 184, 194, 207, 210, 220, 222, 223, 226-228, 230, 235, 242, 274, 278
　　──軍事ミッション（EUFOR Althea）　195

F
FMCT（兵器用核分裂性物質生産禁止条約）　117

I
ICC（国際刑事裁判所）　219, 308
ICJ（国際司法裁判所）　101, 219
ICRC（赤十字国際委員会）　138, 329
IEDs（簡易爆弾）　80, 85
IFOR（和平履行部隊）　195
IRC（国際救助委員会）　44
ISAF（国際治安部隊）　67, 83, 179, 181

J
JICA（国際協力機構）　254
　　──国際協力総合研修所　278

　　──社会開発部　255

K
KLA（コソヴォ解放軍）　191

L
LTTE（タミル・イーラム解放の虎）　191

M
M23（3月23日運動）　45
MINUSMA（国連マリ多元統合安定化ミッション）　43
MINUSTAH（国連ハイチ安定化ミッション）　43, 46, 47
MONUC（国連コンゴ民主共和国ミッション）　41, 43-45
MONUSCO（国連コンゴ民主共和国安定化ミッション）　43, 45

N
NATO（北大西洋条約機構）　31, 36-38, 40, 50-52, 80, 90, 195, 197, 261
NGO（非政府組織）　23, 33, 44, 123, 124, 206, 214, 224, 232, 234
NPT（核拡散防止条約）　117, 123

O
OAS（米州機構）　231, 233
OECD（経済協力開発機構）　229
OECD／DAC（経済協力開発機構開発援助委員会）　177, 254, 278
ONUB（国連ブルンジ活動）　43

P
PKO（平和維持活動）　40, 41-43, 45-49,

345

56, 173-176, 181
強靭な——　41, 42, 45, 48
PLO（パレスチナ解放機構）　84, 275, 276
PRSP（貧困削減戦略文書）　229

S
SCO（上海協力機構）　224, 229

T
TTP（パキスタン・タリバン運動）　67, 68, 74

U
UNAMA（国連アフガニスタン支援ミッション）　80
UNAMID（国連アフリカ連合ダルフール派遣団）　43
UNAMIR（国連ルワンダ支援団）　42
UNDEF（国連民主主義基金）　223
UNDP（国連開発計画）　179, 234
UNHCR（国連難民高等弁務官事務所）　318
UNMIK（国連コソヴォ暫定統治ミッション）　196, 197
UNMIS（国連スーダン派遣団）　43
UNMIL（国連リベリアミッション）　43
UNOCI（国連コートジボアール活動）　43
UNPROFOR（国連保護軍）　32, 42
UNTAC（国連カンボジア暫定統治機構）　173, 174, 231

W
WGI（世界ガバナンス指標）　235
WTO（世界貿易機構）　213

あ行
アイロニー　6, 7, 11, 76, 123, 124, 158
　核の——　12, 99, 119, 120, 122-125

アウシュビッツ　333
アフガニスタン　17, 62, 66-70, 72, 74, 76-85, 91, 92, 172, 179, 181, 186, 199, 223, 237
　——戦争　38, 66
アブサヤフ（ASG）　85
アムネスティー・インターナショナル　51
アラブの春　50, 54, 210, 225
アルカイダ　62, 65, 67-70, 73, 74, 83, 85
　アラビア半島の——（AQAP）　85
　イスラム・マグレブ諸国の——（AQIM）　85
アルジェリア　61
アルバニア人、アルバニア系　35, 36, 38, 39, 196, 197
アンチノミー　6, 7, 273, 274, 330
　独立性をめぐる——　13, 248, 272, 278, 283
イエメン　23, 63, 66, 67, 85, 92
移行期正義　180, 329
イラク　114, 172, 179, 181, 199, 223-225, 237, 330
　——戦争　38, 66, 207, 209, 223, 226, 228, 309
インターセクショナリティ　304
ウェストファリア条約　135
「ウォールストリートを占拠せよ」運動　209, 213
オスロ会議　123

か行
介入と国家主権に関する国際委員会　22, 23
核
　——革命　101, 102
　——のアイロニー　→アイロニー
　——の先制不使用　120
　——のタブー　98, 111-116, 119
　——のトリレンマ　→トリレンマ

――のパラドクス →パラドクス
――の冬　107
――抑止　98, 101, 103-110, 113, 116, 118-120
核兵器の非人道性　11, 98, 106, 111, 118-125
ガバナンス　229, 238, 254, 255, 268
　グローバル・――　218, 220
カラー革命　210, 225, 234
カンボジア　173, 176, 231, 232, 238
帰結主義　5, 98, 102, 103-106, 119, 122, 124, 328
キプロス　273, 274, 330
義務論　5, 98, 102, 103, 105, 106, 124, 328
9.11　10, 62, 66, 68, 86, 177, 213
義勇兵役法　145
義勇奉公隊　145
グアンタナモ収容所　69, 72
空爆　33, 36-40, 50-52, 55, 56
クルド人　191
クロアチア　187, 192-194, 198
　――人、系　32, 195
グローバル化　62, 85, 208, 209, 212-216, 218, 220, 223, 242, 247, 248, 251, 252, 255, 274, 275, 282, 312-314, 320, 332
グローバル・デモクラシー　13, 242
決疑論　282
決定不可能性　317
権威主義支援　227
功利主義　5, 6, 28-30, 328
コートジボアール　43
国際人道法　46-48, 55, 64, 65, 78, 138
国際民主主義・選挙機関　235
国土決戦教令　143, 144
国内避難民　317, 318, 330
國民義勇戦闘隊　145, 146, 151
国民形成　268
国連　23, 42, 44, 46, 125, 134, 171, 173-176, 208, 210, 220, 254, 284, 307, 314

――安全保障理事会　23, 25, 33, 42, 45, 50, 52, 55, 91, 134, 220, 221, 275
――憲章　33, 134, 188, 253, 254, 284
――人権理事会　50, 64, 223, 308
――平和維持部隊　3
――ミレニアム宣言　223
コスモポリタニズム（世界市民主義）　218-220, 269, 270
コスモポリタン・デモクラシー　211, 218, 220-223, 240, 242
コソヴォ　11, 21, 26, 35, 36, 38-40, 50, 55, 176, 190-192, 196-198
国家建設　255, 268
国家資本主義　216, 222
国家主権　11, 13, 14, 135, 140, 209, 218, 222, 247-249, 252-257, 259-261, 264, 265, 267-269, 271, 272, 276-284
コラテラル・ダメージ　→付随被害
コンゴ（コンゴ民主共和国）　11, 26, 40, 43-46, 48, 49, 55, 182
コンディショナリティ　210, 226, 229, 230

さ行

サラフィスト　85
三十年戦争　135, 249
Gゼロ　216
ジェノサイド　23, 32, 33, 41, 181, 332, 338
シエラレオネ　42, 43, 186
自国民保護　139, 140
市場経済化　183
実効性　69, 73, 92
ジャマー・イスラミーヤ　85
終戦の詔書　150
熟議民主主義　212, 234
主権国家　8, 9, 212, 247, 251, 257, 259, 265, 270, 271, 273-275, 279, 282, 283, 310, 311
ジュネーブ条約追加議定書　133, 138

347

上級代表　195
シリア　22, 54, 55, 290
人権　11, 13, 14, 56, 180, 290, 296, 302, 307, 308, 310, 314, 315, 317, 319-322
　——の矛盾　296
　——保障　34, 39, 52
新自由主義　213
人道的介入　10, 13, 14, 17, 21-28, 31-34, 36-38, 48, 51-53, 55-57, 79, 284, 337
人道的危機　21, 24, 26, 27, 32, 33, 35, 38, 39, 42, 50, 53, 56, 57, 329
人道に対する罪　23, 28
人民主権　264-267, 276
スーダン　22, 23, 43, 238
　南——　23, 191
スルプスカ共和国　195
スレブレニツァ　42
　——の虐殺　29
正義の戦争　71
正戦論　27, 100-102, 104, 133
　グローバル——　306
政治的意図　11, 24, 25, 31, 34, 38-40, 48-50, 52, 53, 55, 56
セキュリタイゼーション　257, 259, 276
セクシュアル・マイノリティ　289
絶対悪　103, 105, 106, 119, 124
セルビア　35, 39, 191, 193, 195, 196, 197
　——人、系　32, 193-197
　——・モンテネグロ　190
潜在能力　295
戦争犯罪　23, 181
ソマリア　21, 32, 37, 41, 66, 67, 90, 91, 329

た行

体制転換　→レジーム・チェンジ
対テロ戦争、テロとの戦い　10, 11, 13, 14, 62, 63, 65, 69, 75, 83, 86, 89, 91-93
　グローバルな——　62
大東亜共栄圏　141, 158, 159, 162

太平洋戦争　12, 139, 141, 142, 151, 152, 154, 158
泰緬鉄道　161
ダブル・バインド　43, 46, 48, 55, 56
タリバン　65, 67, 70, 72, 73, 76-83, 179, 186
チェチェン　191, 238, 273
地方復興チーム　77
中国モデル　207, 216, 238
デイトン協定、合意　33, 195, 229
ディレンマ　6, 7, 63, 71, 181, 189, 209, 215, 217, 228, 233, 237, 240, 267, 329, 330
　核の——　108, 122
　決定主体の——　13, 248, 268, 277, 279, 283
　国家主権の——　252
デモサイド　155
テロ、テロリズム　11, 60-63, 67, 70, 72-75, 84-89, 91-93, 117, 220, 235, 251, 290, 329
　——対策　63, 69, 73, 92
　——との戦い　→対テロ戦争
テロリスト　62, 63, 66, 71, 73, 74, 76, 83-86, 91, 117, 191, 329
デモクラシーの赤字　208
デモンストレーション効果　227
統一保護作戦　50
道義性　92
統治性の危機　208, 212
同盟の力作戦　36
特攻　158, 163-167
ドル化　251, 252
トリレンマ　6
　核の——　12, 99, 123, 124
　国際金融の——　251, 252
ドローン　65, 67-75, 78, 92
　キラー・——　11, 65, 66, 70, 72-74

な行

難民　13, 26, 28-30, 36, 310, 311, 317-319, 330
人間開発報告書　179
人間の安全保障　179, 296
人間の開花　295
人間の盾　50

は行

排除　303
ハイチ　11, 41, 43, 46, 48, 55
パキスタン　63, 66-69, 73-76, 81, 83, 85, 92, 162
　——の核実験　119
破綻国家　269, 336
パラドクス　6, 7, 10-12, 24-26, 28, 34, 35, 37, 39, 48-53, 55, 56, 63, 74, 121, 123, 124, 158, 211
　核の——　12, 99, 120-123, 125
　創設の——　13, 248, 261, 268, 276, 279, 282
パレスチナ　273, 275, 276, 330
東ティモール　176, 188, 189, 329
必要悪　105, 106, 119, 122, 124
人々のこころをつかむ戦争　76
ヒューマン・ライツ・ウォッチ　36, 50
標的殺害　11, 62-72, 74, 75, 79, 80, 92
フェイスブック　227
不朽の自由作戦　85
付随被害（コラテラル・ダメージ）　11, 24-30, 34, 36, 38, 43, 46, 48, 50, 51, 55, 71, 76-78, 137
ブラヒミ報告　42, 174, 179
フリーダムハウス　225, 234
武力紛争　64
ブルンジ　43
文明　299
平和構築　4, 11-14, 171-186, 189, 192, 198, 199, 209, 337
ベトナム戦争　111, 335

防衛戦争　10, 12-14, 130-132, 134, 139, 152
包摂　303
補完性の原則　220
保護する責任　21-24, 28, 41, 42, 135, 284, 317, 329
ボコ・ハラム　85
ボスニア　21, 32, 41, 42, 176, 182, 184, 190, 192, 194, 196, 198, 233, 329, 332
　——紛争　27, 182, 195
　——・ヘルツェゴヴィナ　195, 198, 229
ポリティIV　206, 207, 230, 235
ホロコースト　98

ま行

マリ　23, 43, 231
マンデート　42, 43, 47
未承認国家　269, 272-274, 278
ミッション・クリープ　63
ミャンマー　230, 237-239
ミュンヘン・オリンピック事件　84
ミレニアム・チャレンジ・アカウント　235
民間人の被害、犠牲　63, 65, 71, 73, 77-82
民間人保護　11, 12, 23, 24, 28, 31, 34, 42, 43, 47, 55, 92, 133
民主化　12-14, 206-211, 221-231, 233-242, 255, 337
　——支援　12, 206, 207, 210, 229, 230, 233, 234, 236, 238-240, 330
　——のオーナーシップ　231, 239, 240
　——の「第三の波」　206, 208
　多重の——　13, 242
民族浄化　23, 33, 338
無人航空機　62, 63, 65
モラル　321, 322
　——・パワー　9, 12, 98, 99, 116, 118, 122-125

モラル・アポリア　3, 4, 6, 7, 10-17, 21,
　　24-26, 28, 30, 33-35, 55-57, 63, 99,
　　123-125, 130, 131, 158, 177, 186, 192,
　　196, 198, 199, 211, 223, 239-242, 247,
　　248, 282, 284, 322, 329-332, 334, 336,
　　338, 340

や行

ユーゴスラヴィア　17, 32, 36, 38, 40, 181,
　　187, 190, 198, 261
　旧——　12, 185, 192, 198, 308
　新——　35, 39, 40, 196
ユーロ危機　207, 216
ユス・アド・ベルム　100, 101
ユス・イン・ベロ　27, 100, 101

ら行

ラディカル・デモクラシー　212, 234
リーマンショック　213, 216
リビア　11, 21-23, 26, 49-53, 55, 61, 210,
　　225, 227, 231, 261
リベリア　43
倫理　311
　自壊する——　13, 315, 321
　心情——　104
　責任——　104
レジーム・チェンジ　50, 52, 53, 56
連邦直轄部族地域（FATA）　67
ルサカ和平協定　41
ルワンダ　3, 21, 27, 29, 33, 41, 42, 48, 49,
　　155, 181, 231, 235-238, 308, 329, 332
　——愛国戦線　33, 261

執筆者一覧

【編者】

高橋良輔（たかはし・りょうすけ）
佐賀大学文化教育学部・准教授、南山大学社会倫理研究所・非常勤研究員、元特定非営利活動法人国際協力NGOセンター・調査研究・政策提言担当。青山学院大学国際政治経済学部中退。同大学院国際政治経済学研究科一貫制博士課程修了。博士（国際政治学）。政治理論・国際関係論・政治社会学専攻。「リビア介入と国際秩序の変容──例外状況による重層化」（『社会と倫理』第27号、2012年）、『国際政治哲学』（共編著、ナカニシヤ出版、2011年）、『政治の発見8　越える』（分担執筆、風行社、2010年）、他。
〔担当〕序章・第7章・コラム7-1

大庭弘継（おおば・ひろつぐ）
南山大学社会倫理研究所・第1種研究所員、同大学総合政策学部・専任講師、元海上自衛官（1等海尉）。京都大学経済学部中退。九州大学大学院比較社会文化学府博士後期課程単位修得退学。博士（比較社会文化）。国際政治学・国際安全保障・政治哲学専攻。「「保護するべき人々を犠牲に供する」というアポリア──2011年のリビア介入の教訓」（『社会と倫理』第27号、2012年）、「「グローバルな責任」の死角──《国際社会の責任》と《平和維持活動要員の責任》の乖離」（『平和研究』第36号、2011年）、「ルワンダ・ジェノサイドにおける責任のアポリア──PKO指揮官の責任と「国際社会の責任」の課題」（『政治研究』第56号、2009年）、他。
〔担当〕第1章（共著）・第2章（共著）・第4章補論・終章

【各章執筆者（執筆順）】

小松志朗（こまつ・しろう）
早稲田大学政治経済学術院・助教。早稲田大学政治経済学部卒業。同大学院政治学研究科博士後期課程単位取得退学。博士（政治学）。国際関係論専攻。『人道的介入──秩序と正義、武力と外交』（早稲田大学出版部、2014年）、『英国学派の国際関係論』（分担執筆、日本経済評論社、2013年）、「人道的介入における政策決定者と軍人のコミュニケーション──ボスニア、コソボ、リビア」（『年報政治学』2012-II号、2012年）、他。
〔担当〕第1章（共著）

千知岩正継（ちぢいわ・まさつぐ）
北九州市立大学国際環境工学部・非常勤講師。鹿児島大学法文学部卒。神戸大学大学院国際協力研究科修士課程修了。九州大学大学院比較社会文化学府博士後期課程単位修得退学。国際関係論・国連研究専攻。『英国学派の国際関係論』（分担執筆、日本経済評論社、2013年）。「「保護する責任」を司るグローバル権威の正当性──国連安保理と民主主義国協調」（『国際政治』第171号、2013年）。リチャード・シャプコット『国際倫理学』（共訳、岩波

書店、2012年)、他。
〔担当〕第2章 (共著)

佐藤史郎(さとう・しろう)
大阪国際大学国際コミュニケーション学部・専任講師、京都大学東南アジア研究所・共同研究員。同志社大学商学部卒。立命館大学大学院国際関係研究科博士後期課程修了。博士(国際関係学)。国際関係論・安全保障論専攻。『英国学派の国際関係論』(分担執筆、日本経済評論社、2013年)、『生存基盤指数——人間開発指数を超えて』(分担執筆、京都大学学術出版会、2012年)、「NPTの不平等性と「非核兵器国に対する安全の保証」の論理」(『平和研究』第35号、2010年)、他。
〔担当〕第3章

眞嶋俊造(まじま・しゅんぞう)
北海道大学大学院文学研究科応用倫理研究教育センター・准教授、南山大学社会倫理研究所・非常勤研究員。慶應義塾大学法学部政治学科卒業。英バーミンガム大学グローバルエシックス研究所博士課程修了 (PhD)。国際倫理学・グローバルエシックス・戦争倫理学専攻。'Just Military Occupation? A Case Study of the American Occupation of Japan', (Larry May and Elizabeth Edenberg eds., *Jus Post Bellum and Transitional Justice*, Cambridge University Press, 2013)、"Just Torture?" (*Journal of Military Ethics* Vol. 11, No. 2, 2012)、『民間人保護の倫理——戦争における道徳の探求』(北海道大学出版会、2010年)、他。
〔担当〕第4章

中内政貴(なかうち・まさたか)
大阪大学大学院国際公共政策研究科・特任講師。大阪大学法学部卒業。同大学院国際公共政策研究科博士後期課程単位取得退学。博士(国際公共政策)。平和構築・紛争予防・民族問題専攻。「ローカル・オーナーシップと国際社会による関与の正当性——マケドニアにおける国家建設を事例として」(『国際政治』第174号、2013年)、『平和構築における治安部門改革』(分担執筆、国際書院、2012年)、『ゼロ年代日本の重大論点——外交・安全保障で読み解く』(分担執筆、柏書房、2011年)、他。
〔担当〕第5章

杉浦功一(すぎうら・こういち)
和洋女子大学人文社会科学系・准教授。神戸大学法学部卒業。同大学院国際協力研究科博士課程修了。博士(政治学)。国際関係論・政治学専攻。『民主化支援——21世紀の国際関係とデモクラシーの交差』(法律文化社、2010年)、『国際連合と民主化——民主的世界秩序をめぐって』(法律文化社、2004年)、他。
〔担当〕第6章・コラム6-3

池田丈佑（いけだ・じょうすけ）
富山大学人間発達科学部・准教授、南山大学社会倫理研究所・非常勤研究員。大阪大学大学院国際公共政策研究科博士後期課程修了。博士（国際公共政策）。国際関係理論・グローバル倫理学専攻。『難民・強制移動研究のフロンティア』（共編著、現代人文社、2014年）、『英国学派の国際関係論』（共編著、日本経済評論社、2013年）、他。
〔担当〕第8章

【コラム執筆者（執筆順）】

杉本俊介（すぎもと・しゅんすけ）
京都大学大学院文学研究科・非常勤講師。早稲田大学第一文学部卒業。名古屋大学大学院情報科学研究科博士前期課程修了。修士（情報科学）。倫理学専攻。『ビジネス倫理学読本』（分担執筆、晃洋書房、2012年）、「ピーター・シンガーと Why beMoral? 問題」（『応用倫理——理論と実践の架橋』Vol. 6、2012年）、他。
〔担当〕コラム 0-1

政所大輔（まどころ・だいすけ）
神戸大学大学院法学研究科・助教。大阪外国語大学外国語学部卒業。大阪大学大学院国際公共政策研究科博士前期課程修了。英国サセックス大学大学院国際関係論修士課程修了。神戸大学大学院法学研究科博士後期課程単位修得退学。修士（国際公共政策）、MA (International Relations)。国際関係論・国連研究専攻。「「保護する責任」と日本の国連外交」（『国連ジャーナル』2014年春号、2014年）、「国連における「保護する責任」概念の展開——リビア危機への適用をめぐって」（『国連研究』第13号、2012年）、他。
〔担当〕コラム 1-2

上野友也（かみの・ともや）
岐阜大学教育学部・准教授。東北大学大学院法学研究科博士課程後期修了。博士（法学）。政治学・国際政治学専攻。「東日本大震災——自衛隊・企業・市民団体との協働に向けて」（『国際安全保障』第41巻第2号、2013年）、『戦争と人道支援——戦争の被災をめぐる人道の政治』（東北大学出版会、2012年）、他。
〔担当〕コラム 1-3

溝渕正季（みぞぶち・まさき）
名古屋商科大学経済学部・専任講師。神戸大学国際文化学部卒業。上智大学大学院グローバル・スタディーズ研究科地域研究専攻博士後期課程単位取得退学。博士（地域研究）。中東地域研究・国際政治学・安全保障論専攻。「シリア危機と混迷のレバノン——激化する権力闘争、分裂する社会、台頭するサラフィー主義」（『中東研究』第517号、2013年）、『シリア・レバノンを知るための64章』（分担執筆、明石書店、2013年）、他。
〔担当〕コラム 1-4

山田真司（やまだ・まさし）
関西学院大学総合政策学部卒業。上智大学大学院グローバル・スタディーズ研究科国際関係論専攻博士前期課程修了。修士（国際関係論）。国際関係論・危機管理・安全保障論専攻。「18世紀の国家理性の伝統――キッシンジャーと勢力均衡」（2010年度第3回上智大学大学院グローバル・スタディーズ研究科大学院生・次世代研究者ワークショップ『主権国家体制の再検討』（2010年11月27日開催））。
〔担当〕コラム 2-1

角田和広（つのだ・かずひろ）
明治大学大学院政治経済学研究科政治学専攻博士後期課程。明治大学大学院政治経済学研究科政治学専攻博士前期課程修了。修士（政治学）。国際関係理論・国際関係史専攻。『英国学派の国際関係論』（分担執筆、日本経済評論社、2013年）、「E. H. カーの「国際秩序」構想――平和的変革構想とその失敗」（『戦略研究』第21巻第7号、2009年）、他。
〔担当〕コラム 2-2

木村周平（きむら・しゅうへい）
筑波大学人文社会系・助教。東京大学教養学部卒業。東京大学大学院総合文化研究科博士課程中退。博士（学術）。文化人類学・科学技術社会論・災害研究専攻。『リスクの人類学』（共編著、世界思想社、近刊）。『震災の公共人類学――揺れとともに生きるトルコの人びと』（世界思想社、2013年）、他。
〔担当〕コラム 3-1

田中慎吾（たなか・しんご）
大阪国際大学国際コミュニケーション学部・非常勤講師。大阪大学大学院国際公共政策研究科博士後期課程修了。博士（国際公共政策）。国際政治・外交史専攻。「日米原子力研究協定の成立――日本側交渉の分析」（『国際公共政策研究』第13巻第2号、2009年）、「原子力・核問題における特殊な日米関係の萌芽――トルーマン政権の対日原子力研究規制と緩和 1945-47」（『国際公共政策研究』第17巻第2号、2013年）、他。
〔担当〕コラム 3-2

弘田忠史（ひろた・ただし）
関西学院大学大学院法学研究科・研究員。神戸市外国語大学外国語学部卒業。関西学院大学大学院法学研究科博士後期課程単位取得退学。修士（国際関係学）。国際関係論・安全保障論専攻。
〔担当〕コラム 3-3

長嶺義宣（ながみね・よしのぶ）
内閣府国際平和協力本部・研究員。元赤十字国際委員会駐日事務所・所長。東京大学大学院総合文化研究科国際社会科学専攻博士後期課程。ジュネーブ高等国際問題研究所国際関係学研究科修士課程修了。早稲田大学大学院アジア太平洋研究科修士課程修了。『ゼロ年

代日本の重大論点——外交・安全保障で読み解く』(分担執筆、柏書房、2011年)。「文民の「敵対行為への直接参加」について」(『国際安全保障』第37巻3号、2009年)。
〔担当〕コラム 4-1

奥田太郎(おくだ・たろう)
南山大学社会倫理研究所・第一種研究所員、同大学人文学部・准教授。京都大学文学部卒業。同大学院文学研究科博士後期課程指導認定退学。博士(文学)。倫理学・応用倫理学専攻。『倫理学という構え』(ナカニシヤ出版、2012年)、「人道支援を支えるのは博愛か偏愛か」(『社会と倫理』第28号、2013年)、他。
〔担当〕コラム 4-2

クロス京子(くろす・きょうこ)
立命館大学R-GIRO研究員。大阪大学大学院国際公共政策研究科博士前期課程修了。修士(国際公共政策)。神戸大学大学院法学研究科博士後期課程単位修得退学。国際関係論専攻。「規範的多元性と移行期正義——ローカルな「和解」規範・制度のトランスナショナルな伝播メカニズム」(『国際政治』第171号、2013年)、「南アフリカ真実和解委員会における「和解」の創造——ローカル正義導入とその作用の観点から」(『平和研究』第38号、2012年)、他。
〔担当〕コラム 5-1

田中(坂部)有佳子(たなか(さかべ)ゆかこ)
早稲田大学政治経済学術院助手、同大学院政治学研究科博士後期課程。青山学院大学国際政治経済学部卒業。コーネル大学公共政策大学院修了。行政学修士。比較政治学専攻。『民主化と選挙の比較政治学—変革期の制度形成とその帰結』(共著、勁草書房、2013年)、『国際平和活動における包括的アプローチ——日本型協力システムの形成過程』(共編著、内外出版、2012年)、他。
〔担当〕コラム 5-2

山本圭(やまもと・けい)
岡山大学大学院教育学研究科・専任講師、国際基督教大学社会科学研究所・研究員。名古屋大学大学院国際言語文化研究科修了。博士(学術)。現代政治理論・政治思想専攻。「ポスト・マルクス主義の系譜学」(『相関社会科学』第23号、2014年)、「ポピュリズムの民主主義的効用」(『年報政治学』2012-II号、2012年)。
〔担当〕コラム 6-1

山尾大(やまお・だい)
九州大学大学院比較社会文化研究院・専任講師。京都大学大学院アジア・アフリカ地域研究研究科修了。博士(地域研究)。中東政治・比較政治学・国際政治学。『紛争と国家建設——戦後イラクの再建をめぐるポリティクス』(明石書店、2013年)、『現代イラクのイスラーム主義運動——革命運動から政権党への軌跡』(有斐閣、2011年)、他。

〔担当〕コラム 6-2

高澤洋志（たかざわ・ひろし）
日本学術振興会特別研究員 DC2・東京大学大学院総合文化研究科グローバル共生プログラム博士後期課程。英セントアンドリュース大学大学院国際政治思想修士課程修了。国際政治思想・国際関係論専攻。「保護する責任（R2P）論の「第 3 の潮流」——2009 年以降の国連における言説／実践を中心に」（『国連研究』第 15 号、2014 年、掲載予定）、ウィリアム・R・クラーク『ペトロダラー戦争——イラク戦争の秘密、そしてドルとエネルギーの未来』（翻訳、作品社、2013 年）、他。
〔担当〕コラム 7-2

堀内めぐみ（ほりうち・めぐみ）
元国際交流基金非常勤研究員・調査室客員研究員、元桜美林大学国際学研究所・研究助手。青山学院大学大学院国際政治経済学研究科一貫制博士課程中退。修士（国際政治学）。国際政治理論・紛争研究・国際文化論専攻。『東日本大震災と知の役割』（分担執筆、勁草書房、2012 年）、「リアリストの文化的観点からの国益論再考——ハンス・J・モーゲンソーを例として」（『国際学研究』第 3 号、2013 年）「キプロス紛争と二つのアイデンティティ・クライシス」（『青山国際政経大学院紀要』第 13 号、2002 年）、他。
〔担当〕コラム 7-3

辻田俊哉（つじた・としや）
大阪大学コミュニケーションデザイン・センター・特任助教。元在イスラエル日本国大使館専門調査員（2006〜2008）。大阪大学大学院国際公共政策研究科博士後期課程修了。博士（国際公共政策）。国際政治学・紛争解決論専攻。『イスラエルを知るための 60 章』（分担執筆、明石書店、2012 年）、「国際的仲介と非対称紛争——イスラエル・パレスチナ和平プロセスを事例として」（『国際公共政策研究』第 16 巻第 1 号、2011 年）、他。
〔担当〕コラム 7-4

川村仁子（かわむら・さとこ）
立命館大学国際関係学部・准教授。立命館大学法学部卒業。同大学大学院国際関係研究科博士後期課程修了。博士（国際関係学）。政治理論・政治思想史・国際関係論専攻。『英国学派の国際関係論』（分担執筆、日本経済評論社、2013 年）、『共鳴するガヴァナンス空間の現実と課題——「人間の安全保障」から考える』（分担執筆、晃洋書房、2013 年）、他。
〔担当〕コラム 8-1

赤星聖（あかほし・しょう）
日本学術振興会特別研究員（DC1）・神戸大学大学院法学研究科博士後期課程。大阪大学法学部卒業、神戸大学大学院法学研究科博士前期課程修了、修士（政治学）。国際関係論（特に、国際制度論・国連研究）・強制移動研究専攻。『難民・強制移動研究のフロンティア』（分担執筆、現代人文社、2014 年）、"What Made IDPs a Separate Category from

Refugees? The Change in Logic of IDP Treatment in the SARRED Conference" (*CDR Quarterly*, Vol. 7)、他。
〔担当〕コラム 8-2

国際政治のモラル・アポリア
戦争／平和と揺らぐ倫理

2014 年 6 月 16 日　初版第 1 刷発行　（定価はカヴァーに表示してあります）

　編　者　　高橋良輔
　　　　　　大庭弘継
　発行者　　中西健夫
　発行所　　株式会社ナカニシヤ出版
　　　　　〒606-8161 京都市左京区一乗寺木ノ本町 15 番地
　　　　　　　TEL 075-723-0111　FAX 075-723-0095
　　　　　　　http://www.nakanishiya.co.jp/

装幀＝白沢正
印刷＝創栄図書印刷　製本＝兼文堂
© R. Takahashi, H. Ohba et al. 2014　　Printed in Japan.
※乱丁・落丁本はお取り替え致します。
ISBN978-4-7795-0854-7　　C1031

本書のコピー，スキャン，デジタル化等の無断複製は著作権法上での例外を除き禁じられています。本書を代行業者等の第三者に依頼してスキャンやデジタル化することは，たとえ個人や家庭内での利用であっても著作権法上認められておりません。

国際政治哲学

小田川大典・五野井郁夫・高橋良輔 編

戦争と平和、グローバルな貧困、国境を越える政治——。現代の国際社会が直面する国際的・国境横断的な諸問題について、哲学的に考えるための概念装置を網羅した最新かつ最強のテキストブック。

3300円+税

ヨーロッパのデモクラシー[改訂第2版]

網谷龍介・伊藤武・成廣孝 編

移民とポピュリズム、政党不信と大連立——民主主義をめぐるさまざまな困難に立ち向かう欧州諸国のいま。EU盟国を中心に欧州29カ国の最新の政治状況を各国別に紹介する決定版。

3600円+税

紛争と和解の政治学

松尾秀哉・臼井陽一郎 編

紛争に満ちた現代社会において、その解決のための「和解」はいかにすれば可能なのだろうか。「和解」思想の理論的系譜をたどるとともに、国内外のさまざまな事例をもとに、その可能性を探る。

2800円+税

社会的なもののために

市野川容孝・宇城輝人 編

「社会的なもの」の理念とは何であったのか。そして何でありうるのか。歴史と地域を横断しながら、その可能性を正負両面を含めて根底から問う白熱の討議。新しい連帯の構築のために。

2800円+税

＊表示は本体価格です。